XINSHIDAI
ZHONGGUO TESE SHEHUIZHUYI
JINGJI LUNCONG

新时代中国特色社会主义经济论丛

新时代
中国特色社会主义
财政理论探索
2019

邓力平 童锦治 刘 晔 等/著

厦门大学出版社
XIAMEN UNIVERSITY PRESS
国家一级出版社
全国百佳图书出版单位

图书在版编目(CIP)数据

新时代中国特色社会主义财政理论探索2019/邓力平,童锦治,刘晔等著.—厦门:厦门
大学出版社,2019.8
(新时代中国特色社会主义经济论丛)
ISBN 978-7-5615-7389-1

Ⅰ.①新…　Ⅱ.①邓…②童…③刘…　Ⅲ.①财政理论—研究—中国　Ⅳ.①F812.0

中国版本图书馆 CIP 数据核字(2019)第 068339 号

出 版 人	郑文礼
责任编辑	江珏玙
封面设计	李夏凌
技术编辑	许克华

出版发行　厦门大学出版社

社　　　址　厦门市软件园二期望海路 39 号
邮政编码　361008
总　　　机　0592-2181111　0592-2181406(传真)
营销中心　0592-2184458　0592-2181365
网　　　址　http://www.xmupress.com
邮　　　箱　xmup@xmupress.com
印　　　刷　厦门集大印刷厂

开本　787 mm×1 092 mm　1/16
印张　19.5
插页　1
字数　404 千字
版次　2019 年 8 月第 1 版
印次　2019 年 8 月第 1 次印刷
定价　68.00 元

前言

十九大报告指出"全面深化改革总目标是完善和发展中国特色社会主义制度、推进国家治理体系和治理能力现代化",而财政作为"国家治理的基础和重要支柱",在新时代国家治理现代化中起着重要作用。党的十九大报告同时提出"加快建立现代财政制度",由此反映了财政改革的紧迫性及其对全面深化改革的重要性。新时代呼唤新思想、新理论和新方法,也对财政学研究提出了新的要求。为了较为全面反映和汇集近年来厦门大学财政学科教师在新时代中国特色社会主义财政理论方面的新思想、新理论和新探索,本书汇集了 2015 年—2018 年厦门大学财政系教师在这方面的部分研究成果,并将其分为马克思主义财政理论、中国特色社会主义财政研究、现代财政制度与国家治理、财政与三农、财政与研发创新、财政与供给侧改革等专题,这些成果体现了相应的民族性、时代性、系统性和科学性,都具有较高的研究水平。

各章的主要负责人有:王艺明(第一章和第二章)、邓力平(第三章、第五章和第十四章)、刘晔(第四章和第六章)、黄寿峰(第七章和第九章)、谢贞发(第八章、第十五章和第十七章)、杨斌(第十章)、雷根强(第十一章)、童锦治(第十二章)、魏志华(第十三章)、邓明(第十六章)等。

本专著的研究和出版工作获得了厦门大学经济学院和王亚南经济研究院、福建省特色新型智库——社会经济政策量化评估中心、福建省高校人文社科重点研究基地——厦门大学公共财政研究中心的资助,在此一并致谢。

CONTENTS　目　录

第一部分

马克思主义财政理论探索

第一章　经济增长与马克思主义视角下的收入和财富分配

王艺明[*]

第一节　绪论

自 1978 年以来,一方面,中国经济高速增长,1978 年到 2015 年,GDP 年均增长率达到 9.65%[①],而在此期间,多数发达国家的经济增长率只有 2%~3%。另一方面,在经济高增长的同时,收入和财富分配不均等越来越成为中国最突出的社会经济问题之一。但收入和财富分配不均等的问题不仅存在于中国,皮凯蒂(2014)在《21 世纪资本论》中以丰富的历史数据指出,在一个以私有制为基础的自由市场经济中,收入和财富分配的不均等程度会随着经济增长而不断扩大。以 20 世纪的统计数据来看,发达资本主义国家的收入和财富不均等程度呈现出先下降再上升的趋势。以美国为例,1970 年以来最富裕的 10% 人口的财富份额占全部人口总财富的 70% 以上,同时这部分人口的收入份额接近全部人口总收入的 50%。在所有欧美发达国家中,财富都不断向最富裕的人群集中,最贫穷的 50% 人群占有的国民财富低于 10%,可以说他们近乎一无所有。

发达资本主义国家收入和财富分配不均等引发的社会问题已经引起研究者和决策者的关注。皮凯蒂(2014)指出,收入和财富分配不均等的不合理性,主要在于贫富差距的不断扩大破坏了资本主义的制度核心和基础。一方面,最富裕的人群形成了一个强大的精英集团,他们所拥有的政治和经济资源深刻影响着整个资本主义社会的政治和经济发展前景,所形成的不平等等级结构已经对资本主义国家造成了严重的社会、政治和经济后果。另一方面,收入和财富分配不均等使美国为代表的发达资本主义国家一直标榜的“美国梦”走向破灭,过去美国人都深信不疑,只要经过努力不懈的奋斗便能获得美好生活的信念已经不复存在。欧美等发达资本主义国家正在形成一个“遗产型资本主义”或“食利者”社会,子女能够得到什么样的社会经济地位,在很大程度上取决于其家庭的社会经济地位,庞大的“世袭中等阶层”已经形成。西方学者一般认为,只要收入和财富

---

[*] 王艺明,教授、博士生导师,厦门大学经济学院财政系。

[①] 根据国家统计局公布的国内生产总值指数计算得到。

的获得满足程序正义原则,也即收入和财富的初始获得是公正的,且后续财产的转移也是公正的,那么由此而形成的分配结果就是公平的,无须调整,不管差距有多大(杨春学和张琦,2014)。皮凯蒂则认为,收入和财富分配不均等既是资本主义经济运行的后果,又加深了资本主义自身的政治和经济危机,他在这方面的认识要比很多西方学者深刻得多。

习近平同志指出,尽管皮凯蒂对西方国家收入和财富分配的研究还没有涉及更根本的所有制问题,但他的研究所采用的方法、所揭示的问题是值得深思的①。收入和财富分配不均等加剧反映了资本主义生产方式下无产阶级的绝对贫困化和相对贫困化。在马克思的经典著作中,提出了无产阶级的贫困化理论,阐述了资本主义生产方式下从资本积累到人口过剩,进而导致经济危机的有机链条,论证了资本主义制度必然会导致无产阶级绝对贫困和相对贫困的经济规律。因此,马克思主义政治经济学是研究分配不均等问题的有力武器,从马克思提出无产阶级贫困化理论到现在,时间已经过去了一个半世纪,但其基本原理和方法对现代资本主义社会仍有解释力。

马克思对于资本主义生产方式下的分配问题,给出了以下基本假设:资本家进行生产的目标是获得尽可能多的剩余价值,而只有资本家,而不是工人,才能进行资本积累或剩余价值的资本化,资本家攫取的剩余价值是资本积累的唯一源泉(孟捷,2016)。在这个基础上,又可以得到马克思的另一个重要假设,雇佣工人并无任何储蓄。马克思对资本主义生产当事人做了强有力的假设:工人无非是生产剩余价值的工具,而资本家无非是追求剩余价值最大化的机器。马克思从多方面论证这个观点,如工人在经济繁荣时期进行储蓄,在经济危机时期又会失去自己的存款;在就业期间进行储蓄,失业时又会失去存款;在退休前进行储蓄,退休后又会失去存款等。马克思指出,工人的储蓄作为资本,增强了资本的力量,让资本从工人的储蓄中获取利润,"这样,工人只是加强了自己敌人的力量和他自己的依附地位"②。从马克思上述理论出发,可以解释资本主义社会中收入和财富分配不均等加剧的现象:对于资本家来说,剩余价值即为其收入,资本即为其财富,随着劳动生产力提高和经济增长,资本家会占有越来越多的剩余价值和资本;而工人工资收入只能用于维持其生存,无任何储蓄从而也不占有任何资本。因此,两个阶级的收入和财富差距必然越来越大,无产阶级的相对贫困化不可避免,而始终处于不拥有任何资本的"赤贫"状态又决定了无产阶级的绝对贫困化。

那么,马克思的上述理论是否符合当代资本主义的现实呢?《资本论》发表 150 年以来,经过工人阶级的长期斗争,西方发达国家推出了一系列政策以协调劳资关系,如通过劳动法限制工作时间和最低工资标准,赋予工人游行、集会和罢工等权力,推出了一系列社会福利制度,包括给予工人失业保障、医疗保险和劳动保险等,对于劳动力的再生产建

---

① 习近平.在哲学社会科学工作座谈会上的讲话[C].2016-5-17.

② 马克思,恩格斯.马克思恩格斯全集[M].第四十六卷上册.北京:人民出版社,1979:246-247.

立了义务教育制度等,同时,工人和资本家之间还可以通过劳资谈判来缓和矛盾等(荣兆梓,2009)。一方面劳资关系有所协调,另一方面发达资本主义国家工人实际工资不断增长,和劳动生产率之间存在显著正向关系。根据国际劳工组织(ILO)发布的《2014—2015年全球工资报告》,发达资本主义国家实际工资增长和劳动生产率增长[①]之间存在接近1∶1的关系。而且发达资本主义国家的工人似乎也并非"无任何储蓄",以美国为例,利用劳动者储蓄进行投资的企业年金基金已成为美国资本市场最重要的机构投资者之一,企业年金基金投资于资本市场的资产占整个股票市场的近1/3、债券市场近的1/5,覆盖了全国近一半的劳动人口(张浩和邓振春,2012)。就直接的社会现实而言,当代资本主义与马克思所处的时代相比,已经发生了巨大的变化。马克思亲眼所见的事实是,工人的实际工资水平被长期挤压在维持其生存的界限附近。而一百多年后,斗争的结果使工人们争取到各种保障和权益,多数劳动者不再在贫困中生活或接近于仅能糊口,这说明尽管马克思有很强的预见性,但不能生搬硬套他的某个观点或结论,而是应该把他的基本原理和方法结合实际情况进行分析。

　　本章构建了一个理论模型,试图应用马克思经济学的基本原理和方法研究当前资本主义生产方式下收入和财富分配不均等的形成机制,以及这种分配不均等和经济增长的关系。这个分析框架具备了马克思主义经济学的一些重要特征:(1)阶级分析。模型中包含两类经济人——工人和资本家,据以分析资本主义生产方式下经济增长与产出在两个阶级之间的分配规律,所得到的结论可以在一定程度上解释1940年以来以美国为代表的发达资本主义国家的财富和收入分配情况。(2)劳动价值论。根据马克思的相关论述,区分了商品生产过程中的劳动过程和价值形成过程,提出了对商品生产过程的新的建模方法。在建模时还考虑了资本雇佣劳动、资本家追求剩余价值的最大化等假设。本章的分析框架既具备上述特征,又结合了当代资本主义经济制度的某些特征,如不但资本家可以进行投资,工人阶级也可以进行投资并获得资本收益,但实际上这并不会改变工人阶级的经济地位。应用本章所提出的分析框架,可以很容易地应用马克思主义基本原理和方法,进行技术进步、经济增长和宏观政策等领域的研究。本章所采用的方法和所得到的结论,对于分析我国在社会主义初级阶段、多种所有制并存、多种分配方式并存条件下收入和财富分配不均等问题的成因和治理也有借鉴意义。

第二节　文献综述与研究假设

(一)对资本主义生产当事人的假设

　　和新古典经济学家不同,马克思继承了经济人概念合理的一面(孟捷,2016)。借用

---

① 国际劳工组织.2014—2015年全球工资报告[R].2014:10.

科西克的话来说,马克思和古典经济学家一样,"不是从'经济人'出发,而是从系统出发。它从系统角度把'经济人'定义为系统的结构与功能中的一个充分规定了的要素"①。为此,马克思发展了"资本主义生产当事人"的概念,把它界定为某种人格化的经济范畴,具备一定的阶级关系,同时承担着相应的阶级利益(科西克,1989)。曾启贤(1989)认为,不能完全否定经济人假设,该假设在一定限度内是可以使用的。孟捷(2016)指出,经济人或资本主义生产当事人是理论上抽象,它只涉及特定经济结构下人的特殊类型的行为。马克思认为,资本主义生产当事人的行为和动机是由他所属的阶级利益决定的,如资本家的动机在于尽可能多地占有剩余价值,而工人则是生产剩余价值的机器,进而可以得到工人无任何储蓄的假设。

在本模型中,我们假设存在两类经济人或资本主义生产当事人——工人和资本家。明斯基(Minsky,1986)在工人无储蓄这种"勇敢的""极端行为假设"外,还进一步假设资本家的利润不用于消费支出,进而论证了卡莱茨基关于投资决定利润的观点(孟捷,2016)。这种假设并不意味着现实生活中工人无任何储蓄,或者资本家完全不消费,而是通过抽象的假设更直接地把握资本主义经济规律。本章中我们放宽"工人阶级无任何储蓄"的假设,工人也可以进行投资并获得资本收益,但我们将证明这实际上并不会改变工人阶级的经济地位。在马克思经济学框架下,通常假设工人阶级无任何储蓄。由于积累只是资本家的职能,且积累的源泉完全来自剩余价值,与之对应,马克思假设雇佣工人并无任何储蓄,现有马克思经济学研究文献也多采用该假设。整体上现有马克思经济学相关文献较少研究工人的储蓄行为。研究该问题的有,冯金华(2010)在分析劳动市场时讨论了工人的储蓄行为,还有如后凯恩斯主义新剑桥学派在其分配模型中假设资本家和工人都有储蓄倾向,但对分配结果起决定作用的是资本家的储蓄倾向、投资量及其增长率,即著名的"剑桥方程"。本模型中,不论工人或资本家,又或者是兼具两者特征的一般化经济主体,他们的异质性都仅仅体现在初始资本禀赋不同,对其储蓄倾向不做假设。这样可以更直接判断初始资本禀赋对收入、财富分配结果的影响。

同时,本章假设资本家也可以进行消费,也即资本家将其收入的一部分用于消费,其余部分用于投资,赚取更多的剩余价值。这么假设的出发点是,消费会满足两个阶级的"社会需要"。马克思指出,"说商品有使用价值,无非就是说它能满足某种社会需要"②,"社会需要,即社会规模的使用价值"③,马克思所定义的社会需要,是由各阶级之间的相互关系和各自的经济地位所决定的,例如,资本家的社会需要取决于他们攫取的剩余价值以及剩余价值中不同部分的比例,而工人的社会需要则完全受限于其获得的工资。我们不能把孤立的个体作为分析社会需要的出发点,而应该从整个社会或整个阶级着手,

---

① 科西克.具体的辩证法[M].北京:社会科学文献出版社,1989:65.
② 马克思,恩格斯.马克思恩格斯全集[M].第25卷.北京:人民出版社,1972:206.
③ 马克思,恩格斯.马克思恩格斯全集[M].第25卷.北京:人民出版社,1972:716.

经济人的社会需要应是其有支付能力的需求(晏智杰,1982),而对最终产品的消费能满足两类经济人的"社会需要"。

(二)商品生产的劳动过程与价值形成过程

在商品生产过程中存在着相互对立的两个方面,一是生产使用价值或物质财富的劳动过程,一是商品价值的形成过程。马克思着力阐明了这两个方面的区别。(1)劳动过程是劳动者与生产资料相结合生产商品的使用价值或物质财富的过程。在这个过程中,不仅劳动者的劳动是商品的使用价值或物质财富的源泉,资本家投入生产的生产资料也同样是商品的使用价值或物质财富的源泉。因此,把威廉·配弟所说的"劳动是财富之父,土地是财富之母"改成"劳动是财富之父,生产资料是财富之母",在一定意义上也是成立的。(2)价值形成过程是劳动者的劳动创造新价值和生产资料价值转移的过程。在这个过程中,劳动者的劳动是形成商品中新价值的唯一源泉,而生产资料并不创造任何新价值。

以生产资料所起作用的不同方式来看,很容易区分这两个过程。以机器为例,它们整个地进入劳动过程,或者说,在劳动过程中机器设备是整个地发挥作用的;但在价值形成过程中,机器设备仅将其损耗或折旧部分的价值转移到商品中去。而在这两个过程中,劳动者所起的作用方式也不同:在劳动过程中,劳动者的劳动是有目的的、具体的劳动;在价值形成过程中,劳动者的劳动是无差别的、抽象的劳动。

马克思举了很多例子说明这两个过程,假设在正常的社会生产条件下,劳动者通过一小时的劳动把 a 磅棉花变成 b 磅棉纱。(1)如果考察劳动过程,是劳动者 1 小时的劳动与 a 磅棉花等生产资料相结合,生产出 b 磅棉纱的过程。刘树成和周思毅(1985)指出,可以用生产函数来反映一定条件下(如平均的社会生产条件下)各种生产要素的投入量与其产品产出量之间的数量关系,如 b 磅棉纱=F(1 小时劳动,a 磅棉花),这些生产要素和产品之间的数量关系可能是非线性的,且量纲各不相同。马克思实际上定义了线性齐次的生产函数:在正常的社会生产条件下,12 小时的劳动可以把 $12×a$ 磅棉花变成 $12×b$ 磅棉纱。这意味着 $12×b$ 磅棉纱=F(12 小时劳动,$12×a$ 磅棉花),也即生产函数 F 是线性齐次的。(2)如果考察价值形成过程,则 b 磅棉纱的价值=1 小时劳动创造的新价值+a 磅棉花转移的价值,即产品的价值等于活劳动创造的新价值加上生产资料转移的价值,表现为线性关系。

现有文献多数采用线性生产函数如里昂锡夫或冯·诺依曼生产模型来定义这两个过程,如 Morishima(1974)和 Roemer(1980)等,后续数理马克思主义的研究很多采用这种生产函数设定。实际上,这种设定有很大的局限性:首先,这类模型一般考察存在多种商品的生产过程,在建模时常常假设投入生产的商品的折旧率为 1,即不存在固定资产。如果要引入固定资产,那么在模型设定和求解上往往较为复杂(李帮喜和藤森赖明,2014)。这类模型较难体现马克思关于机器设备等生产资料整个地进入劳动过程、部分地进入价值形成过程的观点,要进一步扩展也较难。其次,当存在某种要素投入是无法生产的,线性生产函数通常也较难适用。事实上,没有理由认为马克思的劳动价值论只适用于里昂锡夫或冯·诺依曼等线性生产函数。应该说,对于现实资本主义生产方式下的任何生产函数,劳动价值论都是成立的。因此,本章对劳动过程定义了更一般化的线性齐次生产函数,以期克服线性生产函数设定的局限性。

(三)劳动力价值与工资的决定

马克思将劳动力价值定义为生产和再生产劳动力所需要的生活资料的价值,因此,我们可以将劳动力价值或其转化形式——工资定义为劳动力在生理上绝对必需的最低界限。马克思又指出,"和其他商品不同,劳动力的价值规定包含着一个历史的和道德的要素"①。在具体的社会生产条件下,从长期来看发达资本主义国家工人工资呈上升趋势,其原因是什么? 罗默(2007)从马克思和恩格斯关于唯物主义哲学的论述出发,"个人怎样表现自己的生活,……这同他们的生产是一致的——既和他们生产什么一致,又和他们怎样生产一致"②,认为劳动力价值由源自生产方式的复杂因素,即生产技术的复杂性所决定。荣兆梓(2009)也提出类似观点,他认为现代资本主义生产方式下,技术进步对劳动者素质的要求不断提高,这就使得生产和再生产劳动力所需要的生活资料数量不断上升,进而使得劳动力价值很难下降。本模型设定结合了上述假设,认为工人实物工资随着劳动生产力的提高而提高。关于劳动生产力,马克思指出,"劳动生产率又取决于生产规模"③,"内部实行分工的工人大军愈庞大,应用机器的规模愈广大,生产费用相对地就愈迅速缩减,劳动就更有效率","分工如何必然要引起更进一步的分工,机器的采用如何必然要引起机器的更广泛的采用,大规模的劳动如何必然要引起更大规模的劳动"。说明现代化和工业化的大规模生产会提高劳动生产力,"生产资本越增加,分工和采用机器的范围就越扩大"④,因此可以假设劳动生产力和人均资本存量同步增长。《资本论》发表 150 年以来,工人围绕着工资水平、工作日长度、劳动强度、劳动保障和医疗保险等,与资本家展开了长期的斗争(方敏和赵奎,2012),但工资仍不会脱离以下限制,其下限是必须保证劳动力的生产和再生产,或者说最低限度的生理需求,另一方面又不能破坏资本主义生产方式的运行,例如,不可能使得剩余价值为负,或者使工人富裕到无须再出卖劳动力。

---

① 资本论[M].第 1 卷.北京:人民出版社,2004:199.
② 马克思,恩格斯.马克思恩格斯全集[M].第 1 卷.北京:人民出版社,1972:25.
③ 马克思,恩格斯.马克思恩格斯全集[M].第 44 卷.北京:人民出版社,2001:722.
④ 马克思,恩格斯.马克思恩格斯选集[M].第 1 卷.北京:人民出版社,2012:352-358.

第三节　理论模型

(一)资本主义生产当事人

1.工人和资本家

假设在经济体系中存在两类经济主体或资本主义生产当事人(下文我们不加区别地使用这两个概念),一类是工人,另一类是资本家。两类经济主体的异质性主要表现在初始资本禀赋的不同,资本家拥有整个社会的资本,而工人则不拥有任何资本,也即,工人是"赤贫"的。在该经济体系中只存在一种最终产品,生产资料(资本)和劳动力结合生产出最终产品,该最终产品是使用价值和价值的载体,既可用于工人和资本家的消费,也可作为生产资料(资本)再投入生产,而经济主体的财富就是其所拥有的最终产品数量。最终产品的一个例子是农产品如玉米等,玉米作为生产资料可以和劳动力结合生产出更多玉米,而生产出来的玉米既可以作为消费资料又可以作为生产资料继续投入生产。在现实经济中,最终产品的例子还有很多,如通信设备、交通工具和房地产等,用于生产经营就是生产资料,用于生活就是消费资料,从理论抽象角度,可以把最终产品视为一篮子产品和服务。产出 Y、资本 K、消费 C、单位劳动力实物工资 w 等均以该最终产品的数量来表示。

用 $i=1$、2 表示这两类经济主体,前者是工人,后者是资本家。用 $K_{i,t}$ 表示第 i 类经济主体在 t 期所拥有的资本禀赋或最终产品数量,工人的初始资本禀赋 $K_{1,0}=0$,而资本家的初始资本禀赋 $K_{2,0}>0$,也即在期初整个社会的所有最终产品均为资本家所拥有。用 $K_t\equiv\sum_{i=1}^2 K_{i,t}/2$ 表示 t 期整个社会的平均资本数量。通过该设定,我们可以研究各类经济主体在整个社会财富分布中的地位上升或下降。

对于两类经济主体的另一个设定是其劳动能力相同,做这个假设的原因,一方面是本模型中仅有一类劳动,即和资本相结合生产最终产品,未区分资本家所进行的"管理的劳动"[①]和工人的劳动,事实上现代经济社会中由资本家完成的工作,如企业管理、资产配置等工作也可以由被雇佣者——企业高管、投资管理专业人士等来完成。更重要的原因是,本研究的重点并非劳动能力差异造成的收入和财富差异,马克思提出的剥削概念是指资本家凭借他们对资本的占有以及不公平的收入分配,强制性地剥夺工人的劳动成果,也即这种不公平的收入分配是由于对生产资料占有的不同所造成的,因此假设不同经济主体的劳动能力是相同的,从而可以重点研究不同经济主体对资本占有的差异是如何造成收入和财富占有的差异。

---

① 马克思,恩格斯.马克思恩格斯全集[M].第26卷(第二册).北京:人民出版社,1973:548.

2.一般化的经济主体假设

在前文中我们假设经济体系中存量两类经济主体——工人和资本家。但在当代资本主义经济,大量经济主体往往既是劳动者又进行投资从而获得投资收益。因此除了对两类经济主体的假设外,我们还可以做更加一般化的假设。假设经济体中存在 N 个异质性经济主体,用 $i=1,\cdots,N$ 表示这些经济主体。这些经济主体既是劳动供给者又拥有资本,可以进行投资从而获得收益,因此既有工人又有资本家的特征。第 i 类经济主体在 t 期($t=0,1,2,\cdots$)所拥有的最终产品数量为 $K_{i,t}$,$K_{i,t}$ 也代表他所拥有的财富。若 $K_{i,t}=0$,说明第 i 类经济主体在 t 期是"赤贫"的,即不拥有任何最终产品,仅依靠出卖劳动力而获得收入,是纯粹的工人;若 $K_{i,t}>0$,则说明第 i 类经济主体在 t 期拥有最终产品,在本模型设定下,其收入既包括劳动所得,又包括其拥有的资本带来的剩余产品。用 $K_t \equiv \sum_i K_{i,t}/N$ 表示整个社会在 t 期的平均资本数量。和前一部分相同,本章的重要假设是,每类经济主体的异质性体现在其初始资本禀赋的不同,即每类经济主体在期初拥有的最终产品数量 $K_{i,0}(i=1,\cdots,N)$ 是各不相同的,但他们的劳动供给是同质的,通过该假设我们可以探讨不同经济主体对物质资本占有的差异是如何造成收入和财富占有的差异,整个社会的收入和财富的分布状况,以及资本家对工人的剥削程度等。

3.社会需求

在每一期,每类经济主体都分别被赋予 1 单位时间,第 i 类经济主体在 t 期用于劳动的时间为 $L_{i,t}$,有 $0 \leqslant L_{i,t} \leqslant 1,i=1,\cdots,N,t=0,1,\cdots$。各类经济主体的社会需求是对最终产品的消费:

$$\max \sum_{t=0}^{\infty} \beta^t \ln C_{i,t},0<\beta<1 \tag{1-1}$$

其中 β 为时间偏好率,$C_{i,t}$ 为第 i 类经济主体在 t 期对最终产品的消费数量。(1-1)式表明,消费的增加会满足经济主体的需求,但其边际效应是递减的。在(1-1)式中,我们假设不同经济主体的时间偏好并无差别,从而可以集中研究不同经济主体资本占有差异对整个社会的收入和财富分配所产生的影响。马克思定义的社会需求是经济主体有支付能力的需求,因此我们还必须定义经济主体的支付能力或财务约束条件,如下式所示:

$$K_{i,t+1} = (1+r_t)K_{i,t} + w_t L_{i,t} - C_{i,t}, t=0,1,2,\cdots \tag{1-2}$$

其中 $K_{i,t+1}$ 是第 i 类经济主体在 $t+1$ 期所拥有的资本或最终产品量,等于第 i 类经济主体在 t 期拥有的资本或最终产品量 $K_{i,t}$ 乘以 1 加上该期资本报酬率 r_t,加上其在 t 期的出卖劳动力所获得的实物工资 $w_t L_{i,t}$,再减去其在 t 期消费的最终产品量 $C_{i,t}$。我们分别以工人和资本家为例解释(1-2)式的经济含义:对于工人,(1-2)式意味着他可以将其劳动收入用于消费,也可以储蓄起来用于投资,并分享资本收益;而资本家的收入也包括两部分,一部分是企业利润,即其所拥有的资本带来的回报,另一部分是他们的劳动供给如企业管理和决策、资产配置所带来的劳动报酬。在(1-2)式的设定中,我们放宽了"工人阶级无任何储蓄"的假设,也即,工人也可以用其劳动收入进行投资并分享资本回报,但在后文的分析中,我们将证明这并不会改变工人的经济地位,马克思关于"积累即剩余价值的资本化是资本家特有的行为"的理论假设依然成立。

(二)企业

1.生产最终产品的劳动过程

上文分析指出,我们需要定义商品生产的劳动过程和价值增殖过程,劳动过程是劳动者与生产资料相结合生产商品的使用价值或物质财富的过程,根据刘树成和周思毅(1985),可以用生产函数反映劳动过程。假设整个经济体系中只存在一家代表性企业,我们将企业生产最终产品的劳动过程定义为

$$NY_t = [A_t(NL_t)]^\alpha (NK_t)^{1-\alpha} \quad 或 \quad Y_t = (A_t L_t)^\alpha K_t^{1-\alpha} \tag{1-3}$$

其中,Y_t 为每类经济主体在 t 期的平均最终产品产量,NY_t 为整个社会的最终产品产量,K_t 为每类经济主体在 t 期的平均资本数量,NK_t 为整个社会的资本总量,$L_t \equiv \sum_i L_{i,t}/N$ 为每类经济主体在 t 期的平均劳动时间,NL_t 为整个社会的总劳动时间,A_t 是劳动生产力的代表变量,$0 < \alpha < 1$。

(1-3) 式反映了生产资料 NK_t 和劳动力 NL_t 相结合生产使用价值即物质财富的过程,两者同为最终产品产出 NY_t 的创造源泉。根据上述设定,企业生产的最终产品 NY_t 减去生产资料折旧或损耗 ρNK_t,支付完实物工资 $w_t NL_t$ 后,剩余部分 $NY_t - \rho NK_t - w_t NL_t$ 即为资本家所获得的剩余产品。其中 ρ 是生产资料的折旧或损耗率,w_t 是支付给单位劳动力的实物工资,这是由生产和再生产劳动力所需要的消费资料数量所决定的。但单位劳动力的实物工资 w_t 不是每期固定的,随着劳动生产力的提高,生产和再生产劳动力要求的消费资料量也会增加,可以假设 w_t 和 A_t 成正比,即有

$$w_t = A_t(w_0/A_0) \tag{1-4}$$

在生产资料数量有限的情况下,显然不是雇佣越多劳动力越好,冗余劳动力创造的新价值可能低于其劳动力价值。在 t 期,资本家需要支付给每单位雇佣劳动力的消费资料量 w_t 是给定的,因此他会选择雇佣劳动量 L_t 以使得剩余产品量 $NY_t - \rho NK_t - w_t NL_t$ 最大化,代入(1-3)、(1-4) 式可解得

$$L_t = A_t^{-1} K_t [w_0/(\alpha A_0)]^{1/(\alpha-1)} \tag{1-5}$$

(1-5) 式说明,资本家雇佣劳动量会随着社会平均资本数量 K_t 的提高而提高,随着劳动生产力 A_t 的提高而减少。我们假设每类主体的劳动都是同质的,且面对着相同的实物工资,因此可以合理地假设每类经济主体供给的劳动量都相等,即有 $L_{i,t} = L_t$,$i = 1$,$\cdots$,N,且 $L_{i,t} < 1$ 总是满足,这样可以保证产业后备军的存在。资本家把剩余产品 $NY_t - \rho NK_t - w_t NL_t$ 视为资本要素投入的报酬,结合(1-3) 和(1-5) 式可以得到资本报酬率为

$$r_t = (NY_t - \rho NK_t - w_t NL_t)/(NK_t) = -\rho + (1-\alpha)[w_0/(\alpha A_0)]^{\alpha/(\alpha-1)} \tag{1-6}$$

注意到资本报酬率与马克思定义的利润率的区别,利润率的分母是资本家的所有预

付资本

$$\pi_t = (NY_t - \rho NK_t - w_t NL_t)/(NK_t + w_t NL_t)$$
$$= \{-\rho + (1-\alpha)[w_0/(\alpha A_0)]^{\alpha/(\alpha-1)}\}/[1 + \alpha^{1/(1-\alpha)}(w_0/A_0)^{\alpha/(\alpha-1)}] \tag{1-7}$$

π_t 是利润率,资本主义生产可行的条件是 $\pi_t > 0$ 或 $-\rho + (1-\alpha)[w_0/(\alpha A_0)]^{\alpha/(\alpha-1)} > 0$。

2. 最终产品的价值增殖过程

用 Λ_t 表示每单位最终产品在 t 期的价值。物化劳动价值转移到最终产品中去,企业应用资本 NK_t 进行生产,转移到最终产品中的价值应为其损耗或折旧部分,而最终产品中的新价值全部由劳动力创造,即有

$$\underbrace{\Lambda_t NY_t}_{w} = \underbrace{\Lambda_t \rho NK_t}_{c} + \underbrace{w_t \Lambda_t NL_t}_{v} + \underbrace{(1 - w_t \Lambda_t) NL_t}_{m} \tag{1-8}$$

其中:$\Lambda_t NY_t$ 是生产出来最终产品的价值,即 w 部分;$\Lambda_t \beta NK_t$ 为生产资料折旧或损耗部分的价值,即 c 部分;NL_t 是劳动力创造的新价值,包括支付给劳动者的劳动力价值 $w_t \Lambda_t NL_t$ 和资本家占有的剩余价值 $(1 - w_t \Lambda_t) NL_t$,即 v 和 m 部分。由(1-3)、(1-5)和(1-8)式可解得每单位最终产品的价值为

$$\Lambda_t = [w_0/(\alpha A_0)]^{1/(\alpha-1)} / \left\{ A_t \left[-\rho + \left(\frac{w_0}{\alpha A_0} \right)^{\alpha/(\alpha-1)} \right] \right\} \tag{1-9}$$

因此,影响最终产品价值 Λ_t 的主要因素是劳动生产力 A_t。当劳动生产力 A_t 提高时,最终产品价值 Λ_t 减小,意味着生产最终产品的社会必要劳动时间减少。(1-8)式中劳动力创新的新价值为 NL_t,支付给工人的劳动力价值为 $w_t \Lambda_t NL_t$,资本家获得的剩余价值为 $(1 - w_t \Lambda_t) NL_t$,由(1-4)和(1-9)式可以得到 t 期的剩余价值率为

$$m_t = (1 - w_t \Lambda_t)/w_t \Lambda_t = \{-\rho + [w_0/(\alpha A_0)]^{\alpha/(\alpha-1)}\}/[\alpha^{1/(1-\alpha)}(w_0/A_0)^{\alpha/(\alpha-1)}] - 1 \tag{1-10}$$

由(1-10)式,剩余价值率在各期保持不变。(1-10)式还说明第 i 类主体在 t 期生产其劳动力价值的必要劳动时间为 $w_t \Lambda_t L_t$,剩余劳动时间为 $(1 - w_t \Lambda_t) L_t$。由(1-7)和(1-10)式有

$$\pi_t = \cfrac{m_t}{1 + \cfrac{m_t}{-\rho + (1-\alpha)\left(\dfrac{w_0}{\alpha A_0}\right)^{\alpha/(\alpha-1)}}} \tag{1-11}$$

注意到 $-\rho + (1-\alpha)\left(\dfrac{w_0}{\alpha A_0}\right)^{\alpha/(\alpha-1)} > 0$,由(1-11)式,当剩余价值率 $m_t = 0$ 时,利润率 π_t 也为零;当剩余价值率 $m_t > 0$ 时,利润率 $\pi_t > 0$,两者呈严格正相关关系。(1-11)式实际上证明了本章模型设定下的森岛—置盐马克思主义基本定理(Morishima-Okishio Fundamental Marxian Theorem, FMT),马克思主义基本定理在马克思主义经济学的现代形式化中占有突出地位。在现实经济中,很难直接观测到剩余价值率,但企业的利润

率是可以观测到的,可以将该利润率作为剩余价值率的代表变量,或应用(1-11)式实证地估计出剩余价值率。

3.劳动生产力的提高

马克思关于劳动生产力的观点是,提高劳动生产力会使工人在相同时间内生产出更多的产品,或者工人生产相同的产品只需要更少的劳动时间。结合(1-3)和(1-5)式,本模型中劳动生产力为 $NY_t/(NL_t)=A_t[w_0/(\alpha A_0)]$,注意到 $w_0/(\alpha A_0)$ 值是固定的,因此将 A_t 作为劳动生产力的代表变量是合理的。马克思分析了劳动生产力提高带来的两方面影响:(1)劳动生产力越高,则单位商品包含的价值量越低,即两者成反比关系。单位最终产品在 t 期的价值 Λ_t 随着劳动生产力 A_t 提高的降低,符合马克思的观点。(2)劳动生产力越高,则相对剩余价值越高。如果资本家支付给工人的实物工资保持不变,则其对应的产品价值下降,工人生产劳动力价值的必要劳动时间减少,从而相对剩余价值增加。马克思指出,"生产资本越增加,分工和采用机器的范围就越扩大","劳动生产率又取决于生产规模",因此可以假设劳动生产力 A_t 和每类主体的平均资本存量 K_t 同步增长,即有

$$A_t=\delta K_t, \delta>0 \tag{1-12}$$

代入(1-5)式可得到资本家雇佣劳动力数量为:

$$L_t=\delta^{-1}\left[w_0/(\alpha A_0)\right]^{1/(\alpha-1)} \tag{1-13}$$

(1-13)式说明资本家在各期雇佣的劳动力数量是固定的,每类经济主体在每期的劳动时间都是 $\delta^{-1}\left[w_0/(\alpha A_0)\right]^{1/(\alpha-1)}$。前文我们假设资本家每期都是在给定劳动生产力 A_t、资本量 K_t 以及实物工资 w_t 下进行决策,从而得到资本家的雇佣劳动量(1-5)式,此时再假设劳动生产力 A_t 与 K_t 同步增长并代回(1-5)式中,是不会影响资本家的决策的。

(三)模型求解

每类经济主体的最优化问题是通过选择每期的消费和投资,在(1-2)式的约束下最大化(1-1)式,可解得其一阶条件为:

$$C_{i,t+1}/C_{i,t}=\beta(1+r_{t+1}) \tag{1-14}$$

(1-14)式说明第 i 类经济主体的消费增长率 $C_{i,t+1}/C_{i,t}$ 与 i 无关,$i=1,\cdots,N$,这意味着每类经济主体的消费增长率都是相等的,结合(1-6)式有

$$C_{t+1}/C_t=C_{i,t+1}/C_{i,t}=\beta\{1-\rho+(1-\alpha)\left[w_0/(\alpha A_0)\right]^{\alpha/(\alpha-1)}\} \tag{1-15}$$

其中 $i=1,\cdots,N,C_t\equiv\sum_i C_{i,t}/N$ 是每类经济主体在 t 期对最终产品的平均消费量。(13)式意味着,在这个模型中随着经济的增长每类经济主体的消费增长率都是相同的,说明不论是"赤贫"的工人还是垄断整个社会资本的资本家,他们的消费都是同步增长的,但由于基数不同,消费增长的绝对额会有很大差异。这意味着经济增长对资本家是更有利的,他们原本消费额较高,随着经济增长消费的绝对额会增加更多。把(1-2)式

对所有经济主体加总,并代入(1-4)和(1-6)式整理得到

$$K_{t+1} = \{1 - \rho + [w_0/(\alpha A_0)]^{a/(\alpha-1)}\} K_t - C_t \quad (1\text{-}16)$$

由(1-16)式有 $K_t\{K_{t+1}/K_t - 1 + \rho - [w_0/(\alpha A_0)]^{a/(\alpha-1)}\} = C_t$,在平衡增长路径上等号左侧括号内为常数,因此有 K_t 增长率和 C_t 增长率相等,即有 $K_{t+1}/K_t = C_{t+1}/C_t$,再由(1-3)和(1-5)式可以得到

$$Y_{t+1}/Y_t = K_{t+1}/K_t = C_{t+1}/C_t = \beta\{1 - \rho + (1-\alpha)[w_0/(\alpha A_0)]^{a/(\alpha-1)}\} \quad (1\text{-}17)$$

令 $\varphi = \beta\{1 - \rho + (1-\alpha)[w_0/(\alpha A_0)]^{a/(\alpha-1)}\}$,即为整个经济的增长率。把(1-2)式写成 $K_{i,t}(K_{i,t+1}/K_{i,t} - 1 - r_t) = w_t L_{i,t} - C_{i,t}$,注意到等号右侧的增长率为 φ,左侧括号内在平衡增长路径上为常数,因此 $K_{i,t}$ 的增长率也为 φ。前文分析指出,每类经济主体的劳动供给在期初就固定在 L_t 水平上,结合(1-14)~(1-17)各式说明经济体一开始就处在平衡增长路径上,每类主体的劳动供给始终保持在 L_t 水平上,每类经济主体的消费 $C_{i,t}$、资本存量 $K_{i,t}$ 以及整个经济的平均消费 C_t、平均资本存量 K_t、平均产出 Y_t 均以相同的增长率 φ 增长。由(1-4)、(1-5)、(1-12)和(1-16)式可解得

$$L_t = \delta^{a/(1-\alpha)}[w_0/(\alpha K_0)]^{1/(\alpha-1)}, C_0 = \{1 - \rho + [w_0/(\alpha A_0)]^{a/(\alpha-1)} - \varphi\}K_0 \quad (1\text{-}18)$$

由(1-2)和(1-6)式可解得

$$C_{i,0} = (1-\beta)\{1 - \rho + (1-\alpha)[w_0/(\alpha A_0)]^{a/(\alpha-1)}\}K_{i,0} + w_0 L_t \quad (1\text{-}19)$$

(1-19)式说明初始资本禀赋 $K_{i,0}$ 越高的经济主体,在期初对最终产品的消费量越高。由(1-6)式有 $\varphi = \beta(1+r_t) < 1 + r_t$,其中各期 r_t 都相等,是经济体系处于平衡增长路径时的资本报酬率;φ 是均衡时的经济增长率,因此皮凯蒂(2014)提出的重要条件,资本收益率>经济增长率在本章模型中成立,也即,经济主体的最优化行为会导致资本收益率>经济增长率的条件成立。

第四节　对理论模型的讨论

(一)放宽"工人阶级无任何储蓄"的假设,马克思关于资本主义生产当事人的观点依然成立

一方面,马克思认为,资本主义生产当事人的行为和动机是由他所属的阶级利益决定的(孟捷,2016)。对于资本家,马克思的观点是,资本家进行生产的目标是获得尽可能多的剩余价值,只有资本家,而不是工人,才能进行资本积累或剩余价值的资本化,资本家攫取的剩余价值是资本积累的唯一源泉。另一方面,马克思假设雇佣工人并无任何储蓄,该假设在马克思经济学中起着重要作用。本章所构建理论模型的重要特征就是,不但资本家可以进行资本投资,工人也可以进行资本投资,获得资本报酬。这个设定符合美国等发达资本主义国家大量存在利用劳动者储蓄进行投资的企业年金的客观事实。然而放宽上述假设实际上并不会改变工人阶级的经济地位。在本模型中,假设两类经济

主体的初始资本禀赋不同,资本家拥有整个社会的资本,而工人则不拥有任何资本,也即工人是"赤贫"的。研究发现,随着劳动生产力的提高和经济增长,工人将始终保持"赤贫"状态。也即无论社会经济如何增长,初始资本禀赋为零的工人阶级,其对资本或财富的占有将始终保持为零。整个社会的资本或财富将全部为资本家所拥有,且资本家所拥有的资本或财富会不断增长,两个阶级的贫富差距将不断增大。

本章的结论印证了马克思关于劳动力价值的观点。马克思指出,劳动力价值是由生产和再生产劳动力所需要的生活资料的价值决定的。研究发现,随着劳动生产力的提高和经济增长,工人的实物工资会不断上升,但两个阶级的最优化行为会导致工人的所有劳动收入只用于消费,而不会选择用于投资,因此工人的工资只用于维持其自身及后代生存所必需的生活资料价值。这一方面印证了马克思关于劳动力价值的观点,同时可以解释皮凯蒂在《21世纪资本论》中指出的,在美国和多数欧洲国家如法国、德国、英国和意大利等,最贫穷的50%人口占有的国民财富一律低于10%,也即半数人口几乎一无所有。这些国家的劳动者工资虽然随着经济增长而增长,但劳动收入仅用于满足生产和再生产劳动对消费资料的需求,仅用于生活所需,说明马克思的劳动力价值理论在当代资本主义社会依然成立[①]。另一方面也印证了马克思关于劳动力价值由源自生产方式的复杂因素,即由生产技术的复杂性所决定的观点。随着劳动生产力的提高,工人的实物工资不断上升,正如荣兆梓(2009)所指出的,这意味着为了适应劳动生产力提高对劳动力素质的更高要求,生产和再生产劳动力所需要的生活资料数量增加了,必须提高劳动者的体力、能力、文化水平及其他劳动技能,从而也就需要消费更多的生活资料。

(二)劳动生产力的提高会使工人实物工资增加,而资本家的资本和财富也增加,从而缓和阶级矛盾

劳动生产力的提高会使工人的实物工资上升,但劳动力价值(以时间衡量)保持不变。实际上资本家占有的实物剩余价值以及资本、财富均逐期以 φ 的增长率增长,而工人拥有的资本或财富始终为0。在劳动生产力提高的情况下,资本家不需要提高剥削程度,即可持续占有更多剩余价值。同时,工人的实物工资和消费也以 φ 的增长率增长,因此劳动生产力的提高会在一定程度上缓和两个阶级的矛盾。在(1-10)式中,我们计算了衡量工人受资本家剥削程度的剩余价值率,注意到在本分析框架下剩余价值率保持不变,其主要原因是工人的实物工资随着劳动生产力的增长而增长,而每期以劳动时间衡量的劳动力价值保持不变,相应的每期以劳动时间衡量的剩余价值也不变,因此剩余价值率保持不变。

---

① 美国等发达资本主义国家大量存在利用劳动者储蓄进行投资的企业年金的事实,说明工人在退休前进行储蓄,退休后又会因维持生存的消费而失去储蓄,就长期而言工人并无储蓄。由于本章采用的是无穷期离散时间模型,无法捕捉工人退休前储蓄以维持退休后生活的消费平滑化行为,对于该问题后续可采用代际交叠模型(OLG模型)做进一步研究。

但在短期内,可能存在资本家对工人的剥削程度提高的现象。例如,受供求关系的影响,虽然劳动生产力提高了,如果资本家支付给工人的实物工资保持不变,则必要劳动时间 $w_t \Lambda_t L_t$ 会降低,剩余价值率或资本家对工人的剥削程度会提高。但从长期看,如果实物工资会随着劳动生产力的提高而提高,则剩余价值率或资本家对工人的剥削程度会保持不变。

两个阶级矛盾的缓和只是在一定程度上,资本家仍然占有整个社会的资本和财富,工人始终无法摆脱"赤贫"状态,随着时间的推进,两个阶级之间的贫富差距会越来越大,这是阶级矛盾扩大的基础。本章的理论结论支持马克思的以下判断,即虽然工人阶级的生存状态有了很大的改观,但他们仍然除了必需的生活资料外一无所有,他们如果不依附于雇佣资本,将面临失去一切的困境。

(三)资本主义生产方式下存在的阶级固化现象

考虑一般化的经济主体假设,即经济体系中不仅存在工人和资本家两类经济主体,还存在其他类经济主体,他们既是劳动者,又进行投资从而获得资本报酬,这比较符合现代资本主义社会的情况。前文分析指出,每类经济主体的劳动供给在期初就固定在其均衡水平上。对于每类经济主体,我们分析其消费与初始资本禀赋的关系,由(1-19)式可以发现,初始资本禀赋占比越高的经济主体,其期初对最终产品的消费数量也越多。由(1-15)式,每类经济主体在各期的消费增长率均相同,因此期初消费量越多的经济主体,在随后各期的消费量也越多。

上述分析表明,资本主义生产方式下存在阶级固化现象,也即,经济主体在社会经济生活中所处的地位,以其收入、消费和福利水平来衡量,完全由其初始资本禀赋所决定。对于任意两类经济主体 i 和 j,假设经济主体 i 的初始资本禀赋高于 j,即有 $K_{i,0} > K_{j,0}$,那么在未来的任意 t 期,总有 i 的收入、消费和福利水平高于 j。这意味着,初始资本禀赋高的经济主体在社会经济生活中将始终处于优势地位,拥有较多的收入、消费和福利,并且这种状况不会随着时间的推进而改变,两者在收入、消费和福利水平等方面的差距将会越来越大。

(四)劳动生产力提高条件下商品价值和劳动力价值的变动规律

随着劳动生产力的提高,以劳动时间衡量的单位最终产品的价值量是降低的,这个结论符合马克思"劳动生产率总的来说无非是……把单位产品的价值降到它的最低限度"[①]的观点。由(1-17)式,实物产出的每期增长率为 φ(有 $\varphi > 1$),而每一期的劳动时间保持不变,意味着单位产品每期的价值为上一期的 $1/\varphi$(有 $1/\varphi < 1$)。

随着劳动生产力的提高,工人的实物工资会同比增长,每期增长率为 φ,但其必要劳动时间或劳动力价值保持不变。这个结论可以较好地解释 20 世纪以来特别是二战后主

---

① 马克思,恩格斯.马克思恩格斯全集[M].第48卷.北京:人民出版社,1979:22.

要资本主义国家工人工资的长期变动趋势,即实际工资增长和劳动生产力增长之间存在接近1∶1的关系。

(五)劳动生产力提高条件下的资本有机构成变动规律

马克思建立的资本有机构成理论,可以从物质形式和价值形式两个方面考察。从物质形式来看,随着技术进步,生产过程中使用的生产资料数量相较于劳动力数量的比例上升,这个比例被称为资本技术构成。从价值形式来看,生产过程中使用的生产资料价值和劳动力价值的比例关系,被称为资本价值构成。资本价值构成恰好等于生产过程中使用的不变资本和可变资本价值之比。显然,资本价值构成的变化是由资本技术构成变化所决定的,马克思把资本价值构成称为资本的有机构成,并认为随着技术进步,资本有机构成会逐步提高。

在本章的模型中,随着劳动生产力的提高,资本家拥有并投入生产的资本量同比例增长,而雇佣劳动量保持不变,因此资本技术构成会不断提高。从价值形态来看,注意到劳动力价值或必要劳动时间保持不变,资本有机构成是否逐步提高,就取决于对资本价值的计算方法:(1)如果以资本家取得资本的"历史价值"来计算资本家投入生产的不变资本,那么随着投入资本量的不断增长,资本有机构成不断提高;(2)如果以资本的"现在价值"来计算资本家投入生产的不变资本,注意到随着劳动生产力提高,单位资本的价值不断下降(每期价值为上一期的 $1/\varphi$),虽然资本家投入生产的实物资本量不断增长(每期增长率为 φ),但其总价值保持不变,此时资本有机构成保持不变。从马克思的相关表述来看,应该是采用一种计算方法。因此,本章的理论模型支持马克思关于资本有机构成不断提高的观点。

(六)资本主义生产方式下的财富和收入分配

皮凯蒂(2014)指出,当资本收益率>经济增长率成立时,在一个以私有制为基础的自由市场经济中,收入和财富分配的不均等程度会随着经济增长而不断扩大。由推论2,在本章的模型设定下,经济主体的最优化行为会导致该条件成立。

但如果仅有劳动生产力的增长,则无法观察到皮凯蒂所指出的财富和收入分配不均等程度扩大的现象。首先,财富分配保持不变。用 $k_{i,t} \equiv K_{i,t}/K_t$ 表示经济主体 i 在 t 期所拥有的资本或财富占社会平均值的比例,注意到 $K_{i,t}$ 和 K_t 在每一期的增长率都相同,容易证明 $k_{i,t} = k_{i,0}$,即财富分配在各期保持不变。其次,收入分配保持不变。用 $y_{i,t} \equiv [(1+r_t)K_{i,t}+w_t L_{i,t}]/Y_t$ 表示经济主体 i 在 t 期的收入占社会平均值的比例,容易证明 $y_{i,t}=y_{i,0}$,意味着收入分配在各期保持不变。本章所得到的财富和收入分配保持不变的结论,可以在一定程度上解释美国和欧洲近几十年的财富和收入分配状况的变动。

图 1-1 是美国 1810—2010 年的财富不平等状况。1940 年以后,最富有的 1% 人群所拥有的财富占全部人口总财富的比重,基本在 30%～35% 的水平上;最富有的 10% 人群所拥有的财富占全部人口总财富的比重,基本在 65%～70% 的水平上。上述两个比例在

1940—2010 年的 70 年间基本保持稳定,而剩下 90％人群所拥有的财富比重,基本在 30％～35％的水平上,这些经验证据可以支持本章理论模型分析所得到的,资本主义生产方式下各阶级财富分配保持不变的结论。

图 1-2 是美国 1810—2010 年的收入不平等状况。从 1940 年以后,收入最高的前 1％人口的收入占全部人口总收入的比重,出现了先下降后上升的趋势,这是本章模型无法解释的。注意到前 1％人口收入占比在 2000—2002 年间和 2008—2010 年间出现了两次大幅下滑,恰好是互联网泡沫破灭和次贷危机期间,这说明前 1％人口收入占比在 1980年以后大幅上升的原因很可能是资产价格上涨。如果剔除掉前 1％人口,收入最高的前1％～5％和前 5％～10％人口的收入占比则基本保持稳定:从 1940—2010 年的 70 年间前 5％～10％人口的收入占比基本在 10％～12％的水平上,相当稳定;前 1％～5％人口的收入占比有小幅上升,大约从 12％上升到 16％。这些经验证据基本支持本章理论模型的发现,即资本主义生产方式下各阶级的收入分配保持不变。

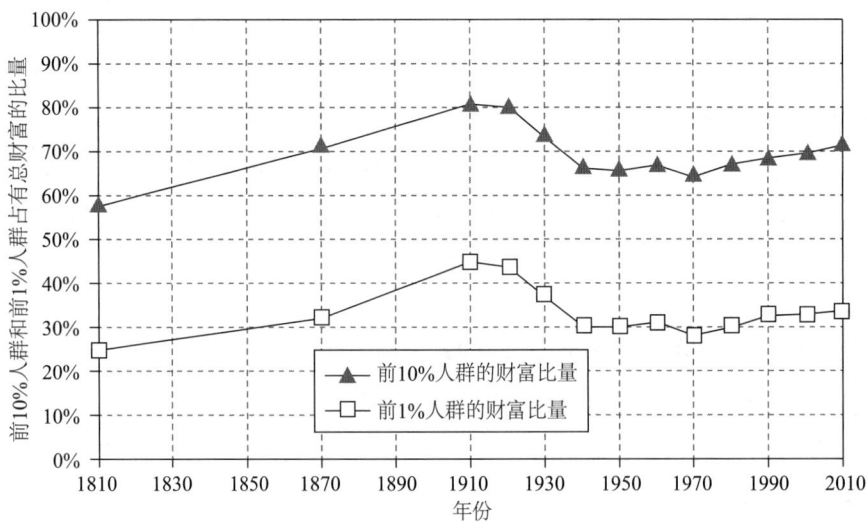

图 1-1　1810—2010 年美国的财富不平等

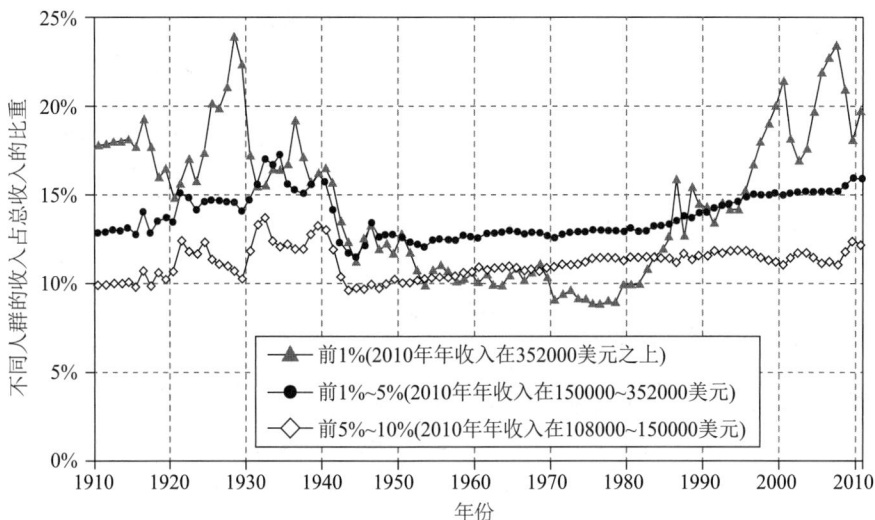

图 1-2　1910—2010 年美国的收入不平等状况

综合来看,本研究的结论可以在一定程度上解释以美国为代表的发达资本主义国家的财富和收入分配情况,特别是 1940 年以后,美国社会经济制度相对稳定情况下的财富和收入分配。但无法解释美国收入最高的前 1% 人口的收入占比变动,主要原因有两方面:首先是"超级经理人"群体的兴起,他们通常是大公司的高管,报酬极其优厚,包含股票期权等能转化为未来收入的报酬,他们的出现加剧了收入的不平等,大幅提高了前 1% 人口的收入占比;其次,这部分人群的收入在很大程度上受到资产价格波动,特别是泡沫形成和破灭的影响,有较大的波动性。上述都是本章模型没有考虑的因素。

(七)马克思主义视角下的收入和财富分配

马克思视角下的收入和财富分配,与西方经济学对收入和财富等分配的定义有根本区别。西方经济学对于收入和财富等分配,仅考虑不同人口或家庭在收入和所拥有财富方面的不均等性。在马克思视角下,商品价值是由无差别一般人类劳动所创造的,因此经济主体如人口或家庭所拥有的收入和财富应与其劳动供给相匹配。以收入为例,整个经济的收入分配最符合马克思主义正义的情况是,每类经济主体的收入都与其所提供的无差别劳动都匹配,即实现"按劳分配"。其背后的逻辑是很清晰的,既然新价值都是由劳动创造的,当然也应按每类经济主体提供的劳动来进行分配。举例来说,假设经济体内有两类主体,一类主体拥有全部资本且是完全的"食利者",另一类主体则不占有任何资本且是完全的劳动者。如果"食利者"的资本报酬刚好和劳动者的劳动收入相等,那么从西方经济学的角度,这个社会的收入分配是完全均等的,但从马克思主义的视角,"食利者"并未创造任何价值,其收入来自于剥削劳动者的剩余价值。从这个角度出发,我们可以以偏离"按劳分配"的程度来衡量马克思视角下收入分配不公的程度。

用 $y_{i,t} \equiv [(1+r_t)K_{i,t}+w_t L_{i,t}]/Y_t$ 表示经济主体 i 在 t 期的收入占社会平均值的

比例,以此来衡量收入分配是西方经济学的做法,其平均值$\sum_i y_{i,t}/N=1$,方差 $D(y_{i,t})\equiv$ $\sum_i(y_{i,t}-1)^2/N$ 衡量了整个社会收入分布不均的状况,如果随着时间推移,$D(y_{i,t})$ 增大,则意味着社会收入分布不均的程度变大;如果随着时间的推移,$D(y_{i,t})$ 减小,则意味着社会收入分布不均的程度变小。上述定义完全没有考虑经济主体所提供的劳动,表面上是"按生产要素分配",实际上是"按初始资本禀赋分配",初始资本禀赋越高的个人或家庭,其未来收入占比也越高。

在马克思的视角下,定义 $y_{i,t}^*\equiv\dfrac{[(1+r_t)K_{i,t}+w_tL_{i,t}]/L_{i,t}}{Y_t/L_t}$,即经济主体 i 在 t 期的单位劳动对应的总收入(包括劳动报酬和资本回报)与社会平均值之比,类似可以定义其方差 $D(y_{i,t}^*)$。如果初始资本禀赋越高的经济主体,其收入越高而劳动供给越少,则 $y_{i,t}^*$ 值越大。如果资本家提供较少的劳动但收入更高,工人提供较多的劳动但收入更低,那么马克思视角下的收入分配不均等程度就要比西方经济学中的收入分配不均等高得多,$D(y_{i,t}^*)$ 值越大,意味着收入分配偏离马克思视角下的分配正义或"按劳分配"越远。

类似的,我们可以定义马克思视角下的消费和财富分配,可以证明,初始资本禀赋越高的经济主体,其拥有的消费和财富水平越高,这意味着马克思主义视角下的消费和财富分配不均等程度要比西方经济学中定义的高得多。类似的,我们也可以定义消费和财富分配偏离马克思视角下分配正义或"按劳分配"程度的衡量指标。

第五节 结论与建议

本章构建了一个理论模型,试图应用马克思经济学的基本原理和方法研究当前资本主义生产方式下收入和财富分配不均等的形成机制,以及这种分配不均等和经济增长的关系。本章的分析框架具备了马克思主义经济学的主要特征,包括阶级分析、劳动价值论和资本雇佣劳动等,又结合了当代资本主义经济制度的某些特征,放宽了现有文献中"工人阶级无任何储蓄"的假设,所得到的结论支持了马克思提出的"资本家的动机在于尽可能多地占有剩余价值"、"积累即剩余价值的资本化是资本家特有的行为"、"积累的源泉仅仅来源于剩余价值"以及无产阶级相对贫困化等重要理论判断,可以在一定程度上解释 1940 年以来以美国为代表的发达资本主义国家的财富和收入分配情况,对于分析我国在社会主义初级阶段、多种所有制并存、多种分配方式并存条件下收入和财富分配不均问题的成因和治理也有借鉴意义。

假设两类资本主义生产当事人——工人和资本家的初始资本禀赋不同,资本家拥有整个社会的资本,而工人则不拥有任何资本,也即工人是"赤贫"的。随着劳动生产力的提高和经济增长,初始资本禀赋为零的工人,其对资本或财富的占有将始终保持为零。整个社会的资本或财富将全部为资本家所拥有,且资本家所拥有的资本或财富会不断增长,两个阶级的贫富差距将不断增大。劳动生产力的提高会使工人的实物工资上涨,但其劳动力价值保持不变,资本家无须提高剥削程度,即可持续占有更多剩余价值。这个结论可以较好地解释 20 世纪以来特别是二战后主要资本主义国家工人工资的长期变动趋势。如果考虑一般化的经济主体假设,初始资本禀赋高的经济主体在社会经济生活中将始终处于优势地位,提供较少的劳动,却拥有较多的收入、消费和财富,并且这种状况不会随着时间的推进而改变。这个结论为皮凯蒂(2014)指出的"遗产型资本主义"或"食利者"社会提供了理论基础,资本主义生产方式下子女的社会经济地位在很大程度上取决于家庭的社会经济地位。本章结论可以在一定程度上解释 1940 年以后美国社会经济制度相对稳定情况下的财富和收入分配。最后,本章还指出,与西方经济学对收入和财富分配的定义不同,在马克思主义视角下,经济主体所拥有的收入、消费和财富应与其劳动供给相匹配。

　　本章在研究方法上的创新,主要是区分了商品生产中的劳动过程和价值形成过程,对劳动过程定义了更一般化的线性齐次生产函数。这个分析框架不仅符合马克思经济学的主要特征,包括阶级分析、劳动价值论和资本雇佣劳动等,又结合了当代资本主义经济制度的某些特征,所得到的结论符合马克思关于资本主义生产当事人、劳动力价值、工人阶级相对贫困化和资本有机构成提高等理论观点,而且很容易进行扩展如引入各类宏观经济政策等。本章模型的局限性在于,模型均衡是一个稳定均衡,各变量期初就处在平衡增长路径上,缺乏动态变化。这与本模型对实物工资的假设和对内生增长机制的设定是有关系的,未来的研究可从这两方面的改进着手,以进行更丰富的动态经济分析并获得更多有意义的结论。本章结论的政策含义在于,在缺乏政府干预的条件下,以私有制为基础的自由市场经济会使得工人和资本家之间的收入和财富差距不断加大,而且会偏离马克思主义视角下的收入和财富分配正义。本章研究所发现的资本主义生产方式下收入和财富分配不均的形成机制,对于分析我国在社会主义初级阶段、多种所有制并存、多种分配方式并存条件下的分配不均等问题也有借鉴意义。要解决我国在当前发展阶段存在的收入和财富分配不均等现象,必须充分发挥社会主义制度的优越性,一方面要以资本税替代劳动税,可以考虑对房地产和资本所得课征累进税,设立合理的起征点和税率结构,通过合理税制来实现马克思视角下的收入和财富分配均等;另一方面,要坚持做大做强国有企业,提高国企经营效率,使国企确实起到压缩贫富差距的作用。

本章参考文献

[1]Minsky H.P. Stabilizing an unstable economy[M]. Yale University Press, 1986.

[2]Morishima M. Marx in the light of modern economic theory[J]. Econometrica,

1974(42):6111-632.

[3]Roemer J. A general equilibrium approach to marxian economics[J]. Economet-rica，1986(3).

[4]曾启贤.经济分析中的人[J].经济研究,1989(5).

[5]方敏,赵奎.解读马克思的工资理论[J].政治经济学评论,2012(7).

[6]冯金华.马克思主义经济学的数学原理[M].上海:上海人民出版社,2010.

[7]国际劳工组织.2014—2015年全球工资报告[R].2014.

[8]科西克.具体的辩证法[M].傅小平译.北京:社会科学文献出版社,1989.

[9]李帮喜,藤森赖明.马克思—斯拉法模型与固定资本:兼论剑桥方程式的成立条件[J].经济学家,2014(5).

[10]刘树成,周思毅.生产函数与马克思的劳动价值论——兼与王书瑶同志商榷[J].数量经济技术经济研究,1985(3).

[11]罗默,约翰·E..马克思主义经济理论的分析基础[M].汪立鑫,张文瑾,周悦敏译.上海:上海人民出版社,2007.

[12]马克思.资本论[M].北京:人民出版社,2004.

[13]马克思,恩格斯.马克思恩格斯全集[M].第二十六卷第二册.北京:人民出版社,1973.

[14]马克思,恩格斯.马克思恩格斯全集[M].第二十三卷.北京:人民出版社,1972.

[15]马克思,恩格斯.马克思恩格斯全集[M].第二十五卷.北京:人民出版社,1972.

[16]马克思,恩格斯.马克思恩格斯全集[M].第四十六卷上册.北京:人民出版社,1979.

[17]马克思,恩格斯.马克思恩格斯全集[M].第四十四卷.北京:人民出版社,2001.

[18]马克思,恩格斯.马克思恩格斯选集[M].第一卷.北京:人民出版社,2012.

[19]孟捷.历史唯物论与马克思主义经济学[M].北京:社会科学文献出版社,2016.

[20]皮凯蒂·托马斯.二十一世纪资本论[M].北京:中信出版社,2014.

[21]荣兆梓.相对剩余价值长期趋势与劳动力价值决定[J].马克思主义研究,2009(7).

[22]习近平.在哲学社会科学工作座谈会上的讲话[EB/OL].人民网,2016-05-17.

[23]晏智杰.马克思经济理论中的效用分析[J].北京大学学报(哲学社会科学版),1982(3).

[24]杨春学,张琦.如何看待《21世纪资本论》对经济学的贡献[J].经济学动态,2014(9).

[25]张浩,邓振春.美国企业年金:股票市场三分天下有其一[N].中国劳动保障报,2012-03-20.

第二章　马克思主义财政扶贫理论与政策：十九大精神下的新探索

王艺明　胡久凯[*]

第一节　绪论

习近平总书记在十九大报告中回顾过去五年以来的工作时说,中国脱贫攻坚战取得决定性进展,6000多万贫困人口稳定脱贫,贫困发生率从10.2%下降到4.0%以下。中国共产党创新提出的精准扶贫政策,以每年减贫1300万人以上的成就,书写了人类反贫困斗争史上"最伟大的故事",赢得了国际社会的高度赞誉。十九大报告还提出,重点攻克深度贫困地区脱贫任务,确保到2020年我国现行标准下农村贫困人口实现脱贫,贫困县全部摘帽,解决区域性整体贫困,做到脱真贫、真脱贫。

从历史到现在,贫困问题始终是一个困扰全世界人类发展的重大问题。截至2016年全球仍有极端贫困人口8亿多[①]。贫困问题是造成当今世界各国许多社会经济问题的根源,西方学者们从社会、经济、政治、人口等不同角度开展了对贫困问题的理论研究,并取得了一定的成果,但受限于其研究立场,在其研究中往往面临着无形的思想桎梏。不少西方学者认为,只要财富和收入的获得满足程序公正原则(初始获得的公正和财产转移的公正),那么由此而带来的分配结果就是公平的,不管差距有多大(杨春学和张琦,2014),从这个出发点要解决贫困问题是非常困难的。事实上,研究贫困问题的最有力武器是马克思主义政治经济学。从马克思的巨著《资本论》出版到现在,时间已经过去一个半世纪,但马克思主义理论在时代的变迁中仍然放射出真理的光芒。国内现有应用马克思主义政治经济学原理和方法研究中国经济问题的文献很少涉及贫困问题。中国政府扶贫政策取得的巨大成就为中国特色社会主义政治经济学的理论创新提供了重要基础。发展适应中国国情的政治经济学,不仅能有力指导我国脱贫攻坚的经济发展实践,而且将开拓马克思主义政治经济学新境界。

本章应用马克思主义经济学的基本原理和方法,结合马克思和恩格斯对社会主义阶

---

[*] 王艺明,教授、博士生导师,厦门大学经济学院财政系;胡久凯,助理教授,湖北经济学院。

[①] 数据来自于联合国2016年7月发布的《发展与全球化:事实与数据》年度报告。

段生产力平衡布局的理论构想,研究中国社会主义初级阶段贫困问题的成因和财政扶贫政策的作用机制。本章构建了一个基于劳动价值论的中央—地方政府财政转移支付模型,研究发现,在社会主义市场经济条件下,如果缺乏基于生产力平衡布局的政府干预,不同地区之间的生产资料存量、劳动生产率会越来越大,居民收入和消费差距也会越来越大,而实施倾向于贫困地区的财政转移支付不但不会影响整体经济增长率,还会促进整体消费增长率的最大化,缩小地区间差距。在理论研究基础上,本章还对中国的财政扶贫政策绩效进行了经验评估,经验研究的主要思路是以 1994 年"八七扶贫计划"中"四进七出"的贫困县划分作为一个准自然实验来构建断点回归设计,应用两阶段最小二乘法(2SLS)评估财政扶贫支出对贫困县劳动生产率提高的影响。本章是在适应当代中国国情和时代特点条件下,应用马克思经济学的基本原理和方法分析和解决中国实际经济问题的一个有益探索。本章对财政扶贫支出绩效的评估,是对现有文献关于中国政府扶贫政策和财政政策等方面研究的有益补充,对中国"精准扶贫"战略的实施以及通过财政政策实现区域公平发展有一定参考价值。

第二节　文献综述

(一)马克思主义贫困理论与生产力平衡布局理论

马克思的贫困理论是无产阶级的贫困化理论,提出了资本主义生产方式下,从资本积累、资本有机构成提高、失业人口膨胀、生产相对过剩到经济危机的有机链条,从而得到资本主义生产方式必然导致工人阶级绝对贫困和相对贫困的规律。但中国社会主义初级阶段的生产关系和资本主义社会有根本区别,贫困问题产生的原因和机制也有根本区别,因此不能生搬硬套马克思关于无产阶级贫困化的某些观点和结论,但可以也应该应用他的基本理论和方法开展研究。近年来中国学者对马克思的贫困理论进行了一些研究,多数围绕贫困理论本身及其在资本主义社会的表现,如李晓红和周文(2009)、王峰明(2016)等。应用马克思主义基本原理分析中国社会主义初级阶段贫困问题的一篇重要文献是刘建华和丁重扬(2012)的研究,他们指出社会主义贫困的一般原因在于现阶段生产力水平的不发达,制度原因在于私有经济较大规模的发展,在此基础上提出了大力发展生产力和坚持社会主义基本经济制度两个对策。刘建华和丁重扬(2012)对中国现阶段贫困问题成因和对策的研究结论无疑是正确的,但他们的研究未涉及具体扶贫政策。陈振明和吕志奎(2017)介绍了习近平同志著作《摆脱贫困》中对地方治理与公共政策的理论思考与经验总结。

马克思主义关于贫困问题的另一个理论是生产力平衡布局理论。马克思和恩格斯指出,资本主义经济不平衡发展的空间形式就是区域经济的不平衡发展。资本主义的不平衡发展是无处不在的,除了工人和资本家不同阶级之间的不平衡发展外,还有各地区、各产业、各个国家之间的不平衡发展,还有供需之间的不平衡、物质与精神之间的不平衡发展等,这些不平衡必然造成某些地区、某些人口甚至大部分人口的贫困。他们对未来的构想是,要逐步消除区域差异,社会主义国家应有计划地实现生产力均衡配置。恩格斯指出:"大工业在全国尽可能平衡的分布是消灭城市和乡村的分离的条件。"[①]马克思和恩格斯提出的生产力均衡布局理论,就是要在全国乃至全世界范围内建立起合理的生产力分布格局,充分利用各个地区的资源优势,逐步缩小各个地区之间的发展差距。生产力平衡布局理论为社会主义最终消灭贫困指明了方向。

本章旨在应用马克思主义经济学的基本原理和方法,结合马克思和恩格斯对社会主义阶段生产力平衡布局的理论构想,对中国社会主义初级阶段贫困问题的成因和财政扶贫政策的作用机制进行分析,对财政扶贫支出的绩效进行评估,以期得到有理论价值和实践意义的研究结论。

（二）中国政府扶贫绩效的衡量

20 世纪 80 年代以来中国政府主导实施了一系列国家扶贫战略,对这些扶贫政策的实施绩效进行研究无疑具有重要的理论和政策意义。现有文献对中国财政扶贫政策的绩效存在较大分歧。部分研究认为财政扶贫绩效较低,如 Guo 等(2016)认为中央对地方财政转移支付引致的地方财政支出增加,进而引致经济总量增长,把经济总量增长与财政支出增加相比,即可得到中国地方政府的财政支出乘数约为 0.6。虽然这篇论文估计的是中国地方政府的财政支出乘数,但其识别策略是以央地转移支付引致的财政支出增加来估计财政乘数。研究结果显示,1 元的财政支出增加仅带来了 0.6 元的 GDP 增长,这说明中国对贫困县的财政扶贫绩效较低。刘畅和马光荣(2015)应用断点回归方法估计了 1999—2009 年中国县级财政转移支付的"粘蝇纸效应",发现来自中央的转移支付更多地刺激了贫困县的财政支出而不是经济增长,会使地方政府支出增长快于地方 GDP 的增长速度。

但也有不少文献认为中国财政扶贫政策绩效是比较明显的。如李燕凌和欧阳万福(2011)研究了湖南省县、乡政府 2004—2006 年的财政支农支出效率,发现农田基本建设投资产生了较强的引致效应,政府财政支农支出对农业总产值等的综合生产效率较为理想。毛捷等(2012)发现"八七扶贫计划"期间,贫困县将更多的资金用于生产建设和公共服务,而非行政消费。Meng(2013)发现在"八七扶贫计划"期间,中央对贫困县的扶贫资金是每人每年 95.7 元(1994 年不变价格),而扶贫政策使得贫困县的农民人均纯收入增长了 38％,也就是平均每人每年增长 40.6 元,因此整体来看财政扶贫政策的绩效是比较好的。张彬斌(2013)研究了 21 世纪初的第三轮大规模农村扶贫的产出效果,发现新时期扶贫政策对国贫县农民具有增收效应,并且对农林牧渔业、普通中学教育、医疗卫生条

---

① 马克思,恩格斯.马克思恩格斯选集[M].第 3 卷.北京:人民出版社,2012:647.

件均有一定的正向影响。王艺明和刘志红(2016)考察了"八七扶贫计划"对贵州、甘肃、内蒙古及河北四省区各贫困县农民人均纯收入影响的政策效应,发现各省区总体实施绩效均比较显著。

上述文献多数采用 OLS 或其他回归方法估计扶贫政策绩效或财政支出乘数,因此面临两个严重问题:一是内生性,财政支出增加和经济增长间的双向因果关系会导致参数估计有偏;二是遗漏重要解释变量,影响经济增长的变量非常多,在进行回归时很难全部列入。Guo 等(2016)在回归中采用了工具变量以避免内生性问题,但又面临着合适工具变量的选择问题,同时仍然存在遗漏重要解释变量的可能。毛捷等(2012)、Meng(2013)、刘畅和马光荣(2015)采用了断点回归方法,以 1994 年国家级贫困县资格划分这一制度断点来衡量贫困县政策的经济绩效,但他们的研究主要不是围绕财政扶贫支出绩效的衡量。综合来看,断点回归应是估计中国财政扶贫绩效的合理方法,特别是在 1994年国家级贫困县资格划分这一制度断点存在的情况下。本章经验研究的主要思路是,以1994 年"八七扶贫计划"中"四进七出"的国贫县划分作为一个准自然实验来构建断点回归模型,应用两阶段最小二乘法方法评估财政扶贫支出对贫困县劳动生产率提高的影响。

第三节 以劳动价值论为基础的中央—地方政府财政转移支付模型

中国的财政扶贫政策框架包括区域性财政转移支付制度、区域性开发政策、公共服务政策和扶贫开发专项扶持等,其作用机制和政策效应与中国整个财税体制密切相关。中国老一辈财政学者如许毅、邓子基、陈共和叶振鹏等很早就在马克思主义国家学说基础上提出了"国家分配论"、"再生产前提论"和"双元结构财政论"等理论。但也应该看到,这些理论等都是财政学的基础理论,到目前为止,应用马克思主义政治经济学的基本原理和方法、以劳动价值论为基础的理论模型还很少涉及财税政策。要量化地分析中国财政扶贫政策的作用机制和效应,有必要基于马克思经济学的基本原理和方法,构建一个财税政策的理论分析框架,用于分析税收和财政转移支付政策对于经济发达地区、贫困地区以及整体经济的劳动生产率、就业和产出等的影响,这也是本部分的研究目的。应用该模型并结合中国经济发展的实际情况,本章将进一步分析中国社会主义初级阶段贫困问题的成因,以及财政扶贫政策的作用机制。

(一)模型设定与求解

我们假设经济体系中存在一个中央政府和两个地区性政府,用 $i=1,2$ 分别表示这两个地区,其中地区 1 是经济发达地区,地区 2 是贫困地区。在每一期两类经济主体都各拥有 L 单位劳动时间,中央政府分别对每个地区的经济主体课征 τ 比例的所得作为财政收入，并在下一期以生产性公共投资的方式支出。由于我们重点分析中央政府的财政收入和转移支付，因此假设不存在其他地方政府税收以简化分析。

马克思指出，商品生产过程是劳动过程和价值增殖过程的统一。劳动过程是劳动者与生产资料相结合生产使用价值或物质财富的过程，而价值增殖过程是活劳动创造新价值的过程。正是在严格区分劳动过程和价值增殖过程的基础上，马克思科学阐明了价值与剩余价值的创造源泉，从根本上揭示了劳动价值论和庸俗经济学的"三位一体公式"的区别（刘树成和周思毅，1985）。因此，我们在描述两个地区的商品生产过程时必须区分劳动过程和价值增殖过程。

1.两个地区生产最终产品的劳动过程

假设在经济体系中只存在一种最终产品，生产资料和劳动结合生产出该最终产品，而该最终产品是使用价值和价值的载体，既可用于经济主体的消费，又可作为生产资料再投入生产。最终产品的实际例子有农产品、通信设备、交通工具和房地产等，用于生产经营即为生产资料，用于生活即为消费资料。从理论抽象角度，可以把最终产品视为一篮子产品和服务，当用于生产或消费时需要在不同经济主体之间进行交换。Foley 和 Michl（1999）、骆桢（2016）、王艺明（2017）等采取了类似的假设。

劳动过程是具体劳动创造使用价值的过程。在这个过程中，劳动者的劳动"表现为生产劳动"，它"不是它所生产的使用价值即物质财富的唯一源泉"；而生产资料"作为使用价值，作为具有有用属性的物起作用"，它们"作为形成新使用价值，新产品的要素被消费掉"[①]，因此，它们是所生产的使用价值即物质财富的源泉之一。我国很多学者很早就指出（刘树成和周思毅，1985），可以用生产函数来反映商品生产过程中的劳动过程，即一定条件下（如平均的社会生产条件下）各种生产要素的投入量与产量之间的数量关系。假设 i 地区的经济主体在 t 期的生产函数为：

$$Y_{i,t} = \min(e_{i,t}L, \rho_{i,t}K_{i,t}) \tag{2-1}$$

其中 $Y_{i,t}$ 是 i 地区经济主体在 t 期生产的最终产品数量，$K_{i,t}$ 是 i 地区经济主体在 t 期拥有的生产资料数量，$e_{i,t}$ 和 $\rho_{i,t}$ 是生产技术条件参数。（2-1）式中的生产函数是固定投入比例的里昂锡夫生产函数，即 $1/e_{i,t}$ 单位的劳动和 $1/\rho_{i,t}$ 单位的生产资料结合可以生产出 1 单位最终产品。（2-1）式是数理马克思经济学研究中最常用的生产函数形式。

Foley 和 Michl（1999）、骆桢（2016）指出，（2-1）式的设定意味着资本技术构成为 $e_{i,t}/\rho_{i,t}$，劳动生产率为 $e_{i,t}$。在劳动过程中，生产资料和劳动结合生产出最终产品的物质形态，但生产资料并不是全部损耗掉的，如机器设备在生产中会折旧，但下一期仍可继续使用，而原材料则被全部消耗掉，可以假设 i 地区在 t 期生产中生产资料的平均消耗率是 $\delta_{i,t}$，$0 \leqslant \delta_{i,t} \leqslant 1$。在上述设定下，$i$ 地区经济主体 t 期生产的最终产品 $Y_{i,t}$，扣除生产资料

---

① 马克思.资本论[M].第 1 卷.北京：人民出版社，1975：56，214，239，581.

消耗部分 $\delta_{i,t}K_{i,t}$,剩下的部分 $Y_{i,t}-\delta_{i,t}K_{i,t}$ 包括缴纳给中央政府的税收 $\tau(Y_{i,t}-\delta_{i,t}K_{i,t})$ 以及分配给劳动者和生产资料所有者的税后实物所得。由于本章分析的重点是中国社会主义市场经济条件下地区间的财政转移支付,不考虑一个地区内部的分配问题,因此假设分配给劳动者的实物工资和生产资料所有者的剩余产品均为该地区经济主体所有。

2.两个地区最终产品生产的价值增殖过程

价值增殖过程是活劳动创造新价值的过程,在这个过程中,"劳动是形成价值的劳动,是价值源泉",而且是唯一的源泉;生产资料"已经不再作为在劳动力有目的地发挥作用时执行一定职能的物质因素了。它们只是作为一定量的对象化劳动来计算"[①]。在数理马克思主义经济学文献中,价值增值过程可以表述为:商品价值=不变资本+可变资本+剩余价值,其中可变资本+剩余价值等于活劳动消耗。但注意到两个地区产量、生产资料存量和生产技术条件各不相同,特别是劳动生产率不同会导致两个地区生产的最终产品的个别价值不同。马克思指出,劳动生产率高的生产者耗费的劳动时间少,其个别价值就低于社会价值;劳动生产率低的生产者耗费的劳动时间多,其个别价值高于社会价值。商品是按社会必要劳动时间决定的社会价值出售的。这样,个别价值低于社会价值的商品生产者,就能获得超额利润;相反,就无利可图。根据马克思的上述理论,我们可以计算最终产品的个别价值和社会价值。

假设 i 地区经济主体在 t 期生产的最终产品的个别价值为 $\Lambda_{i,t}$,而该最终产品在 t 期的社会价值为 Λ_t,则有:

$$\underbrace{\Lambda_{i,t}Y_{i,t}}_{w}=\underbrace{\Lambda_t\delta_{i,t}K_{i,t}}_{c}+\underbrace{L}_{v+m} \tag{2-2}$$

上式说明,i 地区在 t 期生产的最终产品的个别价值总量 $\Lambda_{i,t}Y_{i,t}$(即马克思价值分解方程中的商品价值),等于生产中消耗的生产资料转移的价值 $\Lambda_t\delta_{i,t}K_{i,t}$,即不变资本,加上活劳动创造的新价值 L,即可变资本加上剩余价值。i 地区经济主体在生产中消耗的生产资料价值由社会必要时间决定,其价值为社会价值 Λ_t,但应用这些生产资料生产最终产品时实际消耗的劳动时间又决定了最终产品的个别价值 $\Lambda_{i,t}$。由(2-2)式可解得 $\Lambda_{i,t}=(\Lambda_t\delta_{i,t}K_{i,t}+L)/Y_{i,t}$。如果(2-1)式中生产资料和劳动是按比例投入的,即不存在生产资料或劳动投入冗余,有 $Y_{i,t}=e_{i,t}L=\rho_{i,t}K_{i,t}$,此时 i 地区 t 期生产的最终产品的个别价值为:

$$\Lambda_{i,t}=\Lambda_t\delta_{i,t}/\rho_{i,t}+1/e_{i,t} \tag{2-3}$$

(2-3)式说明,i 地区 t 期生产的最终产品的个别价值由其劳动生产率 $e_{i,t}$ 以及生产中生产资料消耗的比例 $\delta_{i,t}/\rho_{i,t}$ 决定,劳动生产率越高、生产资料消耗比例越低,则最终产品的个别价值越低。注意到经济发达地区的劳动生产率比贫困地区高,因此其生产的最

终产品的个别价值较低。如果两个地区生产资料和劳动是按比例投入的，即不存在生产资料或劳动投入冗余，有 $Y_{i,t}=e_{i,t}L=\rho_{i,t}K_{i,t}$，那么整个经济体系生产的最终产品的社会必要劳动时间为 $\Lambda_t=\sum_{i=1}^2(\Lambda_t\delta_{i,t}/\rho_{i,t}+1/e_{i,t})Y_{i,t}/\sum_{i=1}^2 Y_{i,t}$，可解得：

$$\Lambda_t=2/\sum_{i=1}^2(1-\delta_{i,t}/\rho_{i,t})e_{i,t} \tag{2-4}$$

经济发达地区的劳动生产率较高，即有 $e_{1,t}>e_{2,t}$，容易证明 $\Lambda_{1,t}<\Lambda_t<\Lambda_{2,t}$，即经济发达地区生产的最终产品的个别价值低于社会价值，而贫困地区生产最终产品的个别价值高于社会价值。如果生产和再生产单位劳动力需要的消费资料数量为 b 单位最终产品，则(2-2)式中活劳动创造的新价值可分解为劳动力价值 $\Lambda_{i,t}bL$ 和剩余价值 $(1-\Lambda_{i,t}b)L$ 两部分，生产资料所有者的利润率为 $\pi_{i,t}=(1-\Lambda_{i,t}b)L/(\Lambda_t\delta_{i,t}K_{i,t}+\Lambda_{i,t}bL)$，容易证明 $\pi_{1,t}>\pi_{2,t}$，即经济发达地区的利润率要高于贫困地区。贫困地区生产经营的利润率较低，无利可图甚至亏本，进而造成贫困地区经济发展动力不足、经济发展水平低下。另外，由(2-4)式可知，任一个地区的劳动生产率 $e_{i,t}$ 提高，最终产品的社会价值都会降低；任一个地区生产中生产资料损耗的比例 $\delta_{i,t}/\rho_{i,t}$ 降低，最终产品的社会价值都会降低。

3.中央政府的财政转移支付

从马克思和恩格斯的生产力平衡分布的观点出发，一方面应实现生产力在区域间的平衡分布，另一方面也要承认，各个地区在历史、地理和文化等方面存在客观差异，区域公平的目标就是在促进各地区共同发展的基础上，逐渐缩小各地区之间的发展差距。恩格斯指出，"在国和国、省和省、甚至地方和地方之间总会有生活条件方面的某种不平等存在，这种不平等可以减少到最低限度，但是永远不可能完全消除"[①]。马克思和恩格斯指出，为实现生产力的区域平衡分布，应按照统一计划公平地在各地区之间分配生产力。向贫困地区的财政转移支付就是通过向该地区追加生产资料，以实现生产条件的改善和劳动生产率的提高，促进地区间平衡发展。在本章模型中，t 期中央政府获得的财政收入为 $\tau\sum_{i=1}^2(Y_{i,t}-\delta_{i,t}K_{i,t})$ 单位最终产品。中央政府会在两个地区之间进行配置，假设中央政府在 t 期将财政收入中的 $x_{i,t}(0\leqslant x_{i,t}\leqslant 1,\ \sum_{i=1}^2 x_{i,t}=1)$ 部分，即 $\tau x_{i,t}\sum_{i=1}^2(Y_{i,t}-\delta_{i,t}K_{i,t})$ 单位最终产品作为财政转移支付给地区 i，且所有的财政转移支付均作为两个地区下一期的生产资料，也即所有财政支出均为生产性的而不是消费性的，属于马克思社会总产品六项扣除中的积累基金。

4.两地区的扩大再生产与劳动生产率提高

前文指出，本章研究重点是地区间的财政转移支付，不考虑地区内部的分配，因此假设劳动力价值和剩余价值均为该地区经济主体所有。在本章模型中只假设了一种最终

---

① 马克思,恩格斯.马克思恩格斯选集[M].第3卷.北京:人民出版社,2012:325.

产品,基于马克思的扩大再生产理论,可以假设经济主体生产获得的最终产品,扣除生产资料消耗部分和中央政府税收后,剩下的一部分用于消费,另一部分用于扩大再生产。i 地区经济主体在 t 期生产的最终产品量 $Y_{i,t}$,扣除生产资料损耗部分 $\delta_{i,t}K_{i,t}$,扣除缴纳给中央政府的税收 $\tau(Y_{i,t}-\delta_{i,t}K_{i,t})$,其所得为 $(1-\tau)(Y_{i,t}-\delta_{i,t}K_{i,t})$,他会将所得的一部分用于消费,剩下的用于扩大再生产。假设 i 地区经济主体在 t 期将税后所得用于消费的比例为 $c_{i,t}$,$0\leqslant c_{i,t}\leqslant 1$,即将 $(1-\tau)c_{i,t}(Y_{i,t}-\delta_{i,t}K_{i,t})$ 单位最终产品用于消费,将 $(1-\tau)(1-c_{i,t})(Y_{i,t}-\delta_{i,t}K_{i,t})$ 单位最终产品作为积累以扩大下一期的生产资料规模。在 $t+1$ 期 i 地区经济主体投入生产的生产资料数量为:

$$K_{i,t+1}=K_{i,t}-\delta_{i,t}K_{i,t}+(1-\tau)(1-c_{i,t})(Y_{i,t}-\delta_{i,t}K_{i,t})+$$
$$\tau x_{i,t}\sum_{j=1}^{2}(Y_{j,t}-\delta_{j,t}K_{j,t}) \tag{2-5}$$

(2-5) 式意味着,i 地区经济主体在 $t+1$ 期投入生产的生产资料数量为 t 期生产资料数量 $K_{i,t}$ 减去 t 期生产中损耗的 $\delta_{i,t}K_{i,t}$ 部分,加上经济主体积累和扩大再生产的部分 $(1-\tau)(1-c_{i,t})(Y_{i,t}-\delta_{i,t}K_{i,t})$,加上中央财政转移支付 $\tau x_{i,t}\sum_{j=1}^{2}(Y_{j,t}-\delta_{j,t}K_{j,t})$。在多阶段的经济环境设定下,我们还需要从马克思经济学的基本原理出发,对生产技术参数 $e_{i,t}$ 和 $\rho_{i,t}$ 在各期的变动进行设定。

关于劳动生产率,马克思指出,"劳动生产率又取决于生产规模"[1],"内部实行分工的工人大军越庞大,应用机器的规模越广大,生产费用相对地就越迅速缩减,劳动就更有效率","分工如何必然要引起更进一步的分工,机器的采用如何必然要引起机器的更广泛的采用,大规模的劳动如何必然要引起更大规模的劳动","生产资本越增加,分工和采用机器的范围就越扩大"[2],因此生产资料规模越大的地区劳动生产率越高,可以合理地假设劳动生产率 $e_{i,t}$ 和该地区生产资料数量成正比,即有 $e_{i,t}=\gamma K_{i,t}$,$\gamma>0$。对于其他生产技术参数 $\rho_{i,t}$ 和 $\delta_{i,t}$,由于没有明确的变动方向,为集中研究财政转移支付引致的生产资料存量和劳动生产率变动带来的影响效应,可以假设这些参数在各地区和各期保持不变,即 $\rho_{i,t}=\rho$,$\delta_{i,t}=\delta$。在上述设定下,(2-1) 式中生产函数可以写成:

$$Y_{i,t}=\theta K_{i,t} \tag{2-6}$$

其中 $\theta=\min(\gamma L,\rho)$ 是一个正的常数。(2-6) 式说明各地区在各期的最终产品产量是和生产资料数量同比增长的。上述设定极大地简化了本章的模型,不但不会失去本章模型的主要特征,而且也符合马克思关于劳动生产率的主要观点。从地区间的比较来看,经济发达地区的资本存量较大,其劳动生产率高于贫困地区,有 $e_{1,t}=\gamma K_{1,t}>\gamma K_{2,t}=e_{2,t}$;其资本技术构成高于贫困地区,有 $e_{1,t}/\rho>e_{2,t}/\rho$;其产出高于贫困地区,有 $Y_{1,t}=\theta K_{1,t}>\theta K_{2,t}=Y_{2,t}$;其生产的最终产品的个别价值小于贫困地区,有 $\Lambda_{1,t}=\Lambda_t\delta/\rho+$

① 马克思,恩格斯.马克思恩格斯全集[M].第 44 卷.北京:人民出版社,2001:722.
② 马克思,恩格斯.马克思恩格斯选集[M].第 1 卷.北京:人民出版社,2012:352-358.

$1/e_{1,t} < \Lambda_t \delta/\rho + 1/e_{2,t} = \Lambda_{2,t}$。从时间角度看,随着资本存量和生产规模的扩大,两地区的劳动生产率 $e_{i,t} = \gamma K_{i,t}$ 不断提高,资本技术构成 $e_{i,t}/\rho$ 不断提高,产出 $Y_{i,t} = \theta K_{i,t}$ 不断提高,产品价值 $\Lambda_t = \sum_{i=1}^{2} 1/(1-\delta/\rho)/\sum_{i=1}^{2} e_{i,t}$ 不断减少。因此上述假设在简化模型的同时,把握了技术进步和经济增长的主要特征。另外,前文分析指出,如果 $\delta_{i,t}/\rho_{i,t}$ 降低,即生产过程中生产资料消耗的比例降低,则最终产品的个别价值和社会价值也会降低。在 $\rho_{i,t} = \rho$, $\delta_{i,t} = \delta$ 的假设下,该性质仍然成立。

5.两地区经济主体的决策与中央财政转移支付政策

前文分析指出,i 地区经济主体在 t 期将 $(1-\tau)c_{i,t}(Y_{i,t} - \delta K_{i,t})$ 单位最终产品用于消费,代入(2-6)式,可写成 $(1-\tau)c_{i,t}(\theta - \delta)K_{i,t}$。而其生产资料增长决定了产出和消费的增加,可以将(2-5)式写成:

$$K_{i,t+1} = K_{i,t} - \delta K_{i,t} + (1-\tau)(1-c_{i,t})(\theta-\delta)K_{i,t} + \tau x_{i,t}(\theta-\delta)\sum_{j=1}^{2} K_{j,t}$$

$$(2-7)$$

分析需求应当从全社会或各阶层(阶级)需求着眼,而且需求应该是有支付能力的需求(晏智杰,1982)。考虑两个地区经济主体的社会需求,借鉴 Foley 与 Michl(1999)、李海明(2014)等的研究,假设两个地区经济主体的消费能满足其社会需求,其消费 — 积累决策是在(2-7)式的预算约束下最大化其终生消费资料数量。

$$\max_{c_{i0},c_{i1}\cdots}\sum_{t=0}^{\infty} \beta\ln[(1-\tau)c_{i,t}(\theta-\delta)K_{i,t}] \qquad (2-8)$$

其中 $0 < \beta < 1$ 是经济主体的时间偏好率。同样地,假设两类经济主体的时间偏好相等,以集中研究中央政府财政转移支付政策的影响效应。求解 i 地区经济主体的消费 — 积累决策问题,可解得其一阶条件应满足:

$$c_{i,t}K_{i,t}/(c_{i,t-1}K_{i,t-1}) = \beta[\tau(\theta-\delta)x_{i,t} + (1-\delta) + (\theta-\delta)(1-\tau)] \qquad (2-9)$$

由(2-9)式可知,i 地区在 t 期消费的最终产品量与 $t-1$ 期的消费量之比,即 $c_{i,t}K_{i,t}/(c_{i,t-1}K_{i,t-1})$,与中央政府的税率 τ 及对该地区的财政转移支付比例 $x_{i,t}$ 相关。可以得到,在给定税率 τ 的情况下,中央政府财政转移支付比例 $x_{i,t}$ 较高的地区,该地区经济主体对最终产品消费量的增长率也较高。

在本章框架下,中央政府对贫困地区的财政扶贫政策会促进贫困地区劳动生产率的提高、居民消费的增长和居民生活条件的改善。我们假设税率 τ 相对稳定、无法逐期调整,但在每一期,中央政府都调整两个地区的财政转移支付比例,以实现下面两方面政策目标:(1)使整体经济的总消费增长率最大化;(2)使整体经济的总经济增长率最大化。上述两方面政策目标都是以两个地区的生产资料动态(2-7)式以及两个地区经济主体的一阶条件(2-9)式为约束条件。我们分别考虑中央政府如何实施财政转移支付以实现上述两目标。

首先考虑第一方面政策目标。两地区经济主体在 t 期的总消费增长率为:

$$\Pi = (c_{1,t}K_{1,t} + c_{2,t}K_{2,t})/(c_{1,t-1}K_{1,t-1} + c_{2,t-1}K_{2,t-1})$$

$$= \left(\frac{c_{1,t}K_{1,t}}{c_{1,t-1}K_{1,t-1}} + \frac{c_{2,t}K_{2,t}}{c_{2,t-1}K_{2,t-1}} \frac{c_{2,t-1}K_{2,t-1}}{c_{1,t-1}K_{1,t-1}}\right) / \left(1 + \frac{c_{2,t-1}K_{2,t-1}}{c_{1,t-1}K_{1,t-1}}\right) \quad (2\text{-}10)$$

中央政府在进行 t 期财政转移支付比例的决策时,$t-1$ 期两地区之间的消费比率 $c_{2,t-1}K_{2,t-1}/c_{1,t-1}K_{1,t-1}$ 是既定的,把(2-9)式代入并对 $x_{1,t}$ 求偏导可解得:

$$\partial\Pi/\partial x_{1,t} = \beta\tau(\theta-\delta)[1 - c_{2,t-1}K_{2,t-1}/(c_{1,t-1}K_{1,t-1})]/[1 + c_{2,t-1}K_{2,t-1}/(c_{1,t-1}K_{1,t-1})] \quad (2\text{-}11)$$

注意到地区1是经济发达地区,地区2是贫困地区,因此有 $c_{2,t-1}K_{2,t-1}/(c_{1,t-1}K_{1,t-1}) < 1$,从而(2-11)式中 $\partial\Pi/\partial x_{1,t} > 0$ 成立。(2-11)式意味着,要实现第一方面政策目标,即两地区经济主体在 t 期的总消费增长率最大化,中央政府应实施倾向于贫困地区的财政转移支付,直至两地区的消费相等。当两地区消费相等即 $c_{2,t-1}K_{2,t-1}/(c_{1,t-1}K_{1,t-1}) = 1$ 时,有 $\partial\Pi/\partial x_{1,t} = 0$,此时财政转移支付政策对两地区的消费总增长率没有影响。

接着考虑第二方面政策目标。结合(2-6)和(2-7)式,两地区经济主体在 t 期的总经济增长率为

$$\Psi = (K_{1,t} + K_{2,t})/(K_{1,t-1} + K_{2,t-1})$$

$$= 1 + \theta - 2\delta - (1-\tau)(\theta-\delta)(c_{1,t-1}K_{1,t-1} + c_{2,t-1}K_{2,t-1})/(K_{1,t-1} + K_{2,t-1}) \quad (2\text{-}12)$$

注意到 $(1-\tau)(\theta-\delta)(c_{1,t-1}K_{1,t-1} + c_{2,t-1}K_{2,t-1})/(K_{1,t-1} + K_{2,t-1})$ 等于 $t-1$ 期两地区经济主体的总消费率乘以 $\theta-\delta$,中央政府在进行 t 期财政转移支付比例的决策时该比率值是既定的,因此 $\partial\Psi/\partial x_{1,t} = 0$,因此中央政府的财政转移支付比例不会影响两个地区的总经济增长率或总产出增长率。

恩格斯指出,"只有按照一个统一的大的计划协调地配置自己的生产力的社会,才能使工业在全国分布最适合于它自身的发展和其他生产要素的保持或发展"[①]。本章模型从财政转移支付角度分析生产力配置的政策效应,通过对两方面政策目标的分析发现,中央政府实施倾向于贫困地区的财政转移支付政策,不但不会影响两个地区的总体经济增长率,而且还将有助于实现整体经济的总消费增长率最大化,缩小地区间在生产资料数量、劳动生产率方面的差距。

(二)社会主义初级阶段贫困的成因与财政扶贫政策的作用机制

上述模型研究发现,在社会主义市场经济条件下,如果没有基于生产力平衡布局的政府干预,不同地区之间生产资料数量、劳动生产率以及经济主体的收入和消费差距会越来越大,但其形成机制与马克思主义贫困理论中一个阶级对另一个阶级的剥削不尽相同,其主要原因是地区间生产资料数量和劳动生产率差异,而积累和扩大再生产进一步

---

① 马克思,恩格斯.马克思恩格斯选集[M].第3卷.北京:人民出版社,2012:646.

扩大了这种差距。上述模型中没有考虑生产资料和劳动力的跨地区流动。首先，如果生产资料可以跨地区流动，那么生产资料会从贫困地区流向经济发达地区，因为经济发达地区的劳动生产率更高。就中国经济发展的实践来看，确实存在着资本不断从贫困地区流向发达地区、从农村流向城市、从农业流向非农产业的现象。其次，如果劳动力可以跨地区流动，那么会从贫困地区流向经济发达地区，这是因为经济发达地区劳动者的产出和收入都较高。因此，如果考虑生产资料和劳动力的跨地区流动，地区间的收入和贫富差距会更大。我们研究发现，中央政府实施倾向于贫困地区的财政转移支付，非但不会影响整体经济增长率，而且会促进整体消费增长率的最大化，并且缩小地区间差距，可以避免不同地区出现相同劳动创造不同价值、获得不同报酬的现象。

结合上述模型，可以分析中国社会主义初级阶段贫困产生的原因和财政扶贫政策的作用机制。

首先，生产力发展水平低是导致贫困的原因之一。中国社会主义初级阶段的贫困从一般层面上讲，与中国的历史、文化和自然地理环境等因素有关。尽管随着改革开放的推进、市场经济的深入发展，确实有一部分地区经济先发展起来，有一部分人先富裕起来，但在一些农村和城市地区仍然存在着生产力发展水平低下以及各种形式的贫困问题。如果相对发达地区取得经济发展成果的同时，贫困地区在发展水平上仍然持续落后甚至更加贫困，那么这样的区域发展模式就是不公平的，也是与社会主义发展目标背道而驰的。区域间的发展差距应限制在一定范围内，不应当影响区域的持续发展和社会稳定，不应当形成两极分化的趋势，而且从长期来看，这种差距应当逐渐缩小以实现区域间的相对公平。我们发现以财政转移支付为手段的生产力区域布局策略有助于实现全国一盘棋统一规划与地方自主调节之间的平衡。中国财政扶贫政策一贯重视贫困地区生产资料的构建和生产力的提高，通过开发式扶贫、产业化发展推动区域经济协调增长，增强贫困地区综合实力。一方面，加大基础设施建设投入，解决交通、电力、饮水和信息等直接影响农村发展、农业增收、农民致富的瓶颈问题；另一方面瞄准贫困县、乡镇、村和农户，利用财政资金、小额信贷、以工代赈等方式结合项目与当地优势资源，推广科学技术，提高贫困人群的自我发展能力。财政扶贫政策发挥作用的关键在于帮助贫困人口形成生产性资本、改善生产条件、提高劳动生产率。

其次，在中国目前已公有制为主体、多种所有制经济共同发展的基本经济制度下，如果政府不积极发挥对市场经济的干预和调节功能，贫富两极分化就可能会成为现实。因此，财政扶贫政策要发挥作用，一方面应加大对贫困地区的财政转移支付，加大农村公共产品和服务的保障力度；另一方面应提高贫困地区劳动者的技能，包括大力发展职业培训，加大对贫困地区教育、卫生等人才培养的补助，帮助贫困人口转移就业等。这些政策提高了劳动者的劳动技能和劳动复杂度，从而提高其在单位时间内创造的价值、增加其劳动收入。

综上所述,以生产力平衡布局理论为指导的财政扶贫政策应着眼于提高贫困地区的劳动生产率,进而提高其产出、劳动收入和消费,增加贫困地区人民拥有的财富,缩小和经济发达地区在收入和财富等方面的差距。因此,如果要衡量财政扶贫绩效,应重点考察财政扶贫支出是否在更大程度上提高了贫困地区的劳动生产率,这也符合中国财政扶贫的政策设计。如果财政扶贫政策无法在更大程度上提高贫困地区的劳动生产率,那么它和经济发达地区之间的差距会进一步扩大。本章采用的断点回归法可以较好地检验上述理论推论。

第四节　经验研究设计

如前文所述,我们需要检验财政扶贫政策是否使得贫困地区的劳动生产率实现了更快增长。在研究设计上,本章利用"八七扶贫计划"所提供的断点,以非贫困地区作为对照组,可以较好地识别出财政扶贫支出带来的劳动生产率增长。劳动生产率通常用劳动者在单位时间所生产的产品数量来计算,而实际 GDP 是以不变价格计算的一年全部最终产品的市场价格总额,可以衡量两个不同时期经济中的产品产量变化,因此可以用一个地区的实际 GDP 除以投入的活劳动总量(如就业总人数)作为劳动生产率的代表变量。由于本章所采用的县级数据中很多未统计就业总人数,因此在研究中我们以人均实际 GDP 作为劳动生产率的代表变量。研究中我们估计出 1 个百分点的扶贫支出增长会使劳动生产率提高多少个百分点,这实际上衡量了财政扶贫支出的产出弹性。

在经验研究部分,本章以 1994 年"八七扶贫计划"中"四进七出"的国贫县划分作为一个准自然实验来构建断点回归设计,应用 2SLS 方法评估财政扶贫支出对贫困县劳动生产率和人均 GDP 增长的影响效应。作为对比,我们也采用传统的 OLS 回归方法对地方财政支出绩效进行评估,尽管这种估计方法存在内生性,会导致结果有偏和不一致。本章的 OLS 和断点回归模型参考了 Hall(2009)、Barro 和 Redlick(2011)、Guo 等(2016)等的文献。

(一)OLS 回归的模型设定

财政支出绩效评估的 OLS 回归模型构建如下:

$$\bar{Y}_j = \beta_0 + \beta_1 \bar{G}_j + X_j \Gamma + \varepsilon_j \tag{2-13}$$

被解释变量 $\bar{Y}_j$ 为各个县人均 GDP 在样本期内的年均增长率,核心解释变量 $\bar{G}_j$ 为各个县人均财政支出的年均增长率。X_j 表示其他控制变量在 $t=1$ 时(2000 年)的期初值。系数 β_1 表示人均财政支出增长率增加 1 个百分点时人均 GDP 增加多少个百分点,我们用它来评估财政扶贫政策的绩效。前文已指出,采用 OLS 估计方法存在内生性问题,但作为比较本章仍报告 OLS 估计结果。

要正确地估计财政扶贫政策绩效,就必须识别出扶贫政策带来的财政支出增加及其带来的 GDP 增长。本章采用断点回归方法进行分析,主要是设计一个策略将财政支出变动对 GDP 的影响与其他相关经济特征分离开,具体介绍如下。

(二)断点回归和两阶段最小二乘法

第一阶段回归即断点回归的模型设定如下:

$$\bar{G}_j = \alpha_0 + \alpha_1 \cdot \text{PDUMMY}_j + \alpha_2 f(\text{ASSIGNVAR}_j) + X_j \kappa + \nu_j \qquad (2\text{-}14)$$

$$\bar{Y}_j = \delta_0 + \delta_1 \cdot \text{PDUMMY}_j + \delta_2 f(\text{ASSIGNVAR}_j) + X_j \varphi + u_j \qquad (2\text{-}15)$$

其中 PDUMMY 是虚拟变量,当 j 县 1992 年的人均收入小于等于 400 元时取 1,否则取 0;ASSIGNVAR 是断点回归的驱动变量,采用的是 j 县 1992 年的人均收入减去 400;$f(\text{ASSIGNVAR}_j)$ 是驱动变量及其与 PDUMMY 交乘项的多项式函数。α_1 和 δ_1 分别衡量了扶贫政策对人均财政支出增长率和人均 GDP 增长率的处置效应。

第二阶段回归的模型设定如下:

$$\bar{Y}_j = \beta_0 + \beta_1 \cdot \hat{G}_j + \beta_2 f(\text{ASSIGNVAR}_j) + X_j \Gamma + \varepsilon_j \qquad (2\text{-}16)$$

其中,$\hat{G}_j$ 表示通过(2-14)式得到的 $\bar{G}_j$ 的拟合值,(2-16)估计得到的 β_1 即为财政扶贫政策绩效的衡量指标。

(三)对断点回归和两阶段最小二乘法模型设定的说明

1994 年我国开始实施"八七扶贫计划",采用"四进七出"划分标准重新确定了 592 个国家级贫困县。所谓"四进七出"划分标准是指:1994 年之前不是贫困县的地区,如果 1992 年人均纯收入低于 400 元,一律划为新的贫困县;1994 年之前是国贫县的,如果 1992 年人均纯收入不超过 700 元,仍保留其贫困县资格。2001 年我国政府出台了《中国农村扶贫纲要(2001—2010 年)》,并对贫困县名单进行了再次调整。但是这些调整并没有改变 1994 年贫困县的基本体系框架,被调出的县已经享受的政策维持不变,因此仍可以用 1994 年的贫困县资格划分这一制度断点研究"八七扶贫计划"结束以后的样本范围。

本章研究的样本区间是 2000—2009 年,而人均纯收入 400 元的间断点是"八七扶贫计划"贫困县划分标准中界定的。之所以没有采用"八七扶贫计划"的政策实施期间 (1994—2000 年),主要原因是该期间的县级 GDP 数据质量较差,而 2000 年之后各省的统计年鉴中普遍公布了质量相对较高的县级 GDP 数据。另外该样本区间与 Guo 等 (2016)等已有研究一致,便于对结果进行分析比较。

为保证断点识别的有效性,本章在基准回归中将样本进行了处理,使其严格地符合确定型断点回归设计的要求。首先,不考虑"老贫困县"(即 1986 年贫困县名单中的县)和"新贫困县"(即 2001 年新加入的贫困县)等不符合人均纯收入 400 元作为确定型政策间断点的样本;考虑到市辖区的财政体制与普通县市具有系统性的差异,在基准回归中也不考虑县级市、市辖区的样本。在进行稳健性检验时,再逐步加入县级市、市辖区样本和 2001 年新加入国贫县名单的样本。在整个经验研究中,没有考虑与"八七扶贫计划"

实施时"四进七出"划分标准不符合的样本。

第五节　经验研究的结果与分析

(一)样本数据与描述性统计

本章采用的样本数据是 2000—2009 年全国县级面板数据。各县的 GDP、财政支出和人口数据来自于中国经济与社会发展统计数据库,所有名义变量均调整为 2000 年的不变价格。进行断点回归的核心变量即 1992 年县级农民人均纯收入数据来自于农业部。另外,借鉴现有文献,将期初农业产值占比、期初农业人口占比、期初人均播种面积(反映自然禀赋)、期初财政供养人口比例作为影响地方政府 GDP 增长的县级层面控制变量。县级农业产值、财政供养人口数等来自于《全国地市县财政统计资料》,农业人口数、农作物播种面积等来自于《中国县(市)社会经济统计年鉴》。主要变量的描述性统计如表 2-1 所示。

表 2-1　主要变量的描述性统计

变量	全样本			400 元断点左侧的县			400 元断点右侧的县		
	样本量	均值	标准差	样本量	均值	标准差	样本量	均值	标准差
财政支出增长率	1195	0.2172	0.0375	135	0.2204	0.0400	1060	0.2168	0.0371
GDP 增长率	1195	0.1273	0.0389	135	0.1233	0.0356	1060	0.1278	0.0393
农业产值占比	1162	0.4334	0.2237	134	0.5689	0.1990	1028	0.4157	0.2207
农业人口占比	1157	0.8188	0.1321	134	0.9048	0.0543	1023	0.8075	0.1351
人均播种面积	1177	48.40	115.46	134	35.87	22.25	1043	50.01	122.31
财政供养人口占比	1163	0.0320	0.0180	134	0.0331	0.0270	1029	0.0319	0.0165

注:表中的财政支出增长率和 GDP 增长率指的是人均财政支出增长率和人均 GDP 增长率,下表同。

(二)断点回归的有效性检验

应用断点回归必须满足一系列前提条件。首先,个体不能精确地操控政策虚拟变量,如果个体事先知道分组规则,并可以通过自身努力而完全控制分组变量,这将引起断点回归的失效。大量研究(毛捷等,2012;Meng,2013;刘畅和马光荣,2015)已经证明"八七扶贫计划"中的 400 元断点处不存在样本操作驱动变量的问题。

应用断点回归的另一个要求是第一阶段回归的被解释变量在驱动变量的间断点上

是非连续的,回归分析中通常采用图示法来检验结果变量在临界值上是否存在跳跃。作图过程中通常按照驱动变量选择一定的带宽(bandwidth)构造箱体(bin),采用箱体内的样本均值和多项式拟合曲线来呈现样本的分布情况。其中一个重要问题是带宽的选择,如果带宽选择过小,箱体数目就会过多,图形就会表现的过于杂乱,也不能与拟合线很好地契合。如果带宽过大,就不能很好地呈现出箱体内样本所代表的信息,此外,简单地将与间断点左右相邻的两个箱体的样本均值进行比较,可以大致推断出处置效应大小,带宽过大会导致这样的比较产生严重的偏误。

本章综合考虑国内已有的相关研究和 Calonico 等(2014)提出的数据导向型断点回归图的做法,以 5 元为带宽和二阶多项式拟合线来绘制基准回归模型中的断点回归样本分布情况。如图 2-1 所示,横轴表示的是 1992 年的人均纯收入,第一阶段回归中的被解释变量人均财政支出增长率 ($\bar{G}_i$) 和人均 GDP 增长率($\bar{Y}_i$) 在间断点上是非连续的。

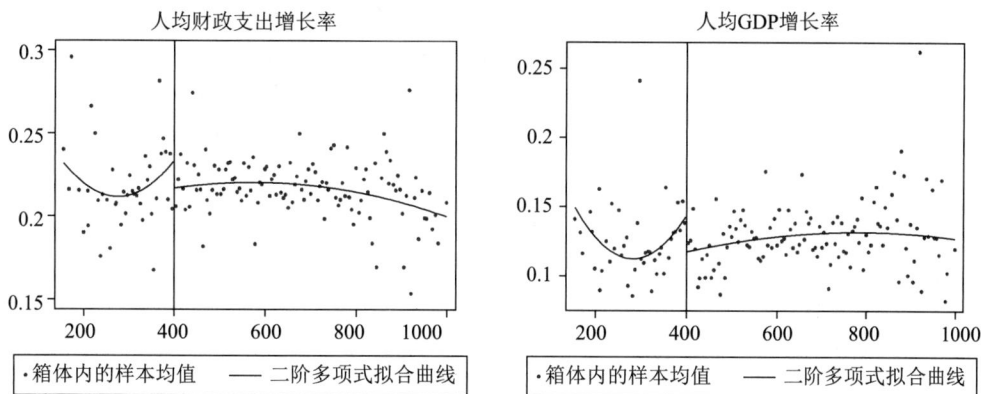

图 2-1　间断点附近人均财政支出增长率和人均 GDP 增长率的分布

(三)经验研究结果与分析

1.基准回归结果

首先我们应用 OLS 回归方法对县级财政支出绩效进行评估,表 2-2 中的 a 部分报告了加入与不加入控制变量情形下的估计结果,其中第(1)列不加入控制变量,第(2)列只加入省级层面的控制变量,第(3)列加入省级和县级层面的控制变量。表 2-2 的 a 部分说明,人均财政支出增长率增加 1 个百分点时人均 GDP 增长率只增加 0.29~0.33 个百分点,说明财政支出的绩效是非常低的。前文已指出 OLS 回归可能存在内生性问题,因此所得到的结果并不可靠。

接着我们应用断点回归和两阶段最小二乘法来估计我国的扶贫政策对贫困县财政支出和经济增长的影响,进而对我国县级政府财政支出的绩效进行评估。

表 2-2 的 b、c 部分(1)~(3)列是基于全部样本和三阶多项式的回归模型所得到的结果,第一阶段回归结果表明,不考虑其他控制变量时,扶贫政策使得贫困县的人均财政支出和人均 GDP 相对于其他地区平均每年多增长 1.49 和 2.25 个百分点;加入省级层面的

控制变量后,人均财政支出和人均 GDP 平均每年多增长 1.63 和 2.48 个百分点;加入县级和省级层面的控制变量后,人均财政支出和人均 GDP 平均每年多增长 1.81 和 2.42 个百分点。c 部分的第二阶段回归的结果表明,人均财政支出增长率上升 1 个百分点时人均 GDP 增长率上升 1.34~1.52 个百分点。

表 2-2　基准模型回归结果

被解释变量	解释变量	(1)	(2)	(3)	(4)	(5)
a. OLS 回归						
GDP 增长率	财政支出增长率	0.3304*** (0.0337)	0.2882*** (0.0333)	0.3084*** (0.0347)		
b.第一阶段回归:断点回归						
财政支出增长率	贫困县虚拟变量	0.0149* (0.0086)	0.0163** (0.0072)	0.0181** (0.0072)	0.0252* (0.0129)	0.0207** (0.0087)
GDP 增长率	贫困县虚拟变量	0.0225** (0.0093)	0.0248*** (0.0076)	0.0242*** (0.0077)	0.0275** (0.0134)	0.0258*** (0.0094)
c.第二阶段回归:两阶段最小二乘法						
GDP 增长率	财政支出增长率	1.5108** (0.6231)	1.5171*** (0.4633)	1.3407*** (0.4248)	1.0911** (0.5313)	1.2459*** (0.4546)
多项式阶数		3	3	3	1	3
带宽		全样本	全样本	全样本	±50	±500
省层面控制变量		未控制	控制	控制	控制	控制
县层面控制变量		未控制	未控制	控制	控制	控制
样本数		943	943	905	90	811

注:*、**和***分别表示在 10%、5%和 1%水平上显著,括号中的值为估计量的标准误,下表同。

在基于全部样本和三阶多项式的两阶段回归基础上,我们还进一步选择不同带宽、采用部分样本进行两阶段回归,结果列于表 2-2 中的(4)和(5)列。回归结果表明,在±50元和±500 元的带宽下,扶贫政策使得贫困县的人均财政支出增长率相对于其他地区上升了 2.07~2.52 个百分点,人均 GDP 增长率相对于其他地区上升了约 2.58~2.75 个百分点,人均财政支出增长率上升 1 个百分点时人均 GDP 增长率上升 1.09~1.25 个百分点。这些估计结果与表 2-2 中(1)~(3)列的结果较为接近,说明两阶段回归的结果是比较稳健的。

采用简单 OLS 回归方法估计得到的财政支出的绩效非常低,人均财政支出增长率上升 1 个百分点时增长率只上升了 0.29~0.33 个百分点,远低于采用断点回归和两阶段最小二乘法所得到的估计值，说明内生性使得财政支出的绩效被严重低估，断点回归是较为合理的估计方法。

2.稳健性检验

在基准回归的基础上，我们逐步加入了县级市、市辖区样本和2001年新加入国贫县名单的样本进行了经验研究，结果见表2-3。

表2-3第(1)～(3)列表明，在基准模型基础上加入县级市、市辖区的样本后，扶贫政策使得贫困县的人均财政支出增长率相对于其他地区上升了1.82～2.39个百分点，人均GDP增长率相对于其他地区上升了约2.38～2.73个百分点，人均财政支出增长率上升1个百分点时人均GDP增长率上升1.31～1.42个百分点。表2-3第(4)～(6)列的结果表明，加入了县级市、市辖区样本和2001年新加入国贫县名单的样本后，扶贫政策使得贫困县的人均财政支出增长率相对于其他地区上升了1.68～2.34个百分点，人均GDP增长率相对于其他地区上升了约2.53～2.84个百分点，人均财政支出增长率上升1个百分点时人均GDP增长率上升1.21～1.60个百分点。与表2-2中的基准回归结果相比较可以发现，本章的估计结果较为稳健。

表 2-3　稳健性检验结果

被解释变量	解释变量	(1)	(2)	(3)	(4)	(5)	(6)
		加入县级市、市辖区			加入县级市、市辖区和新国贫县		
a.第一阶段回归：断点回归							
财政支出增长率	贫困县虚拟变量	0.0182**	0.0239*	0.0181**	0.0176**	0.0234*	0.0168*
		(0.0073)	(0.0132)	(0.0088)	(0.0074)	(0.0120)	(0.0086)
GDP增长率	贫困县虚拟变量	0.0238***	0.0273**	0.0256***	0.0253***	0.0284**	0.0269***
		(0.0076)	(0.0133)	(0.0094)	(0.0075)	(0.0121)	(0.0090)
b.第二阶段回归：两阶段最小二乘法							
GDP增长率	财政支出增长率	1.3094***	1.1424**	1.4163***	1.4357***	1.2145**	1.5991***
		(0.4175)	(0.5560)	(0.5183)	(0.4271)	(0.5168)	(0.5358)
多项式阶数		3	1	3	3	1	3
带宽		全样本	±50	±500	全样本	±50	±500
省层面控制变量		未控制	控制	控制	控制	控制	控制
县层面控制变量		未控制	未控制	控制	控制	控制	控制
样本数		1084	91	927	1143	105	985

第六节　结论与建议

本章结合马克思和恩格斯对社会主义阶段生产力平衡布局的理论设想,研究中国社会主义初级阶段贫困问题的成因和财政扶贫政策的作用机制。一方面,社会主义初级阶段的贫困问题是部分地区生产力发展水平低所导致的贫困,贫困地区经济主体生产最终产品的个别价值要高于经济发达地区,其生产经营的利润率较低,劳动者收入和消费水平较低。提高贫困地区劳动生产率是扶贫政策发挥作用的关键。另一方面,在以公有制为主体、多种所有制经济共同发展的经济制度下,私有制经济在一定范围内会导致贫富两极分化。财政扶贫政策既要加大对贫困地区的财政转移支付,即形成贫困地区的生产性资本和公共资本,也要提高劳动者的劳动技能和劳动复杂度,使其在单位时间内创造更多价值。要衡量财政扶贫支出的绩效应重点考察与非贫困地区相比,财政扶贫是否使贫困地区的劳动生产率更快增长。

经验研究中,本章利用"八七扶贫计划"国家级贫困县资格划分的准自然实验,采用断点回归方法识别出扶贫政策带来的人均财政支出增长及其引致的人均实际 GDP 增长,从而评估财政扶贫政策的绩效。研究发现,2000—2009 年财政扶贫政策使得贫困县人均财政支出平均每年比地区多增长约 1.81 个百分点,而扶贫财政支出的增长又使贫困县的劳动生产率比地区平均每年多增长 2.42 个百分点,说明中国对贫困县的财政扶贫政策绩效是比较显著的。贫困地区劳动生产率的更快增长,能够提高人均收入、创造更多产出,进而缩小地区间贫富差距。两者之比 1.34 有两层经济含义:一是财政扶贫支出每增长 1 个百分点,贫困县的劳动生产率会增长 1.34 个百分点;二是财政扶贫支出的产出弹性为 1.34。

本章的研究还有待进一步完善。受限于数据的可获得性,没有将贫困率、收入分配等作为我国财政扶贫政策绩效评估的目标变量进行全面考察;同时,在当前"整村推进、精准扶贫"的政策背景下,未来的研究也可以细化到以村为单位来进行评估。

十九大报告做出我国进入"新时代"的科学论断,并明确指出了"新时代"下民生领域还有不少短板,脱贫攻坚任务艰巨,现在我们正处于全面建成小康社会的决胜期。马克思主义的产生,很大程度上正是为了彻底解决无产阶级的贫困问题,进而促进人的自由全面发展。我国社会主义初级阶段的经济政策制定,不能简单机械地套用马克思的一些论述和观点,因此,本章将马克思主义的基本原理、方法与中国国情相结合,发展了中国化的马克思主义反贫困理论,并基于该理论实证地评估了我国财政扶贫政策的绩效,研究结果对我国的"精准扶贫"战略的实施和应用财政政策实现区域平衡发展有一定参考价值。

本章参考文献

[1]陈振明,吕志奎.《摆脱贫困》中的地方治理思想研究[J].马克思主义与现实,2017(1).

[2]李海明.一个古典马克思经济增长模型的中国经验[J].经济研究,2014(11).

[3]李晓红,周文.贫困与反贫困的产权分析[J].马克思主义研究,2009(8).

[4]李燕凌,欧阳万福.县乡政府财政支农支出效率的实证分析[J].经济研究,2011(10).

[5]刘畅,马光荣.财政转移支付会产生"粘蝇纸效应"吗?——来自断点回归的新证据[J].经济学报,2015(1).

[6]刘建华,丁重扬.马克思主义经济学的贫困理论及其当代价值[J].政治经济学评论,2012(2).

[7]刘树成,周思毅.生产函数与马克思的劳动价值论——兼与王书瑶同志商榷[J].数量经济技术经济研究,1985(3).

[8]骆桢.有机构成提高导致利润率下降的条件及其背后的矛盾关系[J].当代经济研究,2016(8).

[9]马克思.资本论[M].第1卷,第2卷.北京:人民出版社,1975.

[10]马克思,恩格斯.马克思恩格斯全集[M].第44卷.北京:人民出版社,2001.

[11]马克思,恩格斯.马克思恩格斯选集[M].第1卷,第3卷.北京:人民出版社,2012.

[12]毛捷,汪德华、白重恩.扶贫与地方政府公共支出——基于"八七扶贫攻坚计划"的经验研究[J].经济学(季刊),2012(4).

[13]王峰明.悖论性贫困:无产阶级贫困的实质与根源[J].马克思主义研究,2016(6).

[14]王艺明.经济增长与马克思主义视角下的收入和财富分配[J].经济研究,2017(11).

[15]王艺明,刘志红.大型公共支出项目的政策效果评估——以"八七扶贫攻坚计划"为例[J].财贸经济,2016(01).

[16]晏智杰.马克思经济理论中的效用分析[J].北京大学学报(哲学社会科学版),1982(2).

[17]杨春学,张琦.如何看待《21世纪资本论》对经济学的贡献[J].经济学动态,2014(9).

[18]张彬斌.新时期政策扶贫:目标选择和农民增收[J].经济学(季刊),2013(3).

[19]BARRO R. J., REDLICK, C. J. Macroeconomic effects from government purchases and taxes[J]. The Quarterly Journal of Economics, 2011(1):51-102.

[20]CALONICO S. CATTANEO M. D., TITIUNIK, R. Robust data-driven in-

ference in the regression-discontinuity design[J]. Stata Journal，2014(4):909-946.

[21]FOLEY D. K., MICHL T. R. Growth and distribution[M]. Cambridge: Harvard University Press，1999.

[22]GUO Q., LIU, C., MA G. How large is the local fiscal multiplier? Evidence from Chinese counties[J]. Journal of Comparative Economics，2016(2):343-352.

[23]HALL R. E. By how much does GDP rise if the government buys more output? [J]. Brookings Papers On Economic Activity，2009：183-231.

[24]MENG L. Evaluating China's poverty alleviation program: a regression discontinuity approach[J]. Journal of Public Economics，2013:1-11.

第二部分

中国特色社会主义财政研究

第三章　新预算法：基于中国特色社会主义财政的理解

邓力平 *

2014 年 8 月 31 日，第十二届全国人民代表大会常务会第十次会议通过关于修改《中华人民共和国预算法》的决定，修订后的预算法于 2015 年 1 月 1 日起施行。作为全国人大常委会组成人员，笔者有幸参加了新预算法的修订、审议与通过进程。作为财政理论工作者，笔者始终关注在该法中体现的我国财政理论与实践的发展。总体上看，新预算法的实施，体现了党的十八大、十八届三中、四中全会精神的要求，是对改革开放以来我国财政预算改革发展成果的总结，是中国特色社会主义财政发展与法治财政建设的大事。因此，运用"中国特色社会主义财政"体系框架来理解与贯彻新预算法，这是一个必须坚持的研究角度。

中国特色社会主义财政，就是在中国特色社会主义旗帜下前行的财政，既有现代国家本质、市场经济运行、国家治理体系对财政要求的共性，更有我国国体政体、体制特征、发展阶段等国情要素赋予财政的特性。多年来，笔者一直在探索中国特色社会主义财政的体系表述，认为对于中国特色社会主义财政的内涵，应该从影响我国财政发展的"基本制度、运行机制、所处阶段、前进动力、涉外程度"这五个方面来把握。中国特色社会主义道路至少具有五个重要特征，即"坚持了社会主义、用好了市场经济、仍处在初级阶段、持续着改革能量、参与了全球进程"。对应的，中国特色社会主义财政就应该具有国家性、公共性、发展性、改革性与涉外性五个重要特征，用大家都比较熟悉的术语来表达，就是国家财政、公共财政、发展财政、改革财政与涉外财政这"五位一体"的统一（邓力平，2014）。

用中国特色社会主义财政"五位一体"思路来理解新预算法，得出的基本观点是，新预算法是中国特色社会主义财政发展成就的总结，是财政预算已有改革成果的法律体现，是继续走好中国特色社会主义财政道路决心的昭示。原预算法 1994 年通过，当时的时代背景是，1992 年邓小平同志南方讲话后，我国加快了中国特色社会主义发展的步伐，特别是确立了市场经济的改革方向，开始构建与市场经济相适应的公共财政体制，并在

　＊　邓力平，教授、博士生导师，厦门大学经济学院财政系、厦门国家会计学院。

1994 年实行了分税制财政体制改革。原预算法体现了中国特色社会主义财政在那个阶段的特征。其中的一些内容已经不符合今天的要求,财政改革新成果急需上升为法律,对改革发展的总体方向必须坚持,而对还在探索的问题又有必要留下空间。正是体现着这种基本思路,经过方方面面的共同努力,历经四届全国人大常委会,通过十年四审,新预算法应运而生。顺着这一发展脉络,从坚持、发展与完善中国特色社会主义财政基点出发,这里选择新预算法中的一些重要方面谈自己的学习体会。

第一节 立法宗旨:中国特色社会主义财政基本要求的体现

原预算法总则第一条是,"为了强化预算的分配和监督职能,健全国家对预算的管理,加强国家宏观调控,保障经济和社会的健康发展,根据宪法,制定本法"。经过多次修改,现总则第一条为,"为了规范政府收支行为,强化预算约束,加强对预算的管理和监督,建立健全全面规范、公开透明的预算制度,保障经济社会的健康发展,根据宪法,制定本法"。比较立法宗旨表述上的区别,可以体会到中国特色社会主义财政的动态发展,体会到全面深化改革与全面依法治国对预算的要求,体会到财政国家性、公共性与发展性统一的新表现形式。

一是预算法从原来主要是"管理法"转变为"管理法"与"监督法"的统一。"管理法"强调的是财政等部门依据此法来对财政活动进行自我管理,而"监督法"强调的是人大及其常委会对预算的审查监督,两者的统一就是新预算法既规范了财政等部门依法征收、依法支出、依法加强预算管理的行为,又突出了人大及其常委会对预算的审查监督权力。原预算法中的"强化预算的分配和监督职能"、"加强国家宏观调控"被"为了规范政府收支行为,强化预算约束"所取代,反映着立法目标的这一重要变化。财政的分配、监督与调控职能,任何时候都是重要的,在新形势下还要发挥作用,但由于预算法是规范财政活动的"程序法",不是描述财政作用的"实体法",因此用"规范收支、强化约束"来体现立法宗旨,完全合适,体现了财政国家性的要求,体现着对财政作为国家治理基础与重要支柱发挥作用的程序要求,体现着中国国体政体对财政预算活动的制约。

二是明确将"建立健全全面规范、公开透明的预算制度"作为预算发展的目标。这是对我国在构建与市场经济要求相适应的预算制度方面已取得成果的肯定,是对全面深化改革与全面依法治国进程中建立现代预算制度决心的坚持,体现的是对现代财政制度一般的认同,是财政国家性与公共性统一的要求。当我们已经确立市场在资源配置中的决定性作用后,就必须探索现代国家财政配置、分配与稳定职能的新表现形式,就要坚持财政公共性对现代预算制度的一般要求。

三是继续将"保障经济社会的健康发展"作为立法宗旨的重要组成部分。在社会主义国体政体下,在"经济财政观"与"集中力量办大事"等体制性特征的要求下,服务国家发展大局,保障经济社会健康发展,始终应是我国财政的重要职能,任何时候都不能放弃,在"发展仍然是第一要务"的初级阶段中更是这样。因此,在预算法修订过程中,无论立法宗旨相关条文如何修改,这个重要提法始终不变,这正是财政国家性与发展性统一的生动体现。

第二节 全口径预算:中国特色预算体系入法的深远意义

在中国特色社会主义财政发展的现阶段,政府预算体现为由公共财政预算、政府性基金预算、国有资本经营预算与社会保险基金预算构成的"四位一体"预算体系,通俗地说,就是一套中国特色的"国家账本"。经过反复修改,新预算法对这一中国特色社会主义财政发展成果做了如下表述(第五条),"预算包括一般公共预算、政府性基金预算、国有资本经营预算、社会保险基金预算"。全口径预算体系的这一表述,既体现了建立健全"全面规范、公开透明"现代预算体系的动态要求,更是从法律上对由基本制度、国体政体、发展阶段等因素而形成的中国预算体系的肯定,具有划时代的意义,表现有三。

一是合法性。笔者长期坚持,从中国特色社会主义财政的角度看问题,四个预算都是中国特色预算体系的组成部分,同时其理论依据又各有侧重。一般公共预算(原来的公共财政预算),其理论依据是财政国家性与公共性的结合,政府性基金预算的理论依据是财政国家性与发展性的结合,国有资本经营预算的理论依据是国家基本制度要求与财政国家性的结合,社会保险基金预算的理论依据是财政国家性、公共性与发展性的统一(邓力平,2014)。曾有观点认为只有一般公共预算与社会保险基金预算是各国都有的,可以入法,而政府性基金预算与国有资本经营预算都具有过渡性质,对此笔者不敢苟同。因为这种观点只用公共财政一般理论来看待我国预算体系之发展,这无法描述我国预算体系共性与特性结合的鲜明特征。因此,这次全口径预算体系入法,是对这一预算体系法律地位的确认,是将改革发展成果上升为法律,是中国特色社会主义财政的胜利。

二是全面性。建立"全面规范、公开透明"的预算制度,"政府的全部收入和支出都应当纳入预算"(第四条),这既是市场经济国家的预算制度的共性,也是我国人民当家做主监督管理的要求。全口径预算入法,财政部门依法行事,人大依法进行审查,这是加强社会主义民主政治制度建设的需要,是确保党的主张通过法定程序形成国家意志、预算符合人民要求并得到严格执行的需要,是建立现代财政制度的需要,也是推进国家治理体系和能力现代化的需要。

三是动态性。中国特色社会主义财政始终是动态发展的,我们既要将已有发展成果上升为法律,还要为未来发展留下空间,全口径预算体系也不例外,在坚持国体政体制约下体系合法性的同时,还要不断完善发展这一预算体系。基于此,在预算法三审稿中,原来表述为预算体系"分为"四个预算,最终定稿为"包括"四个预算,这是实事求是的。例如,随着经济社会发展,中国特色社会保障制度最终是要建立的,届时相对应的社会保险基金预算也要调整为社会保障预算。

第三节　一般公共预算及其主导地位:
对市场经济对应财政形式的自信

经过多年的改革发展,公共财政预算已在全口径预算体系中处于主导与主体的地位。在新预算法中,这一特点得到了体现,表现有三:一是预算更名,二是内容充实,三是地位突出。我们必须基于中国特色社会主义财政的发展来把握这些变化。长期以来,笔者坚持公共财政预算的基础就是财政国家性与公共性的结合,一般公共预算的立法调整更是进一步体现了财政国家性、公共性与发展性的全面结合,体现了我们对中国特色市场经济对应财政表现形式的高度自信。

一是预算更名。新预算法将"公共财政预算"更名为"一般公共预算"。笔者认为,这不是一般意义上的更名,而是对市场经济下财政表现形式全新认识的体现。党的十八届三中全会通过的《中共中央关于全面深化改革若干重大问题的决定》(本章后文简称《决定》)将"深化财税体制改革,建立现代财政制度"作为"完善和发展中国特色社会主义制度,推进国家治理体系治理能力现代化"的组成部分来考虑。在《决定》中,没有再使用或者没有刻意强调公共财政的提法,而是在"财政是国家治理的基础与重要支柱"的前提下论证市场经济对财政表现形式的要求。笔者的体会是,"方向不变,高度已有,可以不提"。当年在财政前面加上"公共"二字,体现的是财政职能从计划经济转向市场经济的现实,说明的是财政的钱主要应用于公共产品的提供,强调的是这一转型,表明的是这一态度,指出的是这一方向。而当《决定》已经确定市场在资源配置中起决定性作用、政府更好地发挥作用后,可以说,当初确定的这一转型已经基本完成,态度已经世人皆知,方向已经坚定不移。因此,可以不必在财政面前再保留"公共"二字了。基于此,笔者倾向用"财政的公共性"取代"公共财政"的提法。大家当然还可以继续使用国家财政、公共财政、发展财政、涉外财政、改革财政等约定俗成的概念,但作为国家治理基础与重要支柱的财政,要强调的是其国家性、公共性、发展性、改革性与涉外性的统一,强调的是"同一财政、五个特性"。从这一角度理解,这一更名的意义就很明确了。根据原预算法,似乎只有公共财政预算才是公共财政,其他三个预算都与之无关。而现在前者是"一般的"公共预算,后三者都是"特殊的"公共预算,财政公共性全面地体现在整个预算体系中。这一更名的背后,表明的就是对市场经济对应财政表现形式、对中国特色社会主义财政理论与实践的更加自信。

二是内容充实。新预算法第六条为,"一般公共预算是对以税收为主体的财政收入,安排用于保障和改善民生、推动经济社会发展、维护国家安全、维持国家机构正常运转等方面的收支预算"。研究这一定义,看到的是四个关键词——税收、民生、发展、国家,税收为主的财政收入,用于民生、用于发展、用于国家,体现的就是财政国家性、公共性与发展性的统一。我们可以将这一定义与财政部门多年使用的公共财政预算定义加以比较,该表述是,公共财政预算"是指政府凭借国家政治权力,以社会管理者身份筹集以税收为主体的财政收入,用于保障改善民生、维持国家机关正常运转、保障国家安全等方面的收支预算"(谢旭人,2011)。可以看出新定义增加了财政发展性的要求。与此同时,我们也注意到,通常在提法顺序上,都是先发展后民生,"有发展才有民生";而这里则是先提民生后提发展,这是因为一般公共预算本质与财政公共性的要求,纳税人的钱主要用于提供公共产品与服务,就是用于保障与改善民生。应该说,这一内容充实是有其理论与现实意义的。例如,2015 年国家下达的地方一般债券是纳入地方一般公共预算管理的,这些债券用途都是各种投资项目,体现的都是发展。当现行定义将公共性与发展性都包括在内时,这种管理就有其理论依据了。

三是地位突出。新预算法对一般公共预算在全口径预算体系中的地位做了明确规定,"一般公共预算、政府性基金预算、国有资本经营预算、社会保险基金预算应当保持完整、独立。政府性基金预算、国有资本经营预算、社会保险基金预算应当与一般公共预算相衔接"(第五条)。在三审稿中,要求是"同时保持各类预算间互相衔接",经过反复讨论,最终改为其他三个预算"应当与一般公共预算相衔接",突出了一般公共预算的主导与主体作用。如前所述,这种改动的原因在于财政的公共性应该体现(可以有程度不同)在所有预算之中。就政府性基金预算而言,既要保持其"专项用于特定公共事业发展"的发展特性,还要努力做到财政发展性与公共性的结合。要持续将政府性基金预算中可以用于提供公共服务和用于人员与机构运转的项目转到一般公共预算中,继续留在政府性基金预算中的,也要加大两本预算的统筹程度。就国有资本经营预算而言,既要保持其对国有资本经营收益做出支出安排的完整性,又要提高国有资本收益上缴一般公共预算的比例,同时加强国有资本经营预算支出与一般公共预算支出的统筹使用。就社会保险基金预算而言,一般公共预算安排从来都是社会保险基金的重要来源,要配合社会保险缴款和其他形式筹集的资金,确保专项用于社会保险的收支预算能够实现平衡,并根据可能提高统筹层次与增加保险项目。

第四节 国家财政新平衡观:预算管理发展的新阶段

笔者多年强调,对于国家财政"稳固、平衡、强大"的实现目标要求,我们既要始终坚持,又要与时俱进来加以完善。在该实现目标中,稳固与强大不言而喻,无须展开。而在多年中国特色财政实践中,我们不断完善调整的就是根据实践的发展来认识财政收支平衡。在原预算法中,对于预算编制原则的表述是第三条,"各级预算应当做到收支平衡";

而在新预算法中则体现为第十二条，"各级预算应当遵循统筹兼顾、勤俭节约、量力而行、讲求绩效和收支平衡的原则。各级政府应当建立跨年度预算平衡机制"。这一变化反映了建立现代财政制度与实施新预算管理体制的要求，其反映的国家财政新平衡观主要有两个层面。

一是对平衡地位的把握。新预算法的编制原则包含三个方面：首先是中国特色与时代特征的预算原则，有反映国家治理现代化要求与中国体制性特征的统筹兼顾原则，有反映所处发展阶段与国家财政传统的勤俭节约与量力而行原则；其次是反映市场经济对应财政形式要求的原则，就是源于财政配置职能在市场经济下表现形式的绩效财政要求，就是讲求绩效原则；最后是国家财政必须坚持的收支平衡原则。任何财政都是一收一支，收支就要讲平衡，不讲平衡就不是财政。因此，在五个预算原则中，收支平衡虽然不是唯一原则，但仍然是重要原则。

二是对平衡内涵的拓展。在新预算管理体制下，平衡原则的内涵有了新的延伸，体现为依次递进的三个方面：首先，在年度平衡方面，年度预算的重点由平衡状态、赤字规模向支出预算和政策拓展；其次，为适应经济形势发展变化与财政宏观调控的需要，各级政府应当建立跨年度预算平衡机制；最后是要研究编制三年滚动财政规划，迈向中期财政规划管理。这些平衡内涵新拓展传达的信息是明确的：一方面，年度预算的重点已经是支出预算，不再拘泥于年度收支平衡，因此，政府编制年度预算、人大审查与监督年度预算的重点都不再是收支平衡，而应是体现政策运用的支出预算。另一方面，收支平衡依然必须关注，但要在动态的、拓展的时空中来把握平衡。就年度预算而言，强调的是"由"支出状态、赤字规模"向"支出预算和政策的"拓展"，而不是一种"彻底的转向"。年度收支平衡虽然不是重点，但依然是"规范政府收支"的新预算法必须整体考虑的重要因素。就跨年度预算平衡机制而言，其落脚点依然是"平衡"。而迈向中期财政规划管理，其核心依然是以此来对年度预算实行更长时间、更大空间的约束，是为财政长期平衡有序发展与政策短期有效运用留出必要的空间。

第五节 中央赤字与债务管理：
财政发展性的法律保障与理论突破

国家财政新平衡观有其现实意义，而将这一理念与财政发展性结合起来考虑，就能对新预算法关于中央赤字与地方债务的规定有更全面的认识。

一是对新预算法中关于中央赤字与对应债务规定的理解。原预算法关于中央赤字与对应的债务规定体现在第二十七条中，"中央政府公共预算不列赤字。中央预算中必需的建设投资的部分资金，可以通过举借国内和国外债务等方式筹措，但是借债应当有合理的规模和结构"。自 1998 年应对亚洲金融危机开始，我国开始实行积极的财政政策,开始了比较常态化地使用赤字财政措施的阶段,并在2008年应对国际金融危机中将这一使用提到了前所未有的强度,取得了积极效果,也有值得总结的地方。就原预算法的规定而言,多年来实施的赤字财政做法是合法的,但从政策实践来看,从对财政年度平衡不断深化的理解来看,急需在法律上对赤字使用更加明确。基于此,新预算法在第三十四条中做了这样的表述,"中央一般公共预算中必需的部分资金,可以通过举借国内和国外债务等方式筹措,举借债务应当控制适当的规模,保持合理的结构"。并对债务实现全国人大批准的余额管理。对原预算法与新预算法进行比较,可以看出国家财政新平衡观的体现,看出在特定经济社会发展阶段中财政国家性、公共性与发展性的统一。首先,新预算法删去了"中央政府公共预算不列赤字"的规定,直接写明"中央一般公共预算中必需的部分资金",可以举借债务,这就为在"风险可控、时间可控"前提下实施赤字财政措施提供了法律依据。其次,新预算法对原法表述的"必需的建设投资中的部分资金"可以举债,删去了其中的"建设投资",直接表述为"必需的部分资金"可以举债,这一规定符合前述一般公共预算同时内含有财政民生性与发展性的要求。在我国经济发展现阶段,赤字及所产生的债务主要用于发展,较频繁地使用扩张性财政政策是发展中国家财政政策运用的常态,但必须妥善处理好民生与发展的关系并注重可持续。再次,新预算法强调了举借债务使用与管理的要求,从原法规定的举债"应当有合理的规模和结构"调整为举债"应当控制适当的规模,保持合理的结构",增加了对债务余额管理的刚性要求,这就体现了"正确把握短期赤字财政措施与长期财政平衡地位关系"这一国家财政平衡观的基本要求,既是对多年来有效实施积极财政政策经验的总结,也是对在实施中出现一些问题应予以防范的法律要求,值得我们很好地去理解与体会。

二是对新预算法中关于地方债务管理与使用规定的把握。在原预算法中,关于地方各级预算编制是有刚性规定的(第二十八条),"地方各级预算按照量入为出、收支平衡的原则编制,不列赤字。除法律和国务院另有规定外,地方政府不得发行地方政府债券"。在现行分税制财政体制等条件下,在从中央到地方各级政府都在"谋发展、求跨越"的发展阶段中,地方债务通过各种方式逐步出现、形成规模,既有效应,也有风险,同时也与原预算法规定产生矛盾。在这样的背景下,根据"筑高墙、堵后门、开前门"的改革思路,迫切需要新预算法对地方债务进行规范。经过多方努力,新预算法第三十五条对地方债务做了规定,"地方各级预算按照量入为出、收支平衡的原则编制,除本法另有规定外,不列赤字"。并就"本法另有规定",即如何发行地方政府债券,做出了明确规定。研究这些规定,依次递进的三个层面是清晰的,体现着财政国家性、公共性与发展性结合的特征。首先,地方预算编制依然是"收支平衡、不列赤字",地方举借债务的规模,是国务院报全国人大常委会批准后于年中下达,通过地方调整预算的方式进行使用与接受监督。换言之,地方"年初不列赤字、年中增列赤字"既体现了中央宏观调控,又满足了地方现实需要,是"全国一盘棋"下国家财政新平衡观的体现。其次,给予地方为了发展需要而发行的地方政府债券合法地位。新预算法明确,"经国务院批准的省、自治区、直辖市的预算中必需的建设投资的部分资金,可以在国务院确定的限额内,通过发行地方政府债券的方式筹措"。这里与对中央赤字与债务的表述有两点不同,一方面,这里讲的是"预算",不是"一般公共预算",同时这里强调的是"建设投资",这就为目前中央下达的地方债券规模的预算管理提供了法律依据:一般债券进入地方一般公共预算管理,专项债券进入地方政府性基金预算管理,同时明确了所有地方债券都是满足部分投资需求,指向都是"公益性资本支出",用途都体现着财政的发展性。再次,为了发挥作用、防范风险,新预算法就发债主体、发债目的、发债程序、发债形式、发债管理、审查监督等方面都做出了明确、详细与可行的规定。

第六节　支出管理与收入任务:新预算体制下应处理好的重要关系

国家财政新平衡观还有一个重要启示,就是如何在新预算体制下把握强调支出管理与完成收入任务的关系,根据"规范政府收支行为"的要求做好收支工作。

在财政新平衡观的指导下,当年度预算编制由平衡状态、赤字规模向支出预算和政策拓展时,支出就成为刚性,收入则由原来的约束性转向预期性。财政部门应该实事求是地编制预算,并做好支出工作,预算收入征收部门则应努力完成法定的收入任务。这是新预算体制下应该处理好的重要关系,财政部门和包括税务、海关等收入征收部门各自提出的工作要求,是为实现同一个目标而从不同角度提出的实现方法,不存在矛盾,但却可以在理论上加以佐证,在实践中加以协调。

对于财政部门,首先必须明确,虽然预算的重点已经转向支出管理,但收支预算依然是一个整体。其次在编制收入预算时,应当与经济和社会发展水平相适应,与财政政策相衔接。而在执行支出职能时,预算安排应该符合国民经济和社会发展的方针政策,应该把握财政民生性与发展性的结合,应该合理、规范地安排重点支出和重大投资项目,应该依法规范地完成对下级政府的转移性支出。对于税务等预算收入征收部门,则应当全力以赴地去完成经预算确定的收入任务。预期性任务也是任务,人大通过后就是法定任务,必须完成,"应收尽收"。同时在收入征收过程中,应该避免"多征、提前征收"(即"收过头税")或者"减征、免征、缓征"(即"藏富于民")应征的预算收入,从而避免形成预算执行的"顺周期"问题,影响财政政策效应。关于新预算体制下依法征管与税收任务的关系,笔者另有专文(邓力平,2015)。这里只想强调,在新预算法第五十五条中,新增加了下面这一表述,"各级政府不得向预算收入征收部门和单位下达收入指标"。财税理论界对这句话有不同解读,有的将这句话理解为从此不再有税收任务。这可能是一种误解。这里仅点明新预算法修订过程中的一个事实。在三审稿中,这句话是放在第三十六条中(对应的是第四章预算编制),而最后稿中是将这句话挪到了第五十五条(对应的是第六章预算执行)，这一变动含义清晰、意义深远。各级政府不得在预算"执行"过程中向税务等预算收入征收部门和单位下达收入指标。显然，这里讲的是"超预算"的收入指标，而不是"预算确定"的收入指标，要纠正的是在"执行"中出现的问题，要纠正的是因执行偏差而对财政政策有效性的干扰。

第七节　坚持中国特色社会主义财政方向：学习新预算法的体会

新预算法通过一年、施行八个月后，笔者有幸参与了有关部门组织的对新预算法的解读与培训工作，看到各级人大代表、人大干部、财政干部认真学习新法，自觉依法办事，很受鼓舞。与此同时，笔者在全国人大常委会与省级人大常委会参与对年初预算审查与中期预算调整工作，更是体会在依法治国与依法理财方面迈出的扎实步伐，更是体会新预算法作为政府从事财政工作、人大履行审查监督职能法定依据的重要意义，更是看到中国特色社会主义财政的强大生命力。

在这一进程中，笔者高兴地看到，财政理论界在对新预算法的理论解读与实践引导方面做了大量工作，体现了对中国特色社会主义财政发展的理论自信。当然也要看到，在预算法修订过程中、在对新预算法解读中、在对预算实施条例修订草案的把握中，还存在一些不同看法。有的是对全国人大与国务院在预算管理范围上的不同理解，有的是对财政部与其他部委在管理权限划分上的正常分歧，还有的则是在具体提法乃至法言法语上的不同见解。这些观点分歧是正常的，既表明了理论工作者对事业的满腔热情，也推动大家在实践中不断探索，为法律的持续完善提供理论支撑。笔者进一步认为，这些讨论表明，这种在党的领导下，在共同事业前提下的学习、讨论、辩论直至最终形成共识的过程，正是中国特色社会主义财政事业充满活力的生动体现。基于此，笔者倡导要在发展中国特色社会主义财政的动态视野中来把握新预算法，来出台实施条例，来做好全面依法治国与依法理财工作。笔者愿和大家一起，继续为这一事业的新发展再献微薄之力。

本章参考文献

[1]中华人民共和国预算法[M].北京：中国法制出版社，2015.

[2]楼继伟.认真贯彻新预算法依法加强预算管理[J].中国财政，2015(1).

[3]谢旭人.中国财政管理[M].北京：中国财政经济出版社，2011.

[4]邓力平.中国特色社会主义财政、预算制度与预算审查[J].厦门大学学报(哲社版)，2014(4).

[5]邓力平.对落实税收法定与坚持依法治税的三点认识[J].东南学术，2015(5).

第四章 由物到人：财政学逻辑起点转变 与范式重构

——论新时代中国特色社会主义财政理论创新

刘晔*

近年来,特别是随着十八届三中全会提出"财政是国家治理的基础和重要支柱"的著名论断以来,我国财政学界又恢复了重视财政学基础理论的中国式传统。刘尚希等(2018)从风险社会的逻辑视角出发,对财政与国家治理的关系进行了崭新分析;李俊生(2014)分析了英美主流财政理论的缺陷并提出了"新市场财政学";刘晓路和郭庆旺(2016)基于思想史梳理提出了构建融合政治学、经济学和社会学的"国家治理财政学";王雍君和乔燕君(2017)则以集体物品为骨架,以三个财政场域为对象,力图构建财政学新知识话语体系;马珺(2016)分析了财政学的两大范式及其方法论基础;杨志勇(2017)提出了财政学的基本问题与中国财政学发展的着力点。上述研究或基于对财政思想史的再梳理,或基于对多学科财政知识的新整合,或基于对已有经典理论的再阐释,或基于对本土学术思想的新发掘,由此表明中国财政学界已不再局限于用西方公共经济学理论加中国案例来构建财政学知识体系,也不只满足于用国际通行的实证方法加中国数据来做经验研究,而凸显出面向本土重大现实需求来寻求整合创新的理论自觉。笔者认为,基于新古典主流经济学基础上的公共经济学,之所以对一些重要现实问题缺乏解释力,其根源于主流经济学"资源配置"这一物本范式。而通过构建人本范式,即以人为分析对象,以交易为分析单位,建立起制度分析框架,从而在不同学科间构建起可兼容的财政学基础理论和可通约的财政学研究范式,这是新时代下中国财政理论创新的可能取向。

第一节 财政学物本范式的缺陷与人本范式的重构

现有财政学理论建立在新古典主流经济学"资源配置"效率分析的基础上,基本上是其微观分析方法的应用。在笔者看来,其本质上是一种物本范式,主要表现为以"市场失

---

* 刘晔,教授、博士生导师,厦门大学经济学院财政系。

灵"为逻辑起点、以"公共物品"为核心概念、以"效率标准"为研究主题,在研究方法上体现出"工程思维"。财政学学科属性并不只是经济学,但即使仅从经济学来看,不论从马克思主义基本原理还是从经济活动实践出发,经济活动始终是人有目的、有意识的活动,人是经济活动的主体也是经济活动的目的。因此人而非物才应该是经济学分析的基本对象和逻辑起点。同时正如马克思所指出的"人的本质是一切社会关系的总和",以人为分析对象时也应将其置于人与人关系的制度框架下进行分析。因此,本章拟先分析财政学物本范式的缺陷,并在人本范式下对相关问题进行重新阐释。

(一)市场失灵:财政学逻辑起点的缺陷与人本范式下的重新阐释

遍观目前的财政学或公共经济学教材[①],其共同点都是从政府与市场关系出发,将市场失灵作为财政学的逻辑起点,并进而引出财政职能。而在市场失灵形式上,则都列举了公共物品、外部性等形式。但是,物本范式下财政学这一逻辑起点主要存在以下缺陷:(1)政府与市场并不是直接对立的。即使从直观意义上看,把政府视为资源配置的行为主体,但市场并不是行为主体而是交易关系的集合,市场中企业和家庭才是行为主体。市场作为交易关系的集合,其也可以承载作为需求者的政府行为主体,从而产生政府采购和政府购买服务等市场活动。近年来,李俊生教授(2017)"新市场财政学"提出的"市场平台观"也阐释了这一点;(2)仅从资源配置两分法的角度看待政府和市场关系必然面临逻辑上的困境。按财政学已有逻辑,市场失灵情况下资源转由政府配置来弥补市场失灵;但如公共选择所表明的,政府也会失灵,按此逻辑资源又只能转由市场配置来弥补政府失灵,由此无法走出循环反复的逻辑困境。(3)这一范式将政府视为外在于市场的资源配置主体,则无法认识政府在市场培育和制度建设中的作用。市场对资源的配置,并不是物的配置,而是附着在物上的权利(产权)的配置[②]。而产权是由政府来界定和保护的,如没有政府就没有产权也就没有市场交易,每一笔私人物品交易契约中都包含着政府因素。因此政府本身不是外在于市场而是内在于市场的(刘晔,2006)。(4)"市场失灵"并不能构成财政的逻辑起点,其既不是财政介入的充分条件也不是必要条件(刘晔、谢贞发,2008)。仅以污染负外部性为例,其既可能通过政府征税来解决,但也可能通过上下游企业合并解决,在明确产权情况下也可能通过私人谈判解决,还可能通过环保组织等民间组织来解决。

笔者认为,现有财政学逻辑起点的缺陷,其根源于新古典主流经济学资源配置的物本范式。这一范式以资源稀缺性及其配置效率为主题。但经济学在此存在的一个明显缺陷是,资源稀缺性既然是相对于人的欲望而言,那么分析对象根本上应该是人而不是物。由于市场本身并不是资源配置主体,只是人与人交易关系集合,所以财政学逻辑起点应回到人,回到交易这一更基础的单位。正如技术革命都是从底层技术的变革开始一

---

① 比较经典的如哈维·罗森的《财政学》、大卫·海曼的《公共财政》、阿特金森和斯蒂格里茨的《公共经济学》。
② 例如买房和租房,其区别不在于作为物的房子的区别,而在于产权的区别。

样,财政学理论的创新首先也需要实现逻辑起点和分析对象"由物到人"的转换,由此可望增强理论的兼容性和解释力。从人而不是物的角度来看,政府和市场就不是截然不同的两种资源配置主体,而是人与人之间合作交易的两种制度形式。表面上看,市场交易具有平等和自愿的特征,而政府具有强制和权威的特征;但在实质上,政府的强制性产生于公共选择多数票表决的结果,而公共选择中参与投票的人也是平等和自愿的。因此,市场与政府并无本源上的区别①。事实上,政府、市场、企业和社会组织等都不过是人与人间寻求互利合作,以个人理性达到集体理性的不同组织形式而已,因此可统一以交易为单位来予以分析。笔者曾经提出,主流经济学所谓的市场失灵,应指市场交易费用在边际上大于其他组织(如政府或其他组织形式)的交易费用(刘晔,2006)。但这并不能成为政府干预和财政介入的必然逻辑,因为需同时与交易收益②和其他组织(如企业组织、社会组织)交易费用进行比较。由此,只有当政府交易费用<市场及其他组织交易费用<交易收益;或者政府交易费用<交易收益<市场及其他组织交易费用时,才是主流财政学所谓的"市场失灵引出政府干预"的情况。

(二)公共物品:财政学核心概念的问题与人本范式下的重新思考

公共物品是物本范式财政理论体系的核心概念,也是"市场失灵"的主要形式,并以其为核心形成了财政收支管理的整个学科体系。经济学最初发明公共物品这一概念,是为了说明市场失灵和财政职能,但由于其完全从物的自然属性即非排他性和非竞争性来定义公共物品,由此其在解释力上存在以下明显问题:(1)这一概念无法解释财政职能。不论是从经济学的发展③还是从各国实践来看,符合非排他性非竞争性特征的公共物品很多是由私人通过市场提供的,也有是由非营利性社会组织提供的,而政府也提供了很多如基本医疗、保障房等具有排他性、竞争性的私人物品;(2)这一概念无法说明市场失灵。不仅仅因为市场也在提供公共物品,更重要的问题在于,如单纯从物的自然属性来定义,很多公共物品的产生远早于市场经济,由此根本谈不上所谓市场失灵。如国防从国家产生开始就已经存在了,而治安防卫至少与人类社会历史一样悠久。朱明熙(2005)也较早注意到了这一点。(3)这一概念无助于理解公共提供范围的变迁。例如教育、医疗、养老等在历史上都是由私人提供的,不构成政府财政职能,但到了现代社会却成为政府公共提供的重要内容。如果按物的自然属性来定义,上述物品都属于排他性、竞争性的私人物品,而且这种属性从来就没有发生过变化。因此,其由私人提供到政府提供的转变就不能从物的自然属性来理解。

---

① 只不过,市场交易是两两之间实行一致同意规则的交易,而政府是全体投票者间实行少数服从多数规则的交易,而这少数服从多数规则在投票前事实上也经过了全体的一致同意。

② 以外部性为例,纠正外部性的交易收益即为将外部性内在化所增加的社会福利,其为边际社会成本和边际社会价值之间的差额总和。

③ 从1974年科斯的《经济学中的灯塔》,到博弈论中公共物品提供的"斗鸡博弈"和"智猪博弈",到后来实验经济学和捐赠经济学对"免费搭车"的实验研究都表明了这一点。

　　笔者认为,要解决公共物品概念的上述问题,就要从以物的自然属性来定义公共物品中摆脱出来,转向以人的社会属性来重新考察。物品或服务是属于公共的还是私人的,根本上不取决于其自然属性,而取决于其与人的关系。例如一辆汽车,按物的属性看是排他性的,但如由私人购买和使用则成为私家车,由单位购买和使用则成为俱乐部物品的集体车辆,由政府购买并投入公共运营则成为公交车。因此,公共物品问题应该置于社会属性中去理解,放在社会共同体共同需要中去解释。从人类社会产生伊始,人就处于与其他人的关系之中从而具有社会属性,这种社会属性映射在国防、治安、仲裁上才使相应的物品和服务具有了公共性。而随着社会关系和社会价值观的变化,教育、医疗等社会属性得以凸显,从而产生了公共提供范围的扩大。

(三)工程思维:财政学研究方法的局限与人本范式下的重新复归

　　现有财政学的物本范式根源于新古典经济学"资源配置"主题,其直接分析对象是资源或物品,而不是作为经济活动主体的人。应该说,经济学资源配置的物本范式也是历史的产物,早在亚当·斯密的古典经济学中,人和人之间分工交易,而非物的最优化,才是效率的源泉。而在"边际革命"之后,新古典经济学背离了古典经济学的人本传统而把研究主题和效率标准局限于资源配置上[①]。由此使得主流经济学及其物本范式支配下的财政学日益朝数理化方向发展,热衷于建立各种最优化的数理模型,以及对理论假说进行经验实证。主流经济学及其基础上的财政学,表面上虽然也有消费者、生产者等行为主体对物进行选择以实现利益最大化,但布坎南(2000)认为,这种范式下的人只是在约束条件下进行最优化计算的机器人,只是对既定的收入、价格、偏好等一系列变量进行被动反应的机器而已,从而是典型的工程思维。更重要的是,物本范式的研究方法完全把经济活动和财政活动中更为重要的人和人之间关系给抽象掉,从而把制度因素视为既定的外生变量。

　　物本范式的形成,根源于新古典经济学及其财政学试图摆脱价值判断,完全用自然科学研究方法来研究经济学和财政学,由此围绕变量间关系形成理论模型和实证研究,体现出较强的工程思维及其工具主义特征。但从根本上看,经济现象在本质上和自然现象是存在根本区别的,而财政活动则更是如此。在物本范式下,当前经济学和财政学研究结论越来越呈现片面化和碎片化倾向,大都把财税政策作为外生冲击而非以其为本体进行研究,因此其无法立足人本对财税问题形成系统认知,也很难对财政实践给予有力的回应和指导。要改变这种状况,就需要做到科学性和人文性兼顾,重新向财政学原有的人文传统复归,在人本范式下广泛吸收其他人文社会科学的知识成果,增强财政学理论的解释力和对实践的指导性。

---

　　① 在经济学说史上,罗宾斯最早明确提出"经济学研究的是如何配置稀缺资源",参见:罗宾斯·经济科学的性质和意义[M].北京:商务印书馆,2000:36.

(四)效率标准:财政学研究主题的偏向与人本范式下的重新综合

在稀缺性前提下,新古典主流经济学在物本范式下形成了效率这一特定标准,并体现在现有财政学上。这一范式和标准的确立,确实大大促进了经济学和公共经济学的专业化发展。但也使得现有财政学局限于效率这一单一维度的研究主题,因此必然带有相应的偏向性和局限性。仅以教育为例,从正外部性理论出发,政府只能对其外部收益进行补贴,从而无法对全民义务教育这一明显无效率的政策给予理论支持。特别是近年来随着"财政是国家治理基础和重要支柱"论断的提出,人们普遍认同,财政职能不只是反映在经济方面,而是体现在包括经济、社会和政治等各个方面(刘尚希,2014),财政学也不只是经济学,而是跨越经济学、政治学、社会学、法学、公共管理学的综合性学科(高培勇,2014)。

从全面深化改革的实践看,当前现实中的财政问题越来越具有综合性,如收入分配、预算制度、央地关系等等,无法分清具体是经济问题、政治问题还是社会问题,而都是事关全局的综合性问题。因此,财政学要真正做到问题导向,就不能采取单维的效率标准,而必须能形成兼容其他社会科学研究主题的理论范式。但是,现有财政学的物本范式与其他人文社会科学间在范式上具有不可通约性。笔者认为,只有实现分析对象上由物到人的转变,通过制度分析才能在经济学、政治学、法学、社会学等诸学科间构建起可兼容的财政学基础理论和可通约的财政学研究范式。

第二节　人本范式:新时代中国特色社会主义财政理论创新探源

时代是思想之母,实践是理论之源。中国财政基础理论的探索和创新,必须从新时代中国特色社会主义的时代命题和实践要求出发。根据习近平总书记在哲学社会科学工作座谈会上的讲话精神以及党的十九大报告的总体要求,新时代中国特色社会主义财政理论创新应坚持以马克思主义为指导,立足中国实践,紧扣时代主题,整合已有思想,由此作为构建人本范式的中国财政学的理论源泉。

(一)马克思人本主题与共同体思想

坚持以马克思主义为指导,是当代中国哲学社会科学区别于其他哲学社会科学的根本标志(习近平,2016),也是中国特色社会主义财政理论的根本立足点。通观马克思主义思想和理论体系,人民至上、以人为本是其鲜明主题和根本要义,并体现在诸如人是实践的主体和目的,人民群众是历史的创造者,实现人的自由全面发展是终极目标等等观点中。因此,坚持马克思主义就是要坚持人在经济活动和财政活动中的主体地位,坚持以人为出发点构建财政学人本范式。此外,马克思对人的分析是放在人和人相互关系下进行制度分析的,并认为"人的本质…在其现实性上,它是一切社会关系的总和"①。因此,在人本范式下要坚持马克思主义制度分析方法,就要深入到人和人关系的制度层面,而非资源配置的物的层面来重新认识政府及其财政。

中国财政学理论创新还应该注重对马克思共同体思想的文本发掘和思想阐释,并结合新时代特征做出新的理论创造,才能摆脱西方经济学从市场失灵来看待财政公共性及从物的自然属性来定义公共物品的缺陷。虽然马克思并没有对"共同体"给予确切的定义,共同体思想也并非马克思原创,但他在继承前人思想上对其进行扬弃形成了丰富的共同体思想。以笔者目前初步的学习和思考,马克思共同体思想至少在如下方面对中国财政理论创新具有重要的指导作用:(1)在马克思看来,共同体就是人们以集体方式存在的组织形式,即人都是"类存在"从而具有相应的社会属性。各种共同体从根本上说是利益共同体,这种共同利益使得从集体属性看,一些物品和服务一开始就具有公共性。(2)马克思认为,"随着分工发展产生了私人利益或单个家庭的利益与共同利益之间的矛盾"②,也即产生了私人领域与公共领域的分野,这对认识私人需求与公共需求具有重要指导作用。(3)不论是哪种形式、多大范围的共同体,其实都是人在具有共同利益基础上的合作性组织。因此在笔者看来,可以人为分析对象,以交易为分析单位来进行分析。(4)马克思实际上论述了人类社会三种形态即三种不同类型的社会共同体,"人的依赖关系"的前资本主义社会共同体、"物的依赖关系"的资本主义社会共同体、"人的全面发展"的共产主义社会共同体。由此表明社会主义财政学要更多从物本范式走向"人本范式",以促进人的全面发展为根本目标。(5)马克思对"虚幻的共同体"的分析,及其国家产生于市民社会的理论,是正确辨证认识财政的公共性和阶级性问题的根本;此外其对国家作为"虚幻的共同体"与"真正的共同体"之间的关系对现代国家治理具有重要启示。(6)随着经济全球化和信息技术的发展,也随着环境、安全等问题的全球化,使得全球人类都成为一个利益相关的命运共同体,从而对中国的"大国财政"和全球治理提出了新的时代课题,由此也需要中国财政理论对此做出积极回应。

(二)中国实践的时代命题与时代特征

理论源于实践,在中国特色社会主义进入新时代以后,必然要求根据新时代特征来探索中国财政理论创新,由此回答"建设什么样的中国特色社会主义财政理论"这一时代命题。十九大报告指出"中国特色社会主义进入新时代",这一新的历史方位意味着中国特色社会主义实践已经由单纯追求生产力提高和物质财富增长让位于追求人的全面发展。理论逻辑要和历史逻辑、实践逻辑相一致,因此要求财政学研究范式也要实现"由物到人"的根本转变。

十九大报告指出"中国特色社会主义进入新时代,我国社会主要矛盾已经转化为人

① 马克思,恩格斯.马克思恩格斯全集[M].第1卷.北京:人民出版社,1995:56.
② 马克思,恩格斯.马克思恩格斯全集[M].第3卷.北京:人民出版社,2002:37.

民日益增长的美好生活需要和不平衡不充分的发展之间的矛盾",由此改变了"落后生产力之间的矛盾"的旧表述。这意味着我国物质绝对匮乏的旧时代已经结束,而实现人的全面发展的新时代已经来临,如十九大报告所指出的"更好满足人民在经济、政治、文化、社会、生态等方面日益增长的需要,更好推动人的全面发展、社会全面进步"。

十九大报告指出"必须坚持以人民为中心的发展思想,不断促进人的全面发展、全体人民共同富裕"。即要实现"发展为了人,发展依靠人,发展成果由人民共享"。由此要求财政需要从与人民群众切身利益关系最直接、最现实的民生领域入手来构建"民生财政",以增进民生福祉为根本目的,彰显"以人为本"的价值取向;由此也要求财政"坚持人民当家做主"的基本原则,从保障人民权利、促进民主决策和强化民主监督入手构建"民主财政",彰显"人民至上"的价值取向。这些时代命题都为中国财政理论创新提供了实践基础。

十九大报告指出,"全面深化改革总目标是完善和发展中国特色社会主义制度、推进国家治理体系和治理能力现代化"。新时代我国国家治理体系涵括了经济、政治、社会、文化和生态文明建设等内容,因此是"五位一体"全面深化改革中一个复杂的系统工程,而全面深化改革不论是经济体制、政治体制还是社会体制改革,改革实质上就是人与人利益关系的重新调整,实质上就是规范人和人关系的制度的重新安排。财政作为国家治理的基础和重要支柱,由此实践要求中国财政理论创新要突破传统的财政职能,由资源配置转向制度建设。

(三)古今中外学术资源的兼容并蓄

习近平总书记(2016)指出,"我们要善于融通古今中外各种资源","要坚持不忘本来、吸收外来、面向未来","要按照立足中国、借鉴国外,挖掘历史、把握当代,关怀人类、面向未来的思路,着力构建中国特色哲学社会科学"。因此,"人本范式"的中国特色社会主义财政理论体系要在兼容并蓄、继承发展的基础上实现整合创新。

1.本土传统学术资源的重新挖掘

这方面的学术资源和理论源泉主要来自于两个方面,一方面是对中国古代治国理财的财政思想尤其是民本财政思想的重新发掘。早在春秋时期,管仲就提出了"凡治国之道,必先富民"的以人为本的理财原则。通过将传统民本财政的思想基因与当代需求相协调,可以做出新的理论创造。另一方面是对我国计划经济时期产生的传统学术资源进行重新挖掘,吸收其合理因素并进行整合创新。特别是以何振一(1987)为代表的"社会共同需要论"从社会共同需要角度来看待财政公共性,至今仍有启示作用。在新时代,可在马克思共同体思想下重新挖掘"社会共同需要论"的人本内涵和制度价值。

2.对西方经典文本的重新梳理

以公共选择论为代表的财政制度分析已经得到充分挖掘,并被现有财政理论所吸收,但其中布坎南财政立宪思想尚未完全得到充分阐释。此外,新制度经济学的产权理论、交易费用理论、制度变迁理论、企业理论，以及奥斯特罗姆的公共池塘资源理论、多中心治理理论等尚未由现有的财政学理论所充分挖掘和有效吸收。虽然这些理论提出已有较长时间，但范式重构要注重的并不是追踪前沿新文献，而要更多回到思想家们早期经典文本中并对其进行重新梳理、挖掘、阐释和为我所用。

3.当代经济理论和方法的新进展

在经济学当代新进展中，也出现了很多以人为研究对象或进行制度经济分析的理论与方法，他们也都是针对新古典主流经济学物本范式的缺陷所提出来的，也需要将其综合在财政学的人本范式和制度分析中。如研究制度演化过程的演化经济学、研究人的真实行为的行为经济学和实验经济学、研究人的幸福和全面发展的幸福经济学、以动态演化博弈方法研究个体的行为及与群体关系的演化博弈论，等等。

4.对人文社科其他学科的新综合

财政学不只是经济学，其他人文社会科学特别是政治学、公共管理学、法学和社会学等也从各自主题出发对财政问题进行研究，并产生了如税收政治学、预算管理学、财政宪法学、财政社会学等分支。在新古典主流经济学物本范式下，这些知识难以综合进现有财政学体系中。但随着财政学人本范式和制度分析的构建，则可兼容人文、社科其他学科知识，实现财政理论的新综合。

第三节 由物到人：财政学人本范式的应用与扩展

以人为分析对象，以人和人关系的制度分析为基本框架，以共同体理论为依托来构建财政学人本范式具有广泛的应用基础和解释能力。在此笔者仅选择财政学最基本问题——政府与市场边界问题以及现代财政制度三个构成——税收、预算、央地财政关系进行分析并得出与主流经济学不同的解释，另对当前热门的大国财政与国际治理进行人本范式的扩展分析。

（一）政府与市场边界：基于人本范式交易费用视角的分析

物本范式财政学所面临的最大尴尬就在于以公共物品、外部性为表现的市场失灵无法解释政府与市场边界，不仅政府与市场都可能提供公共物品，也都可能解决外部性，同时其他组织也可能提供公共物品和外部性。但如转入人本范式，它们都只是人与人交易的不同制度组织形式而已，从不同组织的交易费用及与交易收益的比较看，很容易做出合理解释：

（1）市场交易费用＜政府及其他组织交易费用＜交易收益，或市场交易费用＜交易收益＜政府及其他组织交易费用。此时，并不存在真实的市场失灵，即使面临公共产品、外部性等问题，但市场比政府和其他组织解决成本更低并且低于交易收益，从而市场解决是有效率的，实践中表现为由私人提供公共产品、由私人自发谈判消除外部性，而政府干预则无效率。

(2)其他组织交易费用＜政府交易费用＜市场交易费用＜交易收益。此时,政府干预及财政介入确实比市场有效,但有其他更有效的组织替代(如企业组织、社会组织等),因此也不需要政府及财政职能。实践中表现为社会组织(如民间慈善组织)提供公共产品、社会组织(如民间环保组织)纠正外部性、企业组织合并消除外部性等。

(3)交易收益＜政府及其他组织交易费用＜市场交易费用,或交易收益＜市场交易费用＜政府及其他组织交易费用。此时,市场确实处于失效状态,但并不意味着政府干预或其他组织替代能有效,因为任何解决途径其收益都小于成本,因此不解决最有效。实践中表现为许多微不足道、无需解决的外部性,以及一些不值得提供的公共物品。

(4)政府交易费用＜市场及其他组织交易费用＜交易收益,或政府交易费用＜交易收益＜市场及其他组织交易费用。此时,政府解决比市场和其他组织成本低,且解决是值得的。实践中表现为财政提供公共产品、征税补贴消除外部性等。

(二)税收本质:基于人本范式产权视角的分析

在现有物本范式的财政学中,税收的本质被视为公共物品的价格,从而产生与私人物品市场价格相对应的公共物品的"税收价格论"。但这一税收本质观有以下缺陷:(1)从制度视角看,并不存在公共物品和直接意义上的公共利益。由于利益分歧,事实上任何一项支出议案都不可能获得一致同意,因此功能层面的公共选择采取的是多数票规则。在多数票规则下就必然产生多数人对少数人的强制甚至可能是少数人对多数人的强制,由此带来相应的受益方和受损方。(2)物本范式下对公共物品是从其自然属性即非排他性来界定的,但排他性与否取决于产权界定,因此权利归属这一人与人关系比物本身处于更为基础和本源的地位。没有排他性的产权界定就无所谓私人物品也无所谓公共物品。(3)物本范式下严格符合非排他性和非竞争性的所谓公共物品,既可能由政府提供,也可能由私人或其他组织提供,因此其所谓的公共物品和政府税收间并不具有本质联系。

如前所分析的,资源配置在本质上不是物的配置而是附着在物上的权利(产权)的配置,应从权利这一人与人关系的制度视角来看待税收本质。在现代社会,国家处于产权界定和保护的垄断地位,由此使得国家与产权之间具有了内在联系。一方面,离开国家我们无法理解产权,如没有国家法律的界定与强制力的保护,产权就是一句空话;另一方面,离开产权,我们也无法理解国家,毕竟国家的法律和权力就是旨在社会范围内界定和实施一套权利规则。因此,税收本质上是国家界定和保护产权的价格(刘晔,2009)。

(三)预算制度:基于人本范式立宪理论的分析

在现有物本范式的财政学中,预算被视为政府提供公共物品的资源配置的决策过程。因此,翻开国内任何一本财政学教材,对政府预算几乎都有一个相同的定义——"政府预算就是政府的基本财政收支计划"。显然,从资源配置角度来定位政府预算并将其视为政府收支计划是有重大缺陷的。因为其他行为主体如家庭、企业等用钱也有财务收支计划,计划性可以反映资源配置的基本要求,但其并不能成为政府预算制度的实质内涵。政府预算与私人预算的根本区别在于,政府的钱不是自己的而是来自于人民。因此预算制度的实质不是计划性,而是法治性,甚至是立宪性。

税收本质上是国家界定和保护产权的价格,因此其根本上课自于人民的权利(产权),而国家权力又奠基于税收这一物质基础。因此从根本上看,预算制度是一个宪法内容,因为它维系着人民权利和国家权力之间的契约关系。人民主权是宪法根本原则,包括产权在内的公民基本权利对政府权力构成立宪层面的约束,预算就是这一立宪约束的制度体现。因此在布坎南(2000)看来,预算制度本身就是宪法制度的内容。按布伦南和布坎南(2004)的构想,制度是一个立体结构,这个结构的基础是包括财政立宪在内的宪法规则,是生成其他规则的元规则。

(四)央地财政关系:基于人本范式共同体理论的分析

现有物本范式的财政学是从公共物品受益范围来解释政府间财政分权的,而公共物品又由非排他性和非竞争性来定义。但如前所述的,以物的自然属性定义的公共物品概念本身就存在很多缺陷,况且受益范围也很难明确划分中央地方事权。即使以作为全国性公共物品的国防为例,由于武器及兵员分布的不均匀,事实上不同地区的居民受到的保障程度也是不同的。此外,此论并没有提出并解决各级政府提供相应层次公共物品的激励问题。

按马克思的共同体思想,人类社会一开始就是以共同体形式组织起来的。共同利益是共同体的基础和纽带,由于共同利益相容程度和范围大小的不同,人们在社会关系中形成不同层次的共同体。因此,马克思在"自然共同体"中就分析了家庭、氏族、部落到国家等各种不同层次的共同体。由此,正如原子构成分子、分子构成有形物质、有形物质构成地球、地球构成太阳系一样,不同层次的共同体间形成了相应的共同体结构及其利益结构。在国家产生以后,马克思认为国家是"虚幻共同体"。因此国家(包括中央政府和地方政府)事权和财权划分只是代表原来相应不同层次共同体进行利益划分,根本上是共同体层次决定政府间财政分权而不是相反。由此,政府间财政关系的划分不应着眼于市场经济下政府间的职能来划分,更不应着眼于市场失灵下的公共物品层次来划分。这点正如王雍君和乔燕君(2017)所言的,"无论在事实上还是逻辑上,集体物品系仅仅是共同体对其成员所做的责任承诺的结果,而非市场失灵的产物"。

(五)大国财政与全球治理:基于人本范式共同体理论的扩展

作为世界性的大国,近年来中国"大国财政"受到越来越多的关注和研究,并从全球化进程中全球治理的角度来认识中国的大国财政构建与大国责任担当,由此也带来对财政职能的重新思考。对中国参与国际治理的很多财政支出,如对外援助、一带一路建设、亚投行等支出,很难从物本范式下的"市场失灵"来予以解释,也很难单纯从公共物品的非排他性、非竞争性自然属性来给予解释,而亟待转入由人本范式下共同体理论的扩展即"人类命运共同体"高度来认识。

中国大国财政参与国际治理,这是在新的全球化背景下产生的,随着科技进步加快、国际分工细化,人类成员更加紧密地联系在一起。各国居民在享受新全球化所带来的福利的同时,也面临着安全、环境、开放等方面的挑战和风险,从而产生了共同利益和相应的共同需要,并由此对大国财政提出新的职能。因此,即使从全球性公共物品角度来解读大国财政,也应该看到其不是基于物的不变的自然属性而产生的,而是基于新全球化的时代背景和命运共同体的人类社会属性应运而生的。作为相互依存、彼此融合的利益共同体,人类命运共同体的基本特征是合作共赢,这是以人为分析对象,以交易为基本单位的人本范式的应用和扩展,体现了马克思共同体思想的时代性和创新性。

第四节　结语

以人为分析对象,以交易为基本单位,以共同体理论为依托,以制度分析为框架来构建人本范式的财政学,既可以解决物本范式财政理论现存的缺陷,又能以财政为本体在经济学、政治学、法学、社会学、公共管理学等其他社会科学间建立起可通约的研究范式。这既是财政理论自身发展的内在需求,也是中国特色社会主义实践的时代要求,具有广阔的发展前景和应用基础。人本范式财政学的重构,并不意味着要完全抛弃现有物本范式财政学的所有概念工具和理论体系,只是需要对其赋予相应的社会属性和制度内涵,从而实现新时代下中国财政理论的整合创新。

本章参考文献

[1]习近平.在哲学社会科学工作座谈会上的讲话[N].光明日报,2016-5-19.

[2]刘尚希等.财政与国家治理——基于不确定性与风险社会的逻辑[J].财政研究,2018(1):10-19.

[3]刘尚希.基于国家治理的财政改革新思维[J].地方财政研究,2014(1):4-27.

[4]李俊生.盎格鲁—撒克逊学派财政理论的破产与科学财政理论的重建[J].经济学动态,2014(4):117-130.

[5]李俊生.新市场财政学:旨在增强财政学解释力的新范式[J].中央财经大学学报,2017(5):3-11.

[6]刘晓路,郭庆旺.财政学300年——基于国家治理视角的分析[J].财贸经济,2016(3):5-13.

[7]王雍君,乔燕君.集体物品、财政场域与财政学知识体系的新综合[J].财政研究,

2017(1):17-27.

[8]高培勇.论国家治理现代化框架下的财政基础理论建设[J].中国社会科学,2014(12):102-122.

[9]马珺.财政学研究的不同范式及其方法论基础[J].财贸经济,2015(7):15-28.

[10]杨志勇.财政学的基本问题 [J].财政研究,2017(12):11-20.

[11]朱明熙.对西方主流学派的公共物品定义的质疑[J].财政研究,2005(12):2-5.

[12]布坎南,塔洛克.同意的计算[M],北京:中国社会科学出版社,2000.

[13]布伦南,布坎南.宪政经济学[M],北京:中国社会科学出版社,2004.

[14]何振一.理论财政学[M],北京:中国财政经济出版社,1987.

[15]刘晔.我国公共财政理论创新与进一步发展[J].当代财经,2006(5):16-21.

[16]刘晔,谢贞发.对公共财政逻辑起点的重新思考[J].厦门大学学报(哲社版),2008(1):10-17.

[17]刘晔.对税收本质的重新思考——基于制度视角的分析[J].当代财经,2009(4):32-36.

第五章　中国特色社会主义预算管理监督理论与实践

邓力平[*]

本章的研究对象是中国特色社会主义预算管理监督体系的理论与实践。本章的研究依据是改革开放 40 年来,在中国特色社会主义制度不断发展与持续完善的背景下,我国人民代表大会制度对财政预算的监督与管理进程,特别是党的十八大以来全国与地方人大及其常委会在"加强对预算的管理和监督"方面的创新实践。本章的写作动力源于笔者对中国特色预算管理监督体系发展的参与和自信。履职全国人大代表二十年体会颇深,过去五年中,笔者作为全国人大常委会委员,参与修订与实施预算法;作为地方人大财经工作者,从事对地方预算的管理监督;作为理论工作者,关注中国特色财政预算的发展和人大管理监督预算的沿革。基于这些实践与思考,笔者认为,中国特色社会主义预算管理监督体系已经形成且持续创新,对这一中国特色的财政理论与实践,必须研究与总结。全文分为四个方面,一是基本判断,二是重要特征,三是运行特征,四是结论建议。

第一节　对制度安排的基本判断

中华人民共和国成立以来,特别是 1954 年人民代表大会制度建立后,我们就在实践中逐步有了中国自己的、社会主义性质的,由各级人民代表大会及其常委会对财政预算的管理监督制度,并在不同时期中得以持续发展。财政是与国家有本质联系、以国家为主体的分配关系,预算是财政管理的核心内容。在我国,对预算的管理有两层含义:一是财政部门的自我管理,通过预算的编制与执行来履行财政职能;二是人大及其常委会对财政的管理监督,体现为对预算的审议、批准、调整,对执行的监督,对审计问题的检查和对决算的通过。人大对预算的管理监督是法律监督。人大管理监督预算体系经历了改革开放前后两个阶段,既有其一以贯之的基本特征,又在不同时期有着鲜明特征。

改革开放后,在中国特色社会主义道路上,人大对预算的管理监督体系得到了新的

---

　*　邓力平,教授、博士生导师,厦门大学经济学院财政系、厦门国家会计学院。

发展与完善。党的十八大提出"加强对政府全口径预算决算的审查和监督",十八届三中全会提出"加强人大预算决算审查监督",十八届四中全会又提出"重点推进财政预算、公共资源配置、重大建设项目批准和实施、社会公益事业建设等领域的政府信息公开"。这些要求对推进中国特色预算管理监督体系的发展完善具有重要指导意义。五年的实践表明,全国人大及其常委会创造性地完成了宪法与法律赋予的预算管理监督工作,成效有目共睹;各级地方人大及其常委会对预算管理监督工作也在不断创新发展。

当今世界,各国财政预算及对其的管理监督都有其共性,对预算的管理监督也是现代国家治理的重要方面。我国的财政预算和对预算的管理监督,必须体现国家对预算管理监督的共性,但作为中国特色社会主义财政预算及其管理监督体系,更应该展现出自己的鲜明特色。

习近平总书记在"726重要讲话"中明确指出"中国特色社会主义是改革开放以来党的全部理论和实践的主题"。对于中国特色社会主义预算管理体系的基本判断,就是要在中国特色社会主义主题下,把握对三个依次递进的制度性安排的理解:一是作为中国特色社会主义根本政治制度的人民代表大会制度是研究预算管理监督的"制度"基础,我们是在这一根本制度框架内来审查监督预算、规范政府财政行为;二是在根本制度框架内必须"依法"来实现管理与监督,这个"法"就是中国特色社会主义法律体系,包括反映中国特色财政发展规律的预算法;三是在根本制度框架内依法来"加强对预算的管理和监督",在实践中形成中国特色社会主义的预算管理监督体系。

其一,中国特色预算管理监督活动是在人民代表大会制度内进行的。中华人民共和国成立以来,人民代表大会制度成为中国特色的社会主义根本政治制度,改革开放40年来,人民代表大会制度又在中国特色社会主义发展中得到完善与发展。各国都有议会或相应权力形式,都在国家框架内依法对财政预算实行管理监督,但不同国体政体与制度安排决定了各国管理监督有着本质不同,我国在人民代表大会制度下依法对预算的管理监督与西方议会制度依法对预算的管理监督从内容到形式上都有差别。我们必须坚持对社会主义国体政体的高度自信与捍卫维护,坚持社会主义国体政体对预算管理监督的本质要求与制度制约,在这大是大非问题面前,我们必须旗帜鲜明、态度明朗、绝不含糊。

其二,中国特色预算管理监督活动要在根本政治制度内依法进行,而所依之法,就是中国特色社会主义法律体系。一是宪法与相关法律,这是人大及其常委会管理监督预算的根本依据;二是体现中国特色财政规律的预算法,这是人大及其常委会审查监督预算的具体遵循。

就对预算进行管理监督的根本依据而言,主要有宪法、代表法、组织法、监督法等重要法律。宪法是人大依法管理监督预算的基础法律,赋予了人大对预算管理监督的法定职权。宪法第五十七条规定全国人民代表大会行使"审查和批准国家的预算和预算执行情况的报告"的职权,第六十七条规定全国人民代表大会常务委员会行使"在全国人民代表大会闭会期间,审查和批准国民经济和社会发展计划、国家预算在执行过程中所必须作的部分调整方案"的职权,这些规定是中国特色预算管理监督体系的基石。组织法在第八条和第九条规定各级人大的职权范围时,再次将预算管理监督纳入,并予以细化。代表法对人大代表履职审查预算做了明确规定。监督法第三章则对"审查和批准决算,听取和审议国民经济和社会发展计划、预算的执行情况报告,听取和审议审计工作报告"等做出详细规定。

就对预算进行管理监督的具体遵循而言,就是必须基于中国特色社会主义财政来把握预算法。概括地说,就是笔者长期坚持的中国特色社会主义财政预算体系的"五大特征"(财政的国家性、公共性、发展性、改革性、统筹性)与"三大财政观"(经济财政观、社会财政观和政治财政观)。这里要强调的是,预算法各国都有,他国预算法是以他国宪法与法律为前提并与他国财政活动性质相联系的,而我国预算法是以我国宪法与法律为基础,体现的是中国特色社会主义的财政活动。对这一基本判断,同样必须长期坚持,始终重申。

其三,在中国特色社会主义制度框架和法律体系内"加强对预算的管理与监督"必须体现中国特色,提供中国方案,展现共性和个性的结合。所谓共性体现在三个方面:一是预算管理监督体系应该体现国家性。我国和他国的预算监督体系一样,都应体现现代国家对预算管理监督体系的一般要求、对管理监督体系职能发挥的基本期待。二是预算管理监督体系要体现法律性。世界主要国家预算管理监督体系都是依据法律实施的,预算法的审核、通过和执行同样体现了我国预算与法律的基本关系。三是预算管理监督体系是现代国家治理体系的有机组成部分。对于这三个共性,我们不但没有否认,还要坚持。"规范"预算是共性,"管理监督"预算是共性,这些都"既不姓社,也不姓资",也必须坚持,而对于各国的经验,也要学习借鉴。但我们的态度是明确的,既不姓社也不姓资的"预算管理监督"在社会主义制度与法律条件下拿来用了,就必须姓社,我国的预算管理监督,加上了社会主义前提,就是社会主义预算管理监督,就是共性与个性的结合,我们就是要在这一基本判断下"加强对预算的管理和监督"。

第二节　对体系特征的全面把握

对于这一基于中国特色根本政治制度、依照中国特色法律来"加强对预算的管理和监督"的体系,其基本特征可以从五个方面来把握。

其一,党领导下的目标一致。中国特色预算管理监督体系运行的首要特征就是要坚持中国共产党的领导。在我们多年坚持的"党的领导、人民当家做主、依法治国"三者有机统一中,党的领导是最重要的,通过党的领导来保证人民当家做主和实现依法治国。人民代表大会制度是这三者有机统一的根本制度安排,财政预算活动是党领导下的国家重要活动,人大对政府财政预算的管理监督也是在党领导下进行的,人民政府中的财政部门与人民代表大会,既有共同目标,又有分工运作。实践启示我们,人大管理监督预算的基本特征,就是在党管人大(党管立法、党管监督等)与党管财政的前提下,人大通过对预算的管理监督来体现对财政的支持,来完善财政的发展,来实现党领导下国家发展目标的实现。对于这一国体政体决定的基本特征,对于这一与西方国家"议会—财政"关系本质区别的重要前提,我们不但不应回避,还要理直气壮地宣传与坚持。在多年人大代表履职与宣讲预算法的过程中,笔者始终在考虑,"我们审查财政预算报告的出发点是什么"? 结论是旗帜鲜明的十二字"财政要好、审查要严、报告要过"。"财政要好",就是在日常工作中,各级人大对于财政活动都要给予全力支持,特别是在人大闭会期间,对于财政工作,有意见要提,发现问题要改,目标就是要使财政工作做得更好,全面规范公开透明的预算制度更快更完备地建立。"审查要严",就是在人大会议或相关常委会上,对于财政部门提交的预算报告或预算调整报告,人大代表或常委会组成人员要以对党和国家事业高度负责的态度,在制度与法律的框架内履行好审查与监督职能,为人民管好钱袋子。"报告要过",强调的是人大审查预算的最终目的是由人大对预算予以法定授权。我国在党领导下的预算管理监督体系与西方多党轮流执政所构成的预算体系有着本质的不同。西方多党轮流执政必然导致目标冲突,党派之利经常通过不同预算主张来实现,多党之争的议会通常会产生预算不通过、政府"停摆"的后果。而这种情况在我国从理论到实践都是不可以出现的。因此,当预算报告摆在人大代表面前,"过"是基本判定。我们应该认识到我国与西方国家国体政体的差异,认识"报告要过"乃至"票数要高"后面所隐含的制度性安排与体制性优势。

其二,制度决定的依法行权。在根本政治制度框架内依法行权管理监督预算,是中国特色预算管理监督体系的又一特征。在遵循宪法与相关法律的前提下,人大要依据预算法来行使法定审查权、决定权与监督权,这些要求主要体现在预算法的立法宗旨和关于人大审查、批准、调整与监督预算(决算)的相关条文中。第一章第一条"立法宗旨"强调了预算法既是针对财政部门的"执行法",要求财政部门要"强化对预算的约束",又是赋予人大"加强对预算管理和监督"的"管理法"和"监督法",要求人大及其常委会要和财政部门一道,共同实现"规范政府收支行为"、"建立健全全面规范、公开透明的预算制度"、"保障经济社会的健康发展"等重要任务,在管理监督中体现支持,在管理监督中促进发展。有关篇章进而就授权人大及其常委会依法管理监督做出了细化规定。第五章"预算审查和批准"阐明人大及其常委会审查批准预算的法定程序与要求,特别是第四十八条阐述了必须重点审查的包括是否执行上年人大决议、是否依法编制预算等八项要求。第七章"预算调整"规定需要预算调整的四种情况:预算总支出变动的、预算稳定调节基金调入的、预算安排重点支出调减的和举借债务需要增加的。第八章"决算"对各级人大及其常委会批准决算做出规定,特别是就各级人大或常委会审查本级决算提出包括预算收入情况、支出政策实施情况和重点支出、重大投资与绩效情况等十二项审查要求。第九章"监督"对各级人大及其常委会对预算、决算实施监督做出了规定,强调人大及其常委会有权就预算决算的重大事项或特定问题组织调查,政府部门应当如实反映情况并接受询问。

其三,覆盖收支的全面管理。前述预算法立法宗旨的开篇之句是"为了规范政府收支行为",这是人大必须对政府收支行为同时进行管理监督的法律要求,是我国预算管理监督体系的又一特征。这里核心词语有二,一是"收支",二是"规范"。必须看到,"规范"固然重要,是制定预算法的目标,但关键的是"规范"的对象,即"收支"必须同时在预算法内,将收支同时纳入依法规范与管理的范畴。预算法第四条第二款指出,"政府的全部收入与支出都应当纳入预算",这不仅是"全口径预算管理"的题内之义,更是将收支作为一个整体来看待,为国家同时协调运用收支手段来"保障经济社会的健康发展"提供了法律依据。笔者始终认为,在中国特色社会主义财政制度性安排下,为了更好地体现我国独有的"经济决定财政,财政作用经济"之"经济财政观"要求,必须坚持"收支联动"来围绕中心服务大局,必须考虑"以支定收"和"以收定支"的辩证统一,必须坚持同时对收支的协调管理,这不但与市场经济作为主要资源配置方式没有矛盾,恰恰是体现了社会主义"集中力量办大事"制度性优势与市场经济结合下财政预算的鲜明特征。在西方国家,当资本主义与市场经济结合时,税务部门是"有钱收钱,没钱拉倒",没有税收任务;财政部门是"有钱花钱,没钱关门",没有财政目标。下限是政府"停摆"存在可能,中间是收支无须联动来服务中心目标,上限规范的只是以支定收,突出的只是对支出预算的规范管理。有比较就有鉴别,明区别就需坚持。对于中国特色预算活动的这一制度性特征,作为"社会主义市场经济"下的预算活动要求,人大在管理监督预算时就必须加以体现,积极予以支持。因此,我国财政部门可以重点管支出,必须"规范"管好支出;税务部门必须全力抓收入,努力完成"预算确定的收入任务";而各级人大作为管理监督预算的权力机关,则必须"同时关注"法定收支实施情况,从制度安排上确保财政优势的充分发挥。

其四,服务大局的任务导向。既然中国特色财政活动的重要特征是围绕中心服务大局,人大管理监督预算的重点也必然要做到围绕中心服务大局,这是中国特色预算管理监督体系的内在要求。人大要鼓励支持财政部门围绕党委中心工作,通过财税改革、收支活动、政策运用、转移支付等来实现国家发展目标,具体体现为推动经济健康发展、保障改善民生、维护社会稳定、维护国家安全、维持机构运转与协调内外大局等。改革开放近四十年来,人大对预算管理监督活动的实践、各级人大及其常委会的财经工作探索,都充分体现了服务大局的任务导向,体现了"规范预算"与"提升站位"的高度统一,形成了与西方预算管理审查不同的制度性特色。过去五年中,笔者在任职全国和省人大常委会期间,切身感觉到人大在实施预算管理监督的同时,在贯彻党中央对预算制度改革部署、通过立法形式体现中国特色财政规律、依法履行法定监督职能等方面做了大量工作。这里仅以人大加强对地方债务的管理监督为例说明。根据中央的改革要求,全国人大常委会主导了预算法的修订,将地方债务纳入中央与地方预算管理。原预算法通过后的实践表明,地方不可发行债务的法律规定已与事实不符,地方债务存在有其必要,既有效应但同时隐含风险。据此,新预算法就如何发行地方政府债券做出了现在大家都熟知了的明确规定。笔者参与了这些规定的讨论,为国家批准下达地方债务限额投下神圣一票,又在地方执行这些限额的落地实践,通过这些活动,笔者感受到人大对预算管理监督的任务导向特征,感受到人大在围绕中心服务大局方面的独特作用,感受到这一制度安排的合法性与优越性。首先,全国人大常委会作为最高权力机关,及时行使了国家在财经方面的立法权,在预算法修订中为发行地方政府债券提供了法律依据。而后,全国人大常委会行使了国家在财经方面的决定权,依预算法在年中批准了国务院上报的年度地方债券限额,再由财政部门下达。最后,在地方人大常委会层面,各地都将做好地方债务管理与年中相应调整预算作为地方人大加强预算管理监督的重要抓手。地方人大常委会在分配的地方债务额度内,体现地方党委目标意图,根据各地实际情况,依法在限额内批准具体的使用额度,并据此调整年度预算。

其五,忠诚制度的主体作用。在人大制度中依法运行的预算管理监督体系,其主体是人大代表和闭会期间作为执行机关的常委会组成人员。中国特色预算管理监督体系要能够有效运行,其主体必须坚持正确方向,必须发挥能动作用,必须勤勉有效履职。结合制度认识和履职体会,笔者认为主体作用的发挥要努力做到"讲政治、知形势、循法律、懂理论、审结构、抓重点、能胜任"。"讲政治"就是人大代表和常委会委员要清醒把握中国特色预算管理监督体系的制度内涵,始终把服务大局放在首位。"知形势"就是要"牢牢把握社会主义初级阶段这个最大国情,牢牢立足社会主义初级阶段这个最大实际,更准确地把握我国社会主义初级阶段不断变化的特点",始终知晓国内外政治经济形势,就是要和财政部门一道探寻财政在"新常态"下的表现形式。"循法律"就是在中国特色法律体系内做好预算管理监督工作,既熟知宪法法律的根本依据,又准确把握预算法的特定要求,依法审查批准预算。"懂理论"强调人大代表与常委会委员既要知晓人大制度等政治理论,也要掌握财经理论。"审结构"就是要对预算收支结构及其所反映的经济社会结构有所了解。"抓重点"就是在预算管理监督中要关注经济财政热点问题,例如在当前要着重对财政政策、减税降费、支出规模、收支管理、地方债务等进行监督审查。中国特色预算管理监督体系是一个动态的发展过程,需要所有人大代表和常委会委员的共同努力。只要我们努力实践上述要求,就一定做到"能胜任",真正对财政预算实现正确、有效的管理监督。

第三节　预算管理监督实现形式的不断创新

一路走来,中国特色预算管理监督体系已经在实践中形成了较为完备的实现形式。与此同时,这些实现形式也在与时俱进地、充满活力地向前发展,根据实践需要而增添新内容、创造新模式。基于笔者过去五年中在预算管理监督实践中的参与,这里主要讨论三个问题。

其一,时代特征的规范审查。过去五年中,特别是 2015 年新预算法实行后,各级人大及其常委会对预算管理监督的重要内容就是对全口径预算体系四本预算的规范审查,这些内容富有鲜明的时代特色。

一般公共预算在全口径预算体系中居主导地位。各国都有公共财政预算,但我国的一般预算既有公共财政一般的要求,更体现着中国特色财政的制度与阶段特征,这是审查这一预算要把握的基调。该预算定义为"以税收为主体的财政收入,用于保障和改善民生、推动经济社会发展、维护国家安全、维持国家机构正常运转等方面的收支预算"。基于此,对一般公共预算管理监督的重点就是围绕着"税收、民生、发展、国家"这四个关键词展开。收入方面,人大应该重点审查的既包括财政收入总量与变化趋势,还应包括对税收作为主体收入的地位。支出方面,人大应关注社会性支出与经济性支出这两类支出的格局比例与变化趋势,进而关注各种社会性支出的结构与走向,关注经济性支出的结构与绩效。而在财政的国家性方面,审查的是维护国家安全的支出与维持国家机构正常运转的开支。根据新预算平衡观的要求,人大在审核年度预算时要注重由收支平衡、赤字规模向支出预算与政策拓展,要审查各级政府是否制定了跨年度预算平衡机制,同时把握财政部门是否制定了中期财政规划并逐步向中期预算管理过渡。

政府性基金预算是中国特色预算体系不可分割的组成部分。该预算定义为"对依照法律、行政法规的规定在一定期限内向特定对象征收、收取或者以其他方式筹集的资金,专项用于特定公共事业发展的收支预算"。人大对这一预算的审查包括两个方面:一是在全国人大层面上,是对与该"三特定、一发展"(即特定时期、向特定对象征收、用于特定公共事业发展)定位吻合的、在相关部委手中的各种中央基金的审查;二是在地方人大层面上,是对土地出让金收支进行的审查监督。对于这种"土地类政府性基金",我们既要看到其存在的必然性(国有土地、市场经济与发展阶段),又要克服目前存在的"过度依赖、不可持续"问题,努力实现"适度依赖、尽量持续",当前应关注"以收定支"原则的执行,可持续地使用土地财政收入。

国有资本经营预算也是中国特色预算体系的重要组成部分,具有鲜明的制度性特征。该预算定义为"对国有资本收益做出支出安排的收支预算"。人大对其的审查应紧扣"自己用、缴公共、补社保"的基本特征。"自己用"就是国有资本经营收益首先还是要用于国有部门的持续发展。"缴公共"即国有企业要将部分收益上缴一般公共预算,这里既包含中央确定的上缴比例之进展,也包含纳入国有资本经营预算的企业范围之确定。"补社保"则是指要将部分国有资本划拨社会保障基金,增加国家社保后备力量。人大对该预算的审查同时还要注重"收支平衡、不打赤字"的使用原则是否真正落实到位。

社会保险基金预算作为中国特色预算体系的组成部分,同样既体现市场经济的一般要求,也反映着发展阶段等国情因素。该预算定义为"对社会保险缴款、一般公共预算安排和其他方式筹集的资金,专项用于社会保险的收支预算"。针对该预算具有的"自己缴,单位交,财政兜"三个来源,人大在审查中要关注三者的动态比例。当前对其使用的管理监督,重点要把握"收支平衡"原则的落实,可持续地筑牢符合实际的国家社会保险网,并为逐步迈向社会保障预算创造条件。

其二,不断发展的形式创新。五年来,全国及地方人大在对预算规范审查不断体现新要求、增加新内容的同时,还尝试加强对预算管理监督的新形式,包括对财政专项资金的执法检查与专题询问、对预算执行中发现审计问题整改的当年检查、预算制定前征求人大代表意见的制度安排等等。这里仅以近年来全国人大常委会大力推进、地方人大常委会全力探索的预算联网监督工作为例加以说明。

推进预算联网监督工作,是贯彻落实党中央精神的重要举措,是本届全国人大常委会的工作安排。所谓预算联网监督,指的是通过信息化手段将查询分析、监测预警、审查监督、代表服务、政策法规等主要模块运用于日常预算管理监督中。基于参与人大实施预算联网监督的体会,笔者认为,预算联网监督的全面推开有着有法可依的理论依据、普遍赞同的认识基础、各地人大的实践探索和切实可行的技术保障。全国人大及各级人大坚持中国特色社会主义方向,要求在预算法和监督法等法律框架内进行监督,要求体现人大代表的主体作用,要求将人大闭会期间的联网监督与大会期间的预算审查结合起来。具体推进则要求把握节奏,突出重点,总体规划与分步推进结合,循序完成。实践正在证明,类似于预算联网监督这样的创新,目的都是推进中国特色预算管理体系发展,运作基础都是党领导下的目标一致,都是为"财政要好、审查要严、报告要过"服务的。有幸参与这样的实践,笔者对中国特色预算管理监督体系的发展更加充满自信。

其三,值得总结的地方经验。笔者近年来在地方人大常委会工作和宣讲预算法过程中,看到各地(主要是沿海发达地区的部分县乡)涌现出来的一些管理监督预算的新做法。笔者的判断是,我国人大代表选举制度是由直接选举与间接选举相结合的办法实现的,县乡人大代表直接选举产生,设区的市以上间接选举产生。从这一国情出发,在直接选举产生的县乡人大,对相应预算的审查可以更直接地反映当地群众对地方公共产品的要求。换言之,县乡人大既有与市以上人大预算管理监督的共性,也有代表直接选举带来的特点。从已经从事"参与式预算"十多年的浙江省台州温岭市,到近期笔者调研的实施"介入式预算"的深圳福田区,这些地方回应当地民生要求,进行"介入"或"参与"的地方人大预算管理监督探索,为我国预算管理监督的发展进行了探索。主要特点有三。一是多渠道夯实人大代表管理监督预算的能力。从我国人大代表都是兼职的国情出发,通过培训学习和与财政部门直接沟通等方式,可以有助于人大代表审查预算业务能力的提升。二是可为县乡人大提高预算审查能力提供探索性选择。目前,有的地方尝试性地让人大代表介入预算编制过程,通过召开预算编制情况通报会、部门预算情况座谈会、街道代表团组座谈会等渠道,听取人大代表及社会公众的意见建议。三是有助于促进地方部门工作的开展。例如,深圳福田区实施"介入式"预算编制,提出了"两联系、两见面、三提升"的预算工作实施方案,逐步形成"区人大—区政府—财政部门—职能部门—各单位"的监督管理链条,这有助于各方更好地在预算审查、批准和调整中形成统一意见。笔者的观点是,只要是坚持中国特色预算管理监督体系方向的地方探索,都可以研究。但有两点必须注意,一是在探索中要防止一些人有意或无意地加入西方式预算管理的理念;二是"参与式"预算管理,可在人大代表直接选举的县乡探索,但对于向间接选举代表的高层级推广则必须慎重。

第四节　对未来发展的高度自信

纵观本章,通过对中国特色社会主义预算管理监督体系理论与实践的回顾与研讨,笔者已经表明了对这一体系的强烈自豪与高度自信。认真学习领会习近平总书记"726"重要讲话,这种自豪与自信更加坚定。习近平总书记指出,"中国特色社会主义是改革开放以来党的全部理论和实践的主题",在中国特色社会主义旗帜下发展的人大管理监督预算理论与实践当然就是中国特色社会主义理论与实践的组成部分,是在鲜明主题下持续发展的。习近平总书记强调,党的十八大以来,"我国发展站到了新的历史起点上,中国特色社会主义进入了新的发展阶段"。联系过去五年我国预算管理监督体系的发展,这一体系在围绕中心服务大局实践中全面体现作为,不断积累经验,也站在了新的起点上;在新的发展阶段中,这一体系必将继续与时俱进地发挥作用,为实现"两个一百年"目标努力奋斗。习近平总书记在庆祝中国共产党成立 95 周年大会报告中还指出,要"长期坚持、全面贯彻、不断发展人民代表大会制度",这同样是对中国特色预算管理监督体系的根本要求。"长期坚持",就是要坚持一路走来的中国特色预算管理监督体系的基本判断与重要特征,这是根本定位,这是宝贵财富。"全面贯彻",强调的是立足当下,要全面贯彻中国特色预算管理监督体系的各个方面,抓住财政改革、财政法治、财政收支、预算编制、管理监督等关键环节,全面发挥人大管理监督预算的作用。"不断发展",就是要面对新形势、迎接新挑战、创造新模式、继续行稳致远地走好中国特色预算管理监督之路。

在坚持正确方向、保持高度自信的前提下,这里提三个建议。一是人大代表与人大财经干部要继续提高对中国特色预算管理监督体系的认识。预算履职培训不仅要讲如何看懂预算报告,更重要的是要讲中国特色预算管理监督制度的本质特征,要讲人大制度理论。二是财政部门要在根本政治制度内加强与人大代表的交流沟通。在充分相信代表、相信制度、相信财政与人大目标一致的前提下,用更好的工作来取信人大代表,自觉接受人大的审查监督。实践表明,财政部已经更加重视依法向人大报告财政情况,例如在报告财政总收入的同时,恢复报告税收总量、变动趋势与主要税种情况,这将更有利于人大依法同时监管收支。预算法实施细则也在协调各方意见后力争尽快出台。财政部还更加重视预算上会审查前与代表的沟通,成立了领导小组,主要领导亲自挂帅,各级主管上会解释,取得了良好效果。三是财政理论工作者与人大理论工作者要相互配合,共同来丰富中国特色预算管理监督体系理论。大家在各自领域都已做了大量研究,目前需要的是携手同行,将财政理论研究与人大制度理论研究结合起来。源于实践,服务实践,为中国特色社会主义预算管理监督体系发展再做贡献。

本章参考文献

[1]习近平.在省部级主要领导干部"学习习近平总书记重要讲话精神,迎接党的十九大"专题研讨班上的重要讲话[N].新华社,2017-07-26.

[2]张平.推进预算联网监督提高人大监督的针对性和有效性——在推进地方人大预算联网监督工作座谈会上的讲话[J].中国人大,2017(15).

[3]邓力平.人大应当如何加强对预算的管理与监督[J].中国人大,2017(16).

[4]孙天明.福田打造人大代表精准监管政府"钱袋"升级版[N].南方都市报,2017-7-6.

第三部分

现代财政制度与国家治理

第六章　加快建立以民生福祉为中心的现代财政制度

刘　晔[*]

第一节　引　言

十八大以来,以习近平同志为核心的党中央提出"人民对美好生活的向往,就是我们的奋斗目标"的庄严承诺(习近平,2014),并形成了"以人民为中心"的发展思想[①]。在这一发展思想的指导下,我国各项民生和社会事业建设取得重大进展,人民群众的获得感显著增强。党的十九大报告在充分肯定十八大以来"极不平凡的五年"所取得的历史性成就的同时,又清醒深刻地指出面临的困难与挑战,其中包括"民生领域还有不少短板"、"群众在就业、教育、医疗、居住、养老等方面面临不少难题"。在现代社会,这些民生领域大都属于基本公共服务范畴并由政府及其财政承担主体责任。

对于财政,十八届三中全会在《中共中央关于全面深化改革若干重大问题的决定》中曾首次提出"建设现代财政制度"这一财税体制改革的总目标,并提出了"财政是国家治理的基础和重要支柱"的著名论断(习近平,2014)。党的十九大报告则在此基础上进一步要求"加快建立现代财政制度"(习近平,2017a),反映了财政改革的紧迫性及其对全面深化改革的重要性。但对"什么是现代财政制度"、"要建立什么样的现代财政制度"、"为什么要建立这样的现代财政制度"以及"怎样建立这样的现代财政制度"等更具体的问题,作为高屋建瓴、总揽全局的纲领性文件的十九大报告并没有予以详细说明[②]。笔者认为,这些正是需要由我国财政学界理论工作者结合十九大报告的总体精神来予以解读和阐释的。财政是国家治理的基础和重要支柱,在现代社会更是民生福祉的保障和主要依托。基于十九大报告做出"中国特色社会主义进入了新时代"的划时代判断及"增进民生福祉是发展的根本目的"的总体要求,本章认为,当前需要加快建立以民生福祉为中心的

---

　　* 刘晔,教授、博士生导师,厦门大学经济学院财政系。

　　① "以人民为中心的发展思想"是习近平同志 2015 年 11 月 23 日在十八届中央政治局第二十八次集体学习时提出的。参见:习近平关于社会主义经济建设论述摘编[M].北京:中央文献出版社,2017:31.

　　② 十九大报告从中央地方财政关系、预算制度、税收制度改革三方面对"如何建立现代财政制度"提出总要求,但其并未具体说明这些改革是围绕什么为中心来进行的。

现代财政制度。

第二节　民生导向是现代财政制度的根本特征

(一)现代财政制度

党的十八届三中全会提出"建立现代财政制度"以来,对于"什么是现代财政制度",我国学者各自从不同方面归结出一些特征。如王桦宇(2014)认为,现代财政制度是社会公平和分配正义的财政制度。杨志勇(2014)认为,与国家现代化建设相适应,现代财政制度是民主财政和法治财政的统一体。马骁和周克清(2014)认为,现代财政制度必须服务于现代社会下政府与市场、政府与社会关系的重新定位。上述这些研究,都从特定角度刻画了现代财政制度的特征。但从历史的角度看,政府与市场及社会间关系问题的探讨只出现在市场经济体制下,而公平正义、民主法治的财政制度也在现代市场经济体制下才出现。遵循马克思历史唯物主义中"生产力决定论"和"经济基础决定论"的基本原理,笔者认为,现代财政制度是和现代市场经济体制相适应的财政制度。所谓现代市场经济,指的是与早期的自由市场经济相区别的,政府对市场运行起更大宏观调控作用的市场经济体制。从西方发达国家来看,其现代财政制度最初出现于 20 世纪 30 年代,以政府财政进行较大力度的收入再分配和健全社会福利为开始。十九大报告指出,我国要"使市场在资源配置中起决定性作用,更好发挥政府作用"(习近平,2017a),因此我国要建立的也是更大程度上发挥政府作用的现代市场经济体制,只是我国的现代市场经济体制具有自身的中国特色和社会主义性质。

张馨(1999)曾提出,不同经济体制对应着不同财政制度,市场经济体制下存在的是公共财政制度,也只有公共财政才能适应市场经济的发展。这一观点在国内学界产生较大影响并得到普遍接受。在笔者看来,如果说市场经济下存在的是公共财政制度,那么当市场经济发展到现代市场经济阶段,存在的则是以民生为导向的现代财政制度。可以认为,现代财政制度是特定发展阶段的公共财政,其主要特征就是以民生为导向(魏立萍、刘晔,2009)。在现代市场经济体制下,由于社会福利和社会保障制度的建立和日趋健全,现代财政制度与民生福利间才前所未有地建立起深度联系。一个普通百姓从摇篮到坟墓的日常生活都离不开政府提供的教育、医疗、养老、社保等各项公共服务。

(二)新时代中国最主要的民生问题

民生一词,最早源于《左传》"民生在勤,勤则不匮"(蒋冀骋,2006),"事以厚生,生民之道"(蒋冀骋,2006)。显然,这里"民生"的含义是民众的生计、生活。而孙中山在《民生主义》里则说得更为明确:"民生就是人民的生活,社会的生存,国民的生计"(孙文,2011)。民生作为民众生活的含义,由于不同时代有不同时代的生活水准,因此不同时代就有不同时代特定的民生问题(刘晔,2014),需要从历史和时代特征出发才能更好地把握我国新时代的民生重点。

十九大报告指出"经过长期努力,中国特色社会主义进入了新时代,这是我国发展新的历史方位"。中国特色社会主义源于我国改革开放以来的实践,并经历了不同历史时期,由此民生重点在不同时期也发生着相应的变化。在改革开放之初,我国处于计划商品经济时期,百姓生活必需品还处在凭票供应的短缺状态中,因此当时民生问题主要是衣食温饱问题。在1992年党的十四大确立"社会主义市场经济体制"之时,我国人均GDP为2334元人民币,大多数人已经解决温饱问题,当时的民生问题主要是生活条件的改善问题,如彩电、冰箱、空调等家用电器的普及问题。而到现在,十九大报告指出近五年来"贫困发生率从10.2%下降到4%以下"(习近平,2017a),即对96%的国人而言,目前其民生问题已经不是衣食温饱问题。而从家用电器普及率来看,到2016年我国每百户拥有彩电120.8台、冰箱93.5台、洗衣机89.9台、空调90.9台、移动电话235.4部(中华人民共和国国家统计局,2017),可见此时的民生问题也已经不是生活条件的改善问题。在经济学语境中,衣食温饱、家用电器都属于私人物品,改革开放以来,我国通过培育市场机制、发挥市场效率进而提高人民收入,目前除了极少数贫困人口外,绝大多数国民对这些私人物品的需求已能够通过市场购买得以满足,因此这些已都不构成新时代的主要民生问题。

在新时代,我国生产力水平和生活水平已大大提高,总体上已经实现小康并迈向全面小康社会,人民对美好生活的需求日益广泛,民生问题则主要体现为对教育、医疗、就业、社保、保障房等领域的更高层次的需求。由此,十九大报告指出"群众在就业、教育、医疗、居住、养老等方面面临不少难题",同时"安全、环境等方面的需求日益增长"(习近平,2017a)。这些领域大部分都属于公共服务领域,是市场难以有效提供而更多需要发挥政府财政职能的领域。

(三)新时代中国最基本的公共服务

上述分析业已明确我国新时代的主要民生内涵即在于教育医疗、社保养老、治安环境等领域,但尚未说明为何这些民生服务应构成政府财政职能的重点。长期以来,经济学语境中都是采用"市场失效"理论来解释这一问题,即这些民生服务都具有公共物品或外部性或规模经济等特征从而市场难以有效配置资源。但严格地看,"市场失效"难以构成公共财政逻辑起点(刘晔、谢贞发,2008)。以义务教育为例,其市场失效形式为正外部性,效率只要求政府提供边际私人收益与边际社会收益间差额的补贴,但是这无法解释政府为何对所有适龄儿童免费实施义务教育。而公共管理学则立足于"公民权利"和"政府义务"角度来看待政府的财政职能(吴爱明,2012),即某项服务(如接受教育)是公民基本权利和公共需求,则政府负有为全体公民提供这一基本公共服务的义务。从公民权利和公共需求出发,政府基本公共服务可以分为三类:一是安全类公共服务,即保障公民基本安全需求的如国防、治安、司法等;二是经济类公共服务,即为公民生产生活需求提供条件的如水电、交通、通讯等基础设施;三是社会类公共服务,即为保障公民各项发展权利的包括教育、卫生、就业、养老、社保等。

由于人的需求具有层次性,人民先满足生存权再满足发展权,因此基本公共服务的重点也具有相应的时代特征。中华人民共和国成立初期,面对百年屈辱的苦难历史,以国防为核心的安全类公共服务成为最急迫最基本的公共服务。在计划经济体制时期,国家通过"集中资源办大事"的方式在一穷二白基础上成功开发和拥有了两弹一星、核潜艇和洲际导弹,基本上满足了国防安全需求;历史进入改革开放后,和平和发展成为时代主题,在迫切需要发展经济、提高收入、改善生活的背景下,作为招商引资、生产生活基础条件的经济类公共服务(即水、电、路等基础设施)成为最急迫最基本的公共服务。改革初期财政通过大量基础设施投资,其后则更多通过市场化融资方式,使得中国目前已经拥有世界先进的基础设施。其中一些中国独特的制度因素起了重要作用(张军等,2007);而在进入新时代以后,保障和实现人的全面发展的权利(如受教育权、健康权、工作权等)成为新时代主题,因此,教育、卫生、就业、养老、社保等社会类民生服务成为最重要和最基本的公共服务。2012 年时,我国在《国家基本公共服务体系"十二五"规划》中首次界定了基本公共服务范围"一般包括保障基本民生需求的教育、就业、社会保障、医疗卫生、计划生育、保障住房、文化体育等领域的公共服务",由此构成政府及其财政职能重点。

第三节 加快建立以民生福祉为中心的现代财政制度

以民生为导向是现代财政制度的根本特征。在中国特色社会主义进入新时代后,教育医疗、就业社保等既是新时代中国最主要的民生问题,同时也是新时代中国政府需要提供的最基本公共服务。习近平总书记 2016 年在黑龙江调研时指出"财政等公共资金配置使用要向民生领域倾斜……针对群众最关切的就业、教育、医疗、住房、养老、脱贫等问题发力"(习近平,2017b)。十九大报告提出"必须坚定不移把发展作为党执政兴国的第一要务"(习近平,2017a)、"发展是解决我国一切问题的基础和关键"(习近平,2017a),而"增进民生福祉是发展的根本目的"(习近平,2017a)。从十九大报告的这些总体精神出发,当前需要加快建立以民生支出为重点,以民生福祉为中心,并由此实现发展成果共享的现代财政制度,这主要基于如下原因:

(一)这是适应新时代我国社会主要矛盾转换的现实要求

十九大报告指出"中国特色社会主义进入新时代,我国社会主要矛盾已经转化为人民日益增长的美好生活需要和不平衡不充分的发展之间的矛盾"(习近平,2017a)。这是对我国发展新的历史方位的准确定位和科学判断。我国处于社会主义初级阶段的基本国情没有变,作为世界最大发展中国家的国际地位也没有变,但是中国特色社会主义建设确实进入了新时代并使得我国社会主要矛盾发生了深刻变化。目前,我国作为世界制造业第一大国,多数主要工业品产量都位居世界首位,主要矛盾确实已经不能归结为原有的"落后生产力"。

人民美好生活需要即民生内涵具有时代特征,除极少数贫困人口还有尚未满足的衣食温饱和家用电器等私人物品的民生需求外,对绝大多数国人而言,民生问题则主要体现为对教育、医疗、就业、社保、文体等领域的更高层次的需求,这些都构成新时代"人民日益增长的美好生活需要"的主要内容。如前所述,上述这些民生领域都具有公共服务和公共需求的性质,是市场做不好而人民又迫切需要的领域,因此构成政府及其财政的重要职能。进一步看,这些民生难题的存在既与我国经济社会发展尚不充分从而政府财力有限有关,更与长期以来城乡之间、区域之间、经济与社会之间、人和自然之间发展不平衡不协调有关,而这些不平衡又与财政基本公共服务不均等有密切关系。因此,我国现代财政制度建设适应新时代社会主要矛盾转换的要求,直面时代之问,抓重点、补短板,通过努力实现基本公共服务均等化来着力破解民生难题。

(二)这是贯彻新时代以人民为中心发展思想的根本保障

十九大报告指出"必须坚持以人民为中心的发展思想,不断促进人的全面发展、全体人民共同富裕"(习近平,2017a)。以人民为中心的发展思想和治国理念,需具体落实到政府施政措施特别是各项财政支出安排上。加快构建以民生福祉为中心的现代财政制度,坚持在发展中保障和改善民生,这是实现"发展为了人民、发展依靠人民,发展成果由人民共享"即"以人民为中心"发展思想的根本保障。由此,我国现代财政制度的构建,需要从与人民群众切身利益关系最密切的民生领域入手,以增进民生福祉为中心,从而彰显新时代人民至上、以人为本的价值取向。

十九大报告指出"保障和改善民生要抓住人民最关心最直接最现实的利益问题"(习近平,2017a)。从现阶段看,大部分普通百姓最关心最直接最现实的利益问题就是上学、看病、就业、社保、文体、治安和环境等。因此,在现代财政制度构建过程中着力保障和改善这些方面的民生需求,实际上就是在保障人民的健康权、安全权、工作权、受教育权等发展权利,由此能在促进"人的全面发展"过程中体现"发展为了人民"的发展理念;保障和改善这些方面的民生需求,实际上就是在保障和改善经济社会发展的根本动力,因为人始终是生产力中最活跃的因素,由此能在保障和提高人的价值过程中彰显"发展依靠人民"的价值理念;保障和改善这些方面的民生需求,实际上就是让改革发展成果更多地惠及全体人民,因为不论教育医疗、就业社保还是治安环境,都是覆盖全体人民的基本公共服务并具有较强的收入再分配功能,由此能在促进公平正义过程中实现"发展成果由人民共享"、"全体人民共同富裕"的发展目标。

(三)这是促进新时代我国国家治理现代化的基础与支柱

十九大报告指出"全面深化改革总目标是完善和发展中国特色社会主义制度、推进国家治理体系和治理能力现代化"(习近平,2017a)。在新时代,作为"五位一体"总体布局中的一个复杂系统工程,我国国家治理体系建设涵盖了经济、政治、社会、文化和生态文明建设。正如党的十八届三中全会决议所提出的"财政是国家治理的基础与重要支柱"(习近平,2014),现代财政制度既是经济体制又是政治体制,也是社会体制的基本组成部分之一(刘晔,2013),又对作为公共物品的公共文化和生态治理承担主体责任,因此对国家治理现代化起着基础性和支撑性作用。

加快建立以民生福祉为中心的现代财政制度,推进教育医疗、就业社保、文化治安、生态环境等基本公共服务体系的均等化、法治化和现代化建设,其重要意义在于:第一,可以进一步实现政府职能合理归位,从而在正确处理政府与市场关系基础上进一步深化经济体制改革;第二,可以从老百姓最关心、最直接、最现实的利益环节入手,促进民主决策、民主管理和民主监督,从而发展社会主义民主政治;第三,可以从民生和社会事业领域入手,促进政府和社会的分工合作和共同治理,从而加快社会体制改革;第四,可以顺应人民群众对美好生活的向往,有力推进文化事业发展和生态文明建设。因此,加快建立以民生福祉为中心的现代财政制度将有利于建设社会主义市场经济、民主政治、和谐社会、先进文化和生态文明,从而从根本上促进新时代我国国家治理体系和治理能力的现代化。

(四)这是实现新时代"两个百年"奋斗目标的必然选择

十九大报告提出"从全面建成小康社会到基本实现现代化,再到全面建成社会主义现代化强国,是新时代中国特色社会主义发展的战略安排"(习近平,2017a),由此明确了从现在开始到21世纪中叶的"两个一百年"奋斗目标并勾勒出了中华民族伟大复兴的路线图。但正如十九大报告所指出的"中华民族伟大复兴,绝不是轻轻松松、敲锣打鼓就能实现的"(习近平,2017a),从经济学的角度看,这一路线图在前进过程中首先要面临跨越"中等收入陷阱"这一挑战。世界银行基于全球范围内经验观察(Gill and Khars,2007),发现许多国家常常能迅速地达到中等收入水平,但只有少数国家能够成功跻身为高收入国家,从而提出"中等收入陷阱"这一概念。按最新公报,2017年中国人均国民收入约9400美元,仍属中等偏上收入国家,与世界银行最新的人均12736美元高收入国家标准仍有一定距离。

从世界范围内看,"中等收入陷阱"具有普遍性的成因有两个,一是技术创新缺乏,产业升级不力(姚树洁,2015),在要素边际报酬递减规律作用下经济增长缺乏新动能;二是收入两极分化、贫富差距大(郑秉文,2011),在边际消费倾向递减规律作用下总需求不足,由此经济增长难以持续。就我国情况看,第一个不存在大的问题,2017年我国研发经费投入1.75万亿,居世界第二,其中企业投入占78.5%,同时我国发明专利申请量和授权量已居世界首位。在创新驱动发展战略下,我国在大科技上还有举国体制的优势,如十九报告所言"天宫、蛟龙、天眼、悟空、墨子、大飞机等重大科技成果相继问世"(习近平,2017a)。因此,更应该重视第二个问题即收入分配问题。据统计局官方公布数据,我国

2016 年基尼系数为 0.465,仍高于 0.4 的国际警戒线。而义务教育、基本医疗、社会保障、基本养老和就业服务等民生类公共服务都具有覆盖和惠及全体人民的收入再分配性质。因此,加快建立以民生福祉为中心的现代财政制度,进一步实现基本公共服务均等化,是促进全体人民共同富裕进而成功跨越"中等收入陷阱",实现"两个一百年"奋斗目标的必然选择。

第四节　如何加快建立以民生福祉为中心的现代财政制度

从近年财政经济运行情况看,我国确实出现了社会资源开始向民生领域倾斜的趋势,这主要是以下三方面叠加的结果。首先,经济保持中高速增长,每年增量可观。2007—2016 年,我国 GDP 年均增速为 8.3%[①],按目前中国经济体量,一年 GDP 增量约相当于世界排名第 20 位左右国家的 GDP。其次,在国民收入分配格局中,财政占 GDP 比重上升。仅从一般公共预算支出来看,其占 GDP 比重由 2007 年 18.7% 上升到 2016 年 25.3%[②],政府财力的增强为资源向民生领域倾斜提供了条件。再次,在财政支出中,民生支出比重有很大上升。在此仅选择与民生关系最密切的教育、医疗卫生、社会保障与就业、保障住房来看,这四项支出总额由 2007 年的 14596 亿元上升到 2016 年的 69599 亿元,其占一般公共预算财政支出比重由 29.3% 上升到 37.1%[③]。在此背景下,要加快建立以民生福祉为中心的现代财政制度,除了进一步增加财政民生支出总量以外,也要更加注重财政制度建设、优化财政民生支出结构和提高财政民生支出效率。

(一)以服务于民生福祉为中心,加快财政三大制度建设

十九大报告提出,"建立权责清晰、财力协调、区域均衡的中央和地方财政关系。建立全面规范透明、标准科学、约束有力的预算制度,全面实施绩效管理。深化税收制度改革,健全地方税体系"(习近平,2017a),由此为新时代我国现代财政制度建设和具体财税改革描绘了基本蓝图。当前应以"服务于民生福祉"为中心,加快以下这三个方面的制度建设:第一,中央和地方财政关系。我国教育、医疗、社保等民生公共服务非均等化问题较为突出,这既与各地区发展不平衡从而地方财力不均衡有关,更与中央与地方间事权与财权、财力与责任不清晰不对称有密切关系。因此需要从明确划分中央地方事权与支出责任入手来实现"权责清晰",进而通过加大转移支付来实现中央和地方间"财力协调"和地区间"区域均衡",由此促进公共服务均等化的实现。第二,预算制度。建立以"民生福祉为中心"的现代财政制度,需要进一步加强"人民当家做主"的制度保障,迫切需要进一步健全民主决策和民主监督体系。由此,应加快预算制度改革,通过"建立全面规范透

---

① 按《中国统计年鉴 2017》以不变价格反映的 GDP 指数计算。

② 根据《中国统计年鉴 2017》数据计算。

③ 根据《中国统计年鉴 2017》数据计算。

明、标准科学、约束有力的预算制度"来保证各项民生支出的民主决策和民主监督。此外,财政民生支出的增长能在多大程度上起到惠及全民改善民生的效果,根本上还取决于各项民生支出的绩效,因此需要"全面实施绩效管理",通过健全绩效预算管理来实现增进民生福祉。第三,税收制度。由于受益范围的原因,我国各项民生财政支出很大程度上构成地方政府的事权和支出责任。而地方税则是地方政府最直接的可支配财力,也是保障地方各项民生支出增长的最可靠的财力基础。而随着我国"全面营改增"的实施,地方政府缺乏主体税种,在提供地方性公共服务上力不从心。由此需要在"深化税制改革"中"健全地方税体系"。

(二)进一步优化财政支出结构,增加财政民生支出总量

虽然我国近年来财政民生支出有了很大增长,初步显现出财政民生化的特征,但不论是与国际水平相比,还是同民生需求相比,都还存在很大差距。从国际比较看,仅选医疗、教育和社会保障三项民生财政支出占总支出比重看,2015 年美国为 61.2%,OECD 国家平均为 63.9%[①],而我国 2016 年为 33.5%[②]。再从民生需求看,以我国当前的新型农村养老保险为例,目前大多数省份实行每人每月 55 元的基础养老金标准,这与现实养老需求相比显然有很大差距。因此,进一步加大财政民生支出总量,大力提升民生支出占财政总支出比重仍是构建现代财政制度的重点。

要提高民生支出比重,势必要求相应压缩其他项目财政支出的比重。财政支出结构可以笼统分为三类:一是维持性支出,即维持国家政权运转所需要的支出,具体包括国防支出、行政管理支出等;二是民生性支出,即直接花在百姓身上的支出,包括教育、卫生、社保、文化等;三是建设性支出,主要是基础设施建设,包括交通、水电、农业等。从这三类支出看,2016 年我国建设性支出(包括交通运输支出和农林水支出两项)占财政支出比重为 15.5%[③],而同期 OECD 国家建设性支出(经济事务支出)平均占比 9.3%[④]。因此建议继续加大基础设施市场化融资改革,进一步降低财政建设性支出比重。而从维持性支出来看,需要进一步压缩的重点应是行政管理支出,我国行政管理支出占财政支出比重已由 2011 年的 21.9%大幅下降到 2016 年的 14.01%[⑤],但从世界范围内来看仍属偏高水平,同期 OECD 国家行政管理支出占财政支出的比重大多都集中在 6%~10%之间。建议进一步通过进一步深化党政机构改革,有效控制并缩减行政管理支出比重,为财政民生支出比重提高创造条件。

(三)推进基本公共服务均等化,优化财政民生支出结构

与增加财政民生支出总量相比,应更加重视财政民生支出结构的优化。正如十九大

---

① 根据 OECD:《Government at a Glance 2017》第 77 页数据计算。
② 根据《中国统计年鉴 2017》数据计算。
③ 根据《中国统计年鉴 2017》数据计算。
④ 参见 OECD:《Government at a Glance 2017》第 77 页数据。
⑤ 根据《中国统计年鉴 2017》数据计算,行政管理支出包括一般公共服务、外交和公共安全支出三项。

报告指出的"我国社会主要矛盾已经转化为人民日益增长的美好生活需要和不平衡不充分的发展之间的矛盾"(习近平,2017a),可见"不平衡"是比"不充分"更值得重视的问题。从我国财政民生支出来看,城乡之间、区域之间公共服务不均等问题一直比较突出。仅以义务教育城乡结构为例,2014年城镇人口与农村人口比为54:46,但在当年我国中等教育支出中,城市约为农村的5.75倍;而在当年我国初等教育支出中,城市约为农村1.63倍,因此公共服务城市偏向的不均等问题较为严重。而从义务教育区域结构来看,2014年地方普通初中生均公共财政预算教育经费,北京是贵州的5.42倍,2014年地方普通小学生均公共财政预算教育经费,北京是河南的5.25倍[①]。而如从市县级层面来看,公共服务不均等状况还要大得多,而这根本上与各地区财力不均衡有关。

十九大报告提出"建立权责清晰、财力协调、区域均衡的中央和地方财政关系"(习近平,2017a),其中"权责清晰"是前提。因此,要推进基本公共服务均等化,首先应进一步合理和明确划分中央和地方事权和支出责任,做到"权责清晰"且事权和支出责任相适应;其次,根据财力与事权相匹配原则,建立政府间合理的税收分配关系。由此,先实现各级政府间"财力协调",让地方政府尤其是市县级政府能够拥有稳定且相对充足的财力;最后,要规范转移支付制度,提高一般性转移支付比重,实现地区间、城乡间财力的"区域均衡",在优化区域间、城乡间民生支出结构基础上,促进基本公共服务均等化的实现。

(四)以体制与机制创新为抓手,提高财政民生支出效率

十九大报告提出"增进民生福祉是发展的根本目的",在民生财政支出增长与民生福祉增进之间还存在一个财政民生支出效率问题。"创新是引领发展的第一动力",需要通过体制机制创新来切实提高财政民生支出效率。目前可以考虑的主要有:第一,创新财政民生支出方式,鼓励社会资本参与公共服务建设。财政在民生方面的直接支出主要"应集中在基础性、兜底性民生建设"(习近平,2017b),而对其他民生需求可以创新财政支出方式,如通过财政补贴、贴息和税式支出方式来培育社会组织、吸收社会资本参与民生类公共服务供给,由此可以使少量财政支出带动大量社会资本,从而提高财政民生支出效率。第二,创新财政民生支出模式,深化政府购买公共服务改革。即使对基础性民生服务,也可以更多采取政府购买服务而不是政府直接提供的模式。传统的"政府直接提供、直接管理"的公共服务供给模式存在效率不高、质量不优等突出问题,亟须在更多民生领域推广"政府购买服务、实施评估监管"的方式。这对保障和改善民生、提高财政民生支出效率具有重要意义。第三,创新预算管理模式,实施"全面绩效管理"。绩效预算在我国已经提出多年,虽然在实践中以项目绩效评价为主也取得一些成绩,但总体而言预算管理依然粗放,尤其是民生财政支出尚缺乏统一规范的绩效评价指标体系。随着

---

① 根据《2015年中国教育经费统计年鉴》数据计算。

十九大报告中明确"全面实施绩效管理"的目标,这意味着全部公共部门、全部财政资金和预算全过程都要纳入绩效管理中。由此,其为财政民生支出项目全面绩效管理,从而提高财政民生支出效率提供了良好契机。

第五节 结 论

　　民生导向是现代财政制度的根本特征。教育、医疗、就业、社保、保障房等是新时代中国最重要的民生问题,也是新时代中国最基本的公共服务,由此构成政府及其财政职能重点。当前需要加快建立以民生支出为重点,以民生福祉为中心,并由此实现发展成果共享的现代财政制度,这是新时代中国特色社会主义实践的时代命题与时代要求。由此,除了进一步增加财政民生支出总量以外,也要更加注重财政制度建设、优化财政民生支出结构和提高财政民生支出效率。

本章参考文献

[1]蒋冀骋.左传[M].长沙:岳麓书社,2006.

[2]刘晔.顶层设计与深化公共财政制度改革[J].财政研究,2013(3).

[3]刘晔.财政监督:构建民生财政的制度保障[J].财政监督,2014(20).

[4]刘晔,谢贞发.对公共财政逻辑起点的重新思考——市场失效的理论纷争与现实启示[J].厦门大学学报(哲学社会科学版),2008(1).

[5]马骁,周克清.建立现代财政制度的逻辑起点与实现路径[J].财经科学,2014(1).

[6]孙文.孙中山全集:民生主义[M].北京:中华书局,2011.

[7]魏立萍,刘晔.民生财政:公共财政的实践深化[J].财政研究,2008(12).

[8]吴爱明.公共管理学[M].武汉:武汉大学出版社,2012.

[9]习近平.习近平谈治国理政[M].北京:外文出版社,2014.

[10]习近平.决胜全面建成小康社会,夺取新时代中国特色社会主义伟大胜利——在中国共产党第十九次全国代表大会上的报告[M].北京:人民出版社,2017a.

[11]习近平.习近平谈治国理政(第二卷)[M].北京:外文出版社,2017b.

[12]王桦宇.论现代财政制度的法治逻辑[J].法学论坛,2014(3).

[13]杨志勇.现代财政制度:基本原则与主要特征[J].地方财政研究,2014(6).

[14]姚树洁,韩川.从技术创新视角看中国如何跨越"中等收入陷阱"[J].西安交通大学学报(哲社版),2015(9).

[15]张军等.中国为什么拥有了良好的基础设施?[J].经济研究,2007(3).

[16]张馨.公共财政论纲[M].北京:经济科学出版社,1999.

[17]中华人民共和国国家统计局.中国统计年鉴 2017[M].北京：中国统计出版社，2017.

[18]GILL I.S，H.J.KHARAS.An East Asian renaissance：idea for economic growth[M].Washington D.C：the World Bank，2007.

第七章 廉洁度、公共投资与基础设施质量：宏观表现与微观证据

黄寿峰[*]

第一节 引言

基础设施发展问题一直是世界各国,特别是发展中国家面临的重大现实问题,其重要性毋庸赘述。2013 年 9 月和 10 月,中国国家主席习近平在出访哈萨克斯坦和印度尼西亚期间,先后提出共建"丝绸之路经济带"和"21 世纪海上丝绸之路"(合称"一带一路")的重大倡议,得到了国际社会的高度关注。2015 年 3 月 28 日,国家发展改革委、外交部与商务部联合发布了"一带一路"规划性纲领文件——《推动共建丝绸之路经济带和 21 世纪海上丝绸之路的愿景与行动》,并且明确提出:基础设施互联互通是"一带一路"建设的优先领域。

中国政府历来重视基础设施发展,经过几十年的不懈努力,中国的基础设施取得了跨越式发展,创造了"基础设施发展奇迹"。基础设施的发展离不开对基础设施的投资,以我国公路和铁路基础设施为例,公路基础设施固定资产投资额从 1998 年的 1514.74 亿元激增至 2014 年的 15460.94 亿元,增长了约 10.21 倍;而铁路基础设施投资额则从 1998 年的 831.61 亿元上升到 2014 年的 8088 亿元,增长了约 9.73 倍。可以说,正是大规模的基础设施投资造就了我国"基础设施发展奇迹"。

然而,这种"奇迹"更多表现在基础设施数量的增长上,而在其质量方面,形势却不容乐观。"豆腐渣"工程、"王八蛋"工程层出不穷,高速公路路基沉降、路面坍塌、桥梁垮塌事件时有发生。以桥梁为例,从 2007 年至 2012 年的 5 年内,我国共发生了 15 起重大桥梁垮塌事故,事故共造成 141 人死亡、111 人受伤、18 人失踪,而这 15 座垮塌的桥梁中,仅有 3 座至事发时使用时间超过 15 年。[②] 从表 7-1 也可以看出,不管是相对排名还是绝对排名,我国总体基础设施质量和公路基础设施质量均与其数量发展情况不相匹配、相

---

* 黄寿峰,教授、博士生导师,厦门大学经济学院财政系。

② 来自网易新闻:"近 5 年内 15 座大桥垮塌均未明确有质量原因"http://money.163.com/12/0827/11/89TL9A KV0025260 5.html。

去甚远,相对而言,铁路基础设施质量得到了一定程度的提高。

表 7-1　我国基础设施质量情况报告

年度	样本国家数	总体基础设施质量	公路基础设施质量	铁路基础设施质量
2008—2009	134	58(43.28%)	51(38.06%)	28(20.90%)
2009—2010	133	66(49.62%)	50(37.59%)	27(20.30%)
2010—2011	139	72(51.80%)	53(38.13%)	27(19.42%)
2011—2012	142	69(48.59%)	54(38.03%)	21(14.79%)
2012—2013	144	69(47.92%)	54(37.50%)	22(15.28%)
2013—2014	148	74(50.00%)	54(36.49%)	20(13.51%)
2014—2015	144	64(44.44%)	49(34.03%)	17(11.81%)

注:根据世界经济论坛各年度《全球竞争力报告》整理所得,其中数值表示对应项在样本国家中的绝对排名,"()"中为中国在样本国家中的相对排名。

　　与此同时,我国的官员廉洁形势不容乐观,每年检察机关查办的经济腐败案件中,金额在10万元以上的大案和涉及县处级以上官员的要案越来越多,[1]表 7-2 的廉洁度严峻性也表明,我国的官员清廉问题越来越严重,从清廉指数排名来看,不管是绝对排名还是相对排名,基本呈逐年下降趋势。世界银行企业调查也发现,8.8%的中国企业想通过送礼方式获取政府合同,而想以此方式获得施工许可证、进口许可证或营业许可证的中国企业比例分别达到了 18.8%、19.2%和 7.8%。[2]

表 7-2　我国历年来的清廉指数、排名及廉洁度严峻性

年度	清廉指数	样本国家数	绝对排名	相对排名	廉洁度严峻性
2008	3.6	180	72	40.00%	6
2009	3.6	180	79	43.89%	6
2010	3.5	178	78	43.82%	3

---

① 可以参阅最高人民检察院 1998 年、2003 年、2008 年及 2013 年的工作报告统计。

② 根据 2012 世界银行中国企业调查数据统计得到。

年度	清廉指数	样本国家数	绝对排名	相对排名	廉洁度严峻性
2011	3.6	183	75	40.98%	5
2012	39	176	80	45.45%	5
2013	40	177	80	45.20%	3
2014	36	175	100	57.14%	2

注:透明国际(Transparency International)从 1995 年起每年都发布《全球腐败年度报告》,公布世界各地企业界及民众对当地贪污情况观感,即清廉指数(Corruption Perceptions Index)。在 2012 年前,清廉指数满分为 10 分,而后透明国际将分数调整为百分制,但是数值越高越清廉,数值越低廉洁度越低。廉洁度严峻性表示廉洁度问题在经济活动所面临的主要问题中排第几,其数值的大小反映了问题的严峻性,该数值根据世界经济论坛各年度《全球竞争力报告》整理所得。

在"一带一路"和基础设施互联互通的大背景下,面对我国迅猛增长的基础设施投资、每况愈下的廉洁度形势和差强人意的基础设施质量,我们不禁要问,它们之间存在内在联系吗? 为什么数量庞大的基础设施投资没能带来基础设施质量的显著提升? 廉洁度在其中扮演什么角色? 遗憾的是,现有相关研究基本上没有把廉洁度、基础设施投资与基础设施质量联系起来,更不用说深入分析廉洁度、基础设施投资在基础设施质量发展中所起的作用;而且现有相关研究基本上停留在国别或者省际方面的宏观层面,从企业微观层面进行分析的相关研究还很少,更勿论把宏观和微观两个层面结合起来分析。鉴于此,本章尝试首先构建廉洁度、公共投资影响基础设施质量的理论模型,以揭示它们影响基础设施质量的理论机理和作用机制;接着,从省际宏观层面实证检验上述作用机制在我国的具体表现;而后,使用 2012 世界银行中国企业调查数据进行进一步分析,以求为宏观结果找到更加微观的证据。

第二节　相关文献综述

对于基础设施,现有相关理论研究认为,基础设施能够降低企业成本(Demetriades and Mamuneas,2000;Moreno et al.,2003),完善投资环境,提高要素生产率(Duggal et al.,1999)、产出生产率(Hulten et al.,2006;刘秉镰等,2010)及劳动生产率(Agénor and Neanidis,2011),提升人民健康水平和人力资本水平(Brenneman and Kerf,2002;Agénor,2008),降低贫困人口(Henderson,2002;Fan et al.,2002),缩小地区间经济发展差异,促进各地区经济互动发展(Démurger,2001;Cohen and Paul,2004),从而得出基础

设施发展能够促进经济增长，是经济增长的先决条件。

基础设施的发展离不开公共基础设施投资。罗森斯坦·罗丹认为只有加强基础设施投资，改善基础设施发展，才能推动整个国民经济的全面、均衡发展。Rostow(1959)等人也指出，在经济发展早期，政府应增加公共投资以改善基础设施并进而促进经济增长。然而，许多学者认为，腐败可能会对投资产生负向影响(Campos et al.，1999；Egger and Winner，2006)，腐败会削弱人们自愿捐款地方公共产品的激励，腐败会影响公共产品投资(Beekman et al.，2014)。如果存在腐败，公共投资的作用将大打折扣，因为腐败会通过扭曲资源配置(Bhagwati，1982；Breen and Gillanders，2012)、增加社会发展成本(Shleifer and Vishny，1993)、扭曲公共支出结构(Tanzi and Davoodi，1997；Tanzi，1998；Mauro，1998；Gupta et al.，2001；Del Monte and Papagni，2001；Dela et al.，2006；刘勇政、冯海波，2011)等途径制约公共投资发挥积极作用，从而降低公共投资效率。Cain & Rotella(1990)认为，腐败对公共投资决策的扭曲主要表现为鼓励出台许多大型和不必要的公共基础设施投资项目。而 Mauro(1995,1997,1998)则认为，腐败降低公共投资效率主要体现为腐败扭曲了公共投资的投向，由于经济建设性支出项目相较于文化教育公共卫生等社会性支出项目，更容易获得佣金(Tanzi，1998)、更难以监督(Mauro，1998)，更容易滋生腐败，这引致了政府官员对它们产生偏好差异，进而导致支出结构变形(Tanzi and Davoodi，1997)，使得公共投资从文化教育公共卫生等社会性支出领域向大型基础设施建设的经济建设性领域转移，从而造成社会文教支出的萎缩和经济建设支出的膨胀(Mauro，1998)。Tanzi & Davoodi(1997)的研究结论与此相似，吴俊培、姚莲芳(2008)，刘穷志、何奇(2011)对中国的研究也基本支持这一观点。吴俊培、姚莲芳(2008)认为，腐败在整体上降低了政府在文化教育公共卫生方面的支出比重；刘穷志、何奇(2011)则指出，腐败激励了财政支出规模的膨胀，促使支出结构变形，腐败显著地推高了经济建设支出的比重，但降低了社会文教支出的比重。也有些学者持相对谨慎态度，如 Haque& Kneller(2008)指出，只有低腐败水平的国家才能享受到公共投资对经济增长的有效回报，而对于高腐败水平的国家，公共投资的效率因为腐败的存在而降低。杨飞虎(2011)则认为，在中国改革开放及经济转型早期，公共投资领域腐败会促进经济增长；在经济发展到一定水平后，公共投资领域腐败的负面效应将占据主导。

实际上，腐败除了会影响公共投资效率，其自身与基础设施也是密切相关。大量研究和事实表明，基础设施部门往往腐败最为泛滥(Wade，1982；Rose-Ackerman，1996)，这也可以从我国交通基础设施领域频发的腐败案件得到证实，近年来，我国交通基础设施领域已成为腐败高发区，交通系统官员密集落马，据不完全统计，从 1995 年河南交通厅原厅长曾锦城落马以来，至今全国已有 16 名省级交通运输厅厅长落马，涉及 11 个省份，其中河南省就有 4 任厅长被查。[①] Mauro(1995,1997,1998),Tanzi & Davoodi(1997)等人的研究也表明,腐败越多的国家,在大型的基础设施等方面的支出也更多。然而,现有的相关研究主要聚焦于腐败与基础设施数量,而相对缺乏关注腐败与基础设施质量间的联系。Tanzi & Davoodi(1997)较早阐述了腐败与基础设施质量的关系(联系),他们的研究结果表明,不管使用哪种基础设施质量度量指标,较高的腐败水平都会降低基础设施质量,与此同时,腐败也会增加公共投资但会降低其生产效率从而导致基础设施质量的下降。为了深入分析腐败对基础设施质量影响的作用机理,Bose et al.(2008)构建了腐败影响基础设施质量的数理模型,理论模型结果表明,腐败只有在跨越一定的门槛后才会对基础设施质量产生负影响,而后他们通过实证分析来验证了其理论模型结果。虽然上述研究较深入地分析了腐败对基础设施质量的影响,但主要是从宏观角度进行分析,在基础设施质量的度量上也较为粗糙。有鉴于此,Kenny(2009)使用世界银行的早期企业调查数据及其他数据分析了腐败与基础设施质量的关系,结果也表明,腐败与各种基础设施质量度量指标之间存在着负相关关系。Gillanders(2013)在 Kenny(2009)的基础上,使用世界银行最新的企业调查数据,分别从国家和地区层面重新考察了腐败对电力、交通及电信基础设施质量的影响,所得结果与前述研究结论基本相同:一个地区更高的腐败水平与该地区更为落后的基础设施是密切相关的,腐败会降低基础设施质量。

综合现有相关文献,公共投资和廉洁度都会影响基础设施质量,与此同时,廉洁度还会影响公共投资效率,由此很有可能公共投资对基础设施质量的影响会因为廉洁度的不同而出现差异,然而纵观现有文献,虽然研究廉洁度、公共投资或基础设施的文献不少,也产生了许多非常有益的研究成果,但仍然还有一些可以进一步改进的空间,主要表现为:

(1)现有相关分析主要集中于国外,而对我国基础设施质量领域的相关探讨还非常少;并且现有国外研究主要基于跨国分析,然而,由于各国的国情、基础设施发展水平、廉洁度等各异,跨国分析得到的结论可靠性和借鉴意义相对有限。

(2)更为主要的是,根据前述分析,公共投资、廉洁度都可能影响基础设施质量,且公共投资对基础设施质量的影响很可能又会受廉洁度的左右,然而现在还缺乏一个统一的框架分析它们对基础设施质量影响的文献。

(3)此外,现有研究主要从宏观层面进行分析,从企业微观视角研究的文献还很少。而把宏观和微观结合起来综合分析的更少;然而公共投资、廉洁度对基础设施质量影响的宏观表现离不开其形成的微观基础,因此,如果能把其宏观表现与微观基础结合起来,应能得到更加有益的结论。

基于此,本章将利用博弈论理论构建公共投资、廉洁度对基础设施质量影响的理论

---

① "近 20 年 16 名交通厅长被查 山西连续两任落马" http://news.163.com/14/0616/10/9URSB2IV00014JB6.html

模型,进而得到廉洁度、公共投资影响基础设施质量的作用机制,而后利用2003—2012年我国省际公路交通基础设施领域相关数据,实证检验上述作用机制在我国的宏观表现;接着,进一步使用世界银行中国企业调查数据,找到其微观证据。相信本章的探讨能够在一定程度弥补我国相关领域的不足。

第三节　理论模型

考虑这样一个场景:企业生产产品S,政府把S作为投入品为社会提供必需的公共基础设施,由于投入品S是由企业生产,所以假设投入品S的质量是企业的私有信息。S的质量差异体现在:(1)质量低的S比质量高的S要便宜;(2)质量低的S比质量高的S相对成本更低;(3)低质量的S作为投入品生产出来的基础设施质量比以质量高的S作为投入品生产出来的基础设施质量要更差。一定时期内,政府预算一般一定,因此,假设政府在这段时间内对S的需求一定,如Q单位。为了使民众享受高质量的公共物品,政府显然希望企业提供的是质量高的S,即在一定预算约束下,政府目标是最大化基础设施质量。由于S的质量是企业的私有信息,且质量低的S相比质量高的S成本更小,因此,企业有动力通过用部分质量低的S来冒充质量高的S来欺骗政府进行牟利。

根据上述场景,假设政府公共基础设施投资为I,政府希望企业提供Q单位质量高的S,即希望$Q_H=Q$;Q_H、Q_L分别表示企业提供的质量高和质量低的投入品S的数量,其边际成本分别为C_H、C_L,价格分别为P_H、P_L,则有$P_H>P_L$,$C_H>C_L$。

进一步假设企业的欺骗行为被查处的概率为φ,显然,企业被查概率与其提供的Q_L密切相关,在政府要求的S一定(即Q单位)的情形下,Q_L越高,表明企业更多地使用"以次充优"进行牟利,自然越有可能被发现。因此,有$\varphi'(Q_L)>0$,$\varphi''(Q_L)>0$。

当企业"以次充优"的欺骗行为被发现时将遭到惩罚,具体结果取决于它面对的政府官员。如果政府官员是正直官员,则企业将被处以次品充公;反之,则企业可通过贿赂方式逃脱惩罚。假设$\gamma(0<\gamma<1)$为政府官员中非清廉官员的比例,$1-\gamma$为清廉官员的比例。由于经济建设性支出项目更易获得佣金,更难监督,更容易滋生腐败(Tanzi and Davoodi,1997;Tanzi,1998;Mauro,1998),因此,基础设施部门往往腐败最为泛滥(Wade,1982;Rose-Ackerman,1996),因此,我们进一步假设非清廉官员的比例是公共投资的函数,且公共投资越大,非清廉官员越高,廉洁度越低,即$\gamma'(I)>0$,$\gamma''(I)>0$。

上述过程可描述成政府官员与企业的一个两阶段博弈过程。第一阶段,企业决定S中Q_H和Q_L以最大化企业利润;第二阶段,由于企业欺骗行为可能被发现,一旦发现,将面临惩罚或者进行行贿以逃脱惩罚,因此,这一阶段决定惩罚金额或贿赂金额。下面通过逆向求解法求解博弈结果。

第二阶段:假设企业与非清廉政府官员之间是通过议价达成贿赂交易,且非清廉政

府官员议价能力为 α,企业的议价能力为 $1-\alpha$,$\alpha(1<\alpha<1)$ 表示议价参数,由于政府公共投资越大,在与企业合同议价时,就越有可能占据有利位置,其买方垄断势力就可能越大,为此,我们假设 $\alpha=\alpha(I)$,且 $\alpha'(I)>0$,$\alpha''(I)<0$。根据广义纳什议价理论(Generalized Nash Bargaining Theory),可通过求解下面问题得到贿赂金额的均衡值:

$$\max_{b} (P_L Q_L - b)^{1-\alpha} b^{\alpha} \tag{7-1}$$

解得均衡贿赂额:

$$b^* = \alpha P_L Q_L \tag{7-2}$$

假设企业风险中性,则企业的期望损失:

$$EL = (1-\gamma)P_L Q_L + \gamma b^* = (1-\gamma+\gamma\alpha)P_L Q_L \tag{7-3}$$

第一阶段:企业通过选择 Q_H 和 Q_L 的数量来最大化其利润。即:

$$\max_{Q_L,Q_H} \pi = P_H Q_H + P_H Q_L - \varphi(I)EL - C_H Q_H - C_L Q_L$$
$$s.t. \quad Q_L + Q_H = Q \tag{7-4}$$

代入相关变量,由一阶必要条件,整理可得:

$$(1-\gamma+\gamma\alpha)[\varphi(Q_L)+\varphi'(Q_L)Q_L] = \frac{C_H - C_L}{P_L} \tag{7-5}$$

式(7-5) 对 γ 求导,可得:

$$\frac{\partial Q_L}{\partial \gamma} = \frac{(1-\alpha)[\varphi(Q_L)+\varphi'(Q_L)Q_L]}{(1-\gamma+\gamma\alpha)[2\varphi'(Q_L)+\varphi''(Q_L)Q_L]} > 0 \tag{7-6}$$

式(7-6) 表明:非清廉官员的比例越高,企业提供质量低的投入品 S 的数量越大,而提供质量高的投入品 S 的数量越小。由于低质量的 S 作为投入品生产出来的基础设施质量比以质量高的 S 作为投入品生产出来的基础设施质量要更差,又 S 数量一定,因此可得:非清廉官员比例越高,廉洁度越低,越可能出现企业"以次充优"现象,造成基础设施质量低下。

式(7-5) 对 I 求导,可得:

$$\frac{\partial Q_L}{\partial I} = \frac{[(1-\alpha)\gamma'-\gamma\alpha'][\varphi(Q_L)+\varphi'(Q_L)Q_L]}{(1-\gamma+\gamma\alpha)[2\varphi'(Q_L)+\varphi''(Q_L)Q_L]} \tag{7-7}$$

式(7-7) 表明:投资对基础设施质量的影响受非清廉官员比例 γ、政府议价能力 α 及企业欺骗行为被查处概率 φ 的影响,而且其作用方向取决于 $(1-\alpha)\gamma'-\gamma\alpha'$ 的符号。令 $(1-\alpha)\gamma'=\gamma\alpha'$,可解得均衡值 γ^*,由此可得:

(1) 在 $\gamma \leqslant \gamma^*$,即廉洁度较高时,$(1-\alpha)\gamma' \leqslant \gamma\alpha'$,此时 $\partial Q_L/\partial I \leqslant 0$。因此,在高廉洁度下,公共投资对基础设施质量的提升可能起促进作用;特别地,如果非清廉官员比例 γ 临近均衡值 γ^* 时,$\partial Q_L/\partial I \approx 0$,此时公共投资对基础设施质量的影响不显著。

(2) 随着非清廉官员比例 γ 及公共投资的增加,根据政府议价能力 α 的特性,企业议价能力 $(1-\alpha)$ 变化逐渐减小,逐渐趋于一个定数,而 α' 逐渐减小,并趋向于 0,廉洁度随公共投资的变化逐渐加快(即 γ' 越来越大,γ 也进一步增加),所以最终有可能在某一点以后，$(1-\alpha)\gamma'$ 超过 $\gamma\alpha'$，也即在 $\gamma > \gamma^*$ 时，$(1-\alpha)\gamma' - \gamma\alpha' > 0$，从而 $\partial Q_L/\partial I > 0$。所以，随着 γ 超过 γ^*，公共投资引致企业"以次充优"的现象加剧，最终导致基础设施质量下降。

第四节　实证分析：宏观表现与微观证据

为检验廉洁度、公共投资对我国基础设施质量的具体影响，接下来选择公路基础设施为主要研究对象，[①]分别从宏观和微观两个层面进行实证分析。

（一）宏观表现

综合现有相关研究及上述理论模型，得到式(7-8)的实证模型：

$$\text{quality}_{it} = C + \beta_1 \text{honesty}_{it} + \beta_2 \text{pinvest}_{it} + \gamma X_{it} + \varepsilon_{it} \tag{7-8}$$

其中 quality_{it}、honesty_{it}、pinvest_{it} 分别表示第 i 个省(市、自治区)第 t 期的基础设施质量、廉洁度及公共基础设施投资，X_{it} 为控制变量。

现有相关文献和理论模型都表明，廉洁度会影响公共基础设施投资的效率，进而有可能影响其对基础设施质量的作用，有鉴于此，借鉴 Hansen(1999) 的做法，本章将廉洁度门槛值作为未知变量引入模型，构建公共基础设施投资对基础设施质量影响的分段函数，并对门槛值和门槛效应进行一系列的估计和检验，具体模型如下：

$$\text{quality}_{it} = C + \beta_1 \text{honesty}_{it} + \beta_2 \text{pinvest} \times I(\text{thcor} \leqslant \eta) +$$
$$\beta_3 \text{pinvest} \times I(\text{thcor} > \eta) + \gamma X_{it} + \varepsilon_{it} \tag{7-9}$$

其中，thcor 为门槛变量，即各省廉洁度；η 为需要估计的门槛值；$I(\cdot)$ 为指示函数。结合现有相关研究，控制变量主要包括：经济发展水平 pgdp、受教育程度 education、人口密度 pdensity 和贸易开放度 topen。

考虑到数据的可获得性和一致性，除了以铺装路面长度为度量指标的公路基础设施质量样本期为 2009—2012 年，[②]本章其他各变量指标的样本期均为 2003—2012 年，包括了除西藏和新疆之外的大陆其他 29 个省、市、自治区。文中所有涉及价值形态的数据，均采用相应的价格指数调整为 2003 年为基期的不变价值；进出口总额以历年人民币对美元年均价折算成人民币处理。在具体的实证过程中，所有变量都取对数进行。在式(7-9)中，若公共基础设施投资对基础设施质量的影响存在两个或两个以上的廉洁度门槛，则需在式(7-9)单门槛模型的基础上依次进行下一个门槛显著性和置信区间的检验。

---

① 在宏观分析时，还引入了电力基础设施和供水基础设施辅助说明，具体参阅下文。
② 由中华人民共和国交通运输部组织《中国交通运输统计年鉴》从 2010 年才开始发行。

表 7-3　变量说明及数据来源

变量	指标说明	来源
quality	公路基础设施质量,现有研究往往以铺装路面占比(如 Tanzi and Davoodi,1997;Caldoerón and Chong,2004;Caldoerón and Servén,2004;Bose et al.,2008)或以反映行车速度提升的指标(周浩、郑筱婷,2012)来度量,故本章分别以铺装路面占比和高速公路占比作为公路基础设施质量的衡量指标。 电力基础设施质量,与 Caldoerón and Servén(2004)、Caldoerón and Chong(2004)等的做法类似,以电力供给效率来衡量,数值上等于(1-输电线路损失率)。 供水基础设施质量,由于水管道漏损率衡量了在供水过程中因供水设备、技术和管理水平落后等造成的水资源损失,故本处以(1-水管道漏损率)来度量供水基础设施质量,受数据所限,本章采用未计量水率替代水管道漏损率。① 上述指标均为数值越大,代表的基础设施质量越高。	A,B
honesty	现有文献一般通过以下两种方式度量廉洁度:(1)利用职务犯罪立案数与公职人员数之比(件/人)衡量;(2)利用职务犯罪立案数与当地人口数(件/万人)之比衡量。其中,职务犯罪立案数指人民检察院每年立案侦查贪污受贿、渎职案件数;公职人员数用公共管理和社会组织就业人数来表示。指标数值越大,表明廉洁度越低。	C,D,E
pinvest	在研究公路基础设施质量时,以公路基础设施的固定资产投资占 GDP 的比重来表示,用以反映对公路基础设施的投入;在研究电力、供水基础设施质量时,以固定资产投资占 GDP 的比值表示。	B
pgdp	反映经济发展对基础设施质量的影响,使用各地人均 GDP 来度量。	E
education	反映教育水平的指标,本章使用单位人口中的大学生个数来衡量,即地区大学生数与地区总人数的比值刻画。	E

---

① 必须承认的是,上述这些基础设施质量度量指标可能更加接近于度量公共基础设施的规模或者数量(Caldoerón and Servén,2004;Caldoerón and Chong,2004;Bose et al.,2008),而且它们通常与效率相关。因此,正如审稿人指出的那样,度量指标不是太令人满意,比如,对于交通基础设施,铺装路面按质量和成本可以划分为沥青混凝土路面、水泥混凝土路面和简易铺装路面,这几种铺装路面的成本都不尽相同,并且也没能反映道路的宽度、使用年限和养护情况等(Canning,1998;Caldoerón and Chong,2004)。但正如 Caldoerón & Chong(2004)指出的那样,这些度量指标虽不够完美,但目前也确实很难找到其他相关数据更加精确地测度基础设施质量,因此,在没有找到更好的度量指标前,也只能继续使用它们,而且现有的相关文献也基本还是沿用这些指标;更为幸运的是,虽然这些指标可能更加接近刻画基础设施的规模或数量,但基础设施质量通常与基础设施数量是密切正相关的(Caldoerón and Servén,2004;Caldoerón and Chong,2004;Bose et al.,2008),目前,学术界也普遍接受了这个观点,基于此,本章继续沿用这些度量指标。再次感谢审稿人的宝贵意见。

续表

变量	指标说明	来源
pdensity	反映人口密集程度的指标，本章以每平方公里上的人口数来衡量。	E
topen	反映贸易开放程度，使用进出口总额占当地 GDP 比重衡量。	B

注：A:《中国交通运输统计年鉴》(2010—2013 年)；B:CEIC 中国经济数据库；C:《中国检察年鉴》(2004—2013 年)；D:各省历年人民检察院工作报告；E:《中国统计年鉴》(2004—2013 年)

本章利用 Hansen(1999)门槛面板估计方法对式(7-9)的实证模型进行实证检验，为保证结果的稳健性，分别从公路基础设施质量度量指标差异、廉洁度度量指标差异、地区差异及其他基础设施质量表现(主要是电力基础设施质量和供水基础设施质量)这四个维度对其进行检验。为叙述方便，分别以 $tquality_1$、$tquality_2$ 表示铺装路面占比和高速公路占比衡量的公路基础设施质量，以 $honesty_1$、$honesty_2$ 表示职务犯罪立案数与公职人员数之比(件/人)和职务犯罪立案数与当地人口数之比(件/万人)，而电力基础设施质量和供水基础设施质量分别以 $equality$、$wquality$ 来表示。具体的门槛效应实证检验结果如表 7-4 所示。

表 7-4　门槛变量的显著性检验及置信区间估计

质量指标	廉洁度指标	门槛数	F 值	10%	5%	1%	门槛值	95%置信区间
$tquality_1$	$honesty_1$	单一	13.35**	8.78	13.06	15.78	−6.19	[−6.49, −5.41]
		双重	−4.45	0.14	2.04	6.92		
	$honesty_2$	单一	11.79***	5.47	7.55	9.77	−1.47	[−1.54, −0.73]
		双重	−9.48	−3.67	−0.78	3.61		
$tquality_2$	$honesty_1$	单一	17.06**	9.52	14.06	17.45	−5.74	[−6.19, −5.47]
		双重	2.70	3.11	3.66	5.24		
	$honesty_2$	单一	9.04*	8.75	11.89	22.56	−1.51	[−1.76, −0.73]
		双重	4.60	4.92	10.93	21.20		
$tquality_2$	$honesty_1$ 东部地区	单一	8.30	2.90	3.91	6.72	−5.94	[−6.48, −5.53]
		双重	5.79	6.10	7.42	10.05		
	$honesty_1$ 中西部地区	单一	7.42	4.45	6.95	7.76	−6.27	[−6.35, −5.47]
		双重	2.60	2.80	3.69	5.98		

续表

质量指标	廉洁度指标	门槛数	F 值	10%	5%	1%	门槛值	95%置信区间
equality	$honesty_1$	单一	31.70*	30.10	65.92	70.41	−6.14	[−6.35,−5.93]
		双重	22.74*	5.34	34.23	87.24	−5.50	[−6.35,−5.42]
		三重	0.00	1.71	3.73	4.74		
wquality	$honesty_1$	单一	6.10*	6.05	7.41	13.04	−6.45	[−6.49,−5.74]
		双重	10.01**	0.21	8.34	23.92	−6.22	[−6.36,−6.19]
		三重	−0.58	2.97	5.10	8.41		

注:表中的 F 值和10%、5%、1%的临界值为采用"自抽样"50 次得到的结果;***、**和*分别表示在1%、5%和10%水平上显著。

(1)公路基础设施质量度量指标差异。表 7-4 的结果显示,不管公路基础设施质量采用 $tquality_1$ 还是 $tquality_2$,模型均存在单一门槛。因此,在这两种度量方式下,公共基础设施投资对公路基础设施质量均存在显著的廉洁度门槛效应。

(2)廉洁度度量指标差异。廉洁度作为一个核心变量,其度量方式可采用 $honesty_1$ 或 $honesty_2$,表 7-4 的结果表明,在这两种度量方式下,模型也都存在单一门槛。

(3)地区差异。实证结果会因地区发展程度的不同而不同吗?把 29 个省、市、自治区划分为东部地区和中西部地区,[①]由于 $tquality_1$ 样本期间较短,本处以 $tquality_2$ 作为公路基础设施质量衡量指标进行实证分析。表 7-4 的结果表明,模型(7-9)仍存在门槛效应。

(4)其他基础设施质量表现。前述理论揭示了廉洁度、公共投资与基础设施质量之间的关系,而且以公路基础设施质量为考察对象进行实证分析,以验证理论模型,那么,这一理论对于其他类型的基础设施质量适用吗?本处使用电力基础设施质量(equality)和供水基础设施质量(wquality)做进一步检验,从表 7-4 的检验结果来看,公共投资对基础设施质量的门槛效应依旧存在,而且是双重门槛。

综合上述结果可以得出,使用门槛模型设定相对合理。上述四种情况下的回归结果如表 7-5 所示。其中模型 7-1、模型 7-2 为被解释变量是 $tquality_1$,而廉洁度衡量指标分别为 $honesty_1$、$honesty_2$ 的门槛回归;模型 7-3、模型 7-4 则表示被解释变量为 $tquality_2$,廉洁度衡量指标分别为 $honesty_1$、$honesty_2$ 的门槛回归;而模型 7-5、模型 7-6 则分别表示东部地区和中西部地区的门槛回归结果;模型 7-7、模型 7-8 表示被解释变量分别为 equality 和 wquality 的门槛回归。从表 7-5 中的各种回归结果可以看出,实证结果基本上是稳健的。

---

① 根据《国发 2000》33 号文件,东部地区包括北京、天津、河北、辽宁、山东、江苏、上海、浙江、福建、广东和海南,其他省、市、自治区为中西部地区。

表 7-5　门槛回归的估计结果

	模型 1	模型 2	模型 3	模型 4	模型 5	模型 6	模型 7	模型 8
$honesty_1$	−0.23** (0.11)		−0.41*** (0.13)		−0.39*** (0.13)	−0.34*** (0.15)	−0.87*** (0.08)	−0.04 (0.03)
$honesty_2$		−0.09** (0.04)		−0.02 (0.05)				
pinvest_h	−0.04 (0.04)	−0.02 (0.06)	−0.05 (0.06)	−0.04 (0.05)	0.07 (0.05)	−0.08 (0.07)	0.07 (0.10)	−0.08 (0.08)
pinvest_m							−0.27*** (0.08)	−0.02 (0.03)
pinvest_l	−0.13*** (0.05)	−0.10** (0.04)	−0.16*** (0.05)	−0.13*** (0.04)	−0.02 (0.05)	−0.16*** (0.05)	−0.50*** (0.09)	−0.09*** (0.03)
pgdp	−0.47*** (0.08)	−0.19* (0.10)	−0.09 (0.10)	0.09 (0.09)	0.19*** (0.09)	0.16 (0.11)	−0.13 (0.08)	−0.12 (0.02)
education	0.16 (0.11)	−0.07 (0.14)	0.14 (0.11)	0.03 (0.11)	−0.27 (0.23)	−0.003 (0.13)	−0.01 (0.11)	0.09*** (0.03)
pdensity	0.13** (0.06)	0.08* (0.05)	0.61*** (0.05)	0.47*** (0.04)	0.72*** (0.07)	−0.05 (0.10)	0.05** (0.02)	0.04*** (0.02)
topen	0.16*** (0.06)	0.21*** (0.06)	0.10** (0.05)	0.09* (0.04)	0.66*** (0.07)	0.03 (0.08)	0.01 (0.05)	0.04*** (0.01)
_cons	1.49** (0.71)	1.56*** (0.56)	−9.90*** (0.83)	−7.44*** (0.60)	−7.98*** (0.77)	−8.88*** (0.95)	−4.31*** (0.62)	−0.05 (0.26)

注：pinvest_h、pinvest_m 和 pinvest_l 分别表示在高廉洁度、中等廉洁度和低廉洁度下的公路基础设施投资；_cons 为常数项，()中的数值为对应变量的标准误；***、**和*分别表示在 1%、5%和 10%水平上显著，下表同。

从廉洁度的系数估计来看，上述 8 个模型都显示为负，且除了模型 7-4 和模型 7-8，其他情形下系数都非常显著，这表明，不管是考虑公路基础设施质量度量差异、廉洁度度量差异，还是考虑地区差异，亦或是考虑其他基础设施质量，较低的廉洁度都会降低公路基础设施质量，而且大多数情况下，这一作用显著，即：廉洁度越低，基础设施质量越差，这与理论模型结论一致，也与 Tanzi & Davoodi(1997)、Bose et al.(2008)、Kenny(2009)等人的结论相同。

从公共基础设施投资来看，不管是公路基础设施还是电力、供水基础设施，回归结果都表明：在高廉洁度水平时，公共基础设施投资对基础设施质量影响不显著；而在低廉洁度环境下,公共基础设施投资均会降低基础设施质量;更有甚者,对于电力基础设施质量,在廉洁度尚在中等水平时,公共基础设施投资的影响就开始表现为显著负影响,到了低廉洁度水平时,这一负影响进一步变大。这一结果与理论模型也是相对吻合的。由前所述,我国的清廉形势已经相当严峻,即使是在高廉洁度水平处,非清廉官员比例也已经相对较高,且已经相对比较接近廉洁度门槛值,[①]理论模型表明,在廉洁度较高时,公共投资对基础设施质量的提升很可能起促进作用,但如果非清廉官员比例 γ 临近均衡值 γ^* 时,公共投资对基础设施质量的影响不显著,所以系数不显著,随着廉洁度降低,系数逐渐转变为显著为负。那为什么会出现这种现象呢? 这很可能与目前所处的经济发展阶段有关,我国正处于并将长期处于社会主义初级阶段,由于资源相对有限,相较于基础设施质量,其数量的增长可能更加优先考虑,这从我国基础设施发展的实践也可得到印证。因此,在腐败水平较低时,公路基础设施投资对公路的影响表现为其数量的增长,而对其质量影响不显著;而在腐败水平较高时,腐败会通过扭曲资源配置(Bhagwati,1982)、增加社会发展成本(Shleifer and Vishny,1993)、扭曲公共支出结构(Tanzi and Davoodi,1997,2000;Mauro,1998;Gupta et al.,2001;Del Monte and Papagni,2001;Dela et al.,2006;刘勇政、冯海波,2011)等途径制约公共投资发挥积极作用,降低公共投资效率,因此,此时公路基础设施投资对公路质量表现为显著负作用。这与 Haque & Kneller (2008)等人的结论相似:对于高腐败水平的国家,公共投资的效率因为腐败的存在而降低。

而 pgdp 系数在模型 7-1 和模型 7-2 中显著为负,在模型 7-3、模型 7-4、模型 7-6、模型 7-7 和模型 7-8 中均不显著,而模型 7-5 显著为正,这可从 Bishai et al.(2006)的竞争风险理论中得到解释。在经济发展水平较低时,由于资源相对有限,相较于基础设施质量,基本医疗保险、基本社会保障、基础设施数量等更为重要,国家会把更多精力和注意力放在这些基本问题上,只有当经济发展到一定水平,这些基本问题都不成问题时,国家才会把重心转向基础设施质量等问题上,表 7-5 中经济发展水平较高的东部地区 pgdp 系数(模型 7-5)显著为正,而经济相对落后的中西部地区 pgdp 系数(模型 7-6)不显著便是明证。这也从一个侧面印证了前述公共投资对基础设施质量影响解释的科学性,也与我国进入经济新常态的要求相适应,经济新常态意味着经济增速"下台阶",经济质量"上台阶",这有助于改变过去只讲数量、不求质量的粗放型发展方式,自然也有助于改变基础设施领域过去重数量增长、轻质量增长的局面。

此外,education 系数值基本不显著,反映出我国教育水平还有待进一步提高,民众对

---

① 从本章的实证结果来看,以 corruption 为例,模型 7-1、模型 7-3、模型 7-5、模型 7-6、模型 7-7 和模型 7-8 的廉洁度门槛值分别为 -6.19、-5.74、-5.94、-6.27、-5.50 和 -6.22,而根据统计,这几个模型下,低于相应门槛值的廉洁度平均水平分别为 -6.36、-6.06、-6.27、-6.35、-5.99 及 -6.41,整体上都相对比较接近各自的廉洁度门槛值,因此,实证得出高廉洁度时,公共基础设施投资对基础设施质量作用不明显也就相对比较可以理解。在此,感谢审稿人的宝贵意见。

基础设施质量的重要性认识还不够;除了模型 7-6,pdenstiy 系数在其他情况下都显著为正,表明人口越密集,对基础设施质量要求也越高,而中西部地区相对地广人稀,所以人口密度对当地公路基础设施质量影响不显著也属正常(模型 7-6 的 pdenstiy 系数不显著);此外,topen 的系数除模型 7-6、模型 7-7 以外,都显著为正,这表明,贸易开放度越高,可能越有助于提高基础设施质量,这充分反映了开放对基础设施质量提高的重要性,中西部地区贸易开放度还不高,其对当地基础设施质量的影响自然不大(模型 7-6 的 topen 系数不显著)。正如习近平总书记指出的那样:要不断扩大对外开放、提高对外开放水平,以开放促改革、促发展。

(二)微观证据

前文已从宏观层面分析了廉洁度、公共基础设施投资与基础设施质量之间的关系,那么,这种宏观表现能否得到微观证据的支持呢?下面通过企业层面数据来进一步证实。

如无特别说明,本处实证分析所涉及数据均来自 2012 世界银行中国企业调查数据库,该数据库数据收集时间为 2011 年 12 月—2013 年 2 月,调查样本包括分布在合肥、北京、广州、深圳、佛山、东莞、石家庄、唐山、郑州、洛阳、武汉、南京、无锡、苏州、南通、沈阳、大连、济南、青岛、烟台、成都、杭州、宁波、温州、上海等 25 个地级市的 2700 家民营企业和 148 家国有企业,经过剔除无效样本,最后总共剩下 2675 家企业。

基于上述理论模型,综合 Tanzi & Davoodi(1997)、Bose et al.(2008)、Kenny(2009)、Gillanders(2013)等人的研究以及前文宏观表现的实证分析,本处微观分析方面涉及的变量与宏观方面基本相同,设定如下实证模型:

$$tquality = C + \alpha_1 honesty + \alpha_2 invest + \varphi\Gamma + \varepsilon \tag{7-10}$$

其中,tquality 表示交通基础设施质量,它通过咨询企业"交通基础设施在多大程度上阻碍了其经营活动"来反映;honesty 表示廉洁度,通过咨询企业"腐败在多大程度上影响了其经营活动"来衡量,数值越大,表明廉洁度越低;投资水平以融资难易程度 invest 来近似衡量,它通过询问企业"多大程度上可以获取融资"度量。Γ 表示控制变量,它包括:经济状况(income)、受教育程度(edu)、政治稳定程度(pstation)和贸易水平(trade)。与 Gillanders(2013)相同,income 以劳动者的平均总成本来替代,而 trade 以国内销售额所占总销售额的比重来衡量,edu 以全职工人完成中学以上学历的比例来表示,而 pstation 通过咨询"政治不稳定在多大程度上影响了企业经营"反映。在具体的调查问卷中,调查结果通过选择没有障碍(no obstacle)、较小障碍(minor obstacle)、中度障碍(moderate obstacle)、主要障碍(major obstacle)和非常严重障碍(very severe obstacle)来反映某因素对企业经营的影响,在数值上分别用 0、1、2、3、4 来表示,比如 tquality=0,表示交通基础设施没有阻碍企业经营,说明此时交通基础设施质量很高,其他含义类似。为了与我们的思考逻辑相一致,实证中,分别用 4－tquality、4－invest 及 4－pstation 来替代

tquality、invest 和 pstation 的取值,此时,这些数值越大,分别表示交通基础设施质量水平越高、融资越容易、政治越稳定。

为了进一步检验宏观表现中投资对基础设施质量影响的廉洁度门槛效应,在式(7-10)的基础上引进廉洁度和融资难易程度的交叉项,具体如下:

$$tquality = C + \alpha_1 honesty + \alpha_2 invest + \alpha_3 honesty \times invest + \varphi \Gamma + \varepsilon \qquad (7-11)$$

本章先实证各因素对交通基础设施质量的影响,而后采用 Shorrocks(1999),Wan(2004)夏普里值分解方法分析各因素影响基础设施质量的相对贡献度,结果如表 7-6 和表 7-7 所示。

表 7-6　廉洁度、投资与交通基础设施质量:微观分析

honesty	-0.298^{***}	-0.289^{***}	-0.157^{***}	-0.135^{*}
	(0.024)	(0.078)	(0.033)	(0.081)
invest	0.092^{***}	0.090^{***}	0.083^{***}	0.085^{***}
	(0.016)	(0.018)	(0.016)	(0.018)
honesty×invest		-0.003		-0.027
		(0.025)		(0.025)
income			-0.032^{***}	-0.032^{***}
			(0.009)	(0.009)
edu			0.005	0.005
			(0.046)	(0.046)
pstation			0.203^{***}	0.204^{***}
			(0.033)	(0.033)
trade			0.192^{***}	0.191^{***}
			(0.058)	(0.058)
_cons	3.279^{***}	3.276^{***}	2.805^{***}	2.797^{***}
	(0.056)	(0.061)	(0.210)	(0.211)

表 7-7　各解释变量对交通基础设施质量的相对贡献度:夏普里值分解

	honesty	invest	honesty×invest	income	edu	pstation	trade
相对贡献度(%)	24.64	13.63	18.00	5.80	0.11	32.78	5.04
排名	2	4	3	5	7	1	6

投资对交通基础设施质量的具体影响为 0.085－0.027×honesty(见表 7-6)，虽然交叉项的系数在 10％显著性水平上不显著，但结合表 7-7 会发现，交叉项的相对贡献度为 18％，居所列所有因素中的第三位，因此，其对基础设施质量的作用不容小视。根据其具体影响，在腐败较低时，投资对交通基础设施质量具有促进作用，随着廉洁度的下降，这种正影响逐渐减小，当廉洁度下降到一定程度，具体而言，honesty 取值超过 3.148 时(根据世界银行企业调查数据库中的问卷设定，此时介于严重腐败和非常严重腐败之间)，投资对交通基础设施质量的提高将起抑制作用。从我国廉洁度的具体情况来看，我国已经进入中华人民共和国成立以来最严重的腐败时期(胡鞍钢，2002)，表 7-2 的结果也支持这一点。严峻的清廉形势很可能使得投资对交通基础设施质量的推动作用受到了极大的阻碍，最终表现为表 7-1 中所示的我国公路等各项基础设施质量停滞不前，这也为前文宏观分析的结论——公共投资对公路基础设施质量具有廉洁度门槛效应，提供了很好的微观证据。

honesty 的系数显著为负，表明廉洁度低下不仅会制约基础设施质量的提高，而且廉洁度形势越严峻，基础设施质量越低下；从其具体作用(－0.135－0.017×invest)来看，廉洁度对基础设施质量的影响会随着投资水平的上升而增大，这可能是投资水平越高，越有可能引发腐败，从而导致基础设施质量越加低下。近年来，我国交通基础设施领域成为腐败高发区，交通系统官员密集落马，一些地方的交通厅长近年来陷入"前腐后继"，而交通基础设施领域往往投资水平都比较高，所以这从一个侧面印证了上述观点。另从表 7-7 可以看出，廉洁度对基础设施质量的相对贡献度很高，居所有因素中的第二位。这也支持本章宏观分析的结果。

而经济状况 income、贸易水平 trade 都对基础设施质量具有显著影响，而受教育程度 edu 影响不显著，这与本章宏观分析结果也基本一致。政治稳定程度 pstation 对基础设施质量的影响具有显著正影响，而且表 7-7 显示其对基础设施质量的相对贡献度最大，这也与 Henisz(2002)的研究结论相似，制度越稳定，基础设施建设质量越能够得以保障。基础设施建设的顺利进行，离不开一个安定、良好的社会环境，这也与我们党一直坚持和强调的"稳定压倒一切"的方针、政策是相符的。

综合表 7-6、表 7-7，廉洁度 honesty、廉洁度与投资的交叉项 honesty×invest 及经济状况 income 对基础设施质量均负向作用，其总相对贡献度为 48.44％(24.64％＋18.00％＋5.80％)；而投资 invest、受教育程度 edu、政治稳定程度 pstation 和贸易水平 trade 都对基础设施质量具有促进作用，其总相对贡献度为 51.56％(13.63％＋0.11％＋32.78％＋5.04％)。从数值上来看，对交通基础设施质量的正向和负向作用相对贡献度大致相同，这也与表 7-1 所示的交通基础设施质量提高缓慢的现状相符，从微观企业层面揭示了为什么基础设施投资不断追加，然而我国交通基础设施质量却停滞不前之谜。

第五节　结论

本章从我国迅速增长的基础设施投资、发展缓慢的基础设施质量及每况愈下的清廉现状出发,利用博弈论相关理论,构建了廉洁度、公共基础设施投资影响基础设施质量的理论模型,理论模型指出,廉洁度越低,在基础设施的生产过程中,企业越有可能采取"以次充优"的手段欺骗政府,从而导致基础设施质量越差,而公共投资在高廉洁度环境下可能有助于基础设施质量的提升,而在廉洁度很低时,它会阻碍基础设施质量的提高。而后,本章利用我国省际相关数据及 2012 世界银行的中国企业调查数据,以交通基础设施为研究对象,分别从省际宏观层面和微观企业层面进行实证检验,分析结果与理论模型的结论基本相符。宏观结果表明,廉洁度低下对基础设施质量会产生显著的负影响,而公共投资对基础设施质量的作用具有显著的廉洁度门槛效应。企业微观层面的证据支持上述宏观结论,并且进一步表明廉洁度、投资及其交互项对交通基础设施质量的相对贡献度都很高,而政治稳定所起作用最大,此外,各因素影响的正、反作用大致均衡,从而揭示了我国交通基础设施质量发展缓慢之谜。

本章的研究结果具有较强的实践意义和政策启示。当前,我国贫富差距悬殊,地区经济发展极不平衡,企业生产运行成本偏高,投资环境还不尽完善,要素生产率、产出生产率及劳动生产率水平还较低,人民健康水平和人力资本水平也有待进一步提升,所有这些问题的解决都需要有安定团结的大环境和质量过硬的基础设施,这就要求我们理顺思路,从过去只注重基础设施"量"的提高转到基础设施"质、量并重"的轨道上来,严格把关,强化监督,明确责任,狠抓建设,努力提高基础设施的整体质量水平。与此同时,要严惩腐败,强力反腐,坚持"老虎、苍蝇一起打";进一步建立健全惩治和预防腐败的各项制度,增强制度约束力,强化权力运行制约和监督体系,把权力关进制度的笼子;坚持用制度管权管事管人,让人民监督权力,让权力在阳光下运行,真正做到标本兼治,让腐败现象无处藏匿、无处遁形。

本章参考文献

[1]胡鞍钢.中国:挑战腐败[M].浙江人民出版社,2002.

[2]刘秉镰,武鹏,刘玉海.交通基础设施与中国全要素生产率增长:基于省域数据的空间面板计量分析[J].中国工业经济,2013(3).

[3]刘穷志,何奇.腐败侵蚀与财政支出扭曲[J].财贸研究,2011(2).

[4]刘勇政,冯海波.腐败、公共支出效率与长期经济增长[J].经济研究,2011(9).

[5]吴俊培,姚莲芳.腐败与公共支出结构偏离[J].中国软科学,2008(5).

[6]杨飞虎.公共投资中的腐败问题与经济增长——基于中国 1980—2008 年的实证

分析[J].经济管理,2011(8).

[7]周浩,郑筱婷.基础设施质量与经济增长：来自中国铁路提速的证据[J].世界经济,2012(1).

[8]AGÉNOR P.R. Health and infrastructure in a model of endogenous growth[J]. Journal of Macroeconomics, 2008,30(4):1407-1422.

[9]AGÉNOR, P.R. and C.N.Kyriakos. The allocation of public expenditure and economic growth[J]. The Manchester School, 2011,79(4):899-931.

[10]BEEKMAN G., E.BULTE AND E. NILLESEN. Corruption, investments and contributions to public goods: experimental evidence from rural liberia[J]. Journal of Public Economics, 2014,115:37-47.

[11]BHAGWATI J.N. Directly unproductive, profit-seeking(DUP) activities[J]. Journal of Political Economy, 1982,90(5):988-1002.

[12]BISHAI D., A. QURESH, et al. National road casualties and economic development[J]. Health Economics, 2006, 15(1):65-81.

[13]BOSE N., S. CAPASSO and A.P. MURSHID. Threshold effects of corruption: theory and evidence[J]. World Development, 2008, 36(7):1173-1191.

[14]BREEN M. and R. GILLANDERS. Corruption, institutions and regulation[J]. Economics of Governance, 2012,13(3):263-285.

[15]BRENNEMAN A. and M. KERF. Infrastructure and poverty linkages: a literature review[M]. Mimeograph, Washington, D. C, World Bank,2002.

[16]CAIN L.P. and E.J.ROTELLA. Death and spending: urban mortality and municipal expenditure on sanitation[M]. University of Illinois Press,1990.

[17]CALDOERÓN, C. and A. CHONG. Volume and quality of infrastructure and the distribution of income: an empirical investigation [J]. Review of Income and Wealth, 2004,50(1):87-106.

[18]CALDOERÓN C. and L. SERVÉN, 2004. The effects of infrastructure development on growth and income distribution[R]. World Bank Policy Research Working Paper, 2004,No. 3400.

[19]CAMPOS E.J., D.LIEN and S.PRADHAN. The impact of corruption on investment: predictability matters[J]. World Development, 1999, 27(6):1059-1067.

[20]CANNING D. A database of world stocks of infrastructure, 1950—1995[J]. The World Bank Economic Review, 1998,12:529-547.

[21]COHEN J. P. and C. J. M. PAUL. Public infrastructure investments, interstate spatial spillovers, and manufacturing costs[J]. Review of Economics and Statis-

tics，2004,86 (2);551-560.

[22]DEL MONTE A. and E. PAPAGNI. Public expenditure, corruption, and economic growth: the case of italy[J]. European Journal of Political Economy, 17(1):1-16.

[23]DELA CROIX D. and C. DELAVALLADE. Growth, public investment and corruption with falling institutions[R]. CORE Discussion Paper, 2006, No. 101.

[24]DEMETRIADES P.O. and T.P.MAMUNEAS. Intertemporal output and employment effects of public infrastructure capital: evidence from 12 OECD economics[J]. The Economic Journal, 2000,110(465):687-712.

[25]DÉMURGER, S. Infrastructure development and economic growth: an explanation for regional disparities in China? [J]. Journal of Comparative Economics, 2001, 29(1):95-117.

[26]DUGGAL V., C.SALTZMAN and L. KLEIN. Infrastructure and productivity: a nonlinear approach[J]. Journal of Econometrics, 1999,92(1):47-74.

[27]EGGER P. and H. WINNER. How corruption influences foreign direct investment: a panel data study[J]. Economic Development and Cultural Change, 2006,54 (2):459-486.

[28]FAN S., L.ZHANG, and X. Zhang. Growth, inequality and poverty in rural China: the role of public investments[R]. International Food Policy Research Institute, 2002,Research Report 125.

[29]GILLANDERS R. Corruption and infrastructure at the country and regional level[R]. MPRA Paper, 2013,No.46679.

[30]GUPTA S. L.,L. DE MELLO and R. SHARAN. Corruption and military spending[J]. European Journal of Political Economy, 2001,17(4):749-777.

[31]HANSEN B.E. Threshold effects in non-dynamic panels: estimation, testing, and inference[J]. Journal of Econometrics, 1999,93(2):345-368.

[32]HAQUE M.E. and R. KNELLER. Public investment and growth: the role of corruption[R]. Centre for Growth and Business Cycle Research Discussion Paper Series 98, Economics, The Univeristy of Manchester,2008.

[33]HENDERSON V. Urbanization in developing countries[J]. World Bank Research Observer, 2002,17(1):89-112.

[34]HENISZ, W.J. The institutional environment for infrastructure investment [J]. Industrial and Corporate Change, 2002,11(2):355-389.

[35]HULTEN C.R., E.BENNATHAN and S.SRINIVASAN. Infrastructure, ex-

ternalities, and economic development: a study of the indian manufacturing industry [J]. World Bank Economic Review,2006,20(2):291-308.

[36]KENNY C. Measuring corruption in infrastructure: evidence from transition and developing countries[J]. The Journal of Development Studies, 2009,45(3):314-332.

[37]MAURO P. Corruption and growth[J]. Quarterly Journal of Economics,1995, 110(3):681-712.

[38]MAURO P. The effects of corruption on growth, investment and government expenditure: a cross country analysis[R]// K.A. ELLIOTT(ED.). Corruption and the global economy, Institute for International Economics, WashingtonD.C,1997.

[39]MAURO P. Corruption and the composition of government expenditure[J]. Journal of Public Economics, 1998,69:263-279.

[40]MORENO R., E.LÓPEZ-BAZO and M.ARTÍS. On the effectiveness of private and public capital[J]. Applied Economics,2003,35(6):727-740.

[41]ROSE-ACKERMAN S. Democracy and "grand" corruption[J]. International Social Science Journal, 1996,48(149):365-380.

[42]ROSTOW W.W. The stage of economic growth[J]. The Economic History Review,1959,12 (1):1-16.

[43]SHLEIFER A. and R. W. VISHNY. Corruption[J]. Quarterly Journal of Economics,1993,108 (3):599-618.

[44]SHORROCKS A. F. Decomposition procedures for distributional analysis: a unified framework based on the shapley value[J]. Department of Economics,University of Essex,1999.

[45]TANZI V. Corruption around the world: causes, consequences, scope, and cures[J]. IMF Staff Papers, 1998,145(4):559-594.

[46]TANZI, V. and H. DAVOODI. Corruption, public investment and growth [J]. IMF Working Paper, 1997,No.139.

[47]WADE R. The system of administrative and political corruption: canal irrigation in south india[J]. Journal of Development Studies, 1982,18(3):287-328.

[48]WAN G. Accounting for income inequality in rural China: a regression based approach[J]. Journal of Comparative Economics, 2004,32(2):348-363.

第八章 中国式"压力型"财政激励的 财源增长效应

——基于取消农业税改革的实证研究

谢贞发 严瑾 李培[*]

第一节 引言

在经济社会转轨过程中,中国地方政府面临着日益复杂的压力来源,如自上而下的政绩要求压力、水平方向的发展竞争压力、自下而上的需求满足压力等。地方政府的运行就是对不同来源的发展压力的分解和应对。理论界将这种运行模式简称为"压力型体制"[①],它是计划经济时期动员体制在现代化和市场化压力下的延续,是经济转轨过程的产物(杨雪冬,2012)。诸多复杂多样的压力大都会转化为地方政府的财政支出压力,因此,努力汲取财政收入成为地方政府应对这些压力的重要途径,从而形成典型的中国式"压力型"财政激励。本章试图从中国式"压力型"财政激励角度考察地方政府行为对中国经济运行轨迹的影响。这一思路与陶然等(2009)所提出的分析框架是一致的。他们认为,在理解中国转轨期高速增长的政治经济学背景上,一个简单但统一的分析框架是不断变化的博弈规则下地方政府追求财政收入的激励。这一思路也与 Weingast(2009)所倡导的财政激励方法是一致的。他认为,无论地方官员的目标是什么,更多的财政收入可以放松他们的预算约束,从而可以更好地实现他们的目标。因此,不同的财政制度设计直接影响了地方政府官员的行为和政策选择,进而影响了他们辖区的经济绩效。

与不断增强的财政支出压力相反,为了扭转财政包干制时期"两个比重"[②]持续下滑和中央财政拮据被动的局面,中国从 1994 年开始实施了以财权财力集中为主要特征的分税制改革。通过分税种、分收入、分机构的方式,中央政府基本控制了税权税力的配置权。同时,为了约束地方政府通过隐藏和转移预算内财政收入的方式削弱中央政府财权

---

* 谢贞发,教授、博士生导师,厦门大学经济学院财政系;严瑾,硕士研究生,厦门大学经济学院财政系;李培,助理教授,厦门大学经济学院财政系。

① 杨雪冬(2012)对"压力型体制"概念的形成历史进行了一个简述。

② 财政收入占 GDP 比重和中央财政收入占全国财政收入比重。

财力的行为,中央政府通过政府预算制度改革逐步规范了地方政府的财政收入行为。典型如逐步从规范到取消预算外和制度外财政收入,实施了全口径预算管理,将所有财政收入纳入政府预算管理①。这些以财权财力集中为主要导向的改革,实现了财政收入稳定增长机制,中央财政占比稳定在较高水平上。但是,基于分税制改革的特殊历史使命,1994年的财政体制变革并没有相应调整不同层级政府间的支出责任。而且伴随着国有企业改制和城镇化所内生出来的许多财政支出责任也主要由地方政府承担,如社保支出等(陶然等,2009;中国经济增长与宏观稳定课题组,2009)。因此,1994年后各级地方政府尤其是基层政府都普遍面临着财政集权改革与不断增长的财政支出责任所形成的巨大财政压力,从而内生出增加地方政府可用财政收入的财政激励。更进一步,中国式"压力型体制"中上级政府通过强化干部考核等方式增强了这种"压力型"财政激励。一方面是强化GDP和财政收入增长指标考核,迫使下级政府通过各种途径(如招商引资、收费等)来创造更多的(可以与上级政府分享的)财政收入;另一方面是通过各种方式,典型如法定支出②、"上级请客,下级买单"等方式把支出责任压给低一级政府(陶然等,2003;2009;周黎安和陈祎,2015)。这种不断增强的财政支出压力所引致的增加财政收入的"压力型"财政激励,与不断变化的央地间财政关系和市场环境一起,内生了转轨期地方政府的策略行为,进而塑造了中国经济转轨的轨迹。

对财政包干制时期地方政府行为的研究,大多数文献关注的是作为"剩余占有者"的地方政府具有强激励对发展地方经济伸出"援助之手"(陈抗等,2002;Jin et al.,2005)。而对于1994年后以收入集权为基本特征的分税制改革时期的地方政府行为研究,现有文献则更多地关注地方政府在财政压力下通过各种途径③直接向市场汲取财政收入的"攫取之手"(陈抗等,2002;方红生和张军,2014)或"逆向软预算约束"(周雪光,2005)行为。如陈抗等(2002)基于1985—1998年省级数据的研究发现,在20世纪90年代中期,伴随着分税制的实行,中国财政集权改革使得财政资源迅速地由预算内向预算外甚至体制外转移,地方政府的"援助之手"有向"攫取之手"转变的明显趋势,进而对经济增长、投资和效率产生负面影响。周雪光(2005)认为地方政府"逆向软预算约束"行为是组织制度失败的产物:扭曲的微观激励机制引导政府官员追求"短期政绩",自上而下的宏观组织制约机制在实际运行中常常失灵。Han & Kung(2015)利用1999—2005年地级数据,考察了中国2002年企业所得税分成改革对地方政府土地财政行为的影响,研究发现,地

---

① 杨志勇(2015)《现代财政制度探索:国家治理视角下的中国财税改革》第三章对中国预算外管理制度的变迁历史进行了梳理和介绍。

② 法定支出主要指有关法律法规明确规定了支出比例或增幅要求的特定支出项目,涉及面很广,包括农业、教育、科技、计生、卫生、环保、社会保障、公务员工资等。法定支出具有强制性的特点,往往是通过法律、法规、政府文件和各种形式的"达标"规定,甚至"一票否决"。(陶勇,2014)

③ 典型方式包括将预算内收入转为预算外收入、三乱行为(乱收费、乱罚款和乱摊派)、高负债、高价出让商住用地的土地财政行为、强化税收征管的税收攫取行为(刘骏、刘峰,2014)等。

方政府企业所得税留成率的下降,使得地方政府增加了商住用地的出让面积和出让金收入。陈晓光(Chen,2017;陈晓光,2016)基于2000—2007年县级工业企业数据,利用2005年取消农业税改革作为准自然的"财政压力"实验,发现净收入(税收收入扣减农村税费改革转移支付)受取消农业税改革冲击越大的区县,其制造业增值税征管力度上升更多,企业通过低报利润以偷逃所得税变得更加困难,从而税收负担在改革后增加越多。进而他认为,落后地区会由于更大的财政压力而陷入恶性征税与经济恶性循环,地区间的财政压力差异会通过税收征管的"乘数效应",使得业已存在的地区间经济差异进一步扩大。

但这些研究仅仅是故事的一部分。理论上,为了增加财政收入,除了可以利用各种手段自上而下地直接向市场汲取财政收入外,地方政府还可以通过财源建设来扩大税基,进而实现经济与财政收入增长的"双丰收"。而且,这一行为与中国式"压力型"体制是相契合的。虽然地方政府面临着各种复杂来源的压力,但在经济增长这个目标上,许多压力实现了聚合,它成为缓解各种压力的根本途径,经济增长成为一种社会共识(杨雪冬,2012)。具体地,地方政府的财源建设可以缓解其面临的多项压力。首先,财源增长意味着GDP和财政收入的增长,它有助于完成上级下达的经济增长和其他支出责任等政治任务;其次,财源增长可以使得地方政府在与其他地区的竞争中保持优势;再次,财源增长与当地公众的就业和生活水平改善直接关联。因此,积极进行财源建设是地方政府应对财政压力、彰显政绩的重要策略行为,符合其自身职业生涯利益的考量。这是本章研究的一个重要逻辑,即关注中国式"压力型"财政激励与地方政府的财源建设行为。

本章借鉴陈晓光(Chen,2017;陈晓光,2016)的做法,以取消农业税改革作为地方政府财政压力变化的准自然实验,重点考察地方政府应对财政压力变化的另一种行为可能,补充了陈晓光(Chen,2017;陈晓光,2016)对于地方政府加强税收征管的"攫取之手"的研究,从而更全面地认识了中国式"压力型"财政激励对地方政府行为的影响。本章研究发现,在同一地区内,取消农业税改革后财政压力更大的县,其第二产业尤其是工业产值实现了更快增长。但这一结果并未出现在同一地区中农业税占比更大的县,说明地方政府的财源建设行为更多地来自财政压力的激励而非税收结构变化的激励。从异质性特征来看,财政压力的工业增长效应更多地发生于工业基础较为薄弱和财政自给率更高的地区。从作用途径来看,在基层政府可控的有限政策工具中,放松环境规制成为地方政府实现工业产值增长的重要手段。

相比已有研究,本章的贡献主要在于:第一,本章主要专注于中国式"压力型"财政激励下地方政府的财源建设行为,补充了现有"攫取之手"行为的研究,有助于更综合地认识中国经济转轨过程中地方政府的行为轨迹。第二,本章更好地解释了财政集权与经济增长之间的矛盾现象。许多基于财政联邦主义理论的财政分权与经济增长的关系研究,往往难以协调1994年分税制之后的财政集权改革与经济增长之间的逻辑矛盾,也难以得到令人信服的实证证据(谢贞发和张玮,2015),这也是许多学者批判财政联邦主义理论的重要原因(陶然等,2009)。本章从财政激励理论出发,探讨了中国式"压力型"财政激励下地方政府的财源建设行为,可以更好地解释1994年财政集权改革后形成的"压力型"财政激励与财源增长之间的关系,并提供了相应的实证证据。第三,本章研究丰富了中国式分权的负面效应的实证证据,有助于理解中国式环境污染问题背后的财政激励逻辑。

　　本章后面内容的结构安排如下:第二节是制度背景介绍和研究问题总结,第三节是实证策略及数据说明,第四节是实证结果及稳健性检验,第五节是备择假说、异质性和作用途径分析,第六节是结论及讨论。

第二节　制度背景与研究问题

(一)制度背景和财政压力指标设计

　　对于21世纪初中国推行的农村税费改革的背景,贾康和白景明(2002)曾简单梳理了一条传导关系:"在外部竞争和生产过剩压力下,原体制空间内农业的创收功能愈益降低—农村人口收入增长明显降低—基层政权财源捉襟见肘、财政困难—财政困难压力未能促成政府真正精简机构提高效能,却刺激了基层政府的乱收费—脱开正轨的乱收费愈演愈烈而'民怨沸腾'—决策层不得不下决心实施税费改革。"由此可见,中央推行农村税费改革既是对"三农"问题的回应,也是对地方政府"攫取之手"的抑制。广义上的农村税费改革,涵盖2000年至2006年间一系列包括取消行政事业性收费和政府性基金在内的相关改革措施,此次改革以规范和强化农业税分配制度开始,以减征、免征、停征农业税而终结(陈晓光,2016)。2005年12月29日,第十届全国人大常委会第19次会议决定,《中华人民共和国农业税条例》自2006年1月1日起废止。这意味着在中国存续长达2600多年的"皇粮国税"退出了历史舞台。在中国农业税制中,广义的农业税包括农业税、农业特产税和牧业税,因此,这里所指的取消农业税改革也特指取消这三个主体税种的改革。

　　尽管2005年之前各地区就已经陆续开展了取消农业税的改革试点,但从税收收入数据看,全国大规模完全取消农业税是在2005年[①]。因此,我们选择2005年为取消农业税改革的时间截止点。同时,为了支持地方推进农村税费改革,2003年7月,财政部公布

---

　　① 根据陈晓光(2016)的梳理和测算,从农业税费改革的书面规定、通知和条例看,至2004年9月24日,全国有5个省(自治区、直辖市)完全取消农业税,3个省(直辖市)基本取消,16个省(自治区)的310个县免征了农业税,11个粮食主产省(自治区)降低农业税率3%。其余省、自治区、直辖市农业税税率总体上降低1%。2005年,全国有28个省份全面免征了农业税,河北、山东、云南也按中央要求将农业税税率降到2%以下。在《农业税条例》正式废止之前的2005年,全国几乎所有的区县已经停征了农业三税,该年县级农业三税总收入仅为2004年的8.9%。

了《2003 年农村税费改革中央对地方转移支付办法》,按照计算公式对地方政府进行相应的转移支付支持。因此,只有考虑这项转移支付后的财政压力指标才能更真实反映地方政府面临的财政压力程度[①]。由此,我们参考陈晓光(Chen,2017;陈晓光,2016)的做法,设计了如下财政压力冲击指标[②]:

$$shock_c = \frac{(agrtax_{c,2001-2004} + subsidy_{c,2001-2004})}{rev_{c,2001-2004}} - \frac{subsidy_{c,2005-2007}}{rev_{c,2005-2007}} \quad (8\text{-}1)$$

其中,$agrtax_{c,2001-2004}$ 为农业税取消前各县平均农业税收入,$subsidy_{c,2001-2004}$ 以及 $subsidy_{c,2005-2007}$ 分别为农业税取消前后,各期间各县的平均农村税费改革补贴,$rev_{c,2001-2004}$ 及 $rev_{c,2005-2007}$ 分别为农业税取消前后各县平均一般财政预算收入。

农业税自开征以来,由于受到财政体制改革以及经济发展结构变化的影响,全国农业税占税收总收入的比例一直在下降,2004 年已经不到 2%。但在县一级,根据陈晓光(2016)的测算,2000 年至 2004 年间,农业税占税收总收入的比重平均为 12%。考虑了"农村税费改革转移支付补助"以后,农业税与农村税费改革转移支付补助占税收收入的比重从 2005 年前的均值 21.8% 下降到 9.5%。由于各地的农业比重不同,取消农业税改革对各地造成的冲击存在很大差别。这为检验地方政府面对财政压力的行为效应提供了良好的实证基础。

(二)研究问题

理论上,地方政府财政收入来源可以由(8-2)式描述:

$$R = \alpha\tau B + \pi(B) \quad (8\text{-}2)$$

其中,α 是地方政府的税收分成比例,τ 是实际税率,B 是财源(或税基),π 是其他非税收入,如土地财政收入等。

现有研究更多专注于地方政府面对财政压力直接汲取税收收入 τ(Chen,2017;陈晓光,2016)或其他非税收入 π(陈抗等,2002;周雪光,2005;Han and Kung,2015)的"攫取之手"行为。本章则主要关注地方政府面对财政压力时另一种行为可能,即通过扩大财源 B 间接增加财政收入。

地方政府应对财政压力的财源建设行为策略的主要判断依据在于,一方面,财源建设符合中国式分权下地方政府官员的政绩考核和自身职业生涯考量,是中国式"压力型"财政激励下的理性选择;另一方面,若地方政府应对财政压力的唯一策略是"攫取之手",则难以解释 1994 年以来财政集权下的中国经济增长。因此,可以合理预期的是,除了现有研究所识别的"攫取之手"外,积极培育财源也应是地方政府的重要策略选择。由此,本章研究的核心问题是,除了直接向市场汲取财政收入的"攫取之手"之外,中国式"压力

[①] 实际上,以农业税占财政收入的比重衡量的更多是税收结构变化的程度,它与财政压力的作用机制是不同的。后文我们将专门讨论这一差别的影响。

[②] 由于数据匹配问题,我们的计算起始年份为 2001 年,陈晓光(Chen,2017;2016)的起始年份为 2000 年。

型"财政激励是否引致了地方财源的增加？如果这一结果存在，它具有什么样的异质性特征？更为重要的，地方政府实现财政压力下财源增长的可能途径是什么？对于这些问题的解答，将有助于我们更综合地认识中国式财政集权下地方政府的行为特征，也有助于更好地设计中国未来的财政激励机制。

第三节　实证策略及变量、数据说明

(一)实证策略

与 1994 年以"财权上收和事权下移"为基本特征的分税制改革类似，取消农业税改革加剧了基层政府(主要是县乡政府)的财政收支矛盾，这必然引起地方政府为应对财政压力而汲取财政收入的行为反应。因此，利用 2005 年取消农业税改革作为准自然的"财政压力"实验，可以用来识别中国式"压力型"财政激励下地方政府的行为特征。陈晓光(Chen,2017;陈晓光,2016)就利用了这一准自然实验识别了地方政府加强增值税和企业所得税征管的"攫取之手"行为。本章参考他的做法，利用取消农业税改革来检验地方政府可能存在的应对财政压力的财源建设行为及特征。

由于经济社会条件的差异，取消农业税的改革使得不同地区面临的财政压力存在差异，利用这种财政压力差异进行对比研究，将可以更好地识别财政压力变化对地方政府行为的影响。因此，本章的实证策略就是利用取消农业税改革作为准自然实验，选择强度双重差分法作为主要的实证模型。由于不同地区具有异质性的经济、社会特征，同比性较弱，为了更好地进行比较分析，我们借鉴陈晓光(Chen,2017;陈晓光,2016)的做法，比较同一地市级行政区划内的不同县受到改革冲击的效应差异。我们在实证模型中控制"地区—年份"固定效应以及县域固定效应，从而实现了仅对同一地市级中不同县的相互比较。由此，本章的基础实证回归模型如下：

$$y_{c,p,t}=\alpha_{p,t}+\beta_c+\theta\cdot post_t\cdot shock_c+\rho\cdot X_{c,t}+\varepsilon_{c,p,t} \qquad (8\text{-}3)$$

其中，$y_{c,p,t}$ 为结果变量，下标 c、p、t 分别代表县级辖区、地市级辖区和年份。$\alpha_{p,t}$ 为"地区—年份"固定效应，β_c 为县域固定效应，$post_t$ 为标志政策实施前后的时间虚拟变量(我们将 2005 年之前赋值为 0，2005 年及之后赋值为 1)，$shock_c$ 为县域 c 由于取消农业税改革引起的财政压力变化的程度(其定义见(8-1)式)，$X_{c,t}$ 为相关控制变量。θ 为本章核心待估计参数，它反映取消农业税改革后财政压力变化对被解释变量的影响程度。

(二)变量和数据说明

根据本章的研究目的和实证策略，本章选择的主要被解释变量是反映财源变化的相关变量，包括人均 GDP、人均第一产业产值、人均第二产业产值、人均第三产业产值以及工业产值等。为了进行稳健性检验、异质性和作用途经等分析，我们还选择了其他相关变量作为被解释变量(具体见下文)。核心解释变量是取消农业税改革引起的地区间财政压力变化程度,由(8-1)式构造得到。控制变量的选择根据实证需要和变量的可获得性,县级样本的控制变量包括人均 GDP、人口规模、人口密度、教育结构、人均财政支出、财政自给率、基本建设投资完成额、电话用户数等,地级市样本除了加入人均 GDP、人口规模、人口密度、教育结构、人均财政支出、财政自给率等控制变量之外,我们还加入了环境治理投资额以及外商投资实际使用金额[①]等。

本章县级样本数据主要来源于《地市县财政统计资料》[②]、《中国县市社会经济统计年鉴》、《工业企业数据库》以及各省"强县扩权"和"省直管县"改革的相关文件,样本期间是2001—2007 年。各变量货币名义值都转换为以 2001 年为基期的实际值。对于地级市样本,由于污染类数据始于 2003 年,因此地级市样本期间确定为 2003—2007 年,相关数据主要来自于《地市县财政统计资料》、中国经济数据库(CEIC)、《中国城市统计年鉴》、《中国国土资源年鉴》。各变量货币名义值都转换为以 2003 年为基期的实际值。将样本期间限于 2007 年之前,一是因为相关数据可获取性的约束,典型如《地市县财政统计资料》、《工业企业数据库》等;二是可以减少 2008 年全球金融危机之后诸多政策的冲击。

主要变量的描述性统计见表 8-1 所示。

表 8-1　主要变量描述性统计

变量名	样本量	均值	标准差	最小值	最大值
县级样本					
人均 GDP 的对数(gdp)	14116	8.722	0.864	−1.242	12.365
人均第一产业生产总值的对数	14086	7.398	0.805	−2.545	12.295
人均第二产业生产总值的对数	14098	7.633	1.193	−2.730	11.506
人均第三产业生产总值的对数	12203[③]	7.631	0.894	−2.053	11.240
工业产值的对数	14039	11.330	2.011	0.585	17.303
土地有偿使用收入的对数[④]	12597	5.200	2.791	0	13.166
基建支出占财政支出比例[⑤]	16397	0.041	0.061	0	0.749
农林水气占财政支出比例	16420	0.075	0.049	0	0.531
教育支出占财政支出比例	16420	0.239	0.0749	0	0.637

①　外资实际使用金额是将《中国城市统计年鉴》中的"当年实际使用外资金额"乘以当年的基准汇率转换为以人民币为单位的数据,然后通过每年的 CPI 指数转换为以 2003 年为基期的实际值。

②　《地市县财政统计资料》中 2006—2007 年的数据不全,这里采用了尹恒教授收集整理的相关数据。

③　由于缺少 2001 年人均第三产业生产总值的数据,因此以人均第三产业生产总值作为被解释变量的回归样本不含 2001 年。

④　由于有些县市某些年份的土地有偿出让收入为 0,因此,这里是加 1 后取对数。

⑤　由于 2007 年财政收支科目改革,科目统计口径发生相应变化,为了防止该改革对回归结果的影响,这里几个财政支出结构的变量采用 2001 年至 2006 年的财政支出数据。

续表

变量名	样本量	均值	标准差	最小值	最大值
社会保险支出占比	16420	0.029	0.0327	0	0.502
行政事业支出占比	16420	0.153	0.066	0	0.718
公检法支出占比	16420	0.060	0.026	0	0.285
其他支出占比	16420	0.363	0.095	0.0293	0.986
财政压力(shock)	19341	0.169	0.162	−1.069	1.058
农业税占比(agr)	19250	0.190	0.141	0	0.726
年末人口数的对数(pop)	14338	3.514	0.927	−0.511	6.746
人口密度的对数(年末总人口数/行政区域土地面积)(den)	14306	5.066	1.585	−2.306	12.128
教育结构(普通中学在校学生数/年末总人口数)(edu)	14261	0.062	0.019	0.000	0.264
人均财政支出的对数(exp)	14307	6.644	0.664	2.580	9.936
财政自给率(财政一般预算收入/财政一般预算支出)(fssr)	19132	0.470	0.961	0.002	110.539
基本建设投资完成额的对数(inv)	14129	10.631	1.248	2.833	13.941
电话用户数的对数(tel)	14249	10.499	1.390	2.302	15.127
省直管县(pmc)	12236	0.101	0.301	0	1
强县扩权(cpe)	12236	0.112	0.315	0	1
以下变量由《工业企业数据库》匹配生成					
规模以上工业产值的对数	18269	13.982	2.283	−0.013	19.985
规模以上工业增加值的对数	15544[①]	12.977	2.098	1.382	18.857
规模以上污染型工业企业工业产值的对数	17623	13.474	1.968	2.303	19.120
规模以上污染型工业企业工业增加值的对数	14993	12.382	1.902	0.700	18.820
规模以上污染型工业企业工业产值占规模以上工业企业总产值比	18269	0.558	0.286	0.000	3.389
规模以上污染型工业企业工业增加值占规模以上工业企业总增加值比	15578	0.536	0.297	−3.407	5.078
地级市样本					
工业二氧化硫排放量的对数	1410	3.644	1.214	−2.813	6.566

---

① 由于缺少2004年工业增加值的数据,因此以工业增加值作为被解释变量的回归样本不含2004年。

变量名	样本量	均值	标准差	最小值	最大值
工业废水排放量的对数	1412	3.778	1.114	−1.514	6.816
工业 SO_2 排放强度(单位实际 GDP 工业二氧化硫排放量的对数)	1403	2.426	1.082	−3.886	5.652
工业废水排放强度(单位实际 GDP 工业废水排放量的对数)	1405	2.557	0.811	−1.502	5.994
协议出让土地宗数的对数	1391	5.205	1.412	0.000	8.823
财政压力(shock)	1425	0.122	0.070	−0.012	0.500
人均 GDP 的对数(gdp)	1381	9.206	0.684	7.415	11.391
年末人口数的对数(pop)	1412	5.814	0.694	2.771	8.071
人口密度的对数(den)	1412	5.704	0.889	1.548	7.904
教育结构(高等教育在校生人数/年末总人口数)(edu)	1330	1.040	1.493	0.010	10.450
人均财政支出的对数(exp)	1409	7.104	0.669	3.114	10.998
财政自给率(fssr)	1402	0.476	0.224	0.051	1.298
环境治理投资额的对数(einv)	1399	9.518	1.830	2.890	14.875
外资实际使用金额的对数(fdi)	1350	10.649	2.033	2.748	15.508

第四节　实证结果及稳健性检验

(一)基本回归结果

根据实证模型(8-3),我们基于县级数据,在同一地级市内比较不同县域受取消农业税改革引起的财政压力变化所带来的财源变化效应。表 8-2 是基本的回归结果。由表 8-2,我们可以发现,2005 年后,在同一地区中,虽然受取消农业税改革冲击越大的县人均实际 GDP 未显著增长,但不同产业却呈现了明显差别,财政压力越大的县实现了显著更多的人均第二产业生产总值的增长,尤其是工业产值的增长。从表 8-2 第(6)列可见,即使我们控制了经济发展水平的影响(人均实际 GDP),财政压力越大的县的工业产值增长基本与第(5)列相同。系数 0.696 意味着,假设"处理"县相比"对照"县受到 100%的财政收入损失,则相比"对照"县,"处理"县的工业产值将增加 0.696%。平均来说,样本中"处理"县与"对照"县的财政收入损失缺口是 30 个百分点,这意味着工业产值平均上升约 0.21 个百分点。这些结果表明,中国式"压力型"财政激励产生了显著的工业增长效应。

表 8-2　财政压力对县域财源变化的影响

	(1)人均国内生产总值	(2)人均第一产业生产总值	(3)人均第二产业生产总值	(4)人均第三产业生产总值	(5)工业产值	(6)工业产值	(7)土地有偿使用收入
shockpost	0.018	−0.006	0.290**	−0.004	0.689***	0.696***	−0.547
	(0.087)	(0.103)	(0.122)	(0.085)	(0.186)	(0.183)	(0.447)
gdp						0.054***	−0.037
						(0.017)	(0.046)
pop	−0.621***	−0.780***	−0.535***	−0.640***	0.609***	0.638***	0.271
	(0.075)	(0.099)	(0.114)	(0.090)	(0.200)	(0.203)	(0.498)
den	−0.030	−0.044	−0.018	−0.025	0.175**	0.177**	−0.215
	(0.024)	(0.041)	(0.046)	(0.030)	(0.082)	(0.083)	(0.136)
edu	0.552	0.104	−0.479	0.554	2.038**	2.101**	2.580
	(0.599)	(0.686)	(0.770)	(0.774)	(0.993)	(0.967)	(2.632)
exp	0.308***	0.066	0.431***	0.273***	0.320***	0.306***	0.183
	(0.067)	(0.062)	(0.092)	(0.077)	(0.078)	(0.076)	(0.280)
fssr	0.194***	0.059	0.277**	0.337**	0.199**	0.179**	0.325
	(0.075)	(0.038)	(0.109)	(0.144)	(0.079)	(0.071)	(0.449)
inv	0.013	−0.000	0.059***	0.005	0.284***	0.098***	0.093**
	(0.022)	(0.011)	(0.014)	(0.012)	(0.061)	(0.019)	(0.046)
tel	0.023**	0.015	0.035	0.010	0.099***	0.289***	0.006
	(0.010)	(0.023)	(0.028)	(0.031)	(0.019)	(0.062)	(0.098)
常数项	8.663***	9.522***	5.791***	8.069***	2.002	1.354	2.726
	(0.745)	(0.674)	(0.970)	(0.867)	(1.218)	(1.210)	(3.432)
固定效应:包含"地市—年份"固定效应、"县域"固定效应							
N	13669	13649	13653	11814	13623	13421	9775
R^2	0.830	0.769	0.878	0.822	0.970	0.970	0.829

注:括号内为地市聚类稳健标准误,*、**、***分别表示10%、5%和1%的显著性水平。

由表 8-2 的回归结果,我们发现,面对取消农业税改革后的财政压力,三大产业生产总值的变化显示出明显的差异,从财源建设的角度来看,这些差异的原因在于:(1)农业税取消后,地方政府基本没有了来自第一产业的财政利益,也就没有了发展第一产业的财政动机,而且农业的产业特性也使得其难以成为现阶段经济增长的主要引擎。(2)农业税取消后,县级政府来自第二产业的直接财政利益增长,因此有发展第二产业的财政动机。而且,现有研究表明,工业增长对于商业和房地产业等服务业发展具有较大的溢出效应,从而有助于扩大总体税基和土地财政收入等其他财源发展(陶然等,2009),这进一步增强了地方政府发展第二产业尤其是工业的财政激励。(3)虽然营业税是地方政府的第一大税种,地方政府有强财政激励发展第三产业,但受取消农业税改革冲击较大的地区,往往是农业占比较大且经济发展基础较为薄弱的地区,第三产业发展基础亦较为薄弱[1],地方政府难以在短期内实现这一产业的高增长。虽然来自房地产业的高财政利益(土地财政)使得地方政府有更强动机发展该行业,但从房地产业的现实发展状况来看,由于住房作为耐用性消费品和投资品的综合体,其周期性波动是诸多因素综合作用的结果,一个县级政府对其发展波动的影响力和作用空间是非常有限的,其土地出让行为的变化更多的是适应这一周期波动的"顺势"而为。典型地,现实中我们可以观察到,当房地产市场低迷时,县域经济中房地产去库存压力大,地方政府各种刺激房地产市场的政策并没有太大效果。为了更直接地观察财政压力对地方政府土地出让行为的影响,我们实证检验了2001—2007年间财政压力与土地有偿出让收入的关系。表8-2第(7)列的结果显示,财政压力没有对县级政府的土地有偿出让收入产生显著影响。综上可知,从财政动机和现实约束来看,发展第二产业尤其是工业,是县级政府在财政压力下实现财源增长的主要途径。

(二)稳健性检验

表8-2的结果表明,取消农业税改革所形成的中国式"压力型"财政激励产生了显著的工业增长效应。因此,下面的稳健性检验将集中于检验这一结果是否稳健。

1.财政压力指标的内生性问题及替代指标

取消农业税改革产生的财政压力冲击是由(8-1)式定义的,这一公式中的分子和分母都可能受到取消农业税改革本身的影响,因此存在着一定的内生性问题。首先,在2005—2007年间的财政收入直接受到农业税取消的影响,间接受到财源增长变化的影响。其次,虽然农业税改革相关的补贴是按公式计算的[2](李萍、许宏才,2006),但2005—2007年间的农业税改革补贴仍然可能受到政府间讨价还价的影响。

为了解决这些可能存在的内生性问题,我们参考Chen(2017)的做法,采取模拟的2005—2007年间的财政收入和补贴来替代公式(8-1)中的财政压力指标。模拟变量的基本思想是假设农业税仍然存在来构造一个反事实的变量。这里使用2001—2004年间的财政收入的指数外推法得到2005—2007年间的财政收入,采取2001—2004年间的平均补贴替代2005—2007年间的补贴。补贴采用平均数而不是指数外推法,是因为补贴是

---

① 配第-克拉克定理指出,随着经济发展和人均国民收入水平的提高,劳动力首先由第一产业向第二产业转移,然后再向第三产业转移的演进趋势

② 李萍、许宏才(2006)在《中国政府间财政关系图解》第76~79页详细说明了农村税费改革转移支付办法。

基于一个县以前年份的支出按公式计算得到的,因此是前定的。为了进行稳健性检验,这里也使用 2004 年的补贴替代 2005—2007 年间的补贴。这是因为 2004 年的补贴是最接近农业税取消改革且非常不可能受到改革后讨价还价影响的。需要指出的是,财政收入的拟合值中进行了双向 10% 缩尾处理,目的是剔除由指数外推法所产生的极端值的影响。

　　表 8-3 是回归结果,第(1)列是用拟合值替代 2005—2007 年的财政收入;第(2)列是用 2001—2004 年间的平均值替代 2005—2007 年间的补贴;第(3)列是用 2004 年的补贴替代 2005—2007 年间的补贴;第(4)列是用财政收入的拟合值和 2001—2004 年间的平均值替代两个相应的指标;第(5)列是用财政收入的拟合值和 2004 年的补贴替代两个相应的指标。表 8-3 中所有结果显示,农业税取消后财政压力增加所带来的工业增长效应对所有的外生替代指标仍然是稳健的。

表 8-3　财政压力替代指标的回归结果

	(1) 2005—2007 农业税补贴/指数预测收入	(2)以 2002 至 2004 年农业税补偿均值替代 2005—2007 的相关变量	(3)以 2004 年农业税补偿值替代 2005—2007 的相关变量	(4) 2001—2004 农业税补贴/指数预测收入	(5)2004 农业税补贴/指数预测收入
shockpost	0.638***	0.568***	0.557***	0.491**	0.523**
	(0.221)	(0.181)	(0.170)	(0.226)	(0.216)
gdp	0.054***	0.054***	0.054***	0.054***	0.054***
	(0.017)	(0.017)	(0.017)	(0.017)	(0.017)
pop	0.630***	0.646***	0.650***	0.636***	0.639***
	(0.204)	(0.203)	(0.203)	(0.204)	(0.205)
den	0.180**	0.177**	0.177**	0.181**	0.180**
	(0.084)	(0.083)	(0.083)	(0.084)	(0.084)
edu	2.129**	1.975**	2.001**	2.078**	2.074**
	(0.986)	(0.995)	(0.995)	(0.989)	(0.990)
exp	0.307***	0.322***	0.325***	0.318***	0.320***
	(0.078)	(0.078)	(0.079)	(0.079)	(0.079)
fssr	0.180**	0.197**	0.198**	0.194**	0.194**
	(0.073)	(0.080)	(0.079)	(0.079)	(0.078)
inv	0.288***	0.100***	0.100***	0.288***	0.288***
	(0.062)	(0.019)	(0.019)	(0.062)	(0.062)

	(1) 2005—2007 农业税补贴/指数预测收入	(2) 以 2002 至 2004 年农业税补偿均值替代 2005—2007 的相关变量	(3) 以 2004 年农业税补偿值替代 2005—2007 的相关变量	(4) 2001—2004 农业税补贴/指数预测收入	(5) 2004 农业税补贴/指数预测收入
tel	0.098***	0.291***	0.290***	0.100***	0.100***
	(0.019)	(0.062)	(0.062)	(0.019)	(0.019)
常数项	1.424	1.219	1.278	1.354	1.258
	(1.215)	(1.231)	(1.239)	(1.225)	(1.227)
固定效应:包含"地市—年份"固定效应、"县域"固定效应					
N	13401	13421	13421	13401	13401
R^2	0.970	0.970	0.970	0.970	0.970

注:括号内为地市聚类稳健标准误,*、**、***分别表示10%、5%和1%的显著性水平。

正如 Chen(2017)所指出的,虽然财政收入的拟合值具有外生性的优势,但基于两个原因,本章的主回归和其他回归分析中主要还是基于公式(8-1)的财政压力指标。第一,由于财政收入的拟合值在10%和90%分位数进行了缩尾处理来处理极端值。这种缩尾后的拟合值损失了变量的部分变化程度、信息和统计效力。第二,本章的主要内生性问题是(8-1)式构造的财政压力指标可能高估了处理效应。然而,从两方面来看,实际情况可能不是高估而是低估了效果。理论上,(8-1)式可能与工业增长正相关,因为工业增长增加了 2005 年之后的总财政收入(第二项的分母)。这意味着工业增长效应不仅增加了回归方程左边的工业增长而且增加了后边解释变量的财政压力。因此,处理效应会低估而不是高估。而且从实证结果来看,表 8-3 的回归结果显示,各替代指标的系数小于表 8-2(6)的财政压力指标的结果。

2. 平行趋势假设检验和时间趋势动态分析

由于双重差分模型的一个重要适用前提是要求对照组与实验组之间存在"平行趋势假设",因此我们对财政压力的工业增长效应进行平行趋势假设检验,检验模型如下:

$$y_{c,p,t} = \alpha_{p,t} + \beta_c + \theta \cdot post_t \cdot shock_c + \sum_{s=2001}^{2003} \gamma_s \cdot shock_c \cdot year_t^s + \rho \cdot X_{c,t} + \varepsilon_{c,p,t}$$

$$(8\text{-}4)$$

其中,$year_t^s$ 为年份虚拟变量,s 分别取值为 2001 年至 2003 年。t 为年份,如果 $t = s$,则 $year_t^s = 1$,否则 $year_t^s = 0$。

在此基础之上,我们进一步观察财政压力的工业增长效应的动态变化,因此我们进行如下动态时间趋势检验:

$$y_{c,p,t} = \alpha_{p,t} + \beta_c + \sum_{s=2001}^{2007} \theta_s \cdot \text{shock}_c \cdot \text{year}_t^s + \rho \cdot X_{c,t} + \varepsilon_{c,p,t} \tag{8-5}$$

在模型(8-5)的回归中,我们以 2004 年作为基准年,因此 s 的取值不包含 2004 年。

由表 8-4 第(1)列结果可知,以 2004 年为基准年,在同一地区中,受到不同财政压力影响的县在 2001—2003 年的工业增长并没有显著差别,满足"平行趋势"假设。表 8-4 第(2)列结果显示,以 2004 年为基准年,2001—2003 年的工业增长并没有显著差别,而2005—2007 年受改革冲击越大的县的工业增长越多,且随着时间的推移这一效应逐渐增大。

表 8-4　财政压力的工业增长效应的稳健性检验

	(1) 平行趋势 假设检验	(2) 时间趋势 动态分析		(3) 剔除安徽、江苏样本的回归结果	(4) 剔除东北三省样本的回归结果	(5) 加入省直管县及强县扩权后的回归结果
shock·post	0.716***		shockpost	0.712***	0.729***	0.691***
	(0.206)			(0.192)	(0.192)	(0.183)
shock·year2001	0.077	0.076	gdp	0.057***	0.061***	0.051***
	(0.234)	(0.235)		(0.019)	(0.019)	(0.017)
shock·year2002	0.111	0.111	pop	0.629***	0.586***	0.818***
	(0.267)	(0.267)		(0.205)	(0.217)	(0.190)
shock·year2003	−0.109	−0.109	den	0.175**	0.227**	0.122
	(0.193)	(0.193)		(0.083)	(0.093)	(0.089)
shock·year2005		0.433**	edu	2.067**	1.799*	2.309**
		(0.184)		(0.991)	(0.980)	(0.980)
shock·year2006		0.665**	exp	0.290***	0.301***	0.336***
		(0.259)		(0.078)	(0.078)	(0.077)
shock·year2007		1.060***	fssr	0.171**	0.171**	0.194**
		(0.252)		(0.070)	(0.068)	(0.080)
控制变量	是	是	inv	0.094***	0.098***	0.283***
				(0.019)	(0.020)	(0.064)
			tel	0.290***	0.277***	0.089***
				(0.064)	(0.063)	(0.019)
			pmc			0.022
						(0.054)

续表

	（1） 平行趋势 假设检验	（2） 时间趋势 动态分析		（3） 剔除安徽、江 苏样本的回 归结果	（4） 剔除东北三 省样本的回 归结果	（5） 加入省直管 县及强县扩 权后的回归 结果
			cpe			0.048
						(0.042)
			常数项	1.465	1.460	0.963
				(1.217)	(1.257)	(1.210)
固定效应:包含"地市—年份"固定效应、"县域"固定效应						
N	13421	13421		12626	12413	11496
R^2	0.970	0.970		0.968	0.971	0.966

注:括号内为地市聚类稳健标准误,*、**、***分别表示10%、5%和1%的显著性水平。

图 8-1 更为直观地显示了财政压力变化对工业增长的时间动态效应。

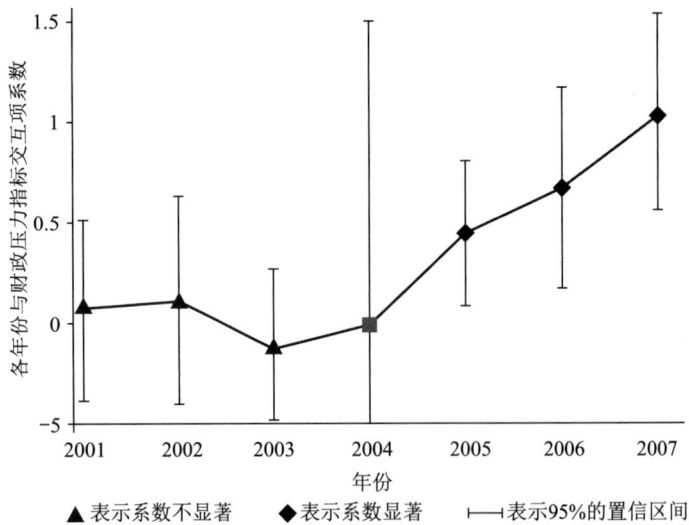

图 8-1　财政压力的工业增长效应的时间趋势

3.剔除改革试点地区的回归检验

在取消农业税的改革中,安徽、江苏比其他省份更早地对农业税进行了减免改革,为了更好地保持样本中改革时间点的一致性,我们将安徽、江苏这两个省份的全部样本剔除后进行了回归检验。表 8-4 第(3)列的结果显示,剔除安徽、江苏两省样本后的回归结果与表 8-2 第(6)列的结果基本相同。

2004 年东北三省实施了八大产业增值税转型的试点改革,这一改革有可能对回归结果产生影响,因此为了剔除该项改革对主体实证结果的影响,我们将东北三省的样本剔除后进行了回归。表 8-4 第(4)列的结果显示,剔除东北三省样本后的回归结果与表 8-2第(6)列、表 8-4 第(3)列的结果没有明显差别。

4."强县扩权"与"省直管县"改革的冲击

在本章的实证研究期间,还有两项重要改革可能对结果产生冲击(才国伟,2011)。一个是"强县扩权(county-power-expansion, cpe)"改革。20 世纪 90 年代以来,浙江省陆续对市县管理体制进行了改革,下放权力到县级政府,扩大县域发展经济的自主权。2002 年起,在中央政府的支持下,浙江、河北、江苏、河南、安徽、广东、湖北、江西、吉林等省份陆续推行了以"强县扩权"为主要内容的改革试点,对经济发展较快的县市进行了扩权,把地级市的经济管理权限直接下放给一些重点县。主要包括计划管理、经费安排、税务办理、项目申报、用地报批、证照发放、价格管理、统计报送、政策享有、信息获得等方面。另一个是"省直管县(province-managing-county, pmc)"改革。2004 年以来,湖北、安徽、吉林等省开展了"省直管县"的财政改革试点工作,具体表现为财政体制制定、转移支付和专款分配、财政结算、收入报解、资金调度、债务管理等方面,全部或部分实行省对县的直接管理。

一些学者讨论了这两项改革对经济增长的影响。张占斌(2009)认为,"省直管县"体制改革有利于提高行政、财政效率,有利于发展县域经济。才国伟和黄亮雄(2010)使用 2000—2007 年的县域数据的实证研究证实了"强县扩权"、"省直管县"改革显著提高了县域财政支出和经济增长速度,但两种改革措施的作用程度不同。袁渊和左翔(2011)利用浙江、福建两省规模以上工业企业数据,对"强县扩权"与经济增长的关系进行了检验,结果表明,"强县扩权"对浙江省县辖企业的发展有显著的促进作用。郑新业等(2011)基于河南省数据的研究发现,在分离了其他因素对经济增长的影响之后,"省直管县"政策提高了被直管县的经济增长率 1.3 个百分点。刘冲等(2014)利用"强县扩权"和"省直管县"政策来区分行政分权和财政分权对县域经济增长影响的不同效果,研究结果表明,行政分权(强县扩权)通过吸引更多新企业、提高企业平均利润率来促进经济增长,财政分权(省直管县)则通过增加财政收入来刺激经济。但不同于上述肯定性结论,Li et al.(2016)的实证研究却发现,"省直管县"改革对县域经济绩效具有负向影响,他们认为,这一结果的原因在于治理结构扁平化改革增加了省级政府协调和监管难度。

综合现有研究,我们可以发现,"强县扩权"和"省直管县"改革可能对经济增长包括工业产值增长产生影响,因此,为了控制这两项改革对本章结果的冲击,我们增加了两个控制变量:"强县扩权"变量$cpe_{i,t}$,如果 i 县在 t 年实施了"强县扩权"改革,则 t 年及之后年份设$cpe_{i,t}=1$,否则为 0;"省直管县"变量$pmc_{i,t}$,如果 i 县在 t 年实施了"省直管县"改革,则 t 年及之后年份设$pmc_{i,t}=1$,否则为 0。加入这两个控制变量后的回归结果见表

8-4 第(5)列,结果显示,这两项改革没有对回归结果产生显著影响。

上述一系列稳健性检验结果表明,财政压力的工业增长效应具有良好的稳健性。由此,我们可以较为可信地得到本章的一个核心结论:在中国式"压力型"财政激励下,取消农业税改革后的财政压力产生了重要的财源增长效应——工业增长效应。

第五节　备择假说、异质性和作用途径分析

(一)备择假说检验

取消农业税改革不仅给县市带来了财政压力,同时也引起了县市税收结构的变化。典型地,农业税取消后,地方政府来自营业税、增值税、企业所得税等税收收入的相对比重上升,从而可能有更强动机发展与这些税种相对应的税基。如 Bai, Du 和 Tong(2004)利用中国省级面板数据,发现越是利税率高的企业,越容易受到本地政府的保护。Burnes, Neumark 和 Michelle(2014)利用美国佛罗里达州县级数据,研究了地方销售税激励与地方政府财政区划的关系,发现有更高销售税率的地方官员专注于吸引大商店和购物中心。与此对应,一个重要的备择假说是:取消农业税改革引起的税收结构变化,可能诱使地方政府加强重要税种的税基建设,从而产生与取消农业税改革对应的财源增长效应。

为了检验这一备择假说,我们构造了一个反映取消农业税改革引起的税收结构变化程度的指标:

$$\mathrm{agr}_c = \frac{\mathrm{agrtax}_{c,2001-2003}}{\mathrm{rev}_{c,2001-2003}} \tag{8-6}$$

其中,$\mathrm{agrtax}_{c,2001-2003}$ 为 2001—2003 年各县平均农业税收入[①],$\mathrm{rev}_{c,2001-2003}$ 为 2001—2003 年各县平均一般财政预算收入。

与(8-1)式所刻画的财政压力指标相比,(8-6)式中没有包括上级农村税费改革转移支付,因此更多的是反映税收结构变化的程度。一个县的农业税占比越高,取消农业税改革后该县其他税种的占比就越高,则其受到的税收结构变化的冲击就越大,相应的税收激励就越大。若该县得到了更多的上级专项补助,则其受到的财政压力冲击就相对较小,相应的财政压力激励就越小。因此,两个指标反映了不同的激励机制。

为了更直接地观测农业税占比与财政压力指标的偏离程度,我们以农业税占比作为排序的标准,将样本从高至低进行排列,并按照 10% 为一组(大约每组样本量为 1925 个)对样本的两个指标进行描述性统计分析,见表 8-5。

---

① 由于有些县在 2004 年已经开始试点减免农业税,因此这些县的农业税收入有大幅度减少,这样四年平均的税收收入就比较低,因此为了更好地反映农业税占比情况,这里用 2001—2003 年的平均值来衡量。

表 8-5　按农业税占比分位划分的两个指标的统计描述

	前 10%	(1) 10%～20%	(2) 20%～30%	(3) 30%～40%	(4) 40%～50%	(5) 50%～60%
农业税占比	0.481 (0.068)	0.347 (0.027)	0.275 (0.016)	0.226 (0.013)	0.183 (0.011)	0.144 (0.011)
财政压力	0.265 (0.304)	0.289 (0.160)	0.250 (0.140)	0.220 (0.094)	0.198 (0.094)	0.173 (0.096)

注:括号内为标准差。

由表 8-5 的比较可以发现,农业税占比与财政压力指标间存在着明显的偏离。相对来说,农业税占比更高的地区得到了更多的专项转移支付,使得农业税占比高的地区的财政压力冲击减缓了许多。特别的,农业税占比前 10% 的地区相比 10%～20% 的地区,虽然农业税占比更大,但财政压力的均值反而更低。这种显著的偏离为我们比较检验两种激励效应提供了条件。

接下来我们利用农业税占比指标来实证检验税收结构变化的财源增长效应假说,用 agr_c 替换实证模型(8-3)中的 $shock_c$,结果如表 8-6 所示。明显的,表 8-6 的回归结果不同于表 8-2 的回归结果,相比财政压力指标,表 8-6 中以农业税占比指标反映的税收结构变化并没有对财源发展产生重要的显著正向影响,人均实际 GDP 甚至在 10% 的水平上显著为负。这些结果意味着,农业税占比高的地区,虽然农业税改革带来了更强的税收结构变化激励,但若上级专项补助使得地方政府的财政压力减弱,则其通过自身努力扩大财源的激励弱化。由此,我们可以得到一个基本结论,即地方政府存在的财源建设行为反应更多是来自财政压力的激励,而非来自税收结构变化的激励。

表 8-6　农业税占比对县域财源变化的影响

	(1)人均国内 生产总值	(2)人均第一 产业生产总值	(3)人均第二 产业生产总值	(4)人均第三 产业生产总值	(5) 工业产值	(6) 工业产值
agrpost	−0.225* (0.135)	0.214 (0.144)	−0.238 (0.180)	0.109 (0.138)	0.119 (0.202)	0.122 (0.202)
gdp						0.054*** (0.017)
pop	−0.632*** (0.075)	−0.784*** (0.099)	−0.546*** (0.115)	−0.637*** (0.091)	0.602*** (0.201)	0.635*** (0.204)

续表

	(1)人均国内生产总值	(2)人均第一产业生产总值	(3)人均第二产业生产总值	(4)人均第三产业生产总值	(5)工业产值	(6)工业产值
den	−0.028	−0.036	−0.013	−0.026	0.183**	0.183**
	(0.024)	(0.041)	(0.046)	(0.031)	(0.083)	(0.084)
edu	0.616	0.049	−0.412	0.540	2.043**	2.090**
	(0.602)	(0.690)	(0.764)	(0.776)	(1.008)	(0.989)
exp	0.301***	0.076	0.433***	0.274***	0.339***	0.326***
	(0.067)	(0.062)	(0.092)	(0.078)	(0.083)	(0.081)
fssr	0.187***	0.068*	0.275**	0.354**	0.219**	0.199**
	(0.072)	(0.038)	(0.109)	(0.152)	(0.089)	(0.081)
inv	0.022**	0.001	0.059***	0.006	0.284***	0.099***
	(0.010)	(0.011)	(0.014)	(0.012)	(0.062)	(0.019)
tel	0.013	0.014	0.036	0.010	0.101***	0.290***
	(0.022)	(0.023)	(0.028)	(0.031)	(0.019)	(0.062)
常数项	8.722***	9.365***	5.740***	7.896***	1.772	1.316
	(0.745)	(0.677)	(0.976)	(0.877)	(1.259)	(1.254)
固定效应:包含"地市—年份"固定效应、"县域"固定效应						
N	13655	13635	13639	11800	13608	13407
R^2	0.830	0.769	0.878	0.822	0.969	0.970

注:括号内为地市聚类稳健标准误,*、**、***分别表示10%、5%和1%的显著性水平。

(二)异质性分析

这里的异质性分析,我们主要关注两方面:一是工业基础的异质性效应,二是财政自给率的异质性效应。我们试图观测财政压力的工业增长效应主要发生于工业基础较好的地区还是较差的地区、财政自给率高的地区还是财政自给率低的地区。为了减少内生性问题对回归结果的影响,我们以2000年《地市县财政统计资料》的数据来划分分组样本,由于我们关注的是同一地区内的比较,因此这里的样本划分是以每一个地级市为一组,根据每组中位数来划分样本。回归结果见表8-7。

表 8-7　异质性检验结果

	（1）大于工业产值占国内生产总值比重中位数的样本	（2）小于工业产值占国内生产总值比重中位数的样本	（3）大于财政自给率中位数的样本	（4）小于财政自给率中位数的样本
shock · post	0.357	0.742**	0.861*	0.691**
	(0.317)	(0.301)	(0.472)	(0.269)
gdp	0.045*	0.056**	0.063	0.055***
	(0.024)	(0.028)	(0.045)	(0.020)
pop	0.197	1.151***	0.936**	0.507**
	(0.286)	(0.258)	(0.406)	(0.232)
den	0.367**	0.117	0.121	0.182
	(0.153)	(0.119)	(0.153)	(0.135)
edu	2.039	2.880*	3.163*	1.199
	(1.455)	(1.610)	(1.849)	(1.511)
exp	0.377***	0.342***	0.308*	0.332***
	(0.111)	(0.129)	(0.176)	(0.104)
fssr	0.441**	0.155**	0.208**	0.232
	(0.204)	(0.073)	(0.104)	(0.168)
inv	0.083***	0.114***	0.122***	0.074***
	(0.025)	(0.028)	(0.029)	(0.039)
tel	0.176*	0.352***	0.273***	0.279***
	(0.106)	(0.097)	(0.104)	(0.082)
常数项	3.100	−1.500	0.463	1.795
	(2.261)	(1.727)	(2.346)	(1.491)
固定效应：包含"地市—年份"固定效应、"县域"固定效应				
N	6233	7428	5651	7922
R^2	0.977	0.975	0.972	0.978

注：括号内为地市聚类稳健标准误，*、**、***分别表示10%、5%和1%的显著性水平。由于有些变量缺失市属区的样本，因此会出现中位数两端的样本数量不一致的现象。

　　由表 8-7 的结果可知，一方面，财政压力的工业增长效应主要发生于工业基础比较薄弱的县市，这说明工业基础相对薄弱的地区，往往是农业占比高的地区，其受到的财政压力冲击往往也较大，对应的财源建设激励也较大。另一方面，虽然不同财政自给率的地区都呈现显著的工业增长效应,但财政自给率更高的地区的效应更明显。这一结果与财政压力激励逻辑是一致的。财政自给率越高意味着地方政府的财政支出主要由自身财力解决,因此对这些地区来说,取消农业税改革所形成的财政压力更需要自身努力进行消化,因而有更强动机进行财源建设。综合来看,上述两个异质性效应更进一步反映了财政压力激励的逻辑一致性。

(三)作用途径分析

以上实证结论仅仅建立了财政压力激励与财源发展结果之间的关联,但还没有建立两者联系的桥梁——作用途径。因此,本部分我们集中检验分析各种可能的实现途径。

虽然本章先验地认为中国式"压力型"财政激励会迫使地方政府主动进行财源建设,进而引起财源增长效应,但可能存在的一个重要冲击是,这种财政压力的工业增长效应可能是市场自身作用的结果,而非地方政府主动作为的结果。对应于取消农业税改革,这里需要检验分析的一个重要问题是,工业增长效应是否是农民收入和农业生产方式变化的作用结果?直觉上,农业税取消后,农民收入会增加,农业生产方式也可能发生变化,这会引起工业产品需求变化,进而引起工业产值增长。那么,这一可能的作用途径是否足以引起工业增长效应呢? Wang & Shen(2014)利用农村经济研究中心收集的2003—2008 年间农村家庭面板数据评估了 2004—2005 年间农业税取消对农民收入和生产行为的影响。他们的实证研究发现,农业税取消没有显著增加农户的净收入,也没有显著影响农业生产,对要素使用和生产率的影响在统计上也不显著。他们认为这些结果与农业税取消类似于税收的一次总额支出特征是一致的。由这一实证发现,我们可以认为,取消农业税改革并没有产生显著的农民收入和农业生产方式变化,进而也难以对工业增长产生显著影响。

在排除了取消农业税改革引起的市场变化的可能冲击后,接下来我们重点转向地方政府可能采取的主动行为上。现实中,地方政府吸引流动资本、扩大工业产值的主要政策工具包括:降低税收征管效率、增加财政支出或补贴、改变财政支出结构、低工业地价、放松环境规制等。下面我们依次分析各种政策工具的可行性和有效性。

1.降低税收征管效率

中国式分税制是中国地区分权式权威体制中的财政体制设计,其重要特征是中央政府对税权的高度统一和控制,地方政府只拥有非常有限的不完全税权(征管权),因而地方政府可控的重要税收工具是"征管效率"[①](汤玉刚和苑程浩,2010)。通过降低税收征管效率,降低了企业的实际税率,低税负可以刺激企业扩大生产规模。因此,降低税收征管效率可能是地方政府实现财政压力下工业增长效应的一条重要途径。但我们认为,中国式分税制设计及集权改革与取消农业税改革一起,使得这一工具不具有现实可行性。

---

① 汤玉刚、苑程浩(2010)指出,这里的"征管效率"是广义的,不仅仅指技术层面的税务管理效率,更重要的是地方政府为吸引外部资本而给出的各种名目的税收优惠和返还等因素所造成实际征管效率的内生变动。

一方面,1994年分税制的国地税分设改革及之后中央逐步通过国税系统"蚕食"地税系统税收征管权的改革[1],使得地方政府可控的税收工具被极大压缩(谢贞发和范子英,2015)。另一方面,财政压力使得地方政府没有动机降低税收征管效率,因为这一行为在短期内会进一步增加地方政府的财政压力却难以实现税基的即时增长。陈晓光(Chen,2017;陈晓光,2015)的研究发现就是对这一作用途径的否定。

2.增加财政支出或补贴

与降低税收征管效率一样,增加财政支出或补贴也是以牺牲短期财政利益换取财源增长的重要途径。类似的,在取消农业税改革后财政压力增大的约束下,这一工具也不具有现实可行性。

3.改变财政支出结构[2]

在财政支出规模不变的情况下,改变财政支出结构,尤其是增加生产性支出的比重,也有利于财源增长。这一可能途径是现有研究所识别的"中国式分权下财政支出偏向性经济增长"(傅勇和张晏,2007)的典型表现。那么,这一可能途径是否存在呢？我们利用《县市财政统计资料》的相关数据进行相应的实证检验。由于2007年财政收支分类改革,使得各项财政支出前后不具有直接可比性,因此这里的财政支出结构回归期间为2001—2006年。我们利用《县市财政统计资料》提供的各项财政支出计算对应的支出结构,基于模型(8-3)对财政压力与各项财政支出结构进行回归分析,结果见表8-8。表8-8的结果显示,取消农业税改革产生的财政压力变化并没有引起各项财政支出结构的显著变化。这说明地方政府在短期内没有通过改变财政支出结构来实现财源增长。

表8-8 财政压力对财政支出结构的影响

	(1)基建支出占比	(2)农林水气支出占比	(3)教育支出占比	(4)社会保障支出占比	(5)行政支出占比	(6)公检法支出占比	(7)其他支出占比
shockpost	−0.005 (0.009)	0.002 (0.005)	−0.005 (0.007)	0.003 (0.003)	0.008 (0.006)	0.001 (0.002)	−0.008 (0.011)
gdp	−0.001 (0.001)	−0.001 (0.001)	0.001 (0.001)	0.000 (0.000)	0.002* (0.001)	0.000 (0.000)	−0.002 (0.002)

---

[1] 典型如2002年所得税分享改革方案调整了内资企业所得税的征管范围:自改革方案实施之日起新登记注册的企事业单位的所得税,由国家税务局负责征收管理。2012年起逐步推行的营改增改革,也将原地税征管的营业税改为由国税征管的增值税。

[2] 我们也实证检验了农业税占比对各项财政支出结构的影响,结果显示,农林水气支出占比发生了显著上升,而教育支出占比显著下降,其他支出结构没有发生显著变化。这一结果与左翔等(2011)和张博骁、王辉(2015)的实证结果是一致的。这些结果进一步表明税收结构变化与财政压力变化对地方政府行为影响的差别。

续表

	(1)基建支出占比	(2)农林水气支出占比	(3)教育支出占比	(4)社会保障支出占比	(5)行政支出占比	(6)公检法支出占比	(7)其他支出占比
pop	0.125***	−0.009	−0.087***	0.010	−0.068***	−0.023***	0.062***
	(0.023)	(0.008)	(0.010)	(0.007)	(0.007)	(0.003)	(0.021)
den	0.002	0.004*	−0.003*	−0.000	−0.001	0.000	−0.002
	(0.003)	(0.003)	(0.002)	(0.001)	(0.002)	(0.001)	(0.004)
edu	−0.117**	−0.026	0.143***	−0.020	0.011	0.000	−0.009
	(0.048)	(0.032)	(0.039)	(0.019)	(0.033)	(0.013)	(0.069)
exp	0.127***	0.004	−0.094***	0.009	−0.069***	−0.024***	0.060***
	(0.020)	(0.006)	(0.009)	(0.007)	(0.006)	(0.003)	(0.019)
fssr	−0.005	−0.005	0.004	−0.001	0.003*	0.001	0.004
	(0.004)	(0.003)	(0.003)	(0.001)	(0.002)	(0.001)	(0.005)
inv	0.001	−0.000	−0.000	−0.000	0.001	0.000	−0.000
	(0.001)	(0.001)	(0.001)	(0.000)	(0.001)	(0.000)	(0.001)
tel	−0.001	0.002	0.000	0.001	−0.002	0.000	−0.000
	(0.001)	(0.001)	(0.002)	(0.001)	(0.002)	(0.000)	(0.002)
常数项	−1.224***	0.062	1.151***	−0.070	0.833***	0.290***	−0.211
	(0.203)	(0.062)	(0.089)	(0.069)	(0.063)	(0.028)	(0.188)

固定效应:包含"地市—年份"固定效应、"县域"固定效应

| N | 12372 | 10532 | 12840 | 10947 | 5577 | 4358 | 12400 |
| R^2 | 0.967 | 0.961 | 0.867 | 0.859 | 0.740 | 0.751 | 0.967 |

注:括号内为地市聚类稳健标准误,*、**、***分别表示10%、5%和1%的显著性水平。

4.低工业地价

低工业地价一直是中国各地区吸引资本的重要手段,但现有研究(黄小虎,2007;蒋省三等,2007;北京天则经济研究所《中国土地问题课题组》,2007)发现,由于地区间的恶性竞争,低地价甚至零地价现象严重,这意味着工业地价已经低到难有更大作用空间的程度。尤其是在地方财政收入下降的情况下,进一步降低工业地价会使地方政府面临更大的财政压力,因此这一手段也受到现实约束。另外,通过低工业地价吸引流动资本扩大产能需要一定的时间,难以在短期内实现财源增长。

5.放松环境规制

在中国目前的环境事权管理体制中,环境规制是地方政府在财政压力下可控且可行的重要工具。一方面,中国倾向于分权的环境事权管理体制使得地方政府对当地环境事

务具有重要的决策权和执法权,放松环境规制往往是地方政府招商引资的重要手段。而且放松环境规制也意味着已有企业可以以更低的成本扩大产能,从而有助于短期内扩大财源。另一方面,相比其他政策工具,放松环境管制不需要增加即期财政支出,不会增加财政压力。因此,放松环境规制很可能是地方政府在财政压力下实现短期财源增长的重要工具。表 8-2 的回归结果在一定程度上反映了地方政府放松环境规制的可能性,因为工业产值的显著增长很可能是环境规制放松的结果。更进一步,我们实证检验更直接的证据。

　　一是考察财政压力变化对污染型工业企业的影响。如果放松环境规制,则更容易吸引和扩大污染型工业企业的产能。我们根据《上市公司环保核查分类管理名录》中关于污染型工业企业的划分标准[①],整理出各地区污染型工业企业的相关数据,实证检验财政压力变化对污染型工业企业产值及占比变化的影响,结果见表 8-9。对比表 8-2 第(6)列,表 8-9 第(1)、(2)列的结果显示,同一地区中受财政压力冲击越大的县的规模以上污染型工业企业产值和增加值都实现了更大程度的增长。从相对增长来看,表 8-9 第(3)、(4)列的结果显示,规模以上污染型工业企业产值和增加值占规模以上工业企业总产值和增加值的比重也显著(或接近显著)为正。

表 8-9　财政压力对规模以上污染型工业企业的影响

	(1)污染型工业企业产值	(2)污染型工业企业增加值	(3)污染型工业企业产值占工业企业总产值比	(4)污染型工业企业增加值占工业企业总增加值比
shock·post	0.962***	1.288***	0.070	0.138**
	(0.241)	(0.254)	(0.051)	(0.061)
gdp	0.026	0.034*	−0.001	0.001
	(0.017)	(0.019)	(0.004)	(0.004)
pop	0.518***	0.530***	−0.006	−0.028
	(0.121)	(0.141)	(0.033)	(0.037)
den	−0.028	−0.046	0.003	0.004
	(0.036)	(0.055)	(0.012)	(0.013)
edu	0.518	1.597*	−0.280	−0.086
	(0.797)	(0.967)	(0.197)	(0.235)
exp	0.467***	0.464***	0.020	0.002
	(0.096)	(0.096)	(0.023)	(0.026)

　　[①] 《上市公司环保核查分类管理名录》中将火电、钢铁、水泥、电解铝、煤炭、冶金、建材、采矿、化工、石化、制药、轻工、纺织、制革等 14 个行业列入污染型行业。

续表

	(1)污染型工业企业产值	(2)污染型工业企业增加值	(3)污染型工业企业产值占工业企业总产值比	(4)污染型工业企业增加值占工业企业总增加值比
fssr	0.284**	0.235**	0.012	−0.000
	(0.118)	(0.103)	(0.013)	(0.014)
inv	0.037**	0.049**	0.011**	0.005
	(0.016)	(0.020)	(0.005)	(0.006)
tel	−0.015	−0.046	0.001	−0.001
	(0.028)	(0.037)	(0.007)	(0.010)
常数项	7.845***	6.891***	0.328	0.531
	(1.158)	(1.093)	(0.298)	(0.342)
固定效应：包含"地市—年份"固定效应、"县域"固定效应				
N	12372	10532	12840	10947
R^2	0.967	0.961	0.867	0.859

注：括号内为地市聚类稳健标准误，*、**、***分别表示10%、5%和1%的显著性水平。

二是考察财政压力变化对污染排放量和排放强度的影响。现在我们更直接地观测财政压力变化对污染排放的影响。由于我们仅收集到地级市污染排放的数据，因此，我们利用(8-1)式计算了地级市层级的财政压力指标，再利用实证模型(8-3)进行回归，结果见表8-10。第(1)列的结果表明，从地级市层级来看，财政压力越大的地区，工业总产值的变化是显著为正的，与之前县级的实证结果一致；第(2)、(3)列的结果表明，财政压力越大的地区的工业二氧化硫排放量和工业废水排放量也显著更大；第(4)、(5)列的结果表明，财政压力越大的地区的工业二氧化硫和工业废水排放强度也更大。

表 8-10　地级市财政压力对环境污染排放量及强度的影响

	(1)工业总产值	(2)工业 SO_2 排放量	(3)工业废水排放量	(4)工业 SO_2 排放强度	(5)工业废水排放强度
shock·post	0.594***	0.647*	0.823**	0.929**	1.104***
	(0.207)	(0.384)	(0.327)	(0.424)	(0.376)
gdp	0.082**	0.035*	−0.040**	−0.011	−0.086**
	(0.036)	(0.020)	(0.019)	(0.040)	(0.039)
pop	0.177*	0.467	0.101	−0.143	−0.508***
	(0.106)	(0.400)	(0.119)	(0.326)	(0.139)

续表

	(1) 工业总产值	(2)工业 SO_2 排放量	(3)工业废水排放量	(4)工业 SO_2 排放强度	(5)工业废水排放强度
den	0.210***	0.738**	0.365**	0.537*	0.164
	(0.075)	(0.339)	(0.168)	(0.318)	(0.155)
edu	−0.010	−0.073***	−0.037	−0.100***	−0.064**
	(0.010)	(0.021)	(0.023)	(0.022)	(0.025)
exp	0.040*	0.047	−0.031*	0.039	−0.038
	(0.022)	(0.039)	(0.017)	(0.036)	(0.025)
fssr	0.082	0.044	0.114	−0.033	0.039
	(0.091)	(0.101)	(0.108)	(0.100)	(0.092)
einv	−0.001	−0.013	−0.010**	−0.016	−0.013***
	(0.005)	(0.016)	(0.005)	(0.016)	(0.004)
fdi	0.001	0.009	−0.002	0.009*	−0.003
	(0.003)	(0.006)	(0.005)	(0.005)	(0.004)
固定效应:包含地区、时间固定效应					
N	1192	1194	1196	1194	1196
R^2	0.883	0.229	0.102	0.098	0.232

注:括号内为地市、时间聚类稳健标准误,*、**、***分别表示10%、5%和1%的显著性水平。这里使用的回归命令是 xtivreg2,该命令的回归结果不含常数项。

综合上述分析,我们可以发现,为应对取消农业税改革形成的财政压力,地方政府在有限的政策工具中倾向于选择相对财政成本较小的环境管制工具,通过放松环境规制实现短期内财源增长,进而实现短期内的财政收入增长。

第六节　结论及讨论

中国式压力型体制内生出"压力型"财政激励,地方政府面临着各种复杂多样的压力来源,有激励积极汲取财政收入以应对各种财政支出压力。中国式"压力型"财政激励与不断变化的央地间财政关系和市场环境,内生决定了地方政府的行为特征,进而决定了中国转轨经济的运行特征。1994 年以来,以财权财力集中为主要特征的分税制改革及调整,增强了地方政府的财政压力,强化了中国式"压力型"财政激励。现有研究大多专注于中国式"压力型"财政激励下地方政府应对财政压力的"攫取之手"行为,即通过各种途径直接向市场汲取财政收入。与这类研究不同,本章关注地方政府应对财政压力的另一种行为可能——通过财源建设获取财政收入的增长。因此,本章研究的核心问题是中国式"压力型"财政激励的财源增长效应。我们利用取消农业税改革作为财政压力冲击的"准自然实验",基于强度双重差分模型,实证检验了财政压力冲击的财源增长效应及其特征。实证结果表明,在同一地区内,受农业税取消改革引起的财政压力冲击越大的县,其工业产值实现了更快增长。这种财政压力的工业增长效应具有良好的稳健性。进一步的实证分析表明,这种工业增长效应主要来自财政压力激励而非税收结构变化的激励。从异质性角度来看,工业基础较为薄弱和财政自给率更高的地区,它们受到改革引起的财政压力冲击越大,因而财政压力的工业增长效应在这些地区呈现出更显著和更大的效应。在实现这种工业增长效应的有限政策工具中,放松环境规制成为地方政府可控的、财政成本相对较小的重要手段,因此,这种工业增长效应是以牺牲环境为代价的财源增长。

本章研究弥补了现有研究集中于1994年分税制改革以来地方政府应对财政压力的"攫取之手"行为研究的局限性,丰富了中国式分税制中财政集权改革与地方政府行为的认识,从而更全面地认识了地方政府的行为轨迹。本章的研究表明,在面对财政压力时,地方政府不仅存在着"攫取之手",而且也存在着发展财源的"援助之手"。正是这两种行为的交错,才形成了中国式分权下地方政府行为轨迹的多样性和复杂性。

本章的研究还克服了财政联邦主义理论在解释中国式财政集权与经济增长关系问题上的局限性,基于"压力型"财政激励视角,逻辑一致地解释了中国式集权改革下地方政府发展财源的财政激励。而且本章的实证研究缓解了现有研究中财政分权指标选择的困境(陈硕和高琳,2012;谢贞发和张玮,2015)和内生性问题,提供了财政集权与财源增长关联的良好逻辑关系和实证证据。

本章的研究还为中国式经济增长与环境污染问题的关联性提供了一个合理的制度解释。本章的研究结果表明,虽然财政集权下地方政府仍然存在发展经济的"援助之手"行为,但这种行为存在着明显的负面效应,典型如以牺牲环境为代价换取短期的财政利益。由此延伸的一个推断是,在财政压力日益趋紧的当前,地方政府保护环境的财政激励很弱,这也意味着绿色GDP建设需要良好的财政激励机制的支持。

本章的研究结论对完善现代财政制度建设也具有重要的启示意义。贾康和白景明(2002)基于中国式分税制与县乡财政困难关系的认识,认为改革的主要思路是减少政府层级和财政层级、按照"一级政权,一级事权,一级财权,一级税基,一级预算,一级产权,一级举债权"思路推进省以下财政体制改革,同时健全自上而下的转移支付,完善以分税制为基础的分级财政。本章的研究进一步表明,在中国式"压力型体制"中,需要更综合地完善"压力型"财政激励制度:第一,完善事权与财权财力相匹配的财政体制,在科学划分事权基础上,合理规范地划分各级政府间的财权财力。这是从根本上解决地方政府"攫取之手"恶性结果的途径。第二,进一步完善政府预算制度和央地间财政关系,规范地方政府的"攫取之手"行为。通过政府预算体系建设和预算透明度建设,将地方政府汲取财政收入的行为尽可能限定在法律法规要求的限度内。第三,优化财政激励制度设计,赋予地方政府合适的政策工具,引导地方政府的"援助之手"向有利于经济社会和谐、经济自然和谐的方向上发展。

当然,本章的研究还存在两个不足。一是实证检验的时期较短,这使得本章的结论主要是短期的,即地方政府应对财政压力冲击的短期财源增长效应,中长期的效应需要更进一步的研究。二是以取消农业税改革作为财政压力的冲击,由此得到的一些结论具有一定的一般性,如财政压力增加并未抑制地方政府的财源建设行为,且不恰当的财政激励设计会带来不合意的负面效应等,但延伸的政策含义则需要谨慎,因为不同的财政激励制度与不同时期的市场环境一起会带来不同的结果。因此,如何更好地设计财政激励制度,需要更深入和细致的理论和实证研究。这是未来的一个重要研究方向。

本章参考文献

[1]BAI C.E., Y. DU, Z. TAO and S.TONG. Local protectionism and regional specialization: evidence from China's industries[J]. Journal of International Economics, 2004,63:397-417.

[2]BURNES D., D. NEUMARK and W.J. MICHELLE. Fiscal zoning and sales taxes: do higher sales taxes lead to more retailing and less manufacturing? [J]. National Tax Journal, 2014,67:7-50 .

[3]CHEN S. X. The effect of a fiscal squeeze on tax enforcement: evidence from a natural experiment in China[J]. Journal of Public Economics, 2017,147: 62-76.

[4]HAN L. and J. K.—S. KUNG. Fiscal incentives and policy choices of local governments: evidence from China[J]. Journal of Development Economics, 2015,116:89-104.

[5]JIN H., Y. QIAN and B.R. WEINGAST. Regional decentralization and fiscal incentives: federalism, chinese style[J]. Journal of public economics, 2005(89):1719-1942.

[6]LI P., Y. LU and J. WANG. Does flattening government improve economic performance? Evidence from China[J]. Journal of Development Economics, 2016,123:18-37.

[7]WANG X. and Y. Shen. The effect of China's agricultural tax abolition on rural families' incomes and production[J]. China Economic Review, 2014,29:185-199.

[8]WEINGAST B. R. Second generation fiscal federalism: the implications of fis-

cal incentives[J]. Journal of Urban Economics，2009,65:279-293.

[9]北京天则经济研究所《中国土地问题》课题组.城市化背景下土地产权的实施和保护[J].管理世界,2007,2.

[10]才国伟,黄亮雄.政府层级改革的影响因素及其经济绩效研究[J].管理世界,2010(8).

[11]才国伟,张学志,邓卫广."省直管县"改革会损害地级市的利益吗？[J].经济研究,2011(7).

[12]陈抗,Hillman,顾清扬.财政集权与地方政府行为变化[J].经济学（季刊),2002(2).

[13]陈硕,高琳.央地关系：财政分权度量及作用机制再评估[J].管理世界,2012(6)

[14]陈晓光.财政压力、税收征管与地区不平等[J].中国社会科学,2016(4).

[15]方红生,张军.财政集权的激励效应再评估：攫取之手还是援助之手？[J].管理世界,2014(2).

[16]傅勇,张晏.中国式分权与财政支出结构偏向：为增长而竞争的代价[J].管理世界,2007(3).

[17]黄小虎.当前土地问题的深层次原因[J].中国税务,2007(2).

[18]贾康,白景明.县乡财政解困与财政体制创新[J].经济研究,2002(2).

[19]蒋省三,刘守英,李青.土地制度改革与国民经济成长[J].管理世界,2007(9).

[20]李萍,许宏才.中国政府间财政关系图解[M].中国财政经济出版社,2006.

[21]刘冲,乔坤元,周黎安.行政分权与财政分权的不同效应：来自中国县域的经验证据[J].世界经济,2014(10).

[22]刘骏,刘峰.财政集权、政府控制与企业税负——来自中国的证据[J].会计研究》,2014(1).

[23]汤玉刚,苑程浩.不完全税权、政府竞争与税收增长[J].经济学（季刊),2010,10(1).

[24]陶然,刘明兴,章奇.农民负担、政府管制与财政体制改革[J].经济研究,2003(4).

[25]陶然,陆曦,苏福兵,汪晖.地区竞争格局演变下的中国转轨：财政激励和发展模式反思[J].经济研究,2009(7).

[26]陶然,苏福兵,陆曦,朱昱铭.经济增长能够带来晋升吗？——对晋升锦标竞赛理论的逻辑挑战与省级实证重估[J].管理世界,2010(12).

[27]陶然,袁飞,曹广忠.区域竞争、土地出让与地方财政效应：基于1999—2003年中国地级城市面板数据的分析[J].世界经济,2007(10).

[28]陶勇.法定支出脱钩后何去何从[N].第一财经日报,2014-6-12.

［29］谢贞发,范子英.中国式分税制、中央税收征管权集中与税收竞争［J］.经济研究,2015(4).

［30］谢贞发,张玮.中国财政分权与经济增长——一个荟萃回归分析［J］.经济学(季刊),2015(2).

［31］杨雪冬.压力型体制:一个概念的简明史［J］.社会科学,2012(11).

［32］杨志勇.现代财政制度探索:国家治理视角下的中国财税改革［M］.广东经济出版社,2015.

［33］袁渊,左翔."扩权强县"与经济增长:规模以上工业企业的微观证据［J］.世界经济,2011(3).

［34］张博骁,王辉.取消农业税、财政集权与农村公共品［J］.经济学报,2015,2(1).

［35］张占斌.政府层级改革与省直管县实现路径研究［J］.经济与管理研究,2007(4).

［36］郑新业,王晗,赵益卓."省直管县"能促进经济增长吗?——双重差分方法.管理世界,2011(8).

［37］中国经济增长与宏观稳定课题组.城市化、产业效率与经济增长［J］.经济研究,2009(10).

［38］周黎安,陈祎.县级财政负担与地方公共服务:农村税费改革的影响［J］.经济学(季刊),2015(2).

［39］周雪光."逆向软预算约束":一个政府行为的组织分析［J］.中国社会科学,2005(2).

［40］左翔,殷醒民,潘孝挺.财政收入集权增加了基层政府公共服务支出吗?——以河南省减免农业税为例［J］.经济学(季刊),2011,10(4).

第四部分

财政与城乡协调发展

第九章 财政支农、金融支农促进了农民增收吗？

——基于空间面板分位数模型的研究

黄寿峰[*]

第一节 引言与相关文献简述

改革开放以来,我国在经济、社会等方方面面都取得了举世瞩目的成就,然而,随着我国进入工业化后期,"三农"(农业、农村和农民)问题日益突出,成为党和国家工作的重中之重,而农民增收问题则是"三农"问题的核心所在。从 2004 年开始,中央连续 13 年发布以"三农"为主题的中央一号文件[①],强调了"三农"问题在中国的社会主义现代化时期"重中之重"的地位,要求加大对农村金融的政策支持力度,利用财税杠杆,引导更多信贷资金投向农村,加强财税政策与金融政策的有效衔接,引导更多信贷资金投向"三农",促进农民收入持续较快增长,让农村成为可以大有作为的广阔天地。要解决好这个问题,核心是要解决好人的问题,通过富裕农民、提高农民、扶持农民,增加农民务农收入,并以此加快推进农业现代化,以保障国家粮食安全和促进农民增收为核心[②]。

所有的这些都表明,中央高度重视农民收入的增长,并且强调了要进一步发挥财政支农和金融支农这两大支农杠杆在农民增收中的作用,力求促进财政支农和金融支农之间的有效互动,提高支农效率,进而增加农民收入。那么,财政支农和金融支农在农民增收过程中到底发挥着怎样的作用呢？ 学术界对此展开了激烈的讨论。

对于财政支农对农民增收的影响,一部分学者认为,我国的财政支农总体上是有效

---

* 黄寿峰,教授、博士生导师,厦门大学经济学院财政系。

① "中央一号文件"原指中共中央每年发的第一份文件,该文件在国家全年工作中具有纲领性和指导性的地位。一号文件中提到的问题是中央全年需要重点解决,也是当前国家亟须解决的问题,更从一个侧面反映出解决这些问题的难度。"三农"问题就是目前我国亟须解决的问题,因此中共中央在 1982 年至 1986 年连续五年发布以农业、农村和农民为主题的中央一号文件,对农村改革和农业发展做出具体部署。2004 年至 2016 年又连续 13 年发布以"三农"为主题的中央一号文件,强调了"三农"问题在中国的社会主义现代化时期"重中之重"的地位。现在中央一号文件已经成为中共中央重视农村问题的专有名词。

② 引自 2016 年中央农村工作会议。

的,它促进了农民收入的增长(茆晓颖和成涛林,2014;张强和张映芹,2015;杨林娟和戴亨钊,2008;邢文洋,2010;王建明,2010)。然而,也有一部分学者持相反的观点,认为我国的财政支农对农民增收的作用不明显。汪海洋、孟全省、亓红帅和唐柯(2014)就认为,我国各项财政农业支出对农村居民家庭人均纯收入的正向拉动效应并不十分明显,并认为这主要是由于我国财政农业支出资金使用效率相对较低,且缺少持续稳定的长效机制造成的。崔姹、孙文生和李建平(2011),李燕凌和欧阳万福(2011)等也得到类似的结论。

关于金融支农在农民增收中的作用,一部分研究认为,金融发展,特别是农村金融发展是促进农民收入增长的重要途径(Li,Squire 和 Zou,1998)。汪建新和黄鹏(2009)认为金融发展有利于提高资源配置效率,农村信贷、农业贷款有助于农民收入的增加(王丹和张懿,2006;王红,吴蔚玲和刘纯阳,2013)。但更多的研究表明,由于发展中国家的农村金融市场体系不够完善,金融部门对农村资金的配置效率低下(Jensen,2000;Jim,2016)。因此,在发展中国家,发展小额信贷及非正规金融是穷人摆脱贫穷、降低贫困的一个重要手段(Awojobi,2011;Ayuub,2013)。就我国而言,我国金融支农效率整体水平较低、农村金融资源配置失衡(王小华,2015;雷荣和郭苏文,2016;吴俊杰和周再清,2010),对农民收入增长的促进作用不明显(许崇正和高希武,2005;鲁强和黄芸,2014),甚至抑制了农民收入增长,加剧了农民贫困(张立军和湛泳,2006;杜婕和霍焰,2013),拉大了城乡居民收入差距(Xu,2003;张宏彦,何清和余谦,2013)。

也有一些研究认为,财政支农和金融支农具有较强的功能互补性,应该将两者有机结合,而不要把它们割裂开来、对立起来,建议整合财政支农与金融支农,提升支农的杠杆效应(彭克强,2008;冉光和,2009;陈治,2010;石丹和魏华,2010),并且,从我国的实践来看,财政支农和金融支农的协调、联动效应还太低(石丹和严高,2015;彭克强,易新福和邱雁,2013)。

纵观现有相关研究,基本以单独分析财政支农或者金融支农中的其中一种效应为主,很少将这两种效应综合在一个框架下进行分析;而且在实证中基本上假定参数同质,这从政策层面理解就是各省市各地区实施财政支农、金融支农的作用应该是一样的,这个假定显然不尽合理;此外,现有相关文献也没有考虑地方政府间财政支农、金融支农及协作效应可能存在的空间相关性。有鉴于此,本章将综合考虑财政支农、金融支农及它们的协作效应对农民增收的影响,使用面板分位数回归分析,以揭示财政支农、金融支农及协作效应对农民增收影响的具体细部特征,在此基础上,本章将进一步揭示财政支农、金融支农及协作效应可能存在的空间相关性。

第二节 模型设定与数据说明

（一）模型设定

与现在大多数相关文献相类似,给出如下反映财政金融政策与经济产出关系的生产函数:

$$Y = f(K, L, H) \tag{9-1}$$

其中 Y 代表经济产出, K 为农户自有资金投入水平, L 代表劳动力投入, H 代表支农水平。如果对劳动投入加一个容量限制 $\bar{L}$,从而有:

$$Y = f(K, H)\min(L, \bar{L})^{\theta}, \theta > 0 \tag{9-2}$$

令 $m = \bar{L}^{\theta}$ 表示经济的最大生产能力,结合式(9-1),并取全微分,可得:

$$dY = m\frac{\partial f}{\partial K}dK + m\frac{\partial f}{\partial H}dH \tag{9-3}$$

考虑到支农水平受财政支农和金融支农这两股支农力量的共同作用,进一步假设:

$$H = H(PS, FS) \tag{9-4}$$

其中, PS、FS 分别表示财政支农、金融支农水平。由此可得:

$$dY = m\frac{\partial f}{\partial K}dK + m\frac{\partial f}{\partial H}\left(\frac{\partial H}{\partial PS}dPS + \frac{\partial H}{\partial FS}dFS\right) \tag{9-5}$$

由于当期资本的形成取决于前一期资本存量和本期投入资金的转化量,同时考虑到农业、农村资金的主要来源包括财政政策、金融政策引导的资金流入自有资金,在考虑折旧情况下,可得:

$$K_t = (1-\delta)K_{t-1} + H(PS, FS) \tag{9-6}$$

结合式(9-5)、式(9-6),可得:

$$dY_{t+1} = -m\delta\frac{\partial f}{\partial K}K_t + m\frac{\partial f}{\partial K}H(PS_{t+1}, FS_{t+1}) + m\frac{\partial f}{\partial H}\left(\frac{\partial H}{\partial PS}dPS + \frac{\partial H}{\partial FS}dFS\right) \tag{9-7}$$

进一步把式(9-7)中的 $H(PS, FS)$ 一阶泰勒展开,并稍加整理,可得:

$$dY_{t+1}/m = -\delta\frac{\partial f}{\partial K}K_t + \frac{\partial f}{\partial K}H(0,0) + \frac{\partial f}{\partial K}\frac{\partial H}{\partial PS}PS_{t+1} + \frac{\partial f}{\partial K}\frac{\partial H}{\partial FS}FS_{t+1}$$

$$+ \frac{\partial f}{\partial H}\frac{\partial H}{\partial PS}dPS + \frac{\partial f}{\partial H}\frac{\partial H}{\partial FS}dFS + C_{t+1} \tag{9-8}$$

式(9-8)表明,财政金融支农政策引发的财政支农、金融支农是影响人均产出的重要核心变量。

（二）数据说明

根据已有的相关研究及上述理论模型,设定如下实证模型:

$$LPI_{it} = C_{it} + \beta_1 LPS_{it} + \beta_2 LFS_{it} + \varphi CON_{it} + \varepsilon_{it} \tag{9-9}$$

其中,PS、FS 分别代表财政支农和金融支农,而 LPS、LFS 分别表示它们的对数形式,CON 为控制变量,参考已有相关研究文献,本章控制变量包括农户自有资金(K)、产业结构(STR)、农业机械总动力(POW)和农用化肥使用量(FER)。同时,为进一步分析我国财政支农、金融支农是否形成有效合力,进一步在上述实证模型中引入它们的交叉项 PFS,其对数形式为 $LPFS$。

$$LPI_{it} = C_{it} + \beta_1 LPS_{it} + \beta_2 LFS_{it} + \beta_3 LPFS_{it} + \beta_4 CON_{it} + \varepsilon_{it} \tag{9-10}$$

本章样本期间为 1997—2013 年,样本包括我国除港、澳、台地区和西藏自治区以外的所有其他 30 个省、直辖市、自治区。在实证中,文中所有涉及价值形态的数据均采用相应的价格指数调整为 1997 年为基期的不变价值。本章将各变量的具体说明及数据来源总结如表 9-1 所示。

表 9-1　变量数据说明和介绍

变量	指标说明	数据来源
PI	财政支农、金融支农效应主要体现为农民收入增长,现有文献一般以农村居民人均纯收入来度量。农村居民人均纯收入,指农村住户当年从各个来源得到的总收入相应地扣除所发生的费用后的收入总和。纯收入主要用于再生产投入和当年生活消费支出,也可用于储蓄和各种非义务性支出。农村居民人均纯收入反映的是一个地区或一个农户农村居民的平均收入水平。	1998—2014 年历年《中国统计年鉴》、CEIC 中国经济数据库
PS	反映财政支农政策对农村经济发展的支持力度,由于在样本期统计指标发生了变化,为使各期数据具有可比性,本章财政支农数据具体内涵为:1997—2006 年间财政支农数值为农业支出、林业支出和农林水利气象等部门的事业费支出这三者之和,2007— 2013 年的财政支农数据为农林水事务支出,本章采用人均财政支农支出作为度量指标。	CEIC 中国经济数据库、1998—2014 年历年《中国财政年鉴》
FS	反映金融支农政策对农村经济发展的支持力度,本章使用人均农业信贷比率来衡量,即人均农业信贷比率＝农业贷款/乡村农业从业人数(15~64 岁)。	《新中国 60 年统计资料汇编》、CEIC 中国经济数据库
K	反映农户自有资金投入在农业经济发展中的作用,对于提高农民收入的影响,本章使用人均农村固定资产投资代理。	CEIC 中国经济数据库、《新中国 60 年统计资料汇编》
STR	代表农业在经济中的作用,用于衡量产业结构对农业经济发展的影响;本章使用农业生产总值占 GDP 的比值来度量。	CEIC 中国经济数据库、《新中国 60 年统计资料汇编》

续表

变量	指标说明	数据来源
POW	科学技术、农业机械化水平在现代农业生产中的作用越来越明显,本章使用单位农作物播种面积上的农业机械动力数来衡量。	CEIC 中国经济数据库、《新中国 60 年统计资料汇编》
FER	农业生产离不开化肥等农业生产辅料的投入,本章使用单位农作物播种面积面积上农用化肥的投放数量来衡量	CEIC 中国经济数据库、《新中国 60 年统计资料汇编》

第三节　财政支农、金融支农与农民增收:面板分位数回归估计

(一)面板分位数回归估计

本章首先进行模型选择,经过面板数据模型固定效应的 F 检验和随机效应 Hausman 检验后[1],本章选择固定效应模型进行估计,而后基于此模型,进行面板分位数回归,本章选择 10%、25%、40%、50%、60%、75% 和 90% 这 7 个具有代表性的分位点,结果如表 9-2 所示。

表9-2　财政支农、金融支农对农民增收的影响:面板分位数回归估计

解释变量	10%	25%	40%	50%	60%	75%	90%
LPS	0.085***	0.027**	0.068***	0.081***	0.094***	0.107***	0.116***
	(0.024)	(0.014)	(0.017)	(0.014)	(0.016)	(0.012)	(0.024)
LFS	−0.021	−0.027	0.029	0.031**	0.039**	0.060***	0.074**
	(0.034)	(0.051)	(0.023)	(0.016)	(0.019)	(0.017)	(0.038)
LPFS	−0.000	0.007	0.002	0.008	−0.002	0.004	0.022
	(0.017)	(0.009)	(0.012)	(0.010)	(0.010)	(0.008)	(0.019)
LK	0.346***	0.288***	0.262***	0.237***	0.262***	0.270***	0.193***
	(0.034)	(0.019)	(0.021)	(0.017)	(0.021)	(0.018)	(0.044)
STR	1.001***	0.098	−0.364*	−0.492***	−0.392*	−0.348**	−1.064***
	(0.297)	(0.165)	(0.193)	(0.168)	(0.211)	(0.180)	(0.427)
POW	0.019***	0.000	−0.003	−0.005	−0.009*	−0.011**	−0.006
	(0.006)	(0.004)	(0.005)	(0.004)	(0.005)	(0.004)	(0.007)
FER	1.050***	1.157***	1.159***	1.080***	0.836***	0.635***	0.592***
	(0.204)	(0.110)	(0.135)	(0.115)	(0.146)	(0.120)	(0.223)

---

[1]　限于篇幅,本章没有列示这一过程。

续表

解释变量	10%	25%	40%	50%	60%	75%	90%
常数项	4.325***	5.130***	5.116***	5.301***	5.112***	4.953***	5.573***
	(0.316)	(0.401)	(0.165)	(0.133)	(0.157)	(0.128)	(0.286)

注:1. FE 表示固定效应模型;2.***、**、* 分别表示在 1%、5% 及 10% 的显著性水平;

2.表中小括号()中的为对应变量通过 bootstrap 得到的标准误,bootstrap 次数为 1000 次。下文与此相同。

对于财政支农对农民收入的影响,结果显示其系数显著为正,表明财政支农有利于农民收入的增加。观察不同分位点的财政支农系数估计值可以看到,随着分位点的增加,财政支农系数大致呈递增的变化趋势。比如,在 0.10 分位点,财政支农变化 1%,将引致农民收入增加 0.085%;而在 0.60 分位点,财政支农变化 1%,将使得农民收入增加 0.094%;当分位点为 0.90 时,财政支农变化 1%,更是将引起农民收入 0.116% 的增长。这说明,就不同条件分位数水平而言,在一定条件下,对于农民收入水平越高的时期区域,财政支农对其收入水平的促进作用愈加明显。究其原因,在农民收入水平较高时,增加财政支农的投入,能够进一步完善农民增收的经济条件和基础条件,因而可以进一步促进农民收入增长。

对于金融支农对农民收入的影响,在低分位点系数不显著,在高分位点具有显著正影响,并且随着分位点的增加,系数估计值大致呈递增的变化趋势,比如,在 0.10、0.25、0.40 这三个分位点,金融支农对农民收入都没有显著影响,而在 0.50 分位点,金融支农变化 1%,将使得农民收入增加 0.031%,在分位点为 0.75 时,金融支农变化 1%,将引起农民收入增加 0.060%,到了 0.90 分位点,这一增幅更是达到了 0.074%。这说明,在一定条件下,在农民收入水平越高的时期区域,金融支农对其收入水平的促进作用越加明显。出现这一结果也很好理解,农民收入的增长对于金融机构来讲代表了农民"信用"的提升,因此,更加富裕的农民客户可能更加容易得到金融机构农业信贷,其获得的金融支农力度自然更大。

从财政支农、金融支农的交叉项系数来看,在各个分位点都显示其系数不显著,也即财政支农、金融支农的协作效应对农民增收没有起显著作用。这表明,目前我国财政支农与金融支农这两大支农杠杆尚未形成良性互动,彼此还处于相对割裂式的单干支农状态,这显然不利于更好地发挥各自的支农作用。这一结果也印证了我国的现状和实践相符,正如近些年中央发布的"一号文件"中所指出的那样,我们应该进一步加强财税政策与金融政策的有效衔接,整合这两大支农杠杆,从而使其发挥更好、更大的作用。

(二)稳健性检验

本章将从样本的区域差异和样本的时间差异这两个维度对实证结果进行稳健性检

验。

(1)基于样本区域差异的稳健性检验。我国幅员辽阔,地域差距明显,区域发展极不平衡,各地区无论在资源禀赋还是经济社会条件等各方面都存在着很大差异,特别是在目前"东部发展、西部开发、中部崛起"的形势下,考虑区域差异对实证结果的影响极有现实意义,为此,本章将全国各省份、直辖市、自治区划分为东部、中部、西部三个区域进行结果稳健性检验[①]。

表 9-3　基于样本区域差异的稳健性检验结果

子样本	变量	10%	25%	40%	50%	60%	75%	90%
东部	LPS	0.162*** (0.053)	0.138*** (0.034)	0.164*** (0.030)	0.175*** (0.024)	0.203*** (0.026)	0.236*** (0.024)	0.248*** (0.020)
	LFS	−0.060 (0.044)	−0.011 (0.029)	0.005 (0.030)	0.004 (0.025)	0.009 (0.028)	0.013 (0.025)	0.030 (0.023)
	LPFS	0.023 (0.016)	0.016* (0.010)	0.009 (0.011)	0.008 (0.013)	0.006 (0.012)	0.014 (0.012)	0.026 (0.016)
中部	LPS	0.126*** (0.022)	0.172*** (0.044)	0.159*** (0.034)	0.209*** (0.045)	0.214*** (0.034)	0.218*** (0.022)	0.230*** (0.036)
	LFS	−0.016 (0.027)	0.059* (0.034)	0.080*** (0.033)	0.075* (0.047)	0.044 (0.032)	0.068* (0.038)	0.095* (0.054)
	LPFS	0.015* (0.008)	0.032** (0.014)	0.035 (0.022)	0.043*** (0.016)	0.048*** (0.017)	0.025 (0.019)	0.030 (0.047)
西部	LPS	0.243*** (0.046)	0.209*** (0.019)	0.150*** (0.028)	0.117*** (0.038)	0.142*** (0.033)	0.159*** (0.065)	0.237*** (0.058)
	LFS	0.037 (0.043)	0.034** (0.017)	0.063** (0.027)	0.061* (0.037)	0.058* (0.032)	0.049 (0.036)	0.077** (0.034)
	LPFS	0.036 (0.031)	−0.001 (0.012)	0.005 (0.030)	−0.048 (0.037)	−0.047 (0.035)	0.024 (0.038)	0.029 (0.022)

注:限于篇幅,本表只报告了核心解释变量财政支农及金融支农的检验结果。

从财政支农的系数来看,无论是东部、中部还是西部,在各个分位点下都显著为正,

[①]　根据《国发〔2000〕33号》文件,东部地区包括北京、天津、河北、辽宁、山东、江苏、上海、浙江、福建、广东和海南;中部地区是指山西、吉林、黑龙江、安徽、江西、河南、湖北和湖南;西部地区包括重庆、四川、贵州、广西、云南、西藏、陕西、甘肃、青海、宁夏、新疆和内蒙古。

说明这三个地区财政支农都显著促进了农民增收,这与前文"财政支农能显著促进农民增收"的结论是相一致的;而且综合各分位点东、中、西部的系数值可以发现,就整体而言,东、中部的系数会比西部表现大一点(比如从各分位水平上的平均值、从各分位点下各地区系数排名前二的次数等来衡量),这表明,整体而言,东、中部地区的财政支农对农民收入的促进作用更为明显。出现这一结果,应该与各地区的经济发展水平及农业发展水平密切相关。

从金融支农的系数来看,东部在各个分位点皆不显著,而中、西部在绝大部分分位点上都显著为正。究其原因,中、西部地区是我国农业生产的最重要地区,政府对当地的农业生产自然很关心,对其金融支持力度自然相对较大;而东部地区作为我国经济最发达的地区,经济活动活跃、频繁,投资机会较多,根据金融"嫌贫爱富"的逐利本性,金融资金容易转移到收益更高的项目上,因此,该地区金融支持也相对较少。

从财政支农与金融支农的交叉项系数来看,除了中部地区少数几个分位点系数显著为正以外,其他都不显著,这也支持我国目前财政、金融支农尚未形成良好的衔接、互动。而少数几个系数显著为正的分位点出现在中部,可能主要是因为我国主要的农业发展大省基本都在中部地区。

(2)基于时间差异的稳健性检验。从 2004 年开始,中央一号文件连续锁定"三农",财政支农、金融支农力度不断加大,并于 2004 年起逐步降低农业税,实施工业反哺农业、城市支持农村和多予少取放活的方针政策。那么 2004 年前后政策实施差异是否对实证结果有根本性影响呢? 本章将以 2004 年作为分界点,检验其前后的差异性。为此,设虚拟变量 D_t,1997—2003 年间 $D_t = 0$,2004—2013 年间 $D_t = 1$;并将其引入实证模型,得:

$$LPI_{it} = C_{it} + \beta_1 LPS_{it} + \beta_2 LFS_{it} + \beta_3 LPFS_{it} + \lambda D_t + \lambda_1 D_t LPS_{it} +$$
$$\lambda_2 D_t LFS_{it} + \lambda_3 D_t LPFS_{it} + \beta_4 CON_{it} + \varepsilon_{it} \tag{9-11}$$

通过模型(9-11)中的 λ_1、λ_2、λ_3,便可以判断 2004 年前后,财政支农、金融支农及它们的交叉项是否发生了根本性变化。

表 9-4 基于样本时间差异的稳健性检验结果

变量	10%	25%	40%	50%	60%	75%	90%
LPS	0.076	0.143**	0.100***	0.118**	0.014	0.076***	0.041*
	(0.087)	(0.054)	(0.021)	(0.057)	(0.030)	(0.025)	(0.023)
LFS	0.001	−0.151	−0.079	−0.071	0.028	−0.042	−0.086
	(0.146)	(0.114)	(0.155)	(0.153)	(0.095)	(0.091)	(0.158)
LPFS	−0.004	0.030	0.021	0.024	0.006	0.020	0.047
	(0.026)	(0.022)	(0.030)	(0.030)	(0.018)	(0.018)	(0.032)

续表

变量	10%	25%	40%	50%	60%	75%	90%
D×LPS	0.075***	0.027*	0.093***	0.129***	0.072***	0.015	0.097*
	(0.025)	(0.020)	(0.031)	(0.032)	(0.0214)	(0.021)	(0.053)
D×LFS	−0.702***	−0.276	−0.153	0.004	−0.031	0.050	0.609
	(0.214)	(0.164)	(0.251)	(0.260)	(0.176)	(0.166)	(0.413)
D×LPFS	0.094***	0.031	0.014	−0.013	−0.004	−0.014	−0.110
	(0.034)	(0.027)	(0.041)	(0.042)	(0.028)	(0.026)	(0.064)

注:限于篇幅,本表只报告了核心解释变量财政支农及金融支农的检验结果。

从财政支农对农民增收的效应来看,LPS 系数值在大多数情况下都显著为正,而且 $D×LPS$ 系数估计值在绝大多数分位点下也都显著为正,这表明,在 1997—2013 年间,财政支农均能显著提高农民收入,而且对比 2004 年前后两段时期内各分位数水平下的系数估计值,2004—2013 年间的系数都要比 1997—2003 年间的要大,而且多数情况下显著(见 $D×LPS$ 系数估计值),这表明,随着党中央持续聚焦"三农"、关注民生,并推出一系列相关政策、方针后,各省、市认真贯彻落实了党和国家的各项财政支农政策,农民收入得到了切实的提高。

从金融支农对农民增收的效应来看,无论是 LFS 系数值还是 $D×LPS$ 系数估计值,基本上都不显著,这表明金融支农在前后两段时期都没能显著促进农民增收,2004 年以后,金融支农对农民增收的作用也没有显著改变。为什么会出现这种现象呢? 2004 年后,党中央确实持续关注"三农",但是大多数政策都是偏财政支农的,而农村金融的发展、完善文件相对较少,缺乏对资金注入农村的有效引导和管理,更为要紧的是,随着我国经济的进一步发展,城镇化的进一步推进、金融市场的进一步完善,特别是近年来房地产市场的火热,金融"嫌贫爱富"的本性决定了更多的资金流向了房地产市场、证券市场、期货、基金市场……这使得更多的资金从农村逃离[1]。

从财政支农、金融支农的交叉项对农民增收的影响来看,无论是 LPFS 系数值还是 $D×LPFS$ 系数估计值基本上在各个分位点上都不显著,这进一步证实我国财政、金融支农目前尚未形成有效的合力,它们彼此之间还是属于割裂式单干状态,而且这些年依旧没有得到有效的改进。

---

[1]　谢平和徐忠(2006)指出,改革开放以来,我国为了实现赶超战略,优先实现工业化和城市化,政府将有限的资源集中在城市和重点项目。我国由于公共财政资源在城乡之间投入不同,进一步加剧了农村资金和劳动力大量流向城市。陈治(2010)也指出,由于金融缺乏主动支农的激励,在一定时期和一定范围内,金融甚至充当了农村资金的"抽水机"角色:来自农村企业、农户的部分存款通过金融机构购买国债、拆借、上存资金和转存人民银行等方式外流到城市,而以农业银行、农业发展银行、邮政储蓄、农村信用社为代表的面向"三农"的金融机构均不同程度地存在不愿新增或逐年降低涉农贷款的情况。这无疑加剧了农村资金供需的矛盾。

第四节　财政支农、金融支农与农民增收:空间视角的进一步讨论

考虑到我国特殊的财政分权模式及"向上负责"的"晋升锦标赛"制度模式,地方政府为了在考核中占据较好的位置,势必会进行激烈竞争,这种竞争通过公共支出水平和结构表现出来,地方政府通过提高当地公共产品的水平和质量以及实行相应的经济政策(张曙霄和戴永安,2012),所以,省、市、自治区间的财政支农、金融支农及其协作效应很可能并不是孤立存在、相互独立的,它们之间可能存在空间相关性[①]。由前文的研究以及现有的研究,财政支农对农民收入的提高作用较为明显,而我国农村金融体系普遍还不完善,金融支农及协作效应在农民增收中所起的作用还不是那么显著,因此,本处只考虑财政支农可能存在的空间相关性[②]。

结合现有的研究结论,我们考虑两种空间权重矩阵:

其一为地理空间权重矩阵,杨友才(2010)等人的研究表明,我国地方政府之间存在显著的"邻里模仿效应"和"示范效应",因此,地理空间越邻近的省市往往空间相关性越明显,表现为相互模仿各自的财政支农结构和方式,此外,由于晋升机制作用,相邻省市也可能面临通过优化财政支农结构以提高农民收入的竞争。地理空间权重矩阵 W_1,其中若省市 i 与省市 j 若地理位置相邻,则矩阵元素为1,反之,则为0。这种空间权重矩阵构建方法的合理性在于,一般情况下,地理位置越近,两地间的联系往往越紧密,两地间的空间相关性也越明显(杨友才,2010)[③]。

其二为财政支农距离权重矩阵,各省、市、自治区财政支农能力直接影响了本地财政支农水平以及它在与其他省市财政支农策略竞争中的位置,一方面,往往财政支农相对规模越大,它在与其他省、市、自治区竞争中所表现出来的竞争力也越强,其空间影响力也越大;另一方面,这种空间影响力往往与地理有关,地理学第一定律就指出,距离较近的事物往往联系越紧密,为此,可以把地理距离和财政支农支出这两个方面结合起来构造财政支农距离权重矩阵。具体而言,首先借鉴引力模型构造地理空间权重矩阵 W_1,它以两个地区省会城市之间的地理距离平方的倒数为元素度量;而后,综合地理距离和财

---

① 王美今、林建浩和余壮雄(2010)指出,我国地方政府间的财政支出规模以及结构特征表现出明显的相互模仿的策略互动。杨友才(2010)的研究也表明,我国地方政府之间存在显著的"邻里模仿效应"和"示范效应"。

② 事实上,我们也检验了金融支农及协作效应的空间相关性,但没能通过10%的显著水平。

③ 现在构建空间权重矩阵,主要考虑地理空间关系和社会经济关系,根据 Anselin(1988),地理空间关系又主要包括依据 contiguity(邻接)、distance(距离)和 k-nearest(最近 k 邻居)三种构建准则。本处选择邻接方式,一是这种方式最简单,现在空间计量的运用文章中基本上也选用这一方法。其次,就我国的地理结构而言,由于我国幅员辽阔、省城在省份大小、经济发展程度、人口密度、资源禀赋等各方面都相差甚大,这一独特的地理结构使得用 distance 和 k-nearest 准则构建的空间权重矩阵相对不可靠(高远东,温涛和王小华,2013)。因此,本处根据 contiguity 标准来构建地理空间权重矩阵。当然,地理空间权重矩阵也有许多弊端,比如,它割裂了一个地区与其不相邻地区之间的联系等,为此,在第二种权重矩阵中,又综合了社会经济关系,

政支农支出,构建财政支农距离权重矩阵,即 $W_2 = W_1 \times \text{diag}(\overline{y_1}/\overline{y}, \overline{y_2}/\overline{y}, \cdots, \overline{y_{30}}/\overline{y})$。

其中

$\overline{y_i} = \dfrac{1}{t_1 - t_0 + 1} \sum\limits_{t_0}^{t_1} y_{it}$ 为样本期间第 i 省的平均财政支农支出,

$\overline{y} = \dfrac{1}{n(t_1 - t_0 + 1)} \sum\limits_{i=1}^{n} \sum\limits_{t_0}^{t_1} y_{it}$ 为样本期间所有省总财政支农支出的平均值。

y_{it} 为第 i 个省在 t 时期的财政支农支出。

为了考察地区政府间财政支农行为的空间相关性及对农民收入的影响,借鉴李涛、周业安(2008)的做法,直接在计量模型(9-10)中加入财政支农的空间滞后项,即:

$$\text{LPI}_{it} = C_{it} + \beta_1 LK_{it-1} + \beta_2 \text{LPS}_{it} + \delta W \times \text{LPS}_{it} + \beta_3 \text{LFS}_{it} + \beta_4 \text{CON}_{it} + \varepsilon_{it} \quad (9\text{-}12)$$

通过空间面板回归估计,并结合面板分位数回归估计,得到结果如表 9-5 所示。

表 9-5　考虑空间相关性的面板分位数回归检验结果

权重	核心变量	10%	25%	40%	50%	60%	75%	90%
W₁	LPS	0.652***	0.587***	0.350**	0.139***	0.216***	0.238***	0.307***
		(0.034)	(0.212)	(0.310)	(0.016)	(0.027)	(0.035)	(0.021)
	$W \times \text{LPS}$	0.030	0.046	0.105**	0.114**	0.119**	0.031	0.030
		(0.038)	(0.059)	(0.046)	(0.051)	(0.058)	(0.052)	(0.033)
W₂	LPS	0.525***	0.479***	0.356	0.166***	0.271***	0.243***	0.331***
		(0.047)	(0.182)	(0.304)	(0.023)	(0.042)	(0.031)	(0.019)
	$W \times \text{LPS}$	0.035	0.051	0.153**	0.162**	0.171**	0.040	0.036
		(0.032)	(0.034)	(0.052)	(0.047)	(0.077)	(0.042)	(0.024)

注:限于篇幅,本表只报告了核心解释变量财政支农及其空间滞后变量的检验结果。

在考虑财政支农的空间相关性之后,不管用地理空间权重矩阵还是财政支农距离权重矩阵,财政支农系数依然显著为正,财政支农显著促进了农民收入增长,且随着分位数水平的增加,系数值也大致呈现一个"U"形轨迹,因此,前文面板分位数估计的结果是稳健的。

从财政支农的空间滞后项系数来看,都显示为正,这表明地区间的财政支农相关性有利于促进当地农民收入的增长,这也从一个侧面印证了王美今,林建浩和余壮雄(2010)提出的"地方政府的财政支出规模以及结构特征表现出明显的相互模仿的策略互动"现象,也证实杨友才(2010)提出的地方政府存在"邻里模仿效应";从各分位点的具体情况来看,这种"模仿效应"在低分位点即农民收入水平较低时以及高分位点即农民收入水平较高时表现得不显著,而在中等分位点(40%,50%,60%)呈现显著的正影响。究其原因,在农民收入水平较低的时期区域,往往是政府财政实力相对有限,人均财政支农支出相对较少,此时即使想模仿,也没有能力模仿;而农民收入水平较高的时期区域,往往经济较为发达或农业生产较为发达,此时会把更多的资金投入到收益率更高的行业,或者不怎么需要模仿学习,因此,作用不明显。而对于农民收入水平中等的时期区域,它们一方面想进一步提高自己的收入水平,存在模仿的迫切希望,另一方面,它们的收入水平也允许它们模仿学习,因此,作用显著。

第五节 结论

本章利用面板分位数回归结合空间相关性考察了我国财政支农、金融支农及其协作效应对农民增收的影响。结果表明,在不同分位数水平上,财政支农都显著促进了农民收入的增长,此外,各省、市、自治区间存在财政支农的空间相关性,这种相关性体现为区域间能够通过模仿学习作用促进当地农民收入的增长,这种作用在中等收入水平的区域表现得最为明显;而金融支农对农民收入的增加只在高分位点处具有正影响,财政支农与金融支农的协作效应对农民增收影响不显著。分区域、分时间差异的实证结果进一步论证了上述结论,并且还指出:东、中部地区的财政支农对农民收入的促进作用比西部地区更为明显,东部金融支农作用不明显,而中、西部地区大多数情况下显著为正;2004年前后财政支农对农民增收的作用发生了显著性变化,相较2004年之前,2004年之后的财政支农对农民增收所起的促进作用增强了,而金融支农及协作效应的作用却并未出现明显变化。

根据本章的研究结果,我们可以得到一些启示:

(1)进一步发挥财政支农、金融支农的主导性作用。从本章的实证分析来看,财政支农整体上都显著促进了农民收入的增长,而金融支农只在部分区域作用明显。为此,对于财政支农,必须进一步健全财政支农资金投入持续增长机制,坚持把发展农业农村、提高农民收入作为各级财政支出的优先保障领域,确保财政支农的力度不减弱,投入资金总量有增加;优化财政支农资金支出结构,以进一步提高财政支农效率,比如,要进一步投入财政资金,建立健全农民扶持制度,培养职业农民,提高农民综合素质,真正实现"授之以渔";进一步改革涉农转移支付制度,下放审批权限,从而实现各项财政支农资金的有效整合,并最终发挥更大的主导性作用。此外,我们还必须建立健全财政支农资金的有效管理制度,切实加强相关资金的有效监管,从源头上杜绝任何形式的挤占挪用、层层截留、虚报冒领,使得财政支农资金的每一分钱都用到实处。对于金融支农,针对金融支农力量依旧比较薄弱的现状,国家应该努力破除、整合相对无序的农村金融秩序,规范农村金融发展,进一步放开农村金融市场;与此同时,针对目前农村金融服务绝大部分由农村信用社承担的现实,国家一方面应进一步稳定农村信用社县域法人地位,努力提高其治理水平和服务能力,另一方面,应进一步扶持农村地区商业性金融发展,努力整合政策性金融和合作性金融,加强多层次竞争性金融组织的构建,推动村镇银行、中国邮政储蓄银行、小额信贷等的发展,千方百计推动金融资源更多向农村倾斜,使广阔的农村早日形成多层次、竞争性、广覆盖、可持续的丰富的农村金融服务体系,使金融支农力量得到切实的提升和壮大。

(2)增强财政支农、金融支农的协同性。本章的实证分析表明,我国的财政支农、金融支农之间尚未形成良好、有效的协同,尚处于"单干"式支农状态,这显然无助于更好地提高农民收入。为此,应该进一步加强财税杠杆与金融政策的有效配合,努力构建财政支农与金融支农的协同框架和平台,激活各方支农资源的配置效率。为此,国家应该进一步理顺农村金融市场,使政府的财政支持行为和农村金融的市场行为紧密联系起来,进一步整合财政支农资金与金融支农资金,实现这两部分资金的协同。比如,对于农业、农村基础设施的建设,过去主要依靠财政资金,而金融机构的参与度普遍不高,为此,可以考虑将其适度商业化,通过PPP、参股等多种形式吸纳金融资金,并通过"以奖代补"等方式,积极引导金融机构参与到建设农村、服务农民的活动中来,从而实现使用少量的财政资金,引导较大规模信贷资金投入农村的目的。实际上,我国对此也已做了一定的尝试,如财政部于2009年开展了县域金融机构涉农贷款余额增量奖励试点,并试行了新型农村金融机构定向费用补贴。此外,可以考虑由国家通过风险补偿、税收优惠等方式将一部分财政支农资金引入信用担保体系中,解决农民贷款过程中的担保问题和贷款难问题。

(3)进一步创新财政金融支农工具和政策。过去,财政往往通过单一的直接补助方式实现支农目的,这种方式简单,但效率较为低下,国家应该进一步考虑将其转变为综合性的激励引导政策,同时,通过应用各种分配方法(如因素法、公式法等)科学、合理分配支农资金,并综合使用"以奖代补、民办公助、以物代资、先建后补、奖补结合"等多种手段,实现财政支农资金的效用最大化,实地调查支农中的重点、难点问题,实现财政支农资金"精准支农",真正做到好钢用在刀刃上。与此同时,进一步加大金融支农创新,扩大农村金融资源供给,以提升金融支农效率,考虑到我国各地区农村金融发展不平衡的现实,国家应该实行有差别的金融创新模式,在东部地区,由于经济较为发达,可拥有的农村金融资源也相对较多,可考虑在农村地区引入商业性金融,并进一步整合合作性金融,同时引导移动、互联网金融等在农村的健康发展;对于中西部地区,经济相对落后,农村金融资源相对较少,因此,应进一步创新该地区村镇银行的设立模式,扩大其覆盖面,同时积极发展农户联保式贷款和免担保小额贷款等多种金融产品。此外,国家还应该根据不同地区财政、金融支农的不同特点,进一步优化财政金融支农的空间结构,合理调配财政金融支农资金,强化支农的针对性和效率性,真正做到"精准支农"。

本章参考文献

[1]陈治.财政激励、金融支农与法制化——基于财政与农村金融互动的视角[J].当代财经,2010,(10):25-33.

[2]崔姹,孙文生,李建平.基于VAR模型的农业贷款、财政支农对农民收入增长的动态性分析[J].广东农业科学,2011(1):235-238.

[3]杜婕,霍焰.农村金融发展对农民增收的影响与冲击[J].经济问题,2013(3):97-102.

[4]高远东,温涛,王小华.中国财政金融支农政策减贫效应的空间计量研究[J].经济科学,2013(1):36-46.

[5]雷棠,郭苏文.中国区域金融支农绩效水平的实证研究——基于DEA模型的省际差异分析[J].江西社会科学,2016(2):44-49.

[6]李燕凌,欧阳万福.县乡政府财政支农支出效率的实证分析[J].经济研究,2011(10):110-149.

[7]鲁强,黄芸.农村金融发展对农民收入的影响与冲击——基于VECM模型的实证研究[J].河北工业大学学报(社会科学版),2014(1):32-40.

[8]茆晓颖,成涛林.财政支农支出结构与农民收入的实证分析——基于全口径财政支农支出2010—2012年江苏省13个市面板数据[J].财政研究,2014(12):68-71.

[9]彭克强,易新福,邱雁.改革以来中国农业投入产出关系的协整分析[J].农业技术经济,2013(4):59-68.

[10]彭克强.财政支农杠杆效应的实证研究:1987—2007[J].统计研究,2008(11):30-36.

[11]冉光和.财政金融政策与城乡协调发展[M].北京:科学出版社,2009.

[12]石丹,魏华.关于财政与金融协同支农的思考与建议[J].武汉金融,2010(7):52-54.

[13]石丹,严高.基于系统协同度模型的财政支农与金融支农协同演化研究[J].商业研究,2015(8):96-101.

[14]王丹,张懿.农村金融发展与农业经济增长[J].金融研究,2006(11):177-182.

[15]王定祥,琚丽娟,李伶俐.我国金融支农效率的测度与改进策略[J].当代经济研究,2013(11):62-69.

[16]汪海洋,孟全省,亓红帅等.财政农业支出与农民收入增长关系研究[J].西北农林科技大学学报(社会科学版),2014(1):72-79.

[17]王红,吴蔚玲,刘纯阳.中国农业政策性金融支农效果分析——基于30个省2005—2009年数据[J].湖南农业大学学报(社会科学版),2013(4):10-15.

［18］王建明.农业财政投资对经济增长作用的研究：兼论农业科研投资的作用与效果［J］.农业技术经济，2010(2)：40-45.

［19］汪建新，黄鹏.金融发展对收入分配的影响：基于中国 29 个省区面板数据检验［J］.上海经济研究，2009(11)：3-13.

［20］王美今，林建浩，余壮雄.中国地方政府财政竞争行为特性识别：兄弟竞争与父子争议是否并存？［J］.管理世界，2010 (3)：22-31.

［21］王小华.信用约束、信贷调节与农民收入增长［J］.财贸研究，2015(5)：41-50.

［22］吴俊杰，周再清.我国金融支农效率现状分析［J］.金融经济，2010(6)：42-43.

［23］谢平，徐忠.公共财政金融支农与农村金融改革：基于贵州省及其样本县的调查分析［J］.经济研究，2006(4)：106-114.

［24］许崇正，高希武.农村金融对增加农民纯收入支持状况的实证分析［J］.金融研究，2005(9)：173-184.

［25］邢文洋. The impact of China's fiscal expenditure in agriculture on farmer's income［J］. Asian Agricultural Research，2010，2 (5)：1-4.

［26］杨林娟，戴亨钊.甘肃省财政支农支出与农民收入增长关系研究［J］.农业经济问题，2008(3)：99-102.

［27］杨友才.产权制度的空间溢出性与经济增长——基于空间面板固定效应的计量研究［J］.经济问题，2010，(6).

［28］张宏彦，何清，余谦.中国农村金融发展对城乡收入差距影响的实证研究［J］.中南财经政法大学学报，2013(1)：83-88.

［29］张立军，湛泳.金融发展影响城乡收入差距的三大效应分析及其检验［J］.数量经济技术经济研究，2006(12)：74-80.

［30］张强，张映芹.财政支农对农民人均纯收入影响效应分析：1981—2013——基于陕西省县际多维要素面板数据的实证［J］.西安交通大学学报(社会科学版)，2015(5)：93-98.

［31］张曙霄，戴永安.异质性、财政分权与城市经济增长——基于面板分位数回归模型的研究［J］.金融研究，2012(1)：103-115.

［32］ANSELIN L. Lagrange multiplier test diagnostics for spatial dependence and spatial heterogeneity［J］，Geographical Analysis，1988，20：1-17.

［33］AWOJOBI O. Microfinancing for poverty reduction and economic development：a case for nigeria［J］.International Research Journal of Financeand Economics，2011，72：159-168.

［34］AYUUB S.Impact of microfinance on poverty alleviation：a case study of NRSP in Bahawalpur of Pakistan［J］. International Journal of Academic Research in Accounting，Finance and Management Sciences，2013，3(1)：119-135.

[35]JENSEN E. The farm credit system as a government-sponsored enterprise[J]. Review of Agricultural Economics，2000，22：263-270.

[36]JIM，M.，Agricultural credit：institutions and issues，congressional research service，RS21977，2016.

[37]LI H，SQUIRE L，HENG-FU Zou.Explaining international and intertemporal variations in income in-equality[J]. Economic Journal，1998，108(446)：26-43.

第十章　逆向财政机制与城乡收入差距

杨斌　胡文骏 *

第一节　引言

城乡差别问题和城乡收入差距问题一直以来都是中国现代化进程和协调推进全面建成小康社会进程中遇到的重大难题,中国的城乡收入差距问题一直没能得到有效解决(Molero-Simarro,2017)。根据《中国统计年鉴》的数据,1998—2015 年,中国城镇居民人均可支配收入的年均增长率为 10.99%,而农村居民人均纯收入的年均增长率仅为 10.01%。这表明,中国城镇居民的人均纯收入不仅在绝对量方面要高于农村居民,而且还以相对更快的速度增长。1998—2002 年,中国的城乡收入比从 2.51 上升至 3.11,随后虽略有起伏但一直到 2013 年都在 3 以上,2014 下降至 2.92,但是 2015 年上升到 2.95,可见城乡收入差距并未表现出明显的收敛趋势。此外,城乡居民收入的绝对差距越来越大,呈现出逐年上升的趋势(详见图 10-1)。如果把农民用于生产的费用和城镇居民享受的福利也考虑进来并将其货币化,城乡居民的实际收入差距将会更大(赖文燕,2012)。在中央十分重视三农问题、采取一系列措施促进农村居民增收的情况下,城乡收入差距问题仍然严重存在,是何原因? 这无疑需要进一步探索。

本章综述近十年有关城乡收入差距的研究成果,测算近二十年中国财政逆向程度的变化趋势,实证分析逆向财政机制与城乡收入差距之间的相互关系,以期寻求影响城乡收入差距不能明显收敛的根本原因,进而提出对策建议。

* 杨斌,教授、博士生导师,厦门大学经济学院财政系;胡文骏,博士研究生,厦门大学经济学院财政系。

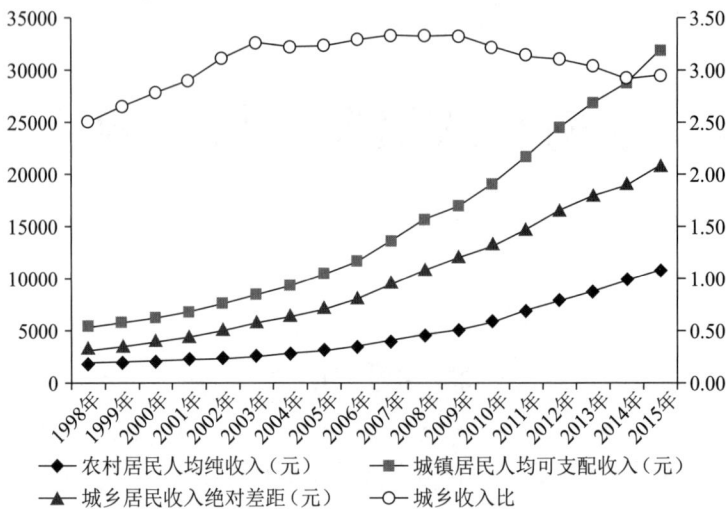

图 10-1　城乡收入差距(1998—2015)

第二节　关于城乡收入差距成因的观点综述与辨析

学术界大量文献研究了中国城乡收入差距持续存在的原因以及解决办法。笔者曾对 2008 年以前的相关文献进行了综述,并将其中的代表性观点归结为"国家工业化战略论"、"政府的三农歧视论"、"等级社会格局论"、"生产力差异论"、"人力资本和生育率差异论"、"消除收入差异政策无效论"、"分税制论",并认为这些观点均无法完整解释中国城乡收入差距持续存在的原因(杨斌,2009)。2009 年以来,有关城乡收入差距的原因和对策研究有了新的进展,研究深度和广度以及研究方法均有拓展和更新。具体而言:

第一种观点可称为"城市偏向论",认为城乡收入差距持续存在的主要原因仍然是政府的城市偏向政策。如城市偏向的财政再分配政策(陈斌开等,2010;雷根强和蔡翔,2012)、城乡之间的公共服务差异(吕炜和高飞,2013)、城乡基础设施投资的差异(丁志国等,2011;张勋和万广华,2016)、金融系统在资源分配上表现出明显的城市化倾向(胡宗义和刘亦文,2010)等,其结果主要表现为城乡居民在非劳动收入上的差距扩大趋势日益明显(周世军和周勤,2011)。

第二种观点可称为"经济结构论",认为城乡收入差距持续扩大是因为经济结构的改变。陈斌开和林毅夫(2013)的研究表明,旨在鼓励资本密集型部门优先发展的政府战略造成了城市部门就业需求的相对下降,进而延缓了城市化进程,而这直接导致农村居民不能有效地向城市转移、无法分享城市发展所到来的利益,因此城乡收入差距扩大。

第三种观点可称为"户籍歧视论",认为城乡居民身份差异仍然是城乡收入差异的制度原因。持这一观点的学者大多把城乡收入差距归因于农村居民因户籍身份差异而无法分享城市化进程的利益,进城务工人员无法完全市民化是我国城乡收入差距问题难以解决的症结所在(吕炜等,2015),中国城镇化进程不仅没有缩小城乡差异,反而成为扩大的原因(Su et al.,2015)。不少学者专门分析了阻碍城镇化进程的户籍制度对城乡收入差距的影响,发现在中国城市的劳动力市场中,由于户籍制度等制度性障碍的存在,农村进城务工人员难以进入高技术、高报酬的领域内工作,这直接导致了城市居民和农村进城务工人员之间的收入差距(Zhu,2016;Qua & Zhao,2017)。有研究表明,仅仅因为是户籍职业选择歧视,农户个体的收入将会减少3.5%(万海远和李实,2013)。

第四种观点可称为"土地财政论",认为土地财政推动了城乡收入差距的持续存在。吕炜和许宏伟(2015)认为,土地财政是我国城市化过程中城乡收入差距快速拉大的重要原因。实证分析表明:土地出让收入和土地出让面积的增长会在短期内加剧城乡收入差距的扩大,土地财政规模增长对城乡收入差距变动的影响程度在中部地区最高、影响持续时间在东部地区最长。

总的来看,上述四种主流观点虽然都能在一定程度上解释城乡收入差距的成因,但是却不够完善。"城市偏向论"只考虑了财政支出的"重城轻乡"现象,而未将税收收入的因素考虑进去,因而该观点对城乡收入差距的解释力无疑是有限的。"经济结构论"从宏观层面探讨了城乡收入差距扩大的原因,但却未能揭示其中的微观机制。"户籍歧视论"看似能够解释城乡收入差距的成因,但是却未能揭示其背后的本质。诚然,户籍制度等因素阻碍了城镇化进程、将农村居民排除在城市发展所带来的利益之外。但是,造成城市居民与农村居民社会福利差异、就业机会差异、工资水平差异等现象的原因并非户籍制度本身,而是隐藏在户籍制度背后的税收负担与公共服务的非对称性:在城市工作的农村居民已经向城市部门承担了纳税义务,但是由于户籍限制,他们没有权利完全享有利用他们所缴纳的税款提供的公共服务,这才是城乡收入差距的重要诱因。"土地财政论"虽然在一定程度上捕捉到了土地财政的发展伴随着城乡收入差距扩大这一客观现象,但是却未能揭示其背后的深刻原因。在土地财政过程中,政府向农民征收土地(包括地上房屋等)、向土地开发商出让土地,进而获取巨额的土地出让金收入。然而,农民却只能从政府获得数量有限的补偿和安置费,不能完全补偿失去土地所带来的损失。如果农民能够在土地财政过程中获取与自己失去的土地(房屋)等额的价值补偿,那么土地财政非但不会扩大,反而会缩小城乡收入差距。因此,造成城乡收入差距的不是土地财政这一发展模式,而是土地财政过程中不给予失地农民足额补偿,其原因在于农村居民不拥有土地(以及土地上的房屋等财产)的完全财产权,他们不能作为独立财产所有者通过市场谈判获得合理的等值回报。

综上所述,已有的观点均无法很好地解释城乡收入差距持续存在的原因。笔者曾经指出:由于中国财政体制的特殊性,中国农村部门的税收负担远远高于其所获得的财政利益,这种"劫贫济富"的"逆向财政机制"是中国城乡收入差距持续存在的重要原因(杨斌,2009)。其他学者的一些研究也在不同程度上支持笔者的观点。例如秦海林(2010)认为,农村居民不仅支付了自己的公共产品支出,实际上还承担着一部分城市居民的公共产品支出。乐为和钟意(2014)发现,农村居民税收负担沉重与农村公共产品供给无效率在我国是长期并存的,如果不改变农村公共产品供给模式,其结果必然是农村居民负担越来越重,进而拉大城乡收入差距。Wang & Piesse(2010)通过数据模拟发现,在中国,相对贫穷的农村居民承担了净纳税义务,而相对富裕的城市居民却享受了净财政补贴,这种扭曲的税收—补贴制度是城乡收入差距持续拉大的一个重要原因。米增渝等(2012)的理论分析和实证检验也表明,中国的穷人承担了更多的税收、富人得到了更多的补贴,这一现象加剧了收入不平等程度。卢盛峰等(2015)利用1998—2011年中国县级数据测度了中国税制的"亲贫性"程度,结果表明中国的非税收入更多的由贫困及低收入地区所负担。张志超等(2014)借用笔者的思路计算了中国省级层面的逆向财政程度,结果表明2000—2012年中国农村财政的逆向程度平均达到20.99%。

近十几年来,国家免除农村税费,增加"三农"支出,推行各种财政补贴,加大粮食主产区奖励补助,利用贴息、奖励、风险补偿、税费减免等措施带动金融和社会资金更多投入农业和农村,取得了明显的成效。但是,在农业得到保护、农村面貌发生变化、农村居民生活状况得到改善的同时,城乡居民收入差距问题依然存在并且仍然十分严重,其中逆向财政机制的原因是否仍然是根本原因,需要借助原有的研究成果,利用最新的统计资料,构建逆向财政指数、测算逆向财政程度,把握其变化情况、分析其对城乡收入差距的影响。

第三节　逆向财政机制和逆向财政指数的测算

"逆向财政机制"是相对于"顺向财政机制"而提出的理论概念。在竞争性的市场经济中,收入差距难以避免,政府往往通过财政手段调节收入差距,纠正市场缺陷、维护社会公平,其主要办法是对较为富有的人或群体征收较高的税收,而通过提供公共服务、转移支付、补贴、社会保险、救济等办法对较穷的人或群体(包括地区)给予高于平均水准的财政利益。我们称这种以"劫富济贫"为特征的财政机制为"顺向财政机制"或"一般财政机制"。中国城乡差别由来已久,农村部门和农村居民总体上相对较穷,城市部门总体上相对较富。为了全面构建小康社会,政府本来应该向较为富裕城市部门征收相对多的税款、向农村部门提供相对多的公共支出,从而"劫富济贫",实现城乡一体化目标。但是,长期以来中国财政的政策制度的安排可能隐含了与此相反的做法,对相对较穷的农村部门和农村居民不是少取多予,而是多取少予,我们把这种违背财政正常走向,不是"劫富济贫",而是"劫贫济富"的财政机制叫作"逆向财政机制"。

根据上述定义,参考杨斌(2009)的做法,本章通过构建"逆向财政指数"(reverse fiscal index, RFI)来说明逆向财政机制的存在和发展变化,具体而言:

$$RFI_i = (FB_i - FP_i)/FB_i \qquad (10-1)$$

其中,FB(fiscal burden)表示农民承受的广义税收负担,FP(fiscal profits)表示农民分享的全部财政利益,RFI 表示逆向财政程度,i 表示对应的年份。如果 RFI 大于 0,则表明农民的广义税收负担大于其财政收益,此时逆向财政机制存在,RFI 越大表明逆向财政机制的程度越大;如果 RFI 小于 0,则表明农民的广义税收负担小于其财政收益,此时逆向财政机制不存在。

为了计算逆向财政指数(RFI),必须准确衡量农民承受的广义税收负担(FB)、农民分享的全部财政利益(FP)。具体而言:(1)关于农民承受的广义税收负担,中国的农村居民不仅要承担直接税[①],还要承担消费环节的间接税[②],生产环节不可抵扣的增值税进项税额[③],以及政府征用农民土地而不给予足够补偿所产生的"现代暗税"[④](杨斌,2002、2004、2005、2007、2009);(2)关于农民分享的全部财政利益,农村居民获取的财政利益主要有农林水利气象等部门的财政支出(即"三农支出"),教育、医疗、社会保障等部门的财政支出(即"民生支出")中用于农村的部分,以及国防、公共安全等方面的财政支出(即"纯公共品支出")中农村居民真正获益的部分(杨斌,2009)。

根据杨斌(2009)提供的计算公式和数据处理方法,本章测算了 1998—2015 年中国农民承受的广义财政负担、中国农民分享的全部财政利益,以及中国财政的整体逆向程度,相关数据来源于历年《中国统计年鉴》《中国财政年鉴》《中国税务年鉴》《中国农业发展报告》。从表 10-1 和图 10-2 可知,1998—2015 年间,中国始终存在着逆向财政机制,样本期内农村居民承受的总财政负担高达 328683.54 亿元,但是农村居民分享的总财政利益却只有 147998.12 亿元,这表明中国财政向农民净索取的财富高达 180685.42 亿元,样本期内逆向财政指数的平均值高达 54.97%。

但是在样本期内,逆向财政指数(RFI)表现出先高后低的变动趋势:1998—2007 年,逆向财政机制的程度呈整体增强的趋势,并于 2007 年达到最大(RFI 值高达 68.52%);

---

① 农民实际负担的各种直接税和杂税包括农业税及其附加费(2006 年以后完全取消)、乡镇企业所得税、农村个体经营者和进城务工人员所承担的个人所得税,以及农民承担的各种税收性质的收费。

② 由于中国的间接税实行价内税制度,间接税税款包含在商品价格之中,因此农民在购买商品的过程中,实际上承担了间接税税款。尽管由于存在税负转嫁与归宿现象,上下交易环节的纳税人之间、纳税人与消费者之间在税负上存在博弈的复杂问题,但总体上将消费者视为实际负税人是合适的(杨斌,2014)。

③ 农民负担的进项税主要指的是农民在生产可供出售的农产品过程中所消耗的中间物质投入中所包含的进项税额。由于农民不作为增值税的纳税人,无权开出增值税专用发票,不能将进项税额转由农产品采购商或消费者负担,因而自己要负担进项税额。欧盟也对农民免征增值税,但对农民均采用"同一税率补偿"的办法将进项税额还给农民,而我国没有此项规定,由此将造成农民实际负担的加重。

④ 农民负担的现代暗税主要是指在土地财政过程中,农民因丧失土地且得不到足额补偿而不得不承受的经济损失。这种经济损失很大程度上是因为土地、房屋等不动产所有权制度作了完全不利于农民的安排,如果按照多数国家和地区(如台湾)惯例来设置土地、房屋物权法,那么农民在房地产市场发展中将获得极大的利益。这种人为的不平等法律安排本质上就是设置了对农民征收"暗税"的规则,属于隐性的逆向财政机制。

2008—2015 年,逆向财政机制的程度呈整体减弱的趋势,并于 2015 年降至最小(RFI 值降至 38.51%,为样本期内最低)。这说明,国家对农村实行的少取多予的"三农"政策产生了一定的效果,这必将对城乡收入差距造成影响。

表 10-1　1998—2015 年中国的逆向财政指数

年份	农民的广义税收负担 (FB/亿元)	农民的全部财政利益 (FG/亿元)	逆向财政指数 (RFI/%)
1998	3863.77	1761.66	54.41
1999	4173.74	1776.60	57.43
2000	4714.94	2018.22	57.20
2001	5254.64	2647.96	49.61
2002	6239.78	2598.33	58.36
2003	8202.05	2911.21	64.51
2004	9181.21	3607.15	60.71
2005	9782.97	3845.01	60.70
2006	11846.88	4826.04	59.26
2007	15706.21	4944.59	68.52
2008	16477.20	7403.85	55.07
2009	20543.69	9998.02	51.33
2010	27484.53	10776.24	60.79
2011	32388.00	13322.13	58.87
2012	32062.78	14830.10	53.75
2013	40824.21	17995.73	55.92
2014	41884.36	19337.30	53.83
2015	38052.58	23397.98	38.51
合计	328683.54	147998.12	54.97

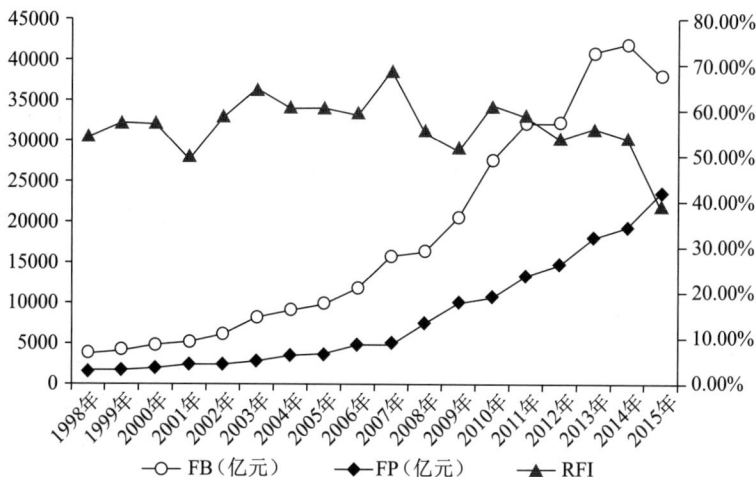

图 10-2　逆向财政机制的变化趋势(1998—2015)

第四节　逆向财政机制的城乡收入分配效应分析

(一)模型、指标与数据来源

为了进一步分析逆向财政机制与城乡收入差距之间的相互影响,本章采用向量自回归模型(VAR)和向量误差修正模型(VECM)进行实证分析。本章构造的 VAR 模型的具体形式如下:

$$\begin{cases} \mathrm{INCGAP}_t = \sum\limits_{i=1}^{p} \alpha_i \cdot INCGAP_{t-i} + \sum\limits_{i=1}^{p} \beta_i \cdot \mathrm{RFI}_{t-i} + Z\gamma + \varepsilon_t & (10\text{-}1) \\ \mathrm{RFI}_t = \sum\limits_{i=1}^{p} \delta_i \cdot INCGAP_{t-i} + \sum\limits_{i=1}^{p} \theta_i \cdot \mathrm{RFI}_{t-i} + Z\rho + \mu_t & (10\text{-}2) \end{cases}$$

其中:INCGAP 表示城乡收入差距,RFI 表示逆向财政机制,二者为 VAR 模型的内生变量;Z 表示 VAR 模型的外生控制变量, ε_t 和 μ_t 为随机扰动项,每个 VAR 方程的最优估计方法是最小二乘法。

VAR 模型的建立要求系统中的所有时间序列具有平稳性,如果变量序列非平稳且存在协整关系,则需引入误差修正机制,通过建立 VECM 模型来分析变量间的短期偏离信息。本章构造的 VECM 模型的具体形式如下:

$$\begin{cases} \Delta\mathrm{INCGAP}_t = \sigma \cdot ecm01_{t-1} + \sum\limits_{i=1}^{p} \alpha'_i \cdot \Delta\,\mathrm{INCGAP}_{t-i} + \sum\limits_{i=1}^{p} \beta'_i \cdot \Delta\mathrm{RFI}_{t-i} + Z\,\gamma' + \varepsilon'_t \\ \hfill (10\text{-}3) \\ \Delta\mathrm{RFI}_t = \tau \cdot ecm02_{t-1} + \sum\limits_{i=1}^{p} \delta'_i \cdot \Delta\,\mathrm{INCGAP}_{t-i} + \sum\limits_{i=1}^{p} \theta'_i \cdot \Delta\mathrm{RFI}_{t-i} + Z\rho' + \mu'_t \\ \hfill (10\text{-}4) \end{cases}$$

其中:$\Delta\mathrm{INCGAP}_t$、$\Delta\mathrm{RFI}_t$ 为原变量的一阶差分序列,$ecm01_{t-1}$、$ecm02_{t-1}$ 是误差修正

项。通过基于 VECM 模型的脉冲响应分析,可以测算每个系统变量对其他变量冲击的响应路径。

在指标设计方面:(1)关于城乡收入差距,本章采用城乡收入比(INCGAP=城镇居民人均可支配收入/农村居民人均纯收入)作为替代变量,INCGAP 值越大则城乡收入差距越大;(2)关于逆向财政机制,本章直接采用上文测算得出的逆向财政指数(RFI)作为替代变量,RFI 值越大则逆向财政机制的程度越大;(3)关于外生控制变量,本章借鉴雷根强和蔡翔(2012)、陈斌开和林毅夫(2013)、吕炜和许宏伟(2015)等人的做法,将经济发展(GROW=人均 GDP 增长率)、城镇化率(URB=城市人口/总人口)、国有化程度(STAT=国有部门固定资产投资/全社会固定资产投资)、经济开放程度(OPEN=进出口总额/GDP)作为控制变量。相关数据来源于历年《中国统计年鉴》和《中国农村统计年鉴》。为了消除异方差的影响、提高时间序列的平稳性,本章对所采用的变量数据进行了对数化处理,模型的回归参数可理解为被解释变量相对于解释变量变动的弹性系数。

(二)VAR 模型的建立

在建立 VAR 模型之前,必须进行数据平稳性检验,只有当各变量都是平稳序列或同阶单整序列时才能建立 VAR 模型。具体而言,本章对各变量进行 ADF 检验,并综合参考 AIC 准则、SC 准则和 P 值,对序列平稳性进行判断,结果表明:变量 INCGAP、RFI、GROW、URB、STAT、OPEN 在 10% 的显著性水平下均不能通过 ADF 检验,但其一阶差分序列在 10% 的显著性水平下均能通过 ADF 检验,这表明上述 6 个变量都是 I(1)序列(详见表 10-2)。因此,可以利用 VAR 模型进行实证分析。

为了确定 VAR 模型的最优滞后期,本章从研究目的出发,综合参考 LR 统计量、FPE 统计量、AIC 信息准则、SC 信息准则和 HQ 信息准则进行判断,最终选择建立 VAR(10-3)模型,其内生变量的排序为 INCGAP、RFI。鉴于下文可能还要建立 VECM 模型进行分析,本章选择将控制变量的一阶差分序列作为外生变量,即 d(GROW)、d(URB)、d(STAT)、d(OPEN)。特征根检验表明,VAR(10-3)模型所有特征根的倒数均在单位圆内,这表明该模型是稳定的,因此本章选择建立 VAR(10-3)模型进行实证分析。

表 10-2　各个变量 ADF 平稳性的检验结果

变量	AIC	SC	ADF	10% 临界值	P 值	平稳性
INCGAP	−4.817708	−4.721135	−0.228528	−1.605603	0.5881	N
d(INCGAP)	−4.938985	−4.890698	−1.986004	−1.605603	0.0479	Y
RFI	−1.123026	−1.074013	0.403297	−1.606129	0.7886	N
d(RFI)	−1.182404	−1.087997	−4.144007	−1.605026	0.0004	Y
GROW	0.363110	0.599127	0.154712	−3.324976	0.9944	N

续表

变量	AIC	SC	ADF	10%临界值	P 值	平稳性
d(GROW)	0.232168	0.420981	−7.201995	−3.324976	0.0002	Y
URB	−8.639074	−8.492036	−1.453818	−3.297799	0.8049	N
d(URB)	−8.370141	−8.181328	−3.405368	−3.324976	0.0883	Y
STAT	−2.975554	−2.926542	2.965929	−1.606129	0.9980	N
d(STAT)	−2.971908	−2.923621	−1.852907	−1.605603	0.0624	Y
OPEN	−1.404644	−1.355632	−0.625597	−1.606129	0.4313	N
d(OPEN)	−1.414170	−1.365883	−2.705369	−1.605603	0.0103	Y

注：①除 GROW、URB 的 ADF 检验方程包含趋势项和截距项之外，其他 ADF 检验方差均不包含趋势项和截距项；②在"变量"一栏中，"d"表示对原序列进行一阶差分；③在"平稳性"一栏中，"Y"表示 10%临界值下平稳，"N"表示 10%临界值下不平稳。

（三）协整关系检验

由于本章构建的 VAR(10-3)模型包含一阶单整序列，变量之间可能存在协整关系，因此需要对 VAR(10-3)模型进行协整关系检验，在确定协整方程个数的基础上，确定模型中误差修正项的个数。具体而言，由于 VAR 模型滞后期为 2 期，因此协整关系检验的滞后期设定为 1 期。根据 Johansen 协整检验中迹统计量和最大特征值统计量的检验结果，最终可以确定所建立的 VAR(10-3)模型中存在 1 个协整关系（详见表 10-3），这实际上表明：逆向财政机制与城乡收入差距之间存在长期的相互影响关系。为了进一步分析二者之间的关系，我们有必要建立 VECM 模型进行短期波动分析。

表 10-3　Johansen 协整检验的结果

原假设	特征根	迹统计量(P 值)	最大特征值统计量(P 值)
0 个协整方程	0.595690	14.82237 (0.0187)*	14.48917 (0.0129)*
最多一个协整方程	0.020610	0.333199 (0.6262)	0.333199 (0.6262)

注："＊"表示，在 5%的显著性水平下拒绝原假设。

（四）VECM 模型的建立与脉冲响应分析

VECM 模型是含有协整约束的 VAR 模型。由于 Johansen 协整检验表明 VAR(10-3)模型中存在 1 个协整关系，因此本章选择建立 VECM(10-4)模型。特征根检验表明，VECM 模型特征根的倒数均在单位圆内，因此该模型是稳定的。从 VECM 模型的估计结果可知，d(INCGAP)方程的调整拟合优度为 78.27%，d(RFI)方程的调整拟合优度为 50.18%，这表明：该模型对城乡收入差距(INCGAP)的解释能力较强，而对逆向财政机制(RFI)的解释能力较为有限(详见表 10-4)。

表 10-4   VECM 模型估计方程的拟合优度表

	d(INCGAP)	d(RFI)
R^2	0.884127	0.734284
$\bar{R}^2$	0.782738	0.501782

进一步,本章在 VECM 模型的框架下进行脉冲响应分析,旨在进一步观测逆向财政机制与城乡收入差距之间的相互影响关系,即:来自逆向财政机制(RFI)的一个正向标准差冲击是如何影响城乡收入差距(INCGAP)的,以及来自城乡收入差距(INCGAP)的一个正向标准差冲击是如何影响逆向财政机制(RFI)的。由于本章对原始变量进行了对数化处理,而 VECM 模型中的各序列均为差分变量,因此此处的脉冲响应函数分析的是原始变量的增长率。

从脉冲响应函数的具体形式(详见图 10-3,对应的 Cholesky 排序为 RFI、INCGAP。对于其他 Cholesky 排序,得出的脉冲响应趋势和幅度均无太大变化,因此可以认为该结果较为稳定)来看:(1)关于当期 RFI 的一个正向标准差冲击(即逆向财政程度增长率的正向波动),INCGAP 在第 1 期至第 10 期表现出持续递增的正向响应,第 10 期之后正向响应的幅度基本稳定在 0.0138 个单位;RFI 在第 1 期至第 15 期表现出持续波动的正向响应,第 15 期之后正向响应的幅度基本稳定在 0.038 个单位。(2)关于当期 INCGAP 的一个正向标准差冲击(即城乡收入差距增长率的正向波动),INCGAP 在第 1 期即表现出明显的正向响应,第 2 期至第 10 期表现出持续递减的正向响应,第 10 期之后正向响应的幅度基本稳定在 0.0105 个单位;RFI 在第 1 期至第 10 期表现出持续递增的正向响应,第 10 期之后正向响应的幅度基本稳定在 0.029 个单位。

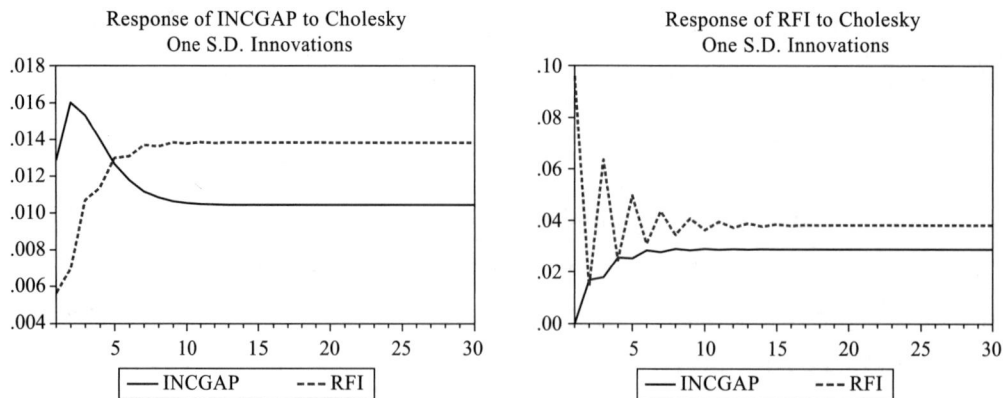

图 10-3 INCGAP 和 RFI 的脉冲响应图

从脉冲响应函数可知:在短期,来自 RFI 的正向冲击会对 INCGAP 和 RFI 产生显著的正向影响,来自 INCGAP 的正向冲击也会对 INCGAP 和 RFI 产生显著的正向影响,且这些影响均收敛于非 0 常数。据此,我们可以得出以下结论:(1)逆向财政机制将会显著扩大城乡收入差距,城乡收入差距的扩大又会反过来加深逆向财政机制的程度,二者之间表现出相互影响的正向关系;(2)逆向财政机制和城乡收入差距均表现出一定程度的自我增强趋势。

第五节　主要结论与政策建议

本章测算了 1998—2015 年中国财政的整体逆向程度,结果表明:样本期内,中国始终存在着逆向财政机制,中国财政向农民净索取的财富高达 18 万亿元,逆向财政指数的平均值高达 54.97%。进一步,本章利用 VAR 模型和 VECM 模型分析了逆向财政机制的城乡收入分配效应,结果表明:逆向财政机制将会显著扩大城乡收入差距,城乡收入差距的扩大又会反过来加深逆向财政机制的程度,二者之间表现出正向的相互影响关系。也就是说,如果不消除这一"劫贫济富"的逆向财政机制,城乡收入差距就会持续存在、难以收敛。

从逆向财政指数(RFI)的整体变化趋势来看,中国财政的逆向程度虽然在 2008 年以来呈现出整体减弱的趋势,但是仍然居高不下。这表明,随着国家大力推行对农村少取多予的"三农"政策,中国财政的逆向程度虽然有所减小,但是减小的幅度极为有限,逆向财政机制的存在仍然是中国城乡收入差距难以收敛的重要原因。而从上文的分析可知,农民的广义税收负担大于其所实际获得的财政利益是导致逆向财政机制的根本原因。在农村居民承受的广义税收负担中,随着国家推行农村税费改革和取消农业税等惠农政策,农民的直接税负担已经大大减轻,但是农民的间接税、进项税和现代暗税负担仍然存在[1],而迄今为止并无任何将农村居民负担的间接税、进项税和现代暗税对口用于农村部门的制度安排,农村居民实际负担的税款并未专项用于农村公共品供给,这种不合理的制度安排增加了农村居民的实际负担、减小了农村居民的实际收入,由此将导致农村居民的实际收入增长率低于城市居民,进而导致城乡收入差距难以收敛。而在农村居民获得的财政利益中,虽然政府逐年增加对"三农"的投入力度,但"三农"支出年增长率却时而高于财政总支出年增长率、时而低于财政总支出年增长率,这说明"三农"支出虽然在总量上呈现出逐年增长的趋势,但是其在政府财政总支出中的相对地位并不牢固(杨斌,2014),由此将导致"三农"支出支农力度的有限性。因此,在农民广义税收负担并未实现

---

① 根据杨斌(2007、2009)的测算,在农民的广义税收负担中,直接税负担占比极小,其数额远远不能跟间接税、进项税和现代暗税负担相比。因此,农村税费改革和取消农业税对农民广义税收负担的影响是极为有限的。

真正意义上的减轻、政府"三农"支出支农力度并不牢固的情况下,逆向财政机制的程度难以有效减轻,由此将导致城乡收入差距难以有效收敛。

综上所述,为了从根本上解决中国的城乡收入差距问题,必须消除逆向财政机制。基于此,本章提出如下政策建议:

第一,继续加大国家财政对"三农"的支持力度,建立"四进一扶"的涉农财政新机制,将农村居民缴纳的税款"整体"还给农村居民。在目前"三农"财政支出的基础上,应该完全实现农村居民税收贡献与农村公共品供给之间的对应关系,从而消除逆向财政机制。可以通过建立"四进一扶"的涉农财政新机制,把从农村获得的财政收入返还给全体农村居民。具体而言:一进资金,即国家财政通过专项支出、专项转移支付等形式加大对投向"三农"领域的金融资金给予贴息、担保,促进资金在农村流动;二进科技,即国家财政加大向农村提供科技公共品的力度,支持农业科技推广、辅导、培训网络的建立,全面促进科技要素向农村回流,从而为农村的发展提供科技支持;三进组织,即扶持农村居民合作组织的建立和发展,组建农业利益集团,形成农村居民利益表达机制,从而为农村的发展提供组织保障;四进人才,即通过建立"三农"引智基金,大力引进高素质人才服务农村,使农村逐步拥有规模不断庞大的适用型人才队伍,从而为农村的发展提供人才支持;一扶人口素质,即通过财政专项资助、定向委培等形式,为农村适龄居民提供高等教育、职业教育、创业教育等公共服务,推动农村人口素质的提升,从而为农村的发展提供人口素质保障。

第二,优化财政支出结构,加快实现城乡公共服务均等化,不仅实现地理意义上的城乡公共服务均等化,还要着力实现身份意义上的城乡公共服务均等化。在消除逆向财政机制基础上,应该在财政支出上对城乡居民一视同仁。目前,中国的城乡二元结构仍然十分明显,农村人口所能享受的公共服务远远少于城市人口。在未来的财政体制改革中,一方面,应逐步缩小城市部门人均财政支出与农村部门人均财政支出之间的差距,最终使二者同时趋近于地方政府辖区内的人均财政支出标准,从而实现人均财政支出的均等化;另一方面,应消除户籍制度给农村居民带来的身份歧视和公共服务待遇差异,尊重进城工作的农村居民的纳税人地位,使进城工作的农村居民能够与市民一样无差别地获得政府提供的公共服务,从而实现城乡之间财政机会的均等化和公平化。

第三,消除对农村居民财产权法律制度上的歧视性安排,使城乡居民享有同样的财产权利。目前具有城市属性的房产、土地等不动产可上市交易,在牛市的情况下可使拥有者获得巨额收益,收获了社会经济发展带来的财产增值成果,但农村属性(包括城中村)的不动产不能获得可上市交易的产权证书,其拥有者不能通过合法路径获得经济社会发展带来的财产增值,这是新形势下城乡收入差距加大的一大原因。如果把财产权授予当成广义公共服务,那么这种城乡有别的歧视性财产权法律制度属于一种无法完全通过货币计量的隐性逆向财政机制。应当加快农村属性财产权(包括土地和房屋等)的确权、登记、颁证速度,加快农村属性财产制度改革,尽快实现无差别的财产权制度安排。在此基础上通过完善产权交易(包括抵押、担保、转让)制度,让农村居民(或个人或集体)获得平等的市场主体地位,逐步实行与城市房产、国有土地同等入市、同权同价,让土地等不动产征用拆迁补偿市场化,破除土地财政的逆向性,杜绝"现代暗税",增加农村居民的财产收入。

只有在完成了上述三个步骤工作的基础上,讨论城市反哺农村才有实际意义,才能真正实现对农村或农村居民的多予少取,重新回归顺向财政机制,合理调节城乡收入分配、缩小城乡收入差距。

本章参考文献

[1]陈斌开,林毅夫.发展战略、城市化与中国城乡收入差距[J].中国社会科学,2013(4).

[2]陈斌开,张鹏飞,杨汝岱.政府教育投入、人力资本投资与中国城乡收入差距[J].管理世界,2010(1).

[3]丁志国,赵晶,赵宣凯,等.我国城乡收入差距的库兹涅茨效应识别与农村金融政策应对路径选择[J].金融研究,2011(7).

[4]胡宗义,刘亦文.金融非均衡发展与城乡收入差距的库兹涅茨效应研究——基于中国县域截面数据的实证分析[J].统计研究,2010(5).

[5]赖文燕.我国城乡居民收入差距动态变化的统计分析[J].福建论坛·人文社会科学版,2012(6).

[6]乐为,钟意.农民负担率与农村公共物品供给效率失衡研究[J].农业经济问题,2014(10).

[7]雷根强,蔡翔.初次分配扭曲、财政支出城市偏向与城乡收入差距——来自中国省级面板数据的经验证据[J].数量经济技术经济研究,2012(3).

[8]卢盛峰,陈思霞,张东杰.税制亲贫性:谁在承担着中国的税负?[J].经济管理,2015(4).

[9]吕炜,番绍立,樊静丽,等.我国农民工市民化政策对城乡收入差距影响的实证研究——基于 CGE 模型的模拟分析[J].管理世界,2015(7).

[10]吕炜,高飞.城镇化、市民化与城乡收入差距——双重二元结构下市民化措施的比较与选择[J].财贸经济,2013(12).

[11]吕炜,许宏伟.土地财政、城市偏向与中国城乡收入差距[J].财贸经济,2015(16).

[12]米增渝,刘霞辉,刘穷志.经济增长与收入不平等:财政均衡激励政策研究[J].经济研究,2012(12).

[13]秦海林.农村实际税负变化与二元财政测度[J].财经论丛,2010(5).

[14]万海远,李实.户籍歧视对城乡收入差距的影响[J].经济研究,2013(9).

[15]杨斌.非对称的财税机制:财富从农村自动地转移至城市[J].涉外税务,2002(12).

[16]杨斌.将农民缴纳的"钱"还给农民——建立逐步解决"三农"问题的财政机制[J].涉外税务,2004(3).

[17]杨斌.返还间接税:形成城乡统一的公共财政体制的必要步骤[J].税务研究,2005(6).

[18]杨斌.中国农民广义税收负担走向[J].税务研究,2007(10).

[19]杨斌.中国财政的特殊规律:逆向财政机制——城乡收入差距拉大和多数县乡财政持续困难的隐性原因[C].2009中国公共经济学论坛暨2009公共经济与管理国际会议论文集Ⅰ,2009.

[20]杨斌.财政学(第三版)[M].大连:东北财经大学出版社,2014.

[21]张勋,万广华.中国的农村基础设施促进了包容性增长吗?[J].经济研究,2016(10).

[22]张志超,吴晓忠,陈晓声.区域差异、逆向财政机制与城乡收入差距——基于动态面板与门限面板模型的研究[J].山西财经大学学报,2014(8).

[23]周世军,周勤.政策偏向、收入偏移与中国城乡收入差距扩大[J].财贸经济,2011(7).

[24]CHI-WEI SU, TIE-YING LIU, HSU-LING CHANG, et al. Is urbanization narrowing the urban-rural income gap? A cross-regional study of China[J]. Habitat International, 48. 79-86.

[25]RICARDO MOLERO-SIMARRO. Inequality in china revisited. The effect of functional distribution of income on urban top incomes, the urban-rural gap and the gini index,1978 – 2015[J]. China Economic Review, 2017(42): 101-117.

[26]RONG ZHU. Wage differentials between urban residents and rural migrants in urban china during 2002—2007: a distributional analysis[J]. China Economic Review, 2016(37):2-14.

[27]XIAOBING WANG, JENIFER PIESSE. Inequality and the urban-rural divide in China: effects of regressive taxation[J]. China & World Economy, 2010(18):36-55.

[28]ZHAOPENG QUA, ZHONG ZHAO. Glass ceiling effect in urban China: wage inequality of rural-urban migrants during 2002—2007[J]. China Economic Review, 2017(42):118-144.

第十一章 转移支付对城乡收入差距的影响

——基于我国中西部县域数据的模糊断点回归分析

雷根强 黄晓虹 席鹏辉[*]

第一节 引言

　　1994年分税制改革以来,我国中央与地方财政分配关系逐渐形成"收入上中央集权,支出上地方分权"的基本格局,地方政府承担起提供本地区大部分公共服务的责任,我国转移支付制度(也称为财政转移支付制度或中央对地方转移支付制度)也自此建立并逐渐完善。由于各地方政府的财力相差较大,贫困地区政府在提供公共服务时显得力不从心,调节收入差距的能力更是微乎其微,严重依赖中央转移支付。财政部数据显示,2014年中央对地方的转移支付达到4.66万亿元,2015年预计达约5.1万亿元。[①] 尽管如此,我国的基尼系数长期高于0.4的国际警戒线,2014年国家统计局发布的居民基尼系数为0.469,城乡收入差距问题仍很严重。这一方面说明了我国目前的收入分配仍存在很大的收敛空间,另一方面也应当审视当前转移支付制度对我国城乡收入差距的影响。2015年年初国务院发布了《关于改革和完善中央对地方转移支付制度的意见》,致力于进一步改善转移支付制度,明确以推进地区间基本公共服务均等化为主要目标,促进经济社会持续健康发展。因此,研究转移支付对城乡收入差距的影响具有重要的理论与现实意义,关系到我国促进区域经济均衡发展的财政政策实现路径,也直接关系到我国经济增长的前景与未来。

　　目前该领域已有文献主要从居民的转移性收入为切入点,分析转移支付对收入分配的直接性调节作用(Wang 和 Caminada,2011;Albouy,2012等)。然而转移性收入既来源于中央的直接性补助也包括了地方层面补贴,事实上地方财政严重依赖上级转移支付,若纯粹从地方政府实施转移支付的视角来研究,就可着重分析上级政府通过地方实

---

　　* 雷根强,教授、博士生导师,厦门大学经济学院财政系;黄晓虹、席鹏辉,博士研究生,厦门大学经济学院财政系。

　　① 数据来自财政部预算司:《2015年中央对地方税收返还和转移支付预算表》,财政部,2015年3月24日。

现的收入再分配调节作用,但此类研究较为少见,可初步将仅有的相关文献分为三类:
(1)具有政策针对性的转移支付对居民收入的研究。Meng(2013)对"8-7扶贫"作政策
效果评价,以划入国贫县的收入标准为断点,通过断点回归估计结果认为贫困县农民收
入显著上升38%。从农村居民的贫富差距来看,国家的扶贫政策与贫困补贴仍未能有效
改善(姚洪心、王喜意,2009;Park和Wang,2010)。(2)研究转移支付结构对地区居民收
入的影响。卢洪友、陈思霞(2012)利用边际收益分析法发现贫困地区从一般性转移支付
补助中的边际受益更大,专项转移支付的边际受益分配则存在公平分配失效可能性。
(3)转移支付对地方政府行为的影响。Wagener(2000)通过理论模型推理发现,地方政府
在履行中央政策时存在外部性,影响政策实施效果。何强、董志勇(2015)基于居民幸福
最大化分析转移支付对地方财政支出行为的影响机制,认为在2007年后转移支付对省
级地方政府积极改善民生发展起到了激励作用。曾国安、胡晶晶(2009)在理论分析我国
长期实行的财政制度时认为,中央、省市级政府财政支出均具有城市偏向,使得财政困难
的县乡政府不得不担负起提供农村公共品的支出责任,进而强化了城乡收入差距。由于
信息不对称,尹恒、朱虹(2011)发现县级政府因为追求经济增长率而非居民福利,导致
"公共服务型政府"偏离建设的目标而出现财政支出偏向。

我们认为已有的研究虽取得一些重要进展,但仍存在不足,主要是:(1)目前相关研
究在实证分析中所采用的模型设计大部分仍克服不了转移支付实施过程中城乡居民收
入的内生性问题,无法排除其他因素的干扰,难以获得一致估计结果,因此降低了结论及
政策建议的可信度;(2)政策针对性的转移支付效果评价基本停留在扶贫对农民收入的
研究,我们有理由进一步验证转移支付对城乡收入差距的不同影响;(3)在以居民收入为
断点时仍排除不了人为操纵的可能性,有必要寻求较强外生性的工具变量检验实证结
果;(4)国内学术界对城乡收入差距的研究文献大多是基于全国或省市级层面,对县域情
况仍有待进一步研究。

因此,针对上述最为重要的内生性问题,本章试图借助准自然实验中局部有效性最
好的设计来克服,即断点回归模型(regression of discontinuity,RD)。在符合RD模型假
设的条件下,可更有效处理内生性问题的影响,提高对政策效果估计的精确度,而利用该
模型来分析财税问题目前仍较为罕见。本章选取与中西部地理分界线的距离为RD函数
形式的执行变量,在一定意义上可捕获中西部边界线周围相关的不可观测因素,并采用
更具说服力的县域数据来探析转移支付对城乡收入差距的调节作用。实证结果发现,我
国转移支付在调节区域财力均衡时会扩大城乡收入差距;机制分析结果表明,转移支付
对城镇居民收入有显著的促进作用,而对农村居民增收仅有微弱的效果。根据中西部区
域断点回归得到的实证结论是否适用于其他地区间的转移支付效应,则属于进一步研究
的重点。当然,目前也并无有效的实证证据或制度差异否定这一论点的适用性。由于城
乡收入差距持续较大一直是我国社会稳定的安全隐患,也是学术重点关注内容,本章以

转移支付为视角的断点回归分析可在一定程度上丰富该领域的研究内容及方法。

第二节　转移支付对城乡收入差距影响的理论分析

在财政分权的大背景下,"不患寡而患不均",对收入再分配的调节及地方政府之间竞争局面的有效处理源于中央政府的适当干预,转移支付应运而生(Oates,2005)。针对落后地区,1999 年国家正式提出西部大开发战略,2000 年起中央财政逐步加大对西部地区的资金投入力度,至 2012 年中央财政累计对西部地区转移支付达 8.5 万亿元,约占全国同期对地方转移支付总量的 40%。[①] 中央明确提出加大对西部地区的转移支付力度,专项资金补助、民族地区补助、农村税费改革补助、乡镇财政困难补助等转移支付着重向西部地区倾斜,力求更直接地达到区域发展与居民收入差距收敛的效果。

理论上,转移支付被赋予平衡地区间财力,满足区域间基本公共服务均等化的职能(Boadway 和 Shah,2007)。但分税制改革后,我国并未形成实际意义上的分权体制,而是中央财力集权及地方支出责任下压,加之我国长期的城乡二元结构,在户籍制度的限制下,人口不能完全自由流动,中央对地方政府的转移支付就成为保障当地居民享有基本公共服务的重要工具。由此,本章参照并简化 Wagener(2000)及刘穷志(2011)构建的非完全自由流动财政分权模型,与之不同的是,我们从地方政府为上级转移支付的最终执行者出发,理论分析转移支付对城乡居民的收入差距会通过地方政府的行为而有所影响的机制问题。

假设一个国家中只有中央和地方两级政府存在,中央对地方的转移支付为 $\overline{T}^i$,且地方政府行为直接影响社会生产产生外部性。两个地区为 $i=1,2$,每个地区中住着两类群体,用 $v=u,r$ 表示,一类是占有 i 地区固定要素的较富有群体即城镇居民,另一类是流动性的劳动力群体即农村居民,则总流动人口数为:

$$\overline{L}_r = l_r^1 + l_r^2 \tag{11-1}$$

令 T_v^i 表示 i 地区 v 类型群体人均可享受到的地方政府提供的转移支付水平,则:

$$\overline{T}^i = T_u^i + T_r^i \tag{11-2}$$

在一个简单的市场经济环境下劳动力市场是竞争性的,生产函数为严格凹函数 $f(l_u^i, l_r^i)$,边际产出则为可获得的工资水平。那么农村居民与城镇居民平均收入分别可表示为:

$$I_r^i = f_r^i + T_r^i \tag{11-3}$$

$$I_u^i = \frac{f(l_u^i, l_r^i) - f_r^i \cdot l_r^i + T_u^i \cdot l_u^i}{l_u^i} \tag{11-4}$$

---

① 数据来自刘琼:《中央财政累计对西部财政转移支付 8.5 万亿元》,新华网,2013 年 10 月 22 日。

在可自由流动的劳动力中,消费最终能达到一致:

$$I_r^1 = I_r^2 \tag{11-5}$$

根据式(11-1)～(11-5)求出地方政府对转移支付的变动会引起城镇及农村的收入各自变化关系式:

$$\frac{\partial I_r^i}{\partial T_r^i} = f_{rr}^i \cdot \frac{\partial I_r^i}{\partial T_r^i} + 1 \tag{11-6}$$

$$\frac{\partial I_r^i}{\partial T_r^i} = -\frac{\partial l_r^i}{\partial T_r^i} = \frac{f_{uu}^1 + f_{uu}^2}{(f_{ur}^1 + f_{ur}^2)^2 - (f_{uu}^1 + f_{uu}^2)(f_{rr}^1 + f_{rr}^2)} \tag{11-7}$$

$$\frac{\partial l_r^i}{\partial T_u^i} = -\frac{\partial l_r^j}{\partial T_{iu}} = -\frac{f_{ur}^1 + f^{ur}}{(f_{ur}^1 + f_{ur}^2)^2 - (f_{uu}^1 + f_{uu}^2)(f_{rr}^1 + f_{rr}^2)} \tag{11-8}$$

根据 Boadway(1982),令:

$$D = -[(f_{ur}^1 + f_{ur}^2)^2 - (f_{uu}^1 + f_{uu}^2)(f_{rr}^1 + f_{rr}^2)] > 0 \tag{11-9}$$

则可得到:

$$\frac{\partial I_r^i}{\partial T_r^i} = 1 - \frac{1}{D}[f_{rr}^j \cdot (f_{uu}^1 + f_{uu}^2)] = \frac{1}{D}[f_{rr}^j \cdot (f_{uu}^1 + f_{uu}^2)] \tag{11-10}$$

$$\frac{\partial I_u^i}{\partial T_u^i} = -f_{rr}^i \cdot \frac{\partial I_r^i}{\partial T_u^i} \cdot \frac{l_r^i}{l_u^i} = \frac{1}{D}\left[-f_{rr}^i \cdot (f_{uu}^1 + f_{uu}^2) \cdot \frac{l_r^i}{l_u^i}\right] \tag{11-11}$$

式(11-10)表明农村居民从转移支付中很可能得到正向收益,但其大小与地方政府行为的外部性有关,而式(11-11)表示城镇居民收入水平对转移支付的反应还取决于城镇与农村间的相互作用,所以只需比较二者反映在转移支付变化率上的高低便可知城乡收入差距的大小。由此我们提出本研究的一个假说:在我们控制住其他变量影响的前提下,如果城镇对转移支付投入的反应比农村更敏感,那么地方政府在收入再分配调节作用上可能会受政策权衡影响而助长城乡收入差距扩大的现象。

第三节　实证模型及数据描述

(一)实证模型

利用 OLS 回归进行分析如式(11-12),下标 i 为县,t 为年份,其中 Transfer 代表转移支付,φ 估计值代表转移支付对城乡收入差距的影响,X 为控制变量,同时控制省份与时间效应,ξ 为误差项。然而,OLS 回归仍无法准确控制住不可观测的或不可准确测量变量的影响,如地理资源禀赋、当地风俗习惯、消费习惯、宗教文化等都有可能影响到当地居民的收入水平,此时 φ 将不可避免高估或低估其对城乡收入差距的作用。

$$\text{Gap}_{it} = \omega + \varphi \text{Transfer}_{it} + \upsilon X_{it} + \mu_i + {}_t + \xi_{it} \tag{11-12}$$

为了克服上述内生性问题,本章参考 Almond 等(2009)以南北分界线研究供暖对生命值影响的思路,采取中西部分界线模糊断点回归策略(Fuzzy RD)[①],FRD 认为断点具有非确定性,依赖于执行变量处理概率的非连续性。文中的执行变量为地理位置,处理变量为是否享受到更多的转移支付,但处理变量并不是完全严格地取决于地理位置,即转移支付的断点变化并非严格地按照在西部地区来确定,在实际工作中,中部省份的湖南湘西地区、湖北的恩施地区及吉林延边地区也比照西部地区享受西部大开发政策,因此可将这种地理上的非连续性看作是处理状态的工具变量,并采用 2SLS 回归估计。

$$\text{Transfter}_{it} = \alpha + \beta \text{West}_i + \delta F(\text{distance})_i + \gamma X_{it} + \mu_i + \eta_t + \varepsilon_{it} \tag{11-13}$$

$$\text{Infrastructure}_{it} = \alpha_1 + \beta_1 \text{West}_i + \delta_1 F(\text{distance})_i + \gamma_1 X_{it} + \mu_i + \eta_t + \zeta_{it} \tag{11-14}$$

$$\text{Tax}_{it} = \alpha_2 + \beta_2 \text{West}_i + \delta_2 F(\text{distance})_i + \gamma_2 X_{it} + \mu_i + \eta_t + \Psi_{it} \tag{11-15}$$

$$\text{Gap}_{it} = \theta + \lambda \text{Transferhat}_{it} + \pi F(\text{distance})_i + \kappa X_{it} + \mu_i + \eta_t + \zeta_{it} \tag{11-16}$$

第一阶段回归为式(11-13),第二阶段回归为式(11-16),其中 β 捕获了中央对西部转移支付的断点效应,λ 代表转移支付对城乡收入差距的影响效果,即为本章重点关注的系数。利用的样本是中西部地理分界线上相邻的县,处于边界线周边县市的社会经济特征可认为是无差异的,西部县域作为处理组,West 为 1,中部作为控制组,West 为 0。F(distance)代表了以距离作为执行变量的 RD 函数形式,在一定意义上可捕获中西部边界线周围的不可观测的相关因素,表现为控制地理位置的函数形式。另外,非参法统计方法虽不依赖于特定的函数形式,但是要求数据能够高度精确地反映出每一个观测值实际的地理信息(Black,1999),且模型的设定要求在非常接近临界值处仍具有大量的观测样本点(Imbens 和 Lemieux,2008)。由于数据信息的细节限制,本章将参考 Dell(2010)提出的相对灵活的半参数断点回归模型,使用不同阶数的形式为保证实证结果的稳健性,且控制不随时间变化的个体特性和随时间变化的变动趋势,此时分离出来的误差项与关键变量独立。另外,在控制变量处于临界值处的分布是连续的前提假设条件下,原则上只需要控制住最优带宽,其他变量的控制与否在理论上不会对断点回归结果产生较大影响。但最优带宽的选择在实际操作中只能是尽可能接近执行变量的临界值,因此可在回归中加入控制变量以提高估计效率。

需要说明的是,由于西部大开发政策的重大性及复杂性,它不仅涉及转移支付在中西部地区的显著差异,也包括对西部基础设施建设的资金投入、税收优惠政策及其他相关产业政策。[②] 为了不使这些政策影响到转移支付对城乡收入差距的效应,有必要验证

---

① 断点回归模型是目前实证策略研究中最为前沿的准自然实验设计之一,其在经济学、政治经济学、教育学、生物学和行为学等等很多领域都得到高度的重视及运用,但目前该模型在财税领域运用的研究较为少见。

② 中央对西部的政策支持采取了针对性的措施,主要有财政倾斜政策、金融发展政策、税收优惠政策、资源产业政策及公共服务政策等,可将相关政策概括为三类:转移支付、促进基础设施建设的资金投入及税收优惠政策。其中,促进西部发展的金融发展政策、资源产业及公共服务政策的资金最终落实点主要是基本设施建设方面,包括公路、铁路和水利等。税收优惠政策是为促进西部地区经济社会发展的税收优惠政策方面,涉及所得税、增值税、关税、耕地占用税、资源税等多个税种。对于税收优惠政策,最主要受益者是企业单位。

在中西部边界线周围是否存在除转移支付外其他的断点。本章概括了另外两个西部大开发战略政策里的主要影响变量,即式(11-14)中的被解释变量基础设施建设资金投入,本章利用了人均基本建设投资完成额这一指标,以及式(11-15)中的被解释变量税收优惠政策,本章利用了宏观税负水平这一指标。

(二)数据描述

国务院于 2001 年 8 月 28 日发布公告《关于西部大开发若干政策措施的实施意见》,将西部开发的适用范围确定为:重庆、四川、贵州、云南、西藏、陕西、甘肃、青海、宁夏、新疆、内蒙古和广西 12 个省市自治区(统称为西部地区)。本章采用中西部(排除内蒙古、新疆、西藏[①])15 省 1054 个县样本数据,图 11-1 所示中西部地区省界线为本章表示的中西部边界线,并通过 GIS 软件计算各县距离边界线的最短距离来作为执行变量。

城乡收入差距(Gap):根据大量已有文献,全国或省市级的城乡收入比应是由城镇居民人均可支配收入与农村居民人均纯收入比表示,但由于本章采用的县级数据来自于《中国区域经济统计年鉴》(2001—2008 年),此年鉴中只有城镇居民在岗职工平均工资收入与农村居民人均纯收入。虽用工资收入会高估城镇可支配收入水平,但鉴于本章研究的是城乡收入差距的变动趋势,工资收入水平与可支配收入水平的变动趋势可被视为同向,虽有偏差但仍说明问题,具有一定可信度。另外,通过比较省级城镇在岗职工平均工资收入与农村居民纯收入比和省级城镇居民人均可支配收入与农村居民纯收入比的相关性,我们发现其相关系数为 0.8226,且在 1% 水平上显著,由此可知本章采用城镇在岗职工平均工资收入与农村居民人均纯收入之比作为城乡收入差距衡量指标具有一定的代表性。

---

① 内蒙古自治区作为西部地区在地理位置上只有一小部分与属于中部地区的山西省相邻,其他部分则与东北三省及河北相邻,因此在本章比较中西部地区的研究上将这一小部分内蒙古的县排除掉对结果不会有太大影响。新疆及西藏数据缺失多,且断点回归模型的特点是局部有效性的最优估计,要求将样本控制在断点周围并寻求最优带宽,因此未考虑这两个地区在一定程度上不会对回归结果产生影响。

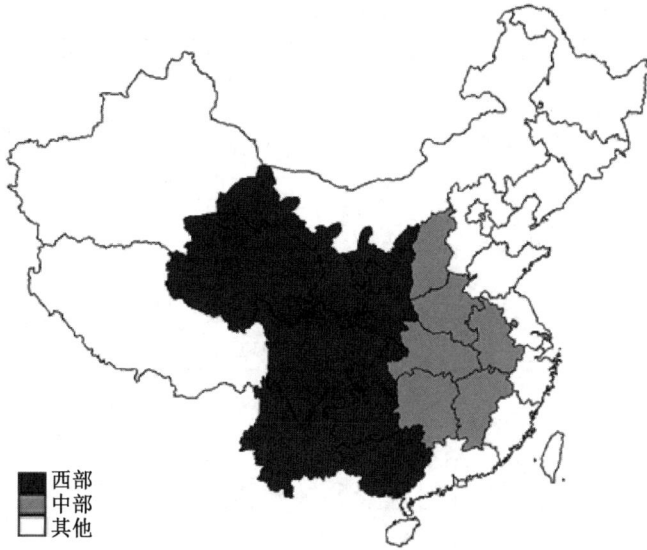

图 11-1　研究样本的范围分布

转移支付(Transfer)：此数据来源于《全国地市县财政统计资料》(2000—2007 年)，[①]本章采用的转移支付已剔除税收返还及原体制补助，[②]这是因为这两项转移支付的目的是维护分税制改革之前的地方既得利益，收入越高可能反而获得的返还资金及体制补助越多。由于转移支付绝对量不便于直接比较，本章选取转移支付的相对量，即以 1999 年的地方财政收入(即各地区期初的财政实力)为基数，以此计算从 2000 年后每年得到的转移支付相对变化量。其他的控制变量数据来自《中国县市社会经济统计年鉴》及 CEIC 数据库，具有较为统一的宏观数据统计口径(见表 11-1)。

表 11-1　主要变量统计特征

变量名	指标	样本数	均值	标准差	最小值	最大值
城乡收入差距	Gap	6520	5.679404	2.810724	1.332908	23.24396
转移支付	Transfer	8053	4.772247	7.482760	0.047015	94.20853
是否西部地区	West	8432	0.598672	0.490196	0	1
距离	Distance	8432	−1.234651	4.656160	−16.25232	8.757799

---

①　该统计资料是由国家财政部预算司及国库司编写的，目前官方统计数据只更新至 2009 年。本章考虑到 2007 年之后的财政预算体制改革对于统计口径的影响，样本采用 2000—2007 年间的数据。

②　转移支付＝专项补助＋转移支付补助＋民族地区转移支付补助＋农村税费改革补助＋中小学教师转移支付补助＋增发国债补助＋增发工资补助＋艰苦边远地区津贴补助＋各项结算补助＋调整收入任务增加或减少补助＋其他收入＋省补助单列市＋调入其他资金＋其他补助。

续表

变量名	指标	样本数	均值	标准差	最小值	最大值
人均基本建设投资完成额（万元/人）	Infrastructure	8224	0.177283	0.317755	0.001079	5.454545
税负水平	Tax	8051	0.041999	0.016694	0.017679	0.078604
人均 GDP（万元/人）	Gdpper	8340	0.577577	0.487237	0.050675	7.516575
第一产业比重	Pindustry	8238	0.320898	0.146475	0.005649	0.987018
第二产业比重	Sindustry	8234	0.355314	0.167509	0.005645	0.986210
人均财政收入（万元/人）	Grper	7981	0.024567	0.033896	0.001671	1.112006
城镇化率	Urban	8101	0.142832	0.094575	0	1
人口密度	Densitypop	8253	0.026757	0.023495	0.000014	0.151786
年末金融机构贷款余额比例	LnLoan	8233	11.26259	1.038916	5.743003	13.99783
在校学生数比例	Students	8254	0.059936	0.018160	0.000418	0.252336

注：以中西部省份边界线为断点，边界线左侧的相对距离表示为负，边界线右侧的相对距离为正；税负水平采用宏观税负衡量标准，为地方财政收入/GDP；城镇化率为非农业人口/总人口数；年末金融机构贷款余额比例为年末金融机构贷款余额/GDP，并取自然对数以平稳数据；在校学生比例为小学在校学生人数/总人口数。

第四节　回归结果与分析

（一）OLS 回归结果

表 11-2 报告了式（11-12）的回归结果。第（1）列为全样本的 OLS 混合回归的结果，转移支付的变化量使得城乡收入差距扩大 10.8%，在 1% 的水平上显著。第（2）列采取双向固定效应模型进行回归，结果的系数 φ 为 10.3%，即在控制了省个体效应及时间效应，并以县级层面聚类的条件下，转移支付对城乡收入差距的影响也是正向的。另外，从局部样本角度分析，即第（3）列～第（7）列，我们通过中西部边界线左右 200km 以内至 75km 以内的局部样本回归结果可看出，转移支付对城乡收入差距的变动系数值在 11%～13% 间，仍具有拉大城乡收入差距的效果。

表 11-2　基于 OLS 回归的结果

Gap	(1)	(2)	(3)	(4)	(5)	(6)	(7)
模型及样本范围	混合回归	双向固定效应	200km 以内	150km 以内	125km 以内	100km 以内	75km 以内
Transfer	0.108*** (0.00944)	0.103*** (0.0113)	0.128*** (0.0211)	0.118*** (0.0220)	0.119*** (0.0231)	0.127*** (0.0237)	0.130*** (0.0253)
R-squared	0.461	0.611	0.546	0.536	0.526	0.546	0.557
Controls	YES	YES	YES	YES	YES	YES	YES
Province FE	NO	YES	YES	YES	YES	YES	YES
Year FE	NO	YES	YES	YES	YES	YES	YES
Observations	5825	5825	1894	1480	1273	1048	850

注：***、**和*分别表示在1%、5%和10%水平下显著，括号内代表聚类稳健标准差。第(3)列至第(7)列均在局部样本下进行双向固定效应模型估计。

(二)断点回归

本章以距离作为函数形式的断点回归结果。对于 RD 估计，借助简单的图示法来说明问题是一个重要的步骤，是检验使用该方法是否满足条件的有效方法(Lee 和 Lemieux,2010)。将样本局限在中西部边界线 150km 以内，以距的三次项为 RD 函数形式拟合画出转移支付与城乡收入差各自关于执行变量的散点图，如图 11-2 所示。左上图表明转移支付在中西部边界线临界值处有明显的断点存在，即西部地区获得的转移支付高于中部，右上图则揭示了西部城乡收入差距比中部高的不平衡现象。另外，基础设施建设资金的投入及税负水平在中西部边界线周围地区中未出现明显的差异，在中西部边界线临界值是连续的。

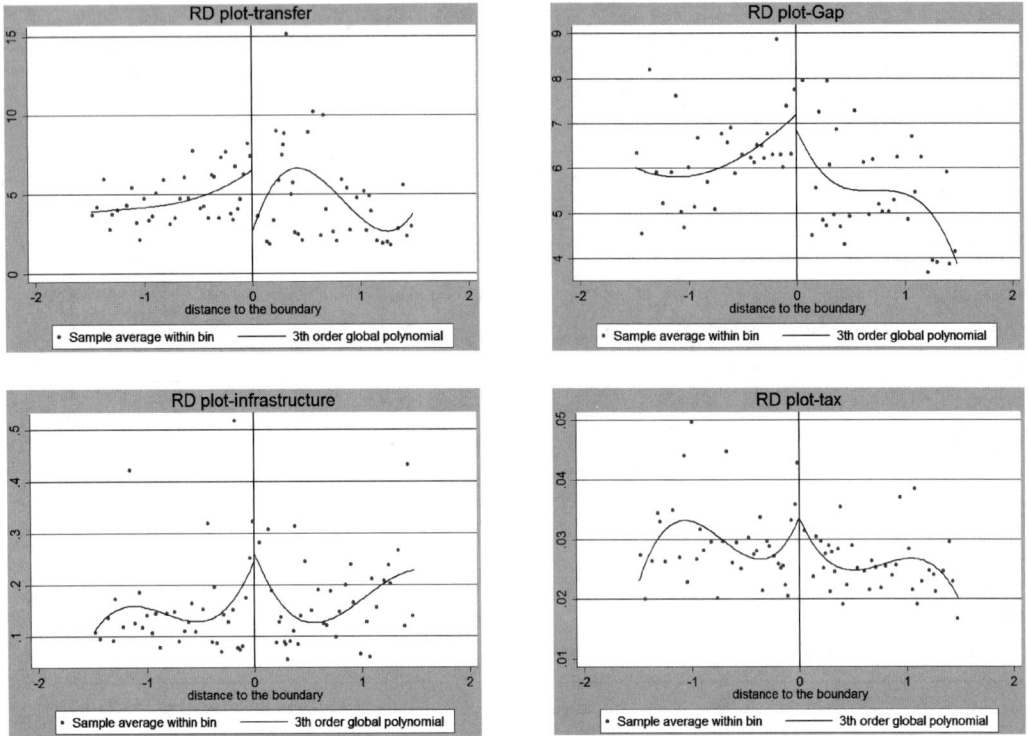

图 11-2　第一阶段断点图及城乡收入差距的断点图

注:图中拟合的 **RD** 函数形式采用边界线周围的距离三次项形式,箱体为 **4km**。

　　图 11-2 初步表示了转移支付的增加带来的是城乡收入差距的提高,但是否具有负向影响及影响大小多少则有赖于模型估计。从图 11-2 可看出,以距离的三次项已可较好地拟合散点分布情况,因此在第一阶段分析中使用距离三次项作为 RD 函数形式进行回归。同时,考虑到需要在断点周边选择多个带宽,表明回归结果并不会随带宽的改变而受到影响,因此本章将根据 Imbens 和 Kalyanaraman(2012)所提供的最优带宽计算方法(IK法),选择最优带宽约为 200km,并选取邻近最优带宽的样本范围(150km、125km、100km及 75km)进行局部回归。

　　对于第一阶段回归式的结果如表 11-3 所示,相应地报告了三个主要政策的断点效应,且考虑异方差问题,采用县级聚类稳健标准差,所有模型均控制省级及时间效应。总体上看,只有转移支付在中西部有显著差异,且至少在 5% 水平上显著,而基础建设资金投入及税收优惠在中西部地区没有明显断点。其中,Panel 1 的被解释变量为转移支付,样本集中在中西部分界线 200km 以内,回归系数 β 在 1% 的水平上显著为正,随着带宽不断缩小,即使样本局限在距离边界线 75km 以内时,回归系数值有所下降,但均显著为正。回归结果表明,在中西部分界线周围县获得的转移支付量存在差异,于是被纳入西部大开发战略政策范围的地方政府将享受到更多的财政资金注入。与此同时,可从 Panel 2 的回归结果看出,不论是用在 200km 以内还是 75km 以内的局部样本进行回归,其基础设施建设资金投入在中西部分界线周围县均未有显著差异,这是因为中央加大对西部地区的基础设施投入也包括了连接西部地区与周边的运输通道。同样,由于对中西部地区的税收优惠在很大程度上是直接采纳了改革开放期间对于东部地区的优惠模式,中部地区也享受到类似的照顾,因此税收优惠政策在中西部并未表现出明显差异,Panel 3 的结果反映了该推断。

表 11-3　第一阶段回归结果

Gap	(1)	(2)	(3)	(4)	(5)
样本范围:	200km 以内	150km 以内	125km 以内	100km 以内	75km 以内
	Panel 1:Transfer				
West	9.402***	9.271***	8.884***	8.472***	6.575**
	(2.456)	(2.450)	(2.453)	(2.478)	(2.838)
F(distance)	Cubic	Cubic	Cubic	Cubic	Cubic
R-squared	0.369	0.364	0.366	0.372	0.369
Observations	2668	2113	1806	1482	1189
	Panel 2:Infrastructure				
West	0.0372	0.0546	0.0222	0.0145	0.0662
	(0.0425)	(0.0450)	(0.0478)	(0.0527)	(0.0661)
F(distance)	Cubic	Cubic	Cubic	Cubic	Cubic
R-squared	0.264	0.243	0.232	0.211	0.201
Observations	2675	2118	1813	1495	1208
	Panel 3:Tax				
West	0.000752	0.000859	0.00113	0.000611	−0.000468
	(0.00398)	(0.00404)	(0.00456)	(0.00503)	(0.00708)
F(distance)	Cubic	Cubic	Cubic	Cubic	Cubic
R-squared	0.097	0.097	0.093	0.134	0.145
Observations	2659	2110	1805	1485	1192

注:***、**和*分别表示在1%、5%和10%水平下显著,括号内代表聚类稳健标准差,同时控制省份效应及时间效应。下同。

第二阶段回归的结果如表 11-4 所示。第(1)列将回归样本局限在距离中西部边界线 200km 以内,当 RD 函数形式为距离的线性回归时,系数为 23.4%,在 1% 的水平上显著;在以距离二次项拟合时回归系数略有下降,但是仍显著为正的 21.1%;而在以距离三次项拟合时的回归系数仍不变,在1%水平上显著为21.1%。随着带宽不断缩小,当将观测点局限在距离分界线75km以内时,以局部低次项进行回归,系数在1%的水平上显著,以高于二阶的形式回归,估计系数的显著性有所下降,但仍至少在5%水平上显著为正。究其原因,一方面在将样本局限在尽可能小的范围以内时,较少的观测点会导致回归不显著,另一方面,当距离越小其拟合形式越接近于线性函数形式,因而在拟合距离为三次项及四次项时其显著性将会下降。若以IK法计算的最优带宽200km以内的回归为基准,可认为转移支付一个百分点的变动都有使城乡收入差距扩大20%~23%之间的可能,这说明盲目加大对地方政府的转移支付并不能达到"均衡"城乡收入的意图。另外从表11-4中可知,当带宽从200km以内调整至75km以内时,样本仍足够大,我们认为本章关于中西部县域转移支付对城乡收入差距影响的结论是具有代表性的。

表 11-4　采用 F(distance)进行回归的结果

Gap	(1)	(2)	(3)	(4)	(5)
样本范围	200km 以内	150km 以内	125km 以内	100km 以内	75km 以内
Transfer	0.234*** (0.0491)	0.224*** (0.0489)	0.219*** (0.0497)	0.195*** (0.0477)	0.198*** (0.0536)
F(distance)	Linear	Linear	Linear	Linear	Linear
R-squared	0.413	0.401	0.395	0.444	0.430
Transfer	0.211*** (0.0479)	0.208*** (0.0481)	0.207*** (0.0489)	0.192*** (0.0464)	0.196*** (0.0510)
F(distance)	Quadratic	Quadratic	Quadratic	Quadratic	Quadratic
R-squared	0.442	0.420	0.410	0.449	0.436
Transfer	0.211*** (0.0482)	0.201*** (0.0501)	0.216*** (0.0566)	0.217*** (0.0627)	0.253** (0.0991)
F(distance)	Cubic	Cubic	Cubic	Cubic	Cubic
R-squared	0.442	0.425	0.404	0.434	0.373
Transfer	0.206*** (0.0484)	0.201*** (0.0495)	0.216*** (0.0562)	0.231*** (0.0665)	0.287** (0.116)
F(distance)	Quartic	Quartic	Quartic	Quartic	Quartic
R-squared	0.446	0.426	0.405	0.425	0.322
Observations	2,043	1,599	1,371	1,122	904

(三)稳健性检验

首先,为了更精确地反映不同县市的地理因素以控制住其造成的中西部差异,本章从二元维度(与中西部边界线的经度差、纬度差)的视角再做多断点回归估计,即式(11-13)及式(11-16)中 F(distance)改为 F(longitude,latitude)。表 11-5 结果显示,转移支付在缩小城乡收入差距的作用上无效,甚至将起到扩大效果,且扩大的程度与距离作为执行变量的回归结果大致是一致的,回归系数仍在 20% 左右。即使将观测点缩小到边界线周围 75km 的小样本范围,估计系数仍在 1% 的水平上显著,而且系数值高于远离边界线的样本回归的系数,这说明转移支付对城乡收入差距的拉大作用在中西部边界线有明显的局部显著性。

表 11-5　采用 F(longitude,latitude)的回归结果

Gap	(1)	(2)	(3)	(4)	(5)
样本范围	200km 以内	150km 以内	125km 以内	100km 以内	75km 以内
Transfer	0.195***	0.187***	0.194***	0.189***	0.239***
	(0.0474)	(0.0479)	(0.0512)	(0.0513)	(0.0623)
F(longitude,latitude)	Cubic	Cubic	Cubic	Cubic	Cubic
R-squared	0.464	0.440	0.542	0.466	0.401
Observations	2043	1599	1371	1122	904

其次,按照断点回归模型的设计要求,原则上处理组与控制组之间不可观测的因素、不随时间变化的影响因素都是相同或相似的,因此加入或不加入控制变量是不会影响最终结果的。但为了提高估计效率,我们在表 11-6 中考虑加入控制变量,用一次性添加法与参照 Altonji 等(2005)与 Dahlberg 等(2008)的逐步加入法对结果的敏感性进行分析,结果均与未加控制的回归结果相差不大,说明了工具变量选择的有效性。[1] 当将观测距离局限在边界线 75km 以内时,回归结果仍在 1% 水平上显著为正。因此,加入控制变量的回归结果也从另一方面验证了基准回归结果的稳健性。另外本章还从改变样本量回归再做稳健性检验,结果也与基准回归一致。[2]

---

[1]　受篇幅所限,表 11-6 中仅列出全部一次性添加控制变量的结果。在局部样本下,依次加入经济层面(人均GDP、第一产业比例、第二产业比例)、财政层面(人均财政收入、宏观税负水平、基础建设投入水平)、人口层面(城镇化率、人口密度)及年末金融机构贷款余额比例与在校学生数比例等控制变量,回归结果均变化不大。

[2]　受篇幅所限,相关检验过程有需要者可向作者索取。

表 11-6　加入控制变量的回归结果

Gap	(1)	(2)	(3)	(4)	(5)
样本范围	200km 以内	150km 以内	125km 以内	100km 以内	75km 以内
Transfer	0.159***	0.145***	0.155***	0.173***	0.189***
	(0.0448)	(0.0458)	(0.0489)	(0.0510)	(0.0617)
F(distance)	Cubic	Cubic	Cubic	Cubic	Cubic
R-squared	0.549	0.537	0.524	0.540	0.545
Observations	1894	1480	1273	1048	850
Controls	YES	YES	YES	YES	YES

(四)有效性检验

根据 Imbens 和 Lemieux(2008)的有效性检验标准,本章使用 RD 回归的可行性在于:(1)在检验执行变量的密度连续性方面,从本章所使用的样本性质可知这并不构成问题,由于分界线周围的观测值均可在地图上做出非常清晰的定位,验证了地理断点回归假设前提的合理性,同时也是该模型设计的特色之一(Keele 和 Titiunik,2014);(2)即除了政策这一断点之外,其他影响都是随着地理位置连续变化的,如果产生跳跃情况,那么模型的估计结果还捕获了其他影响变量对城乡收入差距变化的影响。本章考虑的其他会影响到各地区的居民收入水平的相关因素包括了上文的控制变量,在中西部边界线周围 100km 以内的局部样本,以与边界线距离的三次项作为 RD 函数形式进行断点回归。从回归结果(见表 11-7)可知,各影响因素在中西部地区均无显著差异,是极其相似的,这在一定程度上验证了本章结果的有效性。

综上分析,本章通过关于转移支付对城乡收入差距作用的模糊断点回归分析,得到了转移支付助长了城乡收入不均等状态的结论,并对结论做稳健性检验均得出一致的结果。此外,有效性检验的结果验证了本章使用断点回归模型来研究转移支付对城乡收入差距的影响具有可行性。

表 11-7　有效性检验

被解释变量	(1) Gdpper	(2) Pindustry	(3) Sindustry	(4) Urban	(5) Students	(6) Grper	(7) LnLoan	(8) Densitypop
West	−0.0212	−0.0569	0.0633	0.0375	−0.00258	0.00250	0.364	−0.00259
	(0.0966)	(0.0368)	(0.0497)	(0.0422)	(0.00248)	(0.00533)	(0.279)	(0.00360)
F(distance)	Cubic	Cubic	Cubic	Cubic	Cubic	Cubic	Cubic	Cubic
R-squared	0.291	0.398	0.212	0.122	0.382	0.176	0.229	0.126

续表

被解释变量	(1)	(2)	(3)	(4)	(5)	(6)	(7)	(8)
	Gdpper	Pindustry	Sindustry	Urban	Students	Grper	LnLoan	Densitypop
Observations	1505	1556	1501	1437	1498	1472	1496	1496

(五)机制分析

由于城乡收入差距的指标是由城镇居民工资水平与农村居民纯收入之间的比来衡量的,上文得到的结果是转移支付相对量的增加使得城乡收入差距扩大约 20%,那么城镇居民收入水平及农村居民的收入水平各是如何变化的呢? 对此,可以考虑将城镇居民收入水平的增量及农村收入水平的增量作为被解释变量。结果显示(见表 11-8),转移支付对城镇居民收入增量的影响系数均在 5% 的水平上显著为正,而农村居民受益程度小且仅在样本缩小到距离边界线 75km 以内时才在 10% 水平上显著。在参考以往研究的基础上,我们提出这种影响途径可能存在的内在机制:一方面是地方财政支出的城镇化偏向。地方财政支出倾向于向反应更敏感的城镇地区投入,与农村地区相比,城镇地区从转移支付中受益更多。这是我国长期以来实行城乡有别制度的结果,也有许多学者得到"财政支出城市化偏向"的相似结论,如雷根强、蔡翔(2012)等。另一方面,在信息不对称下,地方财政支出结构出现偏向。真正渴求需要财政资金支持的农村地区享受不到充分的福利,越是贫困地区,基础设施越落后,自我发展能力越低下,地方政府只能利用有限的财政资金优先解决基础设施建设及行政管理项目,然后才能将所剩无几的财政资金运用到民生工程的建设(付文林、沈坤荣,2012)。这在一定程度上也解释了农村居民收入水平并没有得到显著提高的原因。

表 11-8 转移支付对城镇及农村居民收入水平的影响回归结果

被解释变量	城镇居民收入水平增量					农村居民收入水平增量				
	(1)	(2)	(3)	(4)	(5)	(6)	(7)	(8)	(9)	(10)
样本范围	200km 以内	150km 以内	125km 以内	100km 以内	75km 以内	200km 以内	150km 以内	125km 以内	100km 以内	75km 以内
Transfer	40.44** (17.42)	41.32** (18.71)	40.54** (18.58)	53.29** (22.22)	97.75** (48.40)	0.929 (2.021)	2.235 (2.230)	3.710 (2.746)	6.925* (3.746)	14.82* (7.980)
F(distance)	Cubic	Cubic	Cubic	Cubic	Cubic	Cubic	Cubic	Cubic	Cubic	Cubic
R-squared	0.232	0.210	0.320	0.312	0.237	0.076	0.069	0.068	0.068	0.053
Observations	2025	1591	1352	1091	874	1848	1448	1247	1035	829

正如我们理论模型所反映的,农村居民从转移支付中很可能得到正向收益,但其大小与政府行为的外部性有关,如果城镇对转移支付的反应更为敏感,那么地方政府可能会在政策上有所权衡从而扩大城乡收入差距。

第五节　结论与政策建议

本章采用地理信息数据,运用局部多项式的 RD 模型,探析转移支付对城乡收入差距的影响。相比以往研究,以与中西部地理分界线的距离为执行变量,在一定意义上捕获了中西部边界线周围相关的不可观测因素,更有效地克服了内生性问题的影响,较大地提高了转移支付对城乡收入差距影响估计的精确度,并对结果进行了稳健性检验及模型运用的有效性检验。结果表明,我国转移支付在调节区域财力均衡时会扩大城乡收入差距,如果地方政府持续将转移支付的资金大部分用于城镇地区或基础建设,以期在短期内看到成效,而忽略对农村地区民生工程的特别照顾,那么即使转移支付资金再庞大,对于缩小城乡收入差距仍将是无济于事的。

因此,在今后转移支付制度改革与完善过程中,除了严格执行《关于改革和完善中央对地方转移支付制度的意见》之外,结合本章分析结果,提出如下政策建议:(1)由实证结果可知,转移支付对城乡收入差距具有显著的扩大效应,中央政府应尽快调整转移支付结构,逐步增加一般性转移支付比例,提高地方政府在财政支出上因地制宜的自由度,同时以"零增长或有所压减"的原则整合专项转移支付,而资金有所增长的项目应表现出"农村倾向",侧重于提高农村居民的民生福祉。(2)影响机制分析表明,转移支付对城乡收入差距扩大效应是源于农村居民在转移支付中的受益程度不如城镇居民显著,因此约束实施转移支付政策的地方政府行为尤为重要。首先政府职能应全面向"公共服务型"转变,纠正财政支出结构偏向问题,其次地方政府在财政支出方向上应更多关注农村地区,特别是要注意农村民生工程的建设,致力于促进城乡间公共服务均等化,有效缓解城乡收入差距扩大的问题。(3)从县域情形来看,地方政府对转移支付的使用效率及覆盖率均有待提高,有必要尽快完善省以下县乡转移支付制度,并建立配套的财政支出绩效问责制。

本章参考文献

[1]付文林,沈坤荣.均等化转移支付与地方财政支出结构[J].经济研究,2012(5).

[2]何强,董志勇.转移支付、地方财政支出与居民幸福[J].经济学动态,2015(2).

[3]雷根强,蔡翔.初次分配扭曲、财政支出城市偏向与城乡收入差距——来自中国省级面板数据的经验证据[J].数量经济技术经济研究,2012(3).

［4］刘穷志.收入不平等与再分配职能在中央财政与地方财政之间分解［J］.财贸经济,2011(5).

［5］卢洪友,陈思霞.谁从增加的财政转移支付中受益——基于中国县级数据的实证分析［J］.财贸经济,2012(4).

［6］姚洪心,王喜意.劳动力流动,教育水平,扶贫政策与农村收入差距——一个基于multinomial logit 模型的微观实证研究［J］.管理世界,2009(9).

［7］尹恒,朱虹.县级财政生产性支出偏向研究［J］.中国社会科学,2011(1).

［8］曾国安,胡晶晶.论中国城市偏向的财政制度与城乡居民收入差距［J］.财政研究,2009(2).

［9］ALBOUY, D. Evaluating the efficiency and equity of federal fiscal equalization［J］.Journal of Public Economics,2012(96):824-839.

［10］ALMOND D. CHEN Y. GREENSTONE M, et al. Winter heating or clean air? Unintended Impacts of China's huai river policy［J］. American Economic Review,2009(99):184-190.

［11］ALTONJI J, ELDER T, TABER C. Selection on observed and unobserved: assessing the effectiveness of catholic schools［J］. Journal of Political Economy,2005(113):151-184.

［12］BOADWAY R. On the method of taxation and the provision of local public goods: comment［J］. American Economic Review, 1982(72):846-851.

［13］BOADWAY R. & SHAH A. Intergovernmental fiscal transfers principles and practice［J］. US: World Bank Publications, 2007.

［14］BLACK S. E. Do better schools matter? parental valuation of elementary education［J］. Quarterly journal of economics,1999:577-599.

［15］DAHLBERG MATZ, MÖRK EVA, RattsØ, JØRN, et al. Using a discontinuous grant rule to identify the effect of grants on local taxes and spending［J］. Journal of Public Economics, 2008(92): 2320 - 2335.

［16］DELL M. The persistent effects of Peru's mining mita［J］. . Econometrica,2010(78):1863-1903.

［17］IMBENS G. W. & LEMIEUX T. Regression discontinuity designs: a guide to practice［J］. Journal of Econometrics, 2008(142):615-635.

［18］IMBENS G. W.& KALYANARAMAN K. Optimal bandwidth choice for the regression discontinuity estimator［J］. . Review of Economic Studies, 2012(79):933-959.

［19］KEELE L.J.& TITIUNIK R. Geographic boundaries as regression discontinuities[J]. s Political Analysis，2014(14).

[20]LEE D. S. & LEMIEUX T. Regression discontinuity designs in economics[J]. Journal of Economic Literature，2010(48):281-355.

[21]MENG L.S. Evaluating China's poverty alleviation program: a regression discontinuity approach[J]. . Journal of Public Economics，2013(101):1-11.

[22]OATES W. E. Towards a second generation theory of fiscal federalism[J]. International Tax and Public Finance，2005(12):349-373.

[23]PARK A. & WANG S. Community-based development and poverty alleviation: an evaluation of China's poor village investment program[J]. Journal of Public Economics，2010(94):790-799.

[24]WAGENER A. Variable population size issues in models of decentralized income redistribution[J]. Regional Science and Urban Economics，2000(6):609-625.

[25]WANG C.& CAMINADA K. Disentang lingincome inequality and the redistributive effect of social transfers and taxes in 36 LIS countries[J]. Department of Economics Research Memorandum，2011(4):1-53.

第五部分
财政与供给侧改革

第十二章 财政补贴、生命周期和企业研发创新

童锦治 刘诗源 林志帆 *

第一节 引言

企业研发创新活动具有显著的正外部性,成果具有使用上的非排他性和收益上的非独占性。因此在自由竞争市场的情况下,私人企业对研发创新的投入通常低于社会最佳水平(Nelson,1959;Arrow,1962)。为了应对市场失灵,各国政府普遍运用财政补贴工具,来鼓励企业开展研发创新活动(Romer,1986;Aghion and Howitt,1992)。

纵观经典文献,有关财政补贴对企业研发创新影响的研究结论并不一致,有所谓的"挤入效应"(crowding-in effect)和"挤出效应"(crowding-out effect)之争。Bérubé 和 Mohnen(2009)对加拿大,Griliches 和 Regev(1998)对以色列,Branstetter and Sakakibara(1998)对日本等的实证研究发现,财政补贴对企业的生产率、利润率以及研发投入均有正向影响。获得财政补贴的企业在研发投入上表现更为积极,也有更多的创新产出(Audretsch et al.,2002;Aerts and Schmidt,2008)。但是,也有不少研究发现政府对企业创新的补贴没有起到实质的作用(Klette et al.,2000;Brander et al.,2008)。一些研究甚至发现,政府的研发补贴挤出了私人研发创新(David et al.,2000;Wallsten,2000)。

类似的争论同样存在于中国学界。一部分学者认为,财政补贴激励了企业研发创新。朱平芳和徐伟民(2003)利用 1993—2000 年上海市 32 个行业的面板数据研究发现,税收减免与科技拨款资助能使大中型工业企业增加研发支出;解维敏等(2009)基于2003—2005 年上市公司数据进行实证分析发现,政府 R&D 资助刺激了企业 R&D 支出;白俊红(2011)采用 1998—2007 年中国大中型工业企业分行业数据进行实证研究,结果表明研发资助能显著提高企业的技术创新水平。而另一部分学者的研究则发现,财政补贴对企业研发创新的影响会因具体情况的不同而存在异质性。安同良等(2009)指出,在逆向选择和信息不对称的情况下,政府直接资助企业研发创新的政策效果不佳;陆国庆

* 童锦治,教授、博士生导师,厦门大学经济学院财政系;刘诗源、林志帆,博士研究生,厦门大学经济学院财政系。

等(2014)基于上市公司数据研究发现,尽管整体而言政府对战略性新兴产业创新补贴的绩效是显著的,但政府补贴对单个企业本身产生绩效的作用则并不明显;毛其淋和许家云(2015)的实证结果表明,只有适度的财政补贴才能够促进企业研发创新,高额度的补贴反而会对企业研发创新产生抑制作用;张杰等(2015)对科技型中小企业样本进行实证研究发现,不同的财政补贴方式对企业研发创新的影响存在异质性;杨洋等(2015)利用中国工业企业数据库 2003—2007 年的面板数据实证分析发现,所有制性质和要素市场扭曲程度的不同会导致补贴对企业创新绩效的作用产生差异。

通过对上述文献的梳理我们发现,既有研究基本将企业置于同一截面特征之下,没有考虑企业发展的阶段性特征,即企业生命周期特征。根据企业生命周期理论,企业及其研发创新行为在生命周期的不同阶段会表现出不同的特点。这不禁让我们追问,企业生命周期是否会影响财政补贴对企业研发创新的效果? 如果会,异质性如何体现? 本章将基于企业生命周期理论,通过理论分析与实证检验回答这些问题,并尝试为政府如何更有效地配置财政补贴、激励企业研发创新提供一些可行的政策建议。

本章接下来的结构安排如下:第二节进行理论分析并提出研究假说;第三节为研究设计;第四节为实证结果分析;最后是研究结论与政策启示。

第二节 理论分析和研究假说

企业生命周期理论指出,企业是具有生命状态的组织,存在类似于生物体从出生到死亡的生命周期特征(Adizes,1988)。在企业生命周期里的不同阶段,企业的创新能力、研发需求、现金流量、融资约束等多方面都存在显著差异。因此,我们推断,财政补贴对不同生命周期阶段的企业,以及处于不同阶段的不同类型企业研发创新的影响可能存在着异质性。为方便分析,本章将企业生命周期划分为成长期、成熟期和衰退期三个阶段。

相较于成熟期企业,成长期企业一般具有如下三个特征:(1)更强的内外部融资约束。处于成长期的企业还没有形成稳定的盈利,缺少足够的内部资金支持(高松等,2011);而外部资金供给者往往由于其不确定性而对其投资保持相对谨慎和观望的态度(黄宏斌等,2016),这又制约了成长期企业的外部融资。(2)更多的资金支出需求。成长期企业进入市场的时间不长,该阶段的首要任务并不是从事高风险的研发创新活动,而是更多地寻求在市场中"站稳脚跟"。一方面,企业正处于扩张阶段,往往需要进行大量的实物资产投资,如大型机械设备、厂房和仓库等;另一方面,企业还需要支出更多的包括业务招待费、业务宣传费、筹建期间发生的开办费等在内的管理和经营费用。(3)更大的研发失败风险和更低的创新意愿。成长期企业对市场不熟悉,缺乏研发经验和技术的长期积累,再加上前文所提及的融资约束问题,成长期企业所面临创新失败的风险和成本要明显高于成熟期企业。这导致企业进行自主研发创新的意愿下降,尤其在知识产权保护尚不完善的背景下更倾向于采取"跟随和模仿"的市场策略。综上,我们推测,即便成长期企业得到各种名目的财政补贴,特别是在当前企业使用财政补贴的规范性仍有所欠缺的制度背景下[①],企业有动机优先考虑将财政补贴投入缓解融资约束、进行固定资产投资和支付必要的经营管理费用上,而非投入研发创新中。基于上述分析,本章提出以下假说 1:

假说 1:财政补贴对成长期企业研发创新的激励效应相对较小。

当企业步入成熟期,企业的融资状况、资金支出方向和创新能力及意愿等企业特征都会出现明显的变化。在该阶段,企业财务的最大特征表现为利润水平稳定、盈余积累丰厚以及现金流充裕(黄宏斌等,2016),企业的经营风险降低,更易得到个人或者机构投资者的青睐,融资渠道更为通畅。此外,从支出上来说,一方面,成熟期企业已经基本完成了前期的资本积累,对大型固定资产的投入下降,企业的资本性支出显著减少。另一方面,由于相应的销售网络已基本建成,企业的业务招待费、业务宣传费、筹建期间发生的开办费等非生产性成本也显著降低。更重要的是,经过成长期对研发经验的积累,对产品市场的日趋熟悉,成熟期企业的研发风险大大降低;为了进一步巩固市场地位,攫取更大的市场份额,成熟期企业的创新意愿达到峰值。因此,成熟期企业倾向于将更多的财政补贴用于研发创新,从而表现出财政补贴对企业研发创新的激励效应。基于上述的分析,我们提出以下假说:

假说 2:财政补贴对成熟期企业研发创新的激励效应应当较为明显。

进入衰退期,企业的销售额呈现出下滑的趋势,利润下降甚至亏损。一方面,经营风险上升,内外融资渠道受阻,筹资相对困难,能用于研发投入的资金更为紧张;从组织结构来看,衰退期的企业往往内部制度僵化,对市场反应迟缓,创新意识不足(任佩瑜等,2004);从创新的能力上说,衰退期企业技术设备较为落后,创新的效率以及将创新产出转化成新产品的能力较差。尤其在新技术、新工艺、新材料大量涌现、技术更新周期加快的时代背景下,衰退期企业由于资金较为紧张而难以对技术设备进行大规模的更新改造,容易脱离研发创新的"前线",降低创新意愿。

另一方面,衰退期企业往往因为利润亏损而面临退市的风险。在这种情况下,地方政府为了维护地区经济形象和自身政绩,保护本地上市公司的"壳资源",往往给予亏损企业大量补贴,以使得公司盈余符合相应的政策要求(陈晓和李静,2001;朱松和陈运森,2009);而企业为了留在资本市场,首先考虑的是如何利用政府补贴"止损",进行相对稳健的投资运营以实现"扭亏保牌",而非将补贴投入风险高、回报周期长的研发创新活动中。基于以上分析,我们提出以下假说:

---

① 2014 年,光明日报发文指出,政府补贴已成为部分上市公司扭亏为盈的法宝,补贴资金的运用存在诸多乱象(http://gz.people.com.cn/n/2014/0416/c222174-21007059.html)。

假说 3：财政补贴对衰退期企业研发创新的激励作用相对较小。

最后，我们还注意到，有相当多的研究发现，财政补贴对不同类型企业研发创新的影响存在差异。例如，杨洋等(2015)指出，由于资源禀赋、组织管理能力上的差异，相比于国有企业，政府补贴对民营企业研发创新的激励效应显著更强。白俊红(2011)利用 1998 年～2007 年中国工业企业数据分析发现，政府的研发补助对企业研发投入的影响会因为企业知识存量、规模、行业特征和产权特征等因素而表现出异质性。其中，行业技术水平和知识存量越高的企业，政府研发支持的激励效果就越好。戴小勇和成力为(2014)的研究则发现，在私营企业样本当中，财政补贴对高技术行业研发投入强度的促进作用更大。基于这些文献的研究结论以及企业生命周期理论，我们提出最后一个待检验的研究假说：

假说 4：对于处在不同生命周期阶段的不同类型企业，财政补贴对企业研发创新的影响存在异质性。

在后续的实证检验中，我们将依据是否为国有企业、是否为高科技企业、是否为制造业企业、是否为垄断企业进行分样本回归以对假说 4 进行检验。

第三节 研究设计

(一)数据来源与模型设定

基于 2006 年底国家财政部颁布的《企业会计准则》，上市公司从 2007 年起开始在财务报表中披露研发支出数据。但考虑到 2012 年以前的数据存在严重的披露缺失问题(龙小宁和林志帆，2018)，本章使用 2012—2016 年沪深两市 A 股上市公司为研究样本。我们从 CSMAR 国泰安数据库的"公司专利与研发创新"子库获取研发支出数据，从 WIND 数据库的"营业外收入"项目下获取财政补贴数据。为保证数据的可靠性，参照现有文献的通行做法，对原始数据进行以下处理：(1)剔除在样本期内 ST、＊ST、PT 企业；(2)剔除金融类企业；(3)剔除企业 IPO 当年的观测值；(4)剔除在 B 股市场上市或者曾经发行过 B 股的企业；(5)剔除资产负债率小于 0 或者大于 1、净利润率大于 100％等财务指标明显异常的观测值。我们最终获得 5 年共 14276 个企业年度观测值的非平衡面板数据。后文其他变量数据均来自于 WIND 数据库。为了检验前文的研究命题，本章建立如下的计量模型：

$$\text{RDintensity}_{i,t} = \beta_0 + \beta_1 \text{Subsidy}_{i,t-1} + \sum \gamma X_{i,t} + \mu_i + \omega_t + \varepsilon_{i,t} \tag{12-1}$$

上式中，下标 i 代表企业，t 代表年份。RDintenstity 表示企业的研发支出强度，Subsidy 表示财政补贴强度，X 表示相关控制变量。μ_i 表示企业固定效应，用于控制企业层面上不随时间变化的不可观测特征的影响；ω_t 表示年份固定效应，用于控制年度层面上所有企业受到的共同冲击。此外，为了消除潜在的残差组内相关性与异方差对估计系数显著性推断的影响,我们将回归标准误聚类到企业层面上。

(二)变量的选取与说明

(1)研发支出强度(RDintenstity):本章采用研发支出强度来衡量企业研发创新,定义为"研发支出/资产总额"。我们发现,在披露了研发投入的企业样本中鲜有零值。如果直接将缺失值删除,不仅会损失较多观测值,还可能因样本选择问题而导致模型估计偏误。因此,参照龙小宁和林志帆(2018)的建议,将没有披露研发投入的企业样本当作0处理。

(2)财政补贴强度(Subsidy):本章采用"财政补贴/资产总额"来衡量。考虑到企业从获得财政补贴到进行研发投入间存在一定的时滞,同时为克服潜在的双向因果内生性问题,我们将财政补贴做滞后一期处理。

(3)企业生命周期:衡量企业生命周期阶段的标准众多,概括起来可以分为三类:单变量分析法(如企业规模与年龄等)、财务综合指标法(Anthony and Ramesh,1992)和现金流模式法(Dickinson,2011)。与前两者相比[①],现金流模式法使用经营、投资、筹资三类现金流净额的正负组合来反映不同生命周期阶段企业的增长速度、盈利能力以及经营风险,避免对生命周期在不同公司的分布进行假设,主观性较低、实际可操作性更强(陈旭东等,2008;曹裕,2010;黄宏斌等,2016)。因此,本章选用现金流模式法衡量企业生命周期(详见表12-1),将上市公司划分为成长期、成熟期、衰退期三个阶段。

表 12-1 企业在不同生命周期阶段的现金流特征组合

现金流	成长期		成熟期	衰退期				
	初创期	增长期	成熟期	衰退期	衰退期	衰退期	淘汰期	淘汰期
经营现金流净额	−	+	+	−	+	+	−	−
投资现金流净额	−	−	−	−	+	+	+	+
筹资现金流净额	+	+	−	−	−	−	+	−

(4)控制变量:为减轻遗漏变量偏误影响、提高回归估计效率,参考袁建国等(2015)、林志帆和刘诗源(2017)等相关研究,在模型中引入以下变量:①企业年龄(Firmage):用公司成立的年限来表示;②企业规模(FirmSize):用雇员数的对数表示;③资产回报率(ROA):净利润/总资产;④杠杆率(Leverage):总负债/总资产;⑤净利润(lnProfit):企

---

① 一方面,单变量分析法未能考虑企业规模与年龄在不同行业间的巨大差异,这种最为"原始"的方法在近年研究中已较少使用;另一方面,财务综合指标法是按照每个分指标对企业进行排序,按照1/n分位数区间打分将样本平均分为n组(在本章中n=3),再将分指标得分加总来划分企业生命周期,这种较为"机械"的做法在企业生命周期的识别上不如现金流模式法。我们在稳健性检验中提供了基于财务综合指标法区分企业生命周期的回归结果,本章的结论依旧稳健成立。

业净利润加全样本内该变量最小值的绝对值取对数衡量;⑥流动比率(Liquidity):流动资产/流动负债;⑦发展能力(Growth):(当年营业收入－上一年营业收入)/上一年营业收入;⑧盈利能力(EPS):每股收益。

为使回归系数易于解读,我们将 RDintenstity 与 Subsidy 同乘以 1000;为削弱极端值的影响,Subsidy、Growth、ROA、Liquidity、EPS 均进行前后各 1% 的缩尾处理,表 12-2 呈现了各变量的描述性统计数据。

表 12-2　变量描述性统计信息

变量	平均值	标准差	最小值	最大值	分位数		
					25%	50%	75%
Rdintensity	15.419	18.684	0	84.473	0	10.021	24.383
Subsidy	6.788	9.007	0	55.726	1.494	3.691	8.335
Firmage	15.883	5.427	1	66	12	16	19
FirmSize	7.459	1.291	2.398	13.215	6.582	7.38	8.253
lnProfit	23.577	0.217	20.656	25.794	23.562	23.565	23.574
Growth	0.145	0.327	－0.51	1.907	－0.026	0.097	0.24
ROA(%)	6.26	0.069	－11.9	36.3	1.92	4.89	9.29
Liquidity	2.384	2.304	0.3	14.465	1.15	1.66	2.67
Leverage	0.429	0.204	0.008	0.996	0.268	0.421	0.582
EPS	0.417	0.446	－0.669	2.06	0.12	0.33	0.62

第四节　实证结果分析

(一)主要变量的分阶段统计及检验

我们首先对主要变量进行分阶段统计和两两间的独立样本 t 检验,结果参见表 12-3。就有效观测值数量来说,处于成长期的企业数量最多,成熟期次之,衰退期最少,这与我国作为一个新兴资本市场的现状相符;从研发支出强度的均值来看,表现为"成熟期企业＞成长期企业＞衰退期企业",且差异在统计上非常显著。这表明,成熟期企业的研发意愿更强,成长期与衰退期企业次之;从财政补贴来看,获得补贴收入最多的仍然是成熟期企业,接下来依次是成长期和衰退期企业。这说明,相对于成长期和衰退期企业,成熟期企业从政府得到了更多的公共资源供给倾斜;从相关的财务指标上看,资本支出率最高的是成长期企业,其次分别是成熟期和衰退期企业——不难理解,成长期企业正处于企业扩张阶段,需要大量的资本性支出以完成前期的资本积累,这与前文的理论分析相符;总资产收益率也表现出成熟期最大、成长期次之、衰退期最小的特点,印证了前文中成熟期企业盈利状况最好、融资约束最小的理论假说。最后,从管理费用率上看,成长期和衰退期企业要高于成熟期企业。而管理费用中多是差旅、会议和招待费、广告费等非生产性成本,这也与前文的分析一致。从而,整体而言,这些初步的经验证据与前文的理论分析结论相符。

表 12-3　主要变量分企业生命周期阶段统计及检验

主要变量	基本统计量	企业生命周期阶段			t 统计量		
		成长期	成熟期	衰退期	成长—成熟	成长—衰退	成熟—衰退
研发支出强度	样本数	6390	5736	2150	−6.191***	3.542***	7.603***
	平均值	1.48%	1.69%	1.32%			
财政补贴强度	样本数	5269	5393	2086	−3.925***	2.529***	5.202***
	平均值	0.66%	0.75%	0.61%			
资本支出率	样本数	5296	4122	1953	11.42***	26.91***	22.748***
	平均值	6.14%	4.94%	2.52%			
总资产收益率	样本数	6390	5736	2150	−23.58***	6.758***	21.392***
	平均值	5.21%	8.10%	4.18%			
管理费用率	样本数	6390	5736	2150	2.601***	−8.332***	−10.476***
	平均值	10.52%	10.08%	13.32%			

注:***、**、* 分别表示 1%、5%、10%的显著性水平。

(二)全样本回归结果

表 12-4 提供了全样本回归结果。第(1)列展示了财政补贴强度对全样本上市公司研发支出强度的影响。结果表明,财政补贴强度对研发支出强度的影响为正但不显著,这与张杰等(2015)的发现一致。第(2)~(4)列区分不同生命周期阶段的回归结果显示,对于成长期和衰退期企业来说,财政补贴强度没有显著增加企业的研发支出强度,验证了假说 1 和假说 3;对于成熟期企业来说,财政补贴强度的系数为 0.109,且在 5%的水平上显著,说明财政补贴强度每增加 1 单位,会使成熟期企业的研发支出强度在下一年增加 0.109单位。这验证了假说 2,即财政补贴对成熟期企业的研发具有明显的激励。

表 12-4　财政补贴强度对企业研发支出强度的影响:全样本回归结果

被解释变量:RDintensity	(1)全样本	(2)成长期	(3)成熟期	(4)衰退期
Subsidy	0.018	−0.008	0.109**	0.057
	(0.77)	(−0.23)	(2.06)	(0.65)
Firmage	0.223***	−0.173	0.625***	−0.126
	(2.89)	(−1.38)	(4.37)	(−0.52)
FirmSize	1.473***	1.005	2.560***	1.340
	(3.47)	(1.37)	(3.48)	(0.98)
lnProfit	0.019	1.859	−0.197**	−5.768
	(0.27)	(0.94)	(−2.24)	(−0.63)
Growth	−0.244	−0.266	1.668**	−0.662
	(−0.71)	(−0.52)	(2.02)	(−0.97)
ROA	−0.246***	−0.182	−0.338**	−0.394
	(−3.48)	(−1.55)	(−2.52)	(−1.44)
Liquidity	0.084	0.227	−0.017	0.556*
	(0.80)	(1.03)	(−0.10)	(1.89)
Leverage	−7.809***	−2.277	−12.351***	−3.801
	(−4.90)	(−0.98)	(−3.95)	(−0.72)
EPS	2.137***	1.701	5.972***	2.448
	(2.79)	(1.41)	(3.98)	(0.73)
企业与年度固定效应	控　制	控　制	控　制	控　制
观测数	11677	5263	4620	1794
F 统计量	6.973	2.990	6.291	2.824
组内 R^2	0.015	0.010	0.042	0.069

注:(1)括号内为 t 统计量,由聚类到企业层面的稳健标准误计算得到;(2)***、**、* 分别表示 1%、5%、10%的显著性水平。

　　控制变量也提供了一些有用的信息:(1)总体而言,企业年龄的增长有利于提高企业的研发投入。这是因为,企业会在成长的过程当中积累经验、降低研发的风险,从而促使企业更为主动地参与研发创新;(2)无论是总体还是分阶段,企业的规模越大,企业进行研发创新的可能性就越高。相较于小规模企业,大型企业在融资渠道、风险承担、人才储备、知识积累等方面具有优势,因而更倾向于进行研发创新,支持了"熊彼特假说",也与聂辉华等(2008)的结论基本一致;(3)代表着企业盈利能力的总资产收益率对企业研发创新存在抑制作用。可能的原因在于,高利润回报率会削弱企业承担创新失败风险的意愿,更倾向于以较为保守的策略来保持已有的优势地位;(4)资产负债率的提高会减少企业的研发投入。这说明,债权资金相对于权益资金而言对风险的容忍度较低(林志帆和龙晓旋,2015),从而反映为财务杠杆率的负向影响。

此外,我们发现,在基于双向固定效应模型设定与解释变量滞后一期对潜在的遗漏变量与双向因果内生性进行严格控制后,成长期与衰退期分样本回归中各变量对研发支出的影响基本不显著。这是因为,企业固定效应消去了面板数据中所有的"组间变差"(between-group variation),回归能利用的有效信息仅为同一企业在不同年度间的"组内变差"(within-group variation),得到的是财政补贴及其他变量对研发支出影响的保守估计。即便如此,财政补贴对成熟期企业的研发支出的影响仍显著为正,故这一结论具有较高的可信度。

(三)分样本回归结果

1. 国有企业与非国有企业

我们从 CSMAR 数据库中提取上市公司的实际控制人信息,根据其所有制性质将上市公司分为国有企业与非国有企业。表 12-5 提供了国有企业和非国有企业的分样本回归结果。

表 12-5　财政补贴强度对企业研发支出强度的影响:国有企业和非国有企业

分表 A:国有企业	总体样本	成长期	成熟期	衰退期
Subsidy	−0.013	−0.084*	0.027	−0.015
	(−0.42)	(−1.74)	(0.58)	(−0.25)
控制变量、企业与年度固定效应	控制	控制	控制	控制
观测数	3836	1629	1529	678
F 统计量	5.124	2.661	3.104	1.705
组内 R^2	0.033	0.054	0.044	0.080
分表 B:非国有企业	总体样本	成长期	成熟期	衰退期
Subsidy	0.036	0.037	0.146**	0.088
	(1.17)	(0.83)	(1.98)	(0.72)
控制变量、企业与年度固定效应	控制	控制	控制	控制
观测数	7840	3633	3091	1116
F 统计量	5.610	1.467	6.451	2.457
组内 R^2	0.019	0.010	0.073	0.093

注:(1)括号内为 t 统计量,由聚类到企业层面的稳健标准误计算得到;(2)***、**、* 分别表示 1%、5%、10%的显著性水平。

结果显示,无论在哪个阶段,财政补贴强度对研发支出强度的激励作用都是非国有企业大于国有企业,且激励作用显著地集中于非国有企业的成熟期——财政补贴强度每提高 1 单位,下期的研发投入强度就显著地增加 0.146 单位。

企业所有制间的差异说明:首先,国有企业往往承担着吸纳地方就业、提供准公共品等社会性负担(林毅夫和李志赟,2004),这会挤占包括财政补贴在内的研发资金;其次,对于国有企业的"官员企业家"来说,他们更关注自身的晋升前景,因此不热衷风险大且投资回报时间长的研发项目(李春涛和宋敏,2010);此外,预算软约束也是制约国有企业创新的因素——政府为国有企业提供补贴时反而可能削弱国有企业追求盈利的市场动机。即便产品落后、生产效率低下,但由于有政府"兜底",国企缺乏进行研发创新的动力。相反,民营企业处于竞争激烈、"不进则退"的市场环境中,研发创新的动机更强。最后,从资源禀赋的角度来看,国有企业往往享有融资、土地审批、监管执法等方面的优势,民营企业则面临相对较紧的资源约束。而财政补贴能缓解民营企业的资源劣势,促进企业研发创新(杨洋等,2015)。尤其对于处于成熟期的民营企业来说,其创新动力更强、创新风险更低、非生产性消耗更少,从而财政补贴对研发支出的激励作用也最强。

表 12-6　财政补贴对企业研发支出强度的影响:高科技企业和非高科技企业

分表 A:高科技企业	总体样本	成长期	成熟期	衰退期
Subsidy	0.044	0.005	0.200**	0.078
	(1.02)	(0.09)	(2.23)	(0.36)
控制变量、企业和年度固定效应	控制	控制	控制	控制
观测数	5361	2438	2122	801
F 统计量	5.574	1.433	5.682	2.315
组内 R^2	0.025	0.015	0.086	0.093
分表 B:非高科技企业	总体样本	成长期	成熟期	衰退期
Subsidy	−0.001	−0.017	−0.003	0.052
	(−0.06)	(−0.50)	(−0.09)	(1.41)
控制变量、企业和年度固定效应	控制	控制	控制	控制
观测数	6356	2824	2498	993
F 统计量	3.350	2.027	4.134	2.210
组内 R^2	0.012	0.013	0.036	0.104

注:(1)括号内为 t 统计量,由聚类到企业层面的稳健标准误计算得到;(2)***、**、*分别表示 1%、5%、10%的显著性水平。

2. 高科技企业与非高科技企业

参考黎文靖和郑曼妮(2016)的分类,我们将专业设备制造业、软件和信息技术服务业等行业划分为高科技行业,其余归为非高科技行业。表 12-6 提供了高科技企业与非高科技企业的分样本回归结果。结果显示,无论在哪个阶段,财政补贴强度对高科技企业研发支出强度的激励作用都要大于非高科技企业,且激励作用显著地集中于非高科技企业的成熟期——财政补贴强度每提高 1 单位,下期的研发投入强度就显著地增加 0.200 单位。

这样的结果同样与预期相符。既有文献与经验直觉都表明,高科技企业的创新意愿要强于非高科技企业(黎文靖和郑曼妮,2016)。从而,高科技企业研发活动的资金需求更高,对财政补贴的资金支持也更为敏感。尤其对于处于成熟期的高科技企业,为保持市场领先地位势必会加大研发投入力度,对财政补贴的资金需求较强,因而其研发支出对财政补贴更为敏感。此外,白俊红(2011)发现,行业的技术水平越高,企业利用政府补助转化为创新产出的效率就越高。所以,技术水平较低的非高科技企业可能倾向于搭高科技企业的创新"便车",而不将财政补贴投向研发活动。这可能是财政补贴无法激励非高科技企业进行研发投入,反而呈现轻微的"挤出效应"的原因。

3. 制造业企业与非制造业企业

我们进而根据证监会 2012 年的《上市公司行业分类指引》将样本划分为制造业与非制造业两个子样本。表 12-7 提供了制造业企业与非制造业企业的分样本回归结果。结果显示,无论在哪个阶段,财政补贴强度对非制造业企业研发支出强度的激励作用都大于制造业企业,且激励作用显著地集中于非制造业企业的成熟期阶段——财政补贴强度每提高 1 单位,下期的研发投入强度就显著地增加 0.291 单位。

表 12-7　财政补贴对企业研发支出强度的影响:制造业与非制造业

分表 A:制造业企业	全样本	成长期	成熟期	衰退期
Subsidy	0.005	−0.043	0.054	0.043
	(0.18)	(−1.11)	(1.07)	(0.39)
控制变量、企业和年度固定效应	控制	控制	控制	控制
观测数	7644	3382	3208	1054
F 统计量	4.820	1.819	5.138	2.323
组内 R^2	0.014	0.014	0.043	0.077
分表 B:非制造业企业	全样本	成长期	成熟期	衰退期
Subsidy	0.040	0.044	0.291**	0.059
	(0.93)	(0.68)	(1.98)	(1.18)
控制变量、企业和年度固定效应	控制	控制	控制	控制

续表

分表 B：非制造业企业	全样本	成长期	成熟期	衰退期
观测数	4032	1880	1412	740
F 统计量	3.558	1.908	2.398	2.920
组内 R^2	0.027	0.023	0.079	0.164

注：(1)括号内为 t 统计量，由聚类到企业层面的稳健标准误计算得到；(2)***、**、* 分别表示 1%、5%、10%的显著性水平。

对于这一差异，可能的解释为：近几年，由于受全球经济复苏乏力、贸易保护主义抬头等不利外部需求冲击的影响，长期以来以出口为导向的制造业企业出现了盈利下滑甚至亏损的状况。严峻的生存形势降低了制造业企业进行风险高且回报时间长的研发创新的意愿。此外，相对于发达国家，中国制造业的自主研发能力较弱，创新的投入产出效率较低(黄群慧和贺俊，2015)。这导致现阶段制造业企业直接引进和模仿国外先进技术所承担的风险和成本要低于自主研发。从而，制造业企业的研发创新对于财政补贴不敏感。而相比于制造业，近年来以信息服务、"互联网＋"企业为代表的非制造业企业在国家努力推动产业升级的号召之下发展迅猛，许多传统行业企业也在尝试进行转型。从而，这些企业对研发资金的需求大，迫切地需要得到财政补贴上的支持。从而，财政补贴对非制造业，尤其是成熟期的非制造业的研发创新具有更强的"挤入效应"。

4.垄断企业与非垄断企业

参考黎文靖和郑曼妮(2016)的分类，本章将航空运输业、铁路运输业、燃气生产和供应业、石油和天然气开采业等垄断程度与进入壁垒较高的行业里的企业归为垄断企业，其余为非垄断企业。表 12-8 提供了相应的分样本回归结果。

表 12-8　财政补贴对企业研发支出强度的影响：垄断行业与非垄断行业

分表 A：垄断企业	全样本	成长期	成熟期	衰退期
Subsidy	−0.024 (−0.59)	0.036 (0.50)	−0.013 (−0.16)	−0.092 (−0.81)
控制变量、企业和年度固定效应	控制	控制	控制	控制
观测数	2642	1202	1147	293
F 统计量	1.567	1.441	2.107	1.705
组内 R^2	0.011	0.022	0.026	0.201

续表

分表 B：非垄断企业	全样本	成长期	成熟期	衰退期
Subsidy	0.026	−0.016	0.138**	0.086
	(0.98)	(−0.42)	(2.28)	(0.80)
控制变量、企业和年度固定效应	控　制	控　制	控　制	控　制
观测数	9034	4060	3473	1501
F 统计量	6.471	2.067	5.912	2.825
组内 R²	0.019	0.014	0.056	0.084

注：(1)括号内为 t 统计量，由聚类到企业层面的稳健标准误计算得到；(2)***、**、* 分别表示 1%、5%、10%的显著性水平。

结果表明，财政补贴强度对研发支出强度的激励作用集中体现在非垄断企业的成熟期阶段——财政补贴强度每提高 1 单位，下期的研发投入强度就显著地增加 0.138 单位。而财政补贴对非垄断企业的其他阶段以及垄断企业研发支出的激励作用不明显。

这一异质性的可能解释为：非垄断企业的研发激励更高——激烈的市场竞争会对企业研发投入产生"逃离竞争效应"(competition-escaping effect)，企业有强烈的动机通过研发创新来逃离行业内其他企业的竞争(Dinopoulos and Syropoulos,2007)。同时，竞争程度较高的行业里企业的市场势力较弱，成本加成率与利润率相对较低，研发资金需求与自有资金之间的缺口更大，因而对财政补贴的需求更高。特别对于成熟期的非垄断企业，其组织结构完善、创新风险较低，有极强的意愿通过自主研发创新进一步占领市场，扩大领先优势，从而财政补贴对研发创新的激励效应也最强。相比之下，较强的垄断地位会降低企业进行研发创新的动力——企业一旦能够借助垄断势力获得超额利润，通过研发创新来保持领导地位的热情就会降低。尤其在行政垄断下，企业的盈利并不依赖高效运营或研发创新，而来自于进入门槛对在位企业的保护。因此，无论垄断企业处在哪个生命周期阶段，即便政府给予较大数额的财政补贴，也难以激发企业研发创新的热情。

(四)稳健性检验

1.更换被解释变量

受会计准则执行、盈余管理、税收激励等因素影响，企业的研发支出可能存在测量误差问题(谢维敏等,2009;杨国超等,2017)。从而，我们使用总的专利申请数，发明、实用新型和外观设计三类专利的申请数加一取对作为被解释变量进行稳健性检验。使用专利申请数的优势在于不仅能克服研发支出测量误差的缺陷，还能检验财政补贴对创新质量的影响。由于专利数据存在较大比例的零值，形成了"零值堆积"与"连续正值"共存的混合分布，根据龙小宁和林志帆(2018)的建议，本章使用 Honore(1992)的个体固定效应Tobit 模型进行回归，并采用 bootstrap 法得到稳健标准误。结果关键信息见表 12-9。

表 12-9 稳健性检验 1：将被解释变量替换为各类专利申请数量

企业生命周期阶段：	全样本	成长期	成熟期	衰退期
分表 A：被解释变量 ln(patent+1)				
Subsidy	−0.000	−0.003	0.006	−0.000
	(−0.15)	(−0.92)	(1.21)	(−0.00)
分表 B：被解释变量 ln(invention+1)				
Subsidy	0.004*	−0.000	0.011**	0.017
	(1.75)	(−0.06)	(2.37)	(0.79)
分表 C：被解释变量 ln(utility+1)				
Subsidy	0.003	0.004	0.008	−0.011
	(0.92)	(0.92)	(1.38)	(−0.59)
分表 D：被解释变量 ln(design+1)				
Subsidy	0.001	−0.003	0.015	−0.009
	(0.21)	(−0.30)	(1.29)	(−0.28)

注：(1)括号内为 z 统计量，由 bootstrap 稳健标准误计算得到；(2)***、**、* 分别表示 1%、5%、10% 的显著性水平；(3)回归均加入了前文所有控制变量、企业固定效应、年份固定效应，结果略去。

从表 12-9 的实证结果来看，对于总专利数、外观设计和实用新型专利数，无论是全样本还是区分不同生命周期阶段，财政补贴均没有起到显著的激励效应。但值得注意的是，成熟期的系数和显著性均高于成长期和衰退期，这与前文结论保持一致。对于最能体现创新价值的发明专利数，财政补贴则起到了显著的激励效应。更重要的是，这种激励效应集中地体现在了企业的成熟期。这一结果不仅说明了前边结论的稳健性，更进一步地表明，财政补贴不仅提高了成熟期企业的研发强度，还促进了成熟期企业创新质量的提升。

2.更换生命周期划分方法

尽管使用现金流模式法对企业生命周期阶段进行划分具有较强的合理性，但仍可能无法全面衡量企业在各生命周期阶段的特征。因此，本章参照 Anthony and Ramesh (1992)的方法，选取股利支付率(每股税后股利/每股收益)、资本支出率(资本支出/资产总计)、营业收入增长率和企业年龄 4 个指标作为划分企业生命周期的标准。具体而言，本章将营业收入增长率和资本支出率从低到高进行排序(股利支付率和年龄则从高到低进行排序),以三分位数为标准进行打分,相加后即得到各阶段的样本①。表 12-10 展示了更换生命周期划分方法后得到的实证结果,可以发现本章的结论依旧稳健成立。

表 12-10　稳健性检验 2:更换企业生命周期划分方法

被解释变量:RDintensity	全样本	成长期	成熟期	衰退期
Subsidy	0.016	0.022	0.053**	0.039
	(0.68)	(0.41)	(2.05)	(0.33)
控制变量、企业和年份固定效应	控制	控制	控制	控制
观测数	11767	1824	6276	1970
F 统计量	7.038	2.862	7.649	2.868
组内 R^2	0.015	0.030	0.030	0.040

注:(1)括号内为 t 统计量,由聚类到企业层面的稳健标准误计算得到;(2)***、**、* 分别表示 1%、5%、10%的显著性水平。

3.运用工具变量回归处理内生性问题

尽管本章使用滞后一期的财政补贴对研发支出进行解释,很大程度上规避了双向因果内生性,但遗漏变量内生性仍需要关注。对于本章而言,不可观测的企业家能力可能会是一个遗漏变量——较强的企业家往往能利用人脉关系建立纵向关系谋取更多的补贴;同时,较强的企业家能力也可能正向影响企业研发创新。这会导致模型高估财政补贴与企业研发之间的正相关性。本章选取"企业所在省份除自身以外所有企业的财政补贴强度均值"作为工具变量,基于两阶段最小二乘法进行稳健性检验,结果见表 12-11。

表 12-11　稳健性检验 3:工具变量两阶段最小二乘法

被解释变量:RDintensity	全样本	成长期	成熟期	衰退期
Subsidy	0.038	0.011	0.077*	0.039
	(1.44)	(0.24)	(1.75)	(0.44)
控制变量、企业和年度固定效应	控制	控制	控制	控制
观测数	11624	4529	3765	1127
Kleibergen-Paap rk Wald F 统计量	149.940	108.453	49.387	34.613
Hausman 检验伴随概率②	0.782	0.944	0.921	0.983

注:(1)括号内为 z 统计量,由聚类到企业层面的稳健标准误计算得到;(2)***、**、* 分别表示 1%、5%、10%的显著性水平。

---

① 具体而言:变量 1/3 分位点以下记 1 分,1/3 至 2/3 分位点记 2 分,2/3 分位点以上记 3 分。四个变量分值加总后,总分 4～6 分的企业认定为成长期,总分 7～9 分的为成熟期,总分 10～12 分的为衰退期。

② 需要说明的是,Hausman 检验无法基于聚类稳健标准误进行,我们只能使用普通标准误。

这一工具变量的逻辑为:(1)相关性——财政分权体制使得地方政府拥有较强的经济自主权和财政支出支配权,从而同一省份的企业获得的财政补贴强度往往正相关。从表 12-11 可以看到,第一阶段回归的 Kleibergen-Paap 检验统计量远大于 10,拒绝了"工具变量和内生变量无关"的原假设,相关性条件满足;(2)外生性——其他企业所获得的财政补贴与企业自身的研发创新以及企业家能力都无直接联系,因此工具变量也满足外生性的条件。表 12-11 给出了两阶段最小二乘法的回归结果,可以发现,财政补贴强度的系数与统计显著性稍微下降,但结果没有发生实质变化。进而,我们使用 Hausman 检验对比了表 12-11(一致估计)与表 12-4(效率估计)的回归结果,发现均不能拒绝原假设,说明 OLS 结果实际上很可能不存在内生性问题,本章的研究结论具有很好的稳健性。

第五节 结论与政策启示

长久以来,关于财政补贴对企业研发创新的影响是"挤入效应"还是"挤出效应",学界一直争论不休。本章尝试立足于企业生命周期理论的视角,提供一种新的注解。本章利用 2012—2016 年的上市公司面板数据,实证检验对于处在不同生命周期阶段的企业,财政补贴对研发创新影响的异质性。研究结果表明:第一,从总体上看,财政补贴并没有显著地起到激励企业研发创新的作用;第二,从企业发展的不同阶段来看,财政补贴对成熟期企业的研发创新存在显著的激励效应,但对成长期和衰退期企业来说,激励效应不明显;第三,财政补贴显著地激励了处于成熟期的非国有企业、高科技企业、非制造业企业和非垄断企业的研发创新;但是,无论是从总体上还是区分生命周期来看,财政补贴均没有对国有企业、非高科技企业、制造业以及垄断企业的研发创新表现出明显的正向影响。

目前,为了鼓励企业进行研发创新,从地方政府到中央政府都提供了数以千亿计的补贴。这些补贴或者大水漫灌,或者门槛整齐划一,没有针对性,因而效率低下,没有发挥应有的作用。基于本章的研究结论,我们认为,原则上,政府应改变传统的对企业研发创新的"一刀切"的补贴方式,充分考虑企业的类型以及所处的生命周期阶段,并结合企业的资源约束、内控结构、市场环境、研发创新能力等诸多因素进行决策,以提高补贴的精准性,更好地发挥财政补贴对企业研发创新的激励作用;具体措施上,第一,应加大对成熟期的非国有企业、高新技术企业、非制造业企业和非垄断企业研发创新活动的财政补贴力度,以此优化补贴资源的配置,提高财政资金的使用效率。第二,对于成长期和衰退期企业,以及国有、非高科技、制造业和垄断行业企业的研发活动,要慎用财政补贴激励,探索税收优惠、创新奖励、"产学研"合作、配套金融支持等其他政策工具的可行性。

本章参考文献

[1]ADIZES I. Corporate life cycles: how and why corporations grow and die and what to do about it. [M] Prentice Hall, New Jersey, 1988.

[2]AERTS K, SCHMIDT T. Two for the price of one? additionality effects of R&D subsidies: a comparison between flanders and germany[J]. Research Policy, 2008, 37(5): 806-822.

[3]Aghion P, Howitt P. A model of growth through creative destruction[J]. Econometrica, 1992, 60(2):323-351.

[4]ANTHONY J H, RAMESH K. Association between accounting performance measures and stock prices: a test of the life cycle hypothesis [J]. Journal of Accounting and Economics, 1992, 15(2): 203-227.

[5]ARROW K. Economic welfare and the allocation of resources for invention [M].The Rate and Direction of Inventive Activity: Economic and Social Factors. Princeton University Press, 1962: 609-626.

[6]AUDRETSCH D B, LINK A N, SCOTT J T. Public/private technology partnerships: evaluating SBIR-supported research [J]. Research Policy, 2002, 31(1): 145-158.

[7]BÉRUBÉ C, Mohnen P. Are firms that receive R&D subsidies more innovative? [J]. Canadian Journal of Economics, 2009, 42(1): 206-225.

[8]BRANSTETTER L, SAKAKIBARA M. Japanese research consortia: a microeconometric analysis of industrial policy [J]. The Journal of Industrial Economics, 1998, 46(2): 207-233.

[9]BRANDER J A, EGAN E, HELLMANN T F. Government sponsored versus private venture capital: Canadian evidence[R]. National Bureau of Economic Research, 2008.

[10]DAVID P A, HALL B H, TOOLE A A. Is public R&D a complement or substitute for private R&D? A review of the econometric evidence [J]. Research Policy, 2000, 29(4): 497-529.

[11]DICKINSON V. Cash flow patterns as a proxy for firm life cycle [J]. The Accounting Review, 2011, 86(6): 1969-1994.

[12]DINOPOULOS E, SYROPOULOS C. Rent protection as a barrier to innovation and growth[J]. Economic Theory, 2007, 32(2):309-332.

[13]GRILILICHES Z, REGEV H. An econometric evaluation of high-tech policy

in israel [C]. ATP-conference in Washington，DC. 1998.

[14]HONORÉ B E. Trimmed LAD and least squares estimation of truncated and censored regression models with fixed effects [J]. Econometrica，1992，60(3)：533-565.

[15]JAMES H. LOVE, BRIAN ASHCROFT, STEWART DUNLOP. Corporate structure，ownership and the likelihood of innovation [J]. Applied Economics，1996，28 (6)：737-746.

[16]KLETTE T J, MOEN J, GRILICHES Z. Do subsidies to commercial R&D reduce market failures? microeconometric evaluation studies [J]. Research Policy，2000，29(4)：471-495.

[17]NELSON R R. The economics of invention：a survey of the literature [J]. The Journal of Business，1959，32(2)：101-127.

[18]ROMER P M. Increasing returns and long-run growth [J]. The Journal of Political Economy，1986，94 (5)：1002-1037.

[19]WALLSTEN S J. The effects of government-industry R&D programs on private R&D：the case of the small business innovation research program [J]. The RAND Journal of Economics，2000：82-100.

[20]XIE Z, ZHANG X. The patterns of patents in China [J]. China Economic Journal，2015，8(2)：122-142.

[21]安同良,周绍东,皮建才. R&D补贴对中国企业自主创新的激励效应[J]. 经济研究,2009,(10):87-98.

[22]白俊红. 中国的政府R&D资助有效吗？来自大中型工业企业的经验证据[J]. 经济学(季刊),2011,(4):1375-1400.

[23]曹裕,陈晓红,万光羽. 控制权、现金流权与公司价值——基于企业生命周期的视角[J]. 中国管理科学,2010,(3):185-192.

[24]陈晓,李静. 地方政府财政行为在提升上市公司业绩中的作用探析[J]. 会计研究,2001,(12):20-28.

[25]陈旭东,杨文冬,黄登仕. 企业生命周期改进了应计模型吗？——基于中国上市公司的实证检验[J]. 会计研究,2008,(7):56-64.

[26]戴小勇,成力为. 财政补贴政策对企业研发投入的门槛效应[J]. 科研管理,2014,(6):68-76.

[27]高松,庄晖,牛盼强. 科技型中小企业政府资助效应提升研究——基于企业生命周期的观点[J]. 中国工业经济,2011,(7):150-158.

[28]黄宏斌,翟淑萍,陈静楠. 企业生命周期、融资方式与融资约束——基于投资者情绪调节效应的研究[J]. 金融研究,2016,(7):96-112.

[29]黄群慧,贺俊.中国制造业的核心能力、功能定位与发展战略——兼评《中国制造 2025》[J].中国工业经济,2015,(6):5-17.

[30]解维敏,唐清泉,陆姗姗.政府 R&D 资助、企业 R&D 支出与自主创新——来自中国上市公司的经验证据[J].金融研究,2009,(6):86-99.

[31]黎文靖,郑曼妮.实质性创新还是策略性创新?——宏观产业政策对微观企业创新的影响[J].经济研究,2016,(4):60-73.

[32]李春涛,宋敏.中国制造业企业的创新活动:所有制和 CEO 激励的作用[J].经济研究,2010,(5):55-67.

[33]林毅夫,李志赟.中国的国有企业与金融体制改革[J].经济学(季刊),2005,(3):913-936.

[34]林志帆,刘诗源.税收负担与企业研发创新——来自世界银行中国企业调查数据的经验证据[J].财政研究,2017,(2):98-112.

[35]林志帆,龙晓旋.金融结构与发展中国家的技术进步——基于新结构经济学视角的实证研究[J].经济学动态,2015,(12):57-68.

[36]龙小宁,林志帆.中国制造业企业的研发创新:基本事实、常见误区与合适计量方法讨论[J].中国经济问题,2018,(2):1-25.

[37]陆国庆,王舟,张春宇.中国战略性新兴产业政府创新补贴的绩效研究[J].经济研究,2014,(7):44-55.

[38]毛其淋,许家云.政府补贴对企业新产品创新的影响——基于补贴强度"适度区间"的视角[J].中国工业经济,2015,(6):94-107.

[39]聂辉华,谭松涛,王宇峰.创新、企业规模和市场竞争[J].世界经济,2008,(8):57-66.

[40]任佩瑜,余伟萍,杨安华.基于管理熵的中国上市公司生命周期与能力策略研究[J].中国工业经济,2004,(10):76-82.

[41]杨洋,魏江,罗来军.谁在利用政府补贴进行创新?——所有制和要素市场扭曲的联合调节效应[J].管理世界,2015,(1):75-86.

[42]袁建国,后青松,程晨.企业政治资源的诅咒效应——基于政治关联与企业技术创新的考察[J].管理世界,2015,(1):139-155.

[43]张杰,陈志远,杨连星,新夫.中国创新补贴政策的绩效评估:理论与证据[J].经济研究,2015,(10):4-17.

[44]朱平芳,徐伟民.政府的科技激励政策对大中型工业企业 R&D 投入及其专利产出的影响——上海市的实证研究[J].经济研究,2003,(6):45-53.

[45]朱松,陈运森.政府补贴决策、盈余管理动机与上市公司扭亏[J].中国会计与财务研究,2009,(3):92-140.

第十三章 财政补贴:"馅饼"还是 "陷阱"?

——基于融资约束 VS.过度投资视角的实证研究

魏志华 赵悦如 吴育辉*

第一节 引言

在我国,财政补贴是政府干预经济、实现特定政策目标的重要手段。近年来,每年有近千亿元的财政补贴流向上市公司(魏志华等,2015a),其补贴效果如何一直备受各界关注。对于财政补贴,人们往往更加关注其积极影响。因为从直观上看,财政补贴是政府向企业无偿提供资源,这有助于企业尤其是那些面临融资约束的企业能有更充沛的资金进行经营发展。但随着政府财政补贴政策的不断推出以及政策效果的不断显现,人们开始意识到财政补贴也可能会产生一些消极影响。其中一个突出问题就是,不少企业在财政补贴的刺激下疯狂投资、"跑马圈地",造成了严重的重复建设和过度投资问题。以LED产业为例,从2008年起,我国许多地方政府对于企业购买 MOCVD 设备(用于生产LED的核心设备)给予每台高达数百万元的现金补贴,在巨额财政补贴的吸引下,大量热钱涌入 LED 行业。但从2010年开始,中国 LED 晶片产业的疯狂投资导致晶片产能严重过剩,产品价格不断下跌,结果到了2012年年底,中国 MOCVD 产能利用率已不到五成(陈岩,2014)。事实上,近年来关于财政补贴引发 LED、光伏、锂电池、化工、钢铁等行业产能过剩的新闻报道连篇累牍、层出不穷。可以说,政府财政补贴也可能成为扭曲企业投资行为、导致行业产能过剩的重要"推手"。因此,财政补贴在企业中似乎扮演着复杂的"双刃剑"角色,它既可能是政府无偿给予企业的免费"馅饼",也可能成为助推企业过度投资的危险"陷阱"。一个有趣而重要的问题是,财政补贴具有怎样的经济后果,它对企业而言究竟是"馅饼"还是"陷阱"?

遗憾的是,国内外学者目前围绕财政补贴经济后果的研究依然少见,而且研究结论也尚存争议(Cerqua and Pellegrini, 2014;孔东民和李天赏,2014;魏志华等,2015ab)。

---

* 魏志华,教授、博士生导师,厦门大学经济学院财政系;赵悦如、吴育辉,厦门大学管理学院。

一些研究表明,财政补贴在企业中扮演了积极的角色,有助于改善企业的经济绩效与社会绩效(如 Wren,2005;Harris and Trainor,2005;孔东民和李天赏,2014);但另一些研究则认为,财政补贴成效甚微(如 Ankarhem et al.,2010;郭晓丹和何文韬,2011;逯东等,2012;魏志华等,2015ab);而更多的研究则似乎得到了部分支持的结论,即财政补贴仅对某类企业或某类企业绩效发挥了积极作用(Tzelepis and Skuras,2004;Criscuolo et al.,2012;Cerqua and Pellegrini,2014;唐清泉和罗党论,2007;潘越等,2009;余明桂等,2010)。综观国内外已有文献,学者们侧重于考察财政补贴的最终实施效果,但对于财政补贴可能在企业中同时扮演的"双刃剑"角色缺乏足够关注,对于财政补贴经济后果的作用机制也缺乏深入研究。本章致力于在一定程度上弥补上述研究缺憾,以我国沪深两市2008—2013 年 1887 家上市公司为样本,从融资约束 VS.过度投资的视角实证检验财政补贴的经济后果,旨在更深入地探索财政补贴在企业中所具有的复杂影响。

相比已有文献,本章的主要贡献在于,从融资约束 VS.过度投资这两个竞争性视角,揭示了财政补贴在企业中所扮演的"双刃剑"角色,这在理论上有助于进一步揭示财政补贴的经济后果及其作用机制,在实践上则为更加客观地评价和完善财政补贴政策提供了重要借鉴。

第二节　文献回顾与研究假设

(一)文献回顾

综观国内外文献,现有关于财政补贴经济后果的研究主要围绕财政补贴对企业经济绩效(如经营业绩、产出效率、投资水平、研发投入、成长性等)与社会绩效(如纳税、捐赠、就业等)的影响这两个方面展开。但总体而言,实证研究结果众说纷纭、莫衷一是。

在国外,相关文献侧重于考察政府对落后地区企业或特定产业进行补贴的实施效果,但研究结论不一。一些研究发现,政府对企业的补贴政策卓有成效。例如,Wren(2005)对英国的区域选择性补助政策的实施效果进行研究,结果显示,财政补贴确实推动企业增加了雇佣规模。Harris 和 Trainor(2005)对北爱尔兰的选择性金融补助政策的效果进行考察,研究表明,该政策使得企业的全要素生产率提高了 7%～10%。然而,也有一些学者提供了相反的证据。比如,Ankarhem 等(2010)对瑞士的区域投资补助政策的成效进行实证检验,研究发现,获得政府补助的企业相比对照组企业并没有获得显著更高的净资产收益率,也没有雇佣更多员工。事实上,更多学者倾向于认为,财政补贴只是在某些方面或者对某些企业产生了积极影响。譬如,Tzelepis 和 Skuras(2004)以获得政府投资补贴的希腊企业为样本,分别从效率、盈利能力、资本结构以及成长性四个角度考察政府补贴效果,实证结果表明,政府补贴仅对企业成长性有积极影响。Criscuolo 等(2012)也对英国的区域选择性补助政策进行了研究,他们发现,获得财政补贴确实显著提高了企业的雇员规模和投资水平,但这一结论只对雇员人数小于 150 人的小企业成立,且全要素生产率并没有显著提高。最近,Cerqua 和 Pellegrini(2014)研究了意大利独特的 488/92 号法律对私营企业进行补贴的实施效果,结果表明,获得财政补贴可以显著提高企业的雇员数量、投资水平以及营业额,但是对企业的产出效率并没有显著影响。

近年来,国内学者也开始关注财政补贴的经济后果,但研究结论尚存争议。一些学者认为,我国的财政补贴政策卓有成效。譬如,孔东民和李天赏(2014)实证发现,政府补贴可以提高企业的生产经营绩效和社会责任感。但也有一些研究表明,财政补贴政策成效甚微。例如,郭晓丹和何文韬(2011)、逯东等(2012)分别对我国战略性新兴产业、创业板高新技术行业的上市公司进行研究发现,财政补贴并没有增加企业研发支出。最近,魏志华等(2015b)对新能源上市公司的研究发现,财政补贴并不能提高公司成长性。进一步的,魏志华等(2015a)的研究还显示,财政补贴没有提高公司经营业绩,也无助于投资者获得更高的市场回报率,但却帮助民营上市公司高管获得了更多的薪酬,并显著降低了国有上市公司高管薪酬业绩的敏感性。此外,更多文献则认为,财政补贴的作用效果是混合的。唐清泉和罗党论(2007)实证发现,政府补贴没有提高上市公司经济效益,但却有助于上市公司社会效益的发挥。潘越等(2009)研究发现,财政补贴可以在补贴当年短期地"帮助"ST 公司提高业绩,但从长期来看,只有政治关联较弱的民营企业获得财政补贴才有助于改善业绩。余明桂等(2010)研究表明,与地方政府建立政治联系的民营企业获得财政补贴与企业绩效及社会绩效负相关,而无政治联系的民营企业获得财政补贴则与企业绩效及社会绩效正相关。

综上,虽然国内外文献围绕财政补贴的经济后果进行了许多有益探索,但鲜有研究关注财政补贴在企业中可能扮演的"双刃剑"角色。本章试图基于融资约束 VS.过度投资的视角展开探讨,旨在更全面地揭示财政补贴对企业财务行为的复杂影响,以弥补已有文献的缺憾。

(二)研究假设

1. 财政补贴与融资约束

理论上,财政补贴可以从两个方面缓解企业融资约束。一方面,政府为企业无偿提供财政补贴资金,有助于直接缓解企业融资约束。从某种意义上说,财政补贴就是政府提供的"免费午餐"(魏志华等,2015a),可以弥补企业资金缺口。尤其是对融资困窘的企业而言,财政补贴无异于"雪中送炭",能够帮助其渡过难关或是有更多资金把握净现值为正的投资机会。另一方面,财政补贴也可以帮助企业更好地获取外部融资、降低融资成本,从而间接地缓解企业融资约束。这是因为,政府对企业提供财政补贴往往意味着政府对企业所在行业或所从事业务给予了认可与鼓励(魏志华等,2015a)。此时,财政补贴可以发挥"认证效应",向外界传递企业未来具有良好发展前景的积极信号,有助于鼓励社会潜在投资者和贷款人向企业提供资金,从而帮助缓解企业融资难、融资成本高的问题(Narayanan et al.,2000;Feldman and Kelly,2006)。一些文献对此提供了实证支持,如郭晓丹和何文韬(2011)研究发现,政府补贴确实对银行和社会投资者发挥了显著的信号效应,表现为被补贴企业获得了更多的银行长短期贷款和股票市场筹资。申香华(2014)研究也表明,财政补贴能够作为企业的隐性担保机制,有助于降低银行对企业的风险评估级别,进而降低企业债务融资成本。Colombo 等(2013)则提供了更为直接的证据,他们对 288 家意大利新技术企业的财政补贴效果进行研究发现,对小型企业而言,财政补贴可以显著降低其投资现金流的敏感性,这意味着财政补贴确实缓解了这些企业的融资约束。综上所述,本章提出如下研究假设:

假设 1:上市公司获得的财政补贴水平越高,其融资约束水平越低。

2. 财政补贴与过度投资

值得注意的是,财政补贴也可能会刺激企业进行过度投资。从企业的角度来看,一方面,政府无偿给予企业财政补贴会增加企业的自由现金流,从而引发典型的委托代理问题,即企业管理者由于偏好构建商业"帝国"以扩大自己的权力而导致过度投资(Jensen,1986)。另一方面,获得财政补贴代表了政府对企业的支持和鼓励态度,这就好像给企业打了一针"兴奋剂",可能使得企业管理者对未来发展前景过于乐观,并盲目扩大投资规模。此外,从政府的角度来看,财政补贴政策同样可能推动企业过度投资。众所周知,在我国地方政府官员出于政治晋升的考虑,通常具有强烈的意愿追求经济扩张,而财政补贴无疑是地方政府吸引投资、提高当地 GDP 的一种重要手段。由于财政补贴可以降低企业投资成本并带来短期效益,故企业很容易在地方政府财政补贴政策的激励下进行投资,或是为了获得更多的补贴而加大投资,最终造成过度投资和产能过剩问题。事实上,张中华和杜丹(2014)实证就发现,在我国战略性新兴产业上市公司中,确实普遍存在政府补贴加剧企业过度投资的现象。

值得注意的是,财政补贴对企业投资的影响在不同企业中可能截然不同。理论上,财政补贴更不可能刺激融资约束企业进行过度投资。原因在于,从客观上说,面临融资约束困境的企业本身就存在资金短缺问题,由于财政补贴往往数额有限,它可能只能弥补或部分弥补企业的资金缺口。因此,相比资金充沛的企业来说,融资约束企业获得财政补贴后更不可能有富余的资金进行过度投资。另外,从主观上说,对于陷入融资困境的企业来说,财政补贴无疑是一种稀缺资源,企业可能会更谨慎地把这笔资金"用在刀刃上",因此在这类企业中更不可能出现财政补贴刺激过度投资的现象。根据以上分析,本章提出如下研究假设:

假设 2:上市公司获得的财政补贴水平越高,其过度投资水平越高。

假设 3:融资约束水平越高的公司在获得财政补贴时,其过度投资水平越低。

3. 财政补贴与公司业绩

财政补贴作为政府对企业的"扶持之手",是上市公司利润构成中的一个重要组成部分,可以直接影响公司业绩。根据财政部 2006 年颁布的《企业会计准则第 16 号——政府补助》规定,企业应将财政补贴收入确认为营业外收入,故财政补贴有助于"扮靓"公司业绩。另一方面,财政补贴也会间接影响公司业绩。财政补贴是企业无偿获取的外部资源,企业能否有效使用补贴资金无疑将对其业绩产生重要影响。前文分析表明,财政补贴既有可能缓解企业融资约束、提高投资效率进而改善公司业绩,也有可能刺激企业过度投资、降低投资效率进而损害公司业绩。综合来看,财政补贴对企业而言似乎扮演着"双刃剑"的角色,理论上很难判断财政补贴究竟会如何影响公司业绩,这更多的是一个实证问题。鉴于此,本章仅提出一个待检验的原假设,即财政补贴会显著影响公司业绩,具体结果有待实证检验。

此外,财政补贴对企业绩效的影响在不同企业中也可能存在明显差异。如前所述,对面临融资约束的企业而言,它们在获得财政补贴后往往会将补贴资金用于弥补资金缺口,或是把钱"用在刀刃上",更有效率地投资。此时,财政补贴可能主要发挥缓解企业融资约束、提高投资效率的作用,因而将更有助于改善公司业绩。与之相反,对那些投资水平本来已经就较高甚至存在过度投资倾向的企业而言,财政补贴会增加企业的自由现金流,这无异于"火上浇油",很可能会刺激企业进一步的过度投资行为,降低投资效率,并给企业绩效带来负面影响。由此,本章提出以下研究假设:

假设 4:上市公司获得财政补贴对公司业绩具有显著影响。

假设 5a:在融资约束水平越高的公司中,财政补贴对公司业绩的正向影响越大;

假设 5b:在过度投资水平越高的公司中,财政补贴对公司业绩的正向影响越小。

第三节　研究设计

(一)样本选择与数据来源

本章选取 2008—2013 年中国沪深两市非金融保险类上市公司为初始研究样本,我们剔除了相关财务数据缺失的公司,并对连续变量 1% 以下和 99% 以上的分位数进行了缩尾处理(Winsorize)。最后,获得了 1887 家上市公司五年共 7889 个研究样本。本章使用的公司财务数据来源于 Wind 资讯金融终端系统和 CSMAR 数据库,财政补贴和所有权性质数据来源于同花顺 iFinD 金融数据终端。

(二)变量定义

1. 财政补贴水平

借鉴潘越等(2009),本章采用"政府补助×100/总资产"来衡量上市公司获得财政补贴的水平(Subsidy)。

2. 融资约束水平

借鉴 Kaplan and Zingales(1997),本章采用"经营性净现金流/上期总资产"(Ocf)、"现金股利/上期总资产"(Div)、"现金持有/上期总资产"(Cash)、"资产负债率"(Lev)以及"公司成长性"(Tobin's Q)等五个指标进行排序逻辑回归(Ordered Logistics Regression)来构建 KZ 指数,用以衡量上市公司的融资约束水平。上市公司的 KZ 指数越大,则表示该公司所面临的融资约束水平越高。

3. 过度投资水平

借鉴 Richardson(2006),本章按照以下步骤估计上市公司的过度投资水平。第一,将公司总投资(Inv_T)划分为维持性投资(Inv_M)和新增投资(Inv_N)两部分。其中,Inv_T=购建固定资产、无形资产和其他长期资产支付的现金+取得子公司及其他营业单位支付的现金净额-处置固定资产、无形资产和其他长期资产收回的现金-处置子公司及其他营业单位收到的现金净额;Inv_M=固定资产折旧+无形资产摊销+长期待摊费用摊销;Inv_N=Inv_T-Inv_M。

第二,用以下模型估计出公司的正常投资和非效率投资:

$$Inv\_N_t = \beta_0 + \beta_1 Growth_{t-1} + \beta_2 Lev_{t-1} + \beta_3 Cash_{t-1} + \beta_4 Age_{t-1} + \beta_5 Size_{t-1} +$$
$$\beta_6 Rets_{t-1} + \beta_7 Inv\_N_{t-1} + \sum Year + \sum Industry + \varepsilon \qquad (13\text{-}1)$$

其中,Inv_N_t 表示公司当年新增投资支出水平,即前述 Inv_N 与上期总资产之比,Growth、Lev、Cash、Age、Size 分别代表公司成长性、资产负债率、公司现金持有水平、公司年龄、公司规模,Rets 是年度股票收益率,Inv_N_{t-1} 是上一年的新增投资支出水平,Year 和 Industry 分别是年份和行业的虚拟变量。

第三,将模型(1)中回归估计得到的残差 ε 视为非效率投资,用于衡量上市公司的过度投资水平(Overinv)。

4.公司业绩

本章采用净资产收益率(ROE,净利润/年初与年末平均股东权益)这一常用指标来衡量公司业绩。

5. 控制变量

借鉴已有文献,本章选取的主要控制变量包括公司规模(Size)、负债水平(Lev)、公司成长性(Growth)、总资产收益率(ROA)、资产密集程度(Invint)、资产周转率(Turnover)、公司年龄(Age)、公司现金流状况(Ocf)以及产权性质(Private)等。此外,本章还加入年份与行业虚拟变量,以控制时间效应与行业效应。

本章相关变量的具体定义见表 13-1。

表 13-1 变量定义一览表

变量名称	变量符号	变量描述
财政补贴水平	Subsidy	政府补助×100/总资产
融资约束水平	KZ	借鉴 Kaplan and Zingales(1997),根据公司经营性净现金流、股利、现金持有、资产负债率以及公司成长性等指标构建融资约束 KZ 指数
过度投资水平	Overinv	根据 Richardson(2006)投资模型估计得到的模型残差
公司业绩	ROE	净利润/年初与年末平均股东权益
公司规模	Size	总资产的自然对数
负债水平	Lev	总负债/总资产
总资产收益率	ROA	净利润/年初与年末平均总资产
公司成长性	Growth	(当年营业收入—上年营业收入)/上年营业收入
资产密集程度	Invint	非流动资产/总资产
资产周转率	Turnover	营业收入/总资产
公司现金流状况	Ocf	经营性净现金流/总资产
公司年龄	Age	从公司上市至样本年度的年数
是否 ST 公司	Dumst	当上市公司为 ST 公司时取1,否则取0
产权性质	Private	当上市公司属于民营控制时取1,否则取0
时间效应	Year	以 2008 年为基准年,设置了 5 个年份虚拟变量
行业效应	Ind	按证监会行业分类标准设置行业虚拟变量,其中制造业按二级行业分类,以农、林、牧、渔业为基准,设置20个行业虚拟变量

(三)实证模型

为了检验本章的一系列研究假设,本章分别构建了下列 OLS 多元回归实证模型:

$$KZ_t = \beta_0 + \beta_1 Subsidy_t + \sum \beta_i CV_t + \varepsilon \tag{13-2}$$

$$Overinv_t = \beta_0 + \beta_1 Subsidy_t + \sum \beta_i CV_t + \varepsilon \tag{13-3}$$

$$Overinv_t = \beta_0 + \beta_1 Subsidy_t + \beta_2 KZ_t + \beta_3 Subsidy_t \times KZ_t + \sum \beta_i CV_t + \varepsilon \tag{13-4}$$

$$ROE_t = \beta_0 + \beta_1 Subsidy_t + \sum \beta_i CV_t + \varepsilon \tag{13-5}$$

$$ROE_t = \beta_0 + \beta_1 Subsidy_t + \beta_2 KZ_t + \beta_3 Subsidy_t \times KZ_t + \sum \beta_i CV_t + \varepsilon \tag{13-6}$$

$$ROE_t = \beta_0 + \beta_1 Subsidy_t + \beta_2 Overinv_t + \beta_3 Subsidy_t \times Overinv_t + \sum \beta_i CV_t + \varepsilon$$

$$\tag{13-7}$$

其中,因变量 KZ、Overinv、ROE 分别代表上市公司的融资约束水平、过度投资水平以及公司业绩,解释变量主要包括财政补贴水平(Subsidy)、融资约束水平(KZ)以及过度投资水平(Overinv),CV 包括表 13-1 中的各类控制变量,ε 为残差项。为了控制不可观测因素的影响并缓解可能存在的内生性问题,本章采用了面板数据的固定效应模型进行回归。在模型设定上,模型(13-2)用来检验假设 1,即考察财政补贴是否有助于缓解上市公司融资约束。同时,模型(13-3)、(13-4)则是用于检验假设 2 和 3,即考察财政补贴是否会推动上市公司过度投资,以及这种作用在融资约束水平不同的公司中是否存在差异。进一步的,模型(5)~(7)旨在检验假设 4、5a 以及 5b,即考察财政补贴是否对公司业绩有积极影响,以及这种影响在不同融资约束水平、不同过度投资水平的公司中是否存在差异。

第四节　实证结果与分析

(一)描述性统计

表 13-2 报告了本章主要变量的描述性统计。表 13-2 显示,2008—2013 年我国上市公司获得的财政补贴(Subsidy)占总资产比重的均值约为 0.658%。KZ 指数均值为1.180,而标准差达到了1.972,显示出不同上市公司所面临的融资约束存在巨大差异。进一步地,过度投资水平衡量指标(Overinv)的均值为 0.000,这意味着我国上市公司总体而言过度投资水平并不高。此外,总资产收益率(ROE)的均值为 0.072,这与已有文献的统计结果相近。

表 13-2　主要变量的描述性统计

	样本数	均值	中值	最小值	最大值	标准差
Subsidy(%)	7889	0.658	0.270	0.000	7.175	1.117
KZ	7889	1.180	1.334	−9.974	14.650	1.972
Overinv	5587	0.000	−0.008	−0.158	0.282	0.062
ROE	7737	0.072	0.052	−1.001	0.465	0.167
Size	7889	21.914	21.797	18.594	26.262	1.261
Lev	7889	0.529	0.527	0.063	2.222	0.245
ROA	7889	0.057	0.052	−0.276	0.335	0.073
Growth	7889	0.150	0.103	−0.755	2.945	0.411
Invint	7889	0.459	0.449	0.033	0.929	0.217
Turnover	7889	0.700	0.585	0.025	2.785	0.503
Ocf	7889	0.049	0.046	−0.312	0.442	0.104
Age	7889	11.109	12.000	3.000	23.000	4.741
Dumst	7889	0.099	0.000	0.000	1.000	0.298
Private	7889	0.430	0.000	0.000	1.000	0.495

(二)实证结果

1.财政补贴与企业融资约束、过度投资

表 13-3 对本章的假设 1～3 进行了实证检验。从回归结果来看,表 13-3 第(1)列显示,财政补贴水平(Subsidy)对融资约束水平(KZ)的回归系数在 1% 水平上显著为负,这意味着财政补贴的确有助于缓解公司融资约束,因而本章的假设 1 得到实证支持。但另一方面,表 13-3 第(2)列则显示,财政补贴水平(Subsidy)对过度投资水平(Overinv)的回归系数在 1% 水平上显著为正,这说明财政补贴也可能刺激公司投资并导致过度投资现象,从而支持了本章的假设 2。由此可见,政府财政补贴在上市公司中确实扮演了"双刃剑"的角色——它既可以弥补公司资金缺口以缓解融资约束,也可能刺激公司的投资行为进而导致过度投资。

进一步地,表 13-3 第(3)列显示,财政补贴水平与融资约束水平交乘项(Subsidy×KZ)的回归系数也在 1% 水平上显著为负,这意味着融资约束程度较高的公司获得财政补贴更不可能进行过度投资,这与假设 3 的预期一致。换言之,融资约束企业获得财政补贴会更多地用于弥补资金缺口或更有效率地投资,而非过度投资。此外,表 13-3 第(4)、(5)列的子样本回归结果显示,财政补贴水平(Subsidy)在 KZ 高组中的回归系数(0.004)要明显低于在 KZ 低组中的回归系数(0.008)。这说明在融资约束水平较高的企业中,财政补贴刺激公司过度投资的作用确实更弱,这印证了前文交乘项的实证结果,再次支持了本章的假设 3。

表 13-3　财政补贴与企业融资约束、过度投资

变量	KZ	Overinv			
	全样本	全样本		KZ 高	KZ 低
	(1)	(2)	(3)	(4)	(5)
Subsidy	−0.213***	0.007***	0.008***	0.004***	0.008***
	(−11.247)	(6.128)	(5.813)	(2.765)	(3.460)
KZ			−0.010***		
			(−7.165)		
Subsidy×KZ			−0.001***		
			(−3.267)		
Size	−0.869***	0.018***	0.005	0.013***	0.008
	(−19.703)	(5.720)	(1.329)	(3.355)	(1.052)
Lev		0.006	0.060***	0.029***	0.033
		(0.609)	(5.475)	(2.672)	(1.308)

变量	KZ	Overinv			
	全样本	全样本		KZ 高	KZ 低
	(1)	(2)	(3)	(4)	(5)
ROA	-6.104^{***}	-0.018	-0.023	-0.012	-0.045
	(-20.881)	(-0.849)	(-1.126)	(-0.486)	(-1.040)
Growth	-0.116^{***}	0.002	0.002	0.004	0.004
	(-2.837)	(0.806)	(0.750)	(1.400)	(0.817)
Invint	1.790^{***}				
	(9.253)				
Turnover	0.019				
	(0.236)				
Ocf		0.081^{***}	-0.024	0.038^{**}	0.086^{***}
		(7.072)	(-1.410)	(2.218)	(3.643)
Private	0.194^{*}	0.005	0.006	0.008	-0.015
	(1.764)	(0.640)	(0.786)	(0.861)	(-0.782)
Year& Ind	控制	控制	控制	控制	控制
Constant	20.146^{***}	-0.406^{***}	-0.123	-0.308^{***}	-0.195
	(20.042)	(-5.857)	(-1.633)	(-3.630)	(-1.152)
F	140.754^{***}	12.862^{***}	17.571^{***}	3.468^{***}	3.827^{***}
Adj_R^2	-0.027	-0.337	-0.311	-0.548	-0.656
N	7,888	5,587	5,587	2,902	2,685

注:***、**、*分别表示显著性水平为1%、5%、10%(双尾);括号内为 t 值。

2. 财政补贴与企业绩效

表 13-4 实证检验了本章的假设 4 和假设 5a、5b。表 13-4 第(1)列显示,财政补贴(Subsidy)的回归系数在 1% 水平上显著为正,这表明财政补贴总体而言对企业绩效有显著正向影响,从而支持了本章的假设 4。这意味着,尽管财政补贴既有助于缓解企业融资约束也可能刺激企业过度投资,但总体而言,财政补贴对企业的积极影响要强于其消极影响,最终提高了企业绩效。进一步的,与假设 5a 的预期一致,在表 13-4 第(2)列中,财政补贴水平与融资约束水平交乘项(Subsidy×KZ)的回归系数在 1% 水平上显著为正,这说明财政补贴对于改善融资约束企业的绩效有着更明显的积极影响。因此,实证结果支持了本章的假设 5a。与此同时,表 13-4 第(3)列显示,财政补贴水平与过度投资水平

交乘项(Subsidy×Overinv)的回归系数在 5％水平上显著为负,这意味着若将财政补贴发放给那些过度投资水平较高的上市公司,那么财政补贴的积极作用会大打折扣。可见,本章的假设 5b 也得到了实证支持。

表 13-4　财政补贴与企业绩效:融资约束与过度投资的影响

变量	ROE						
	全样本			KZ 高	KZ 低	Overinv＞0	Overinv＜0
	(1)	(2)	(3)	(4)	(5)	(6)	(7)
Subsidy	0.025***	0.021***	0.026***	0.039***	0.014***	0.018***	0.037***
	(10.104)	(8.208)	(10.298)	(8.129)	(6.883)	(3.979)	(10.200)
KZ	−0.007***	−0.012***	−0.007***	−0.012**	−0.013***	−0.005	−0.010***
	(−3.659)	(−5.889)	(−3.798)	(−1.967)	(−8.296)	(−1.468)	(−3.254)
Overinv	−0.018	−0.008	0.019	−0.017	−0.016	0.058	−0.275***
	(−0.574)	(−0.266)	(0.524)	(−0.249)	(−0.736)	(0.892)	(−2.893)
Subsidy×KZ		0.005***					
		(6.061)					
Subsidy×Overinv			−0.038**				
			(−1.981)				
Size	0.094***	0.096***	0.095***	0.121***	0.045***	0.060***	0.105***
	(13.324)	(13.678)	(13.419)	(9.372)	(6.072)	(4.140)	(10.301)
Lev	−0.470***	−0.470***	−0.468***	−0.768***	−0.005	−0.363***	−0.544***
	(−18.027)	(−18.085)	(−17.933)	(−14.242)	(−0.221)	(−7.799)	(−14.019)
Growth	0.055***	0.053***	0.055***	0.066***	0.029***	0.044***	0.058***
	(10.666)	(10.257)	(10.715)	(7.153)	(6.095)	(5.239)	(7.073)
Turnover	0.086***	0.085***	0.085***	0.086***	0.112***	0.110***	0.085***
	(7.591)	(7.543)	(7.581)	(4.047)	(10.736)	(5.294)	(5.219)
Age	−0.015***	−0.015***	−0.015***	−0.014***	−0.012***	−0.008**	−0.017***
	(−8.817)	(−8.912)	(−8.898)	(−4.650)	(−7.935)	(−2.394)	(−7.110)
Dumst	0.153***	0.153***	0.152***	0.193***	−0.002	0.187***	0.135***
	(13.806)	(13.931)	(13.777)	(10.989)	(−0.137)	(8.073)	(8.964)
Private	0.040**	0.039**	0.042**	0.042	0.002	0.069*	0.039*
	(2.409)	(2.384)	(2.505)	(1.427)	(0.089)	(1.854)	(1.725)
Year&Ind	控制	控制	控制	控制	控制	控制	控制

续表

变量	ROE						
	全样本			KZ 高	KZ 低	Overinv>0	Overinv<0
	(1)	(2)	(3)	(4)	(5)	(6)	(7)
Constant	-1.688^{***}	-1.729^{***}	-1.706^{***}	-2.082^{***}	-0.847^{***}	-1.078^{***}	-1.888^{***}
	(-11.702)	(-12.024)	(-11.805)	(-7.813)	(-5.574)	(-3.667)	(-9.067)
F	97.174^{***}	93.671^{***}	90.580^{***}	46.665^{***}	43.032^{***}	23.027^{***}	58.647^{***}
Adj_R^2	-0.053	-0.044	-0.052	-0.188	-0.256	-0.602	-0.226
N	5497	5497	5497	2813	2684	2212	3285

注:***、**、* 分别表示显著性水平为 1%、5%、10%(双尾);括号内为 t 值。

进一步的,表 13-4 第(4)~(7)列的子样本回归结果显示,财政补贴水平(Subsidy)在 KZ 高组中的回归系数(0.039)要明显高于在 KZ 低组中的回归系数(0.014),这说明在融资约束水平较高的企业中,财政补贴对公司绩效的积极影响更为明显。类似的,财政补贴水平(Subsidy)在有过度投资倾向组(Overinv>0)中的回归系数(0.018)也要明显低于在无过度投资倾向组(Overinv<0)中的回归系数(0.037),这意味着在那些有过度投资倾向的上市公司中,财政补贴对公司绩效的积极影响更微弱。可以说,分组回归的结果与前文交乘项的实证结果一致,这进一步支持了本章的假设 5a、5b。

综上,本章的实证结果表明,财政补贴在上市公司中同时扮演着缓解融资约束、刺激过度投资的"双刃剑"角色。但总体而言,财政补贴的正面效应要明显强于其负面效应,因而有助于改善企业绩效。进一步的,在融资约束水平较高、过度投资水平较低的企业中,财政补贴改善企业绩效的作用更明显。概言之,财政补贴在我国更多地扮演了政府无偿给予企业的"馅饼"的角色,但我们对于财政补贴可能带来的过度投资"陷阱"也应保持警惕。

(三)稳健性检验

为了增加研究结论的可靠性,本章进行了一系列稳健性检验。第一,剔除 ST 公司样本。考虑到政府对 ST 公司给予大量财政补贴很可能是为了帮助其"扭亏"、"保壳",这将扭曲财政补贴效率。为了消除这一影响,我们将 ST 公司从全样本中剔除。第二,更换关键的代理变量。考虑到中国股市波动较为剧烈,Tobin's Q 未必能有效衡量企业成长性,本章以营业收入增长率(Growth)作为企业成长性的代理变量替代 Tobin's Q 重新构建 KZ 指数(KZ2);设置过度投资的虚拟变量 Dumoverinv(当 Overinv 大于 0 时取 1,否 0 则取)替代 Overinv,并且当因变量为 Dumoverinv 时,采用 Logit 模型进行回归;以总资产收益率(ROA)替换 ROE 来衡量公司业绩。第三,采用 Change 模型进行回归。为了进一步缓解可能存在的内生性问题,我们还采用了 Change 模型进行稳健性检验,即将回归模型(2)～(7)中的因变量和解释变量替换为增量。具体而言,本章以 ΔKZ、$\Delta Overinv$、ΔROE 作为因变量,以 $\Delta Subsidy$ 作为解释变量进行 OLS 回归,并对回归模型的标准误差估计采用了公司层面聚类(Cluster)的调整方法。其中,$\Delta KZ_t = KZ_t - KZ_{t-1}$,$\Delta Overinv_t = Overinv_t - Overinv_{t-1}$,$\Delta ROE_t = ROE_t - ROE_{t-1}$,$\Delta Subsidy_t = Subsidy_t - Subsidy_{t-1}$。概言之,上述一系列稳健性检验的实证结果与前文的研究发现基本一致(限于篇幅未报告结果),这说明本章的研究结论具有较高的可靠性。

第五节　进一步分析

鉴于财政补贴的经济后果受诸多因素影响,本章还进一步考察了在产权性质与地区市场化程度不同的企业中,财政补贴的作用是否存在横截面差异。

理论上,国有企业比民营企业承担了更多的政策性负担,往往与政府具有更为密切的联系。因此,在考察财政补贴的经济后果时,产权性质的影响不容忽视。表 13-5 第(1)列显示,财政补贴与民营企业交乘项(Subsidy×Private)的回归系数为负数虽然并不显著;而第(3)、(4)列的分组回归结果则显示,在民营企业中财政补贴(Subsidy)回归系数(-0.240)的绝对值要明显大于在国有企业中回归系数(-0.158)的绝对值。这在一定程度上意味着,相比于国有企业,财政补贴可以更好地改善民营企业的融资约束。究其原因可能在于,与存在预算软约束的国有企业相比,民营企业往往面临着更为突出的信贷歧视以及融资难问题,因而财政补贴缓解融资约束的作用在民营企业中要更为重要。同时,表 13-6 第(1)列显示,财政补贴与民营企业交乘项(Subsidy×Private)的回归系数在 1% 水平上显著为正;而第(3)、(4)列的分组回归结果则显示,在民营企业中财政补贴(Subsidy)的回归系数(0.015)要明显大于在国有企业中的回归系数(0.003)。这说明,财政补贴刺激过度投资的问题在民营企业中也更为突出。一种可能的解释是,民营企业往往比国有企业面临着更大的融资约束,因而其投资行为受到了更大的压抑,而在财政补贴的激励下,民营企业表现出了更强烈的投资冲动并导致了更严重的过度投资。进一步的,从财政补贴的最终效果来看,表 13-7 第(1)列显示,财政补贴与民营企业交乘项(Subsidy×Private)的回归系数在 10% 水平上显著为负;而第(3)、(4)列的分组回归结果则显示,在民营企业中财政补贴(Subsidy)的回归系数(0.023)要明显小于在国有企业中的回归系数(0.028)。这说明,尽管财政补贴在民营企业和国有企业中都扮演了"双刃剑"的角色,但总体而言,财政补贴对国有企业业绩的正向影响更为突出。原因可能在于,在民营企业中,财政补贴刺激过度投资的消极作用更为突出,进而其对民营企业绩效的积极影响不如在国有企业中那么明显。

表 13-5 财政补贴与企业融资约束：所有权性质、市场化程度的影响

变量	KZ					
	全样本		民营	国有	市场化高	市场化低
	(1)	(2)	(3)	(4)	(5)	(6)
Subsidy	−0.207***	−0.505***	−0.292***	−0.151***	−0.158***	−0.240***
	(−8.491)	(−6.829)	(−8.971)	(−6.709)	(−5.241)	(−9.815)
Subsidy×Private	−0.015					
	(−0.411)					
Subsidy×Market		0.035***				
		(4.083)				
F	120.822***	122.334***	44.232***	88.579***	34.919***	95.729***
Adj_R²	−0.027	−0.024	−0.174	0.015	−0.164	0.070
N	7888	7888	3395	4493	3861	4027

注：***、**、* 分别表示显著性水平为 1%、5%、10%（双尾）；括号内为 t 值。回归中包含了相关控制变量，限于篇幅未报告。

表 13-6 财政补贴与企业过度投资：所有权性质、市场化程度的影响

变量	Overinv					
	全样本		民营	国有	市场化高	市场化低
	(1)	(2)	(3)	(4)	(5)	(6)
Subsidy	0.003*	0.016***	0.015***	0.003**	0.006***	0.008***
	(1.931)	(3.441)	(6.925)	(2.009)	(3.356)	(4.856)
Subsidy×Private	0.012***					
	(5.027)					
Subsidy×Market		−0.001*				
		(−1.878)				
F	13.968***	12.092***	10.379***	4.983***	4.794***	9.509***
Adj_R²	−0.329	−0.337	−0.377	−0.342	−0.370	−0.305
N	5587	5587	2222	3365	2725	2862

注：***、**、* 分别表示显著性水平为 1%、5%、10%（双尾）；括号内为 t 值。回归中包含了相关控制变量，限于篇幅未报告。

表 13-7　财政补贴与企业绩效：所有权性质、市场化程度的影响

变量	ROE					
	全样本		民营	国有	市场化高	市场化低
	(1)	(2)	(3)	(4)	(5)	(6)
Subsidy	0.029***	0.041***	0.023***	0.028***	0.019***	0.030***
	(10.923)	(5.163)	(7.352)	(10.136)	(6.930)	(10.301)
Subsidy×Private	−0.007*					
	(−1.779)					
Subsidy×Market		−0.002**				
		(−1.963)				
F	137.342***	137.407***	56.187***	87.667***	77.306***	76.823***
Adj_R²	0.004	0.004	−0.116	0.014	0.003	0.016
N	7736	7736	3301	4435	3815	3921

注：***、**、* 分别表示显著性水平为 1%、5%、10%（双尾）；括号内为 t 值。回归中包含了相关控制变量，限于篇幅未报告。

另一方面，由于历史、自然环境、区域发展和社会文化条件等原因，中国各地区的市场化进程（与之相伴的是地区法律环境、政府干预、金融发展等）极不平衡。为此，本章进一步考察了市场化进程对财政补贴经济后果的影响。其中，中国各地区市场化指数（Market）来自于樊纲等（2011）。表 13-5 第（2）列显示，财政补贴与市场化水平交乘项（Subsidy×Market）的回归系数在 1% 水平上显著为正；而第（5）、（6）列的分组回归结果则显示，在市场化水平较高地区财政补贴（Subsidy）回归系数（−0.158）的绝对值要明显小于在市场化水平较低地区回归系数（−0.240）的绝对值。这意味着，在市场化水平较低的地区，财政补贴缓解企业融资约束的作用更为重要。原因可能在于，这些地区的金融市场欠发达，这使得企业难以从外部市场获得发展所需的足够资金，此时财政补贴相当于"雪中送炭"，对于缓解企业的融资困境更有帮助。另外，表 13-6 第（2）列显示，财政补贴与市场化水平交乘项（Subsidy×Market）的回归系数在 10% 水平上显著为负；而第（5）、（6）列的分组回归结果则显示，在市场化水平较高地区中财政补贴（Subsidy）的回归系数（0.006）要明显小于在市场化水平较低地区中的回归系数（0.008）。这说明，财政补贴刺激过度投资的问题在市场化水平较低的地区更为突出。与民营企业更有可能受财政补贴刺激而过度投资类似，对这一现象可能的解释是，市场化水平较低地区的企业由于融资约束水平更高，其投资行为受到了更大的压抑，当存在外部财政补贴刺激时，其爆发出了更加强烈的投资欲望，也带来了更明显的过度投资。最后，从财政补贴的最终效果来看，表 13-7 第（2）列显示，财政补贴与市场化水平交乘项（Subsidy×Market）的回归

系数在5%水平上显著为负;而第(5)、(6)列的分组回归结果则显示,在市场化水平较高地区中财政补贴(Subsidy)的回归系数(0.019)要明显小于在市场化水平较低地区中的回归系数(0.030)。这说明,尽管财政补贴在不同市场化水平的地区中都扮演了"双刃剑"的角色,但总体而言,财政补贴对市场化水平较低地区企业业绩的正向影响更为突出。原因可能在于,财政补贴作为政府的"扶持之手"在某种程度上成为外部制度环境不完善的一种积极替代机制,有助于改善企业业绩。

第六节　结论与政策建议

财政补贴是政府财政支出的一个重要方面,往往规模大、涉及范围广,其实施效果如何不仅影响企业财务行为和企业绩效,也关乎财政资源是否得到有效配置。本章以我国沪深两市2008—2013年1887家上市公司为研究样本,从融资约束VS.过度投资的视角实证检验了财政补贴的经济后果。研究发现,财政补贴一方面有助于缓解企业融资约束,但另一方面也会刺激企业过度投资,且其刺激过度投资的作用在融资约束水平较低的公司中更为明显。进一步的,尽管财政补贴扮演了上述"双刃剑"的角色,但总体而言其对公司业绩具有显著的正向影响,尤其是在那些融资约束水平较高、过度投资水平较低的公司中,财政补贴的积极作用更为突出。此外,本章研究还发现,财政补贴的作用存在横截面差异,其经济影响随产权性质和地区市场化水平的不同而不同。在民营企业和市场化程度较低的地区,财政补贴能更有效地缓解企业融资约束,但这些企业在获得财政补贴后也更可能进行过度投资。从最终效果来看,民营企业使用财政补贴的效率不如国有企业,这可能是因为财政补贴在民营企业中刺激过度投资的负面作用更为明显;而在市场化程度较低的地区,财政补贴作为政府的"扶持之手"成为外部制度环境不完善的一种积极替代机制,其作用主要体现为缓解融资约束,进而对企业绩效产生了更为正向的影响。概言之,本章的研究表明,财政补贴对企业有着复杂的影响,它既可能是"馅饼",也可能是"陷阱"。

根据本章的研究发现,我们提出了如下政策建议。

第一,财政补贴是一把"双刃剑",政府应该审慎使用财政补贴这一政策工具。本章研究显示,财政补贴就像是政府无偿给予上市公司的"馅饼",它可以缓解企业融资约束,帮助企业发展;但财政补贴也可能成为一种"陷阱",刺激企业过度投资,降低企业投资效率。虽然财政补贴总体而言对提高企业绩效发挥了积极作用,更多地扮演了"馅饼"的角色,但我们对其隐藏的负面作用或者说"陷阱"不容忽视。所以,政府在制定任何财政补贴政策时都应该慎重斟酌政策可能产生的种种影响,尽可能趋利避害,从而提高财政补贴效率。

第二,对政府而言,应该更加注重合理选择财政补贴的对象和规模。本章研究显示,在那些融资约束水平较高、过度投资水平较低的公司中,获取财政补贴对公司绩效的正向影响更为突出。因此,财政补贴的资源配置中,可以考虑将企业融资约束情况及以往的投资效率纳入考察范围。在相同条件下,对于那些更需要财政补贴来缓解融资约束的企业可适当提高补贴水平,而对于存在过度投资倾向的企业进行财政补贴时则应加强管理和监督。同时,鉴于国有企业、市场化程度较低地区的企业运用财政补贴的效率较高,在同等条件下,财政补贴政策可以向国有企业、不发达地区的企业适度倾斜。

第三,对企业而言,应该依据财政补贴政策合理决策并更有效地利用补贴资金。财政补贴究竟是"馅饼"还是"陷阱"?问题的关键可能在于,企业本身的财务决策是否合理。一方面,许多地方政府的财政补贴政策都是以推动产业转型、拉动企业投资以及促进经济增长为目的,企业要获得财政补贴优惠往往必须满足最低投资额等方面的相关规定。这就要求企业在投资时必须合理评估财政补贴可能对企业投资效益的影响,绝不能为了获取财政补贴而盲目建设、粗放扩张,最终导致过度投资。另一方面,企业应该合理规划、有效使用财政补贴资金。尤其是对于一些限定用途的专项补贴资金,必须专款专用,不能挪用、滥用补贴资金,以确保财政补贴政策落到实处,并能真正帮助企业发展(魏志华等,2015b)。

本章参考文献

[1]ANKARHEM, M., et al. Do regional investment grants improve firm performance? Evidence from Sweden [J]. Technology and Investment, 2010, 1(3): 221-227.

[2]CERQUA, A., PELLEGRINI, G. Do subsidies to private capital boost firms' growth? A multiple regression discontinuity design approach [J]. Journal of Public Economics, 2014, 109(1): 114-126.

[3]COLOMBO, M. G., CROCE, A., GUERINI, M. The effect of public subsidies on firms' investment-cash flow sensitivity: transient or persistent? [J]. Research Policy, 2013, 42(9): 1605-1623.

[4]CRISCUOLO, C., et al. The causal effects of an industrial policy [R]. NBER Working Paper No. 17842, 2012.

[5]FELDMAN, M. P., KELLY, M. R. The ex ante assessment of knowledge spillovers: government R&D policy, economic incentives and private firm behavior [J]. Research Policy, 2006, 35(10): 1509-1521.

[6]HARRIS, R., TRAINOR, M. Capital subsidies and their impact on total factor productivity: firm-level evidence from northern ireland[J]. Journal of Regional Science, 2005, 45(1): 49-74.

[7]JENSEN, M. C. Agency costs of free cash flow, corporate finance, and take-overs [J]. American Economic Review, 1986, 76(2): 323-329.

[8]KAPLAN, S. N., ZINGALES, L. Do investment-cash flow sensitivities provide useful measures of financing constraints? [J]. Quarterly Journal of Economics, 1997,112(1): 169-215.

[9]NARAYANAN, V. K., at al. D. M. The influence of voluntarily disclosed qualitative information [J]. Strategic Management Journal, 2000, 21(7): 707-722.

[10]RICHARDSON, S. Over-investment of free cash flow [J]. Review of Accounting Studies, 2006, 11(2-3): 159-189.

[11]TZELEPIS, D., SKURAS, D. The effects of regional capital subsidies on firm performance: an empirical study [J]. Journal of Small Business and Enterprise Development, 2004, 11(1): 121-129.

[12]WREN, C. Regional grants: are they worth it? [J]. Fiscal Studies, 2005,26(2):245-275.

[13]陈岩. 传 LED 芯片制造商补贴被叫停[N]. 金陵晚报, 2014-12-24.

[14]樊纲, 王小鲁, 朱恒鹏. 中国市场化指数:各地区市场化相对进程 2011 年报告[M]. 北京:经济科学出版社, 2011.

[15]郭晓丹, 何文韬. 战略性新兴产业政府 R&D 补贴信号效应的动态分析[J]. 经济学动态, 2011(9).

[16]孔东民, 李天赏. 政府补贴是否提升了公司绩效与社会责任? [J]. 证券市场导报, 2014(6).

[17]逯东, 林高, 杨丹. 政府补助、研发支出与市场价值——来自创业板高新技术企业的经验证据[J]. 投资研究, 2012(9).

[18]潘越, 戴亦一, 李财喜. 政治关联与财务困境公司的政府补助——来自中国 ST 公司的经验证据[J]. 南开管理评论, 2009(5).

[19]申香华. 银行风险识别、政府财政补贴与企业债务融资成本——基于沪深两市 2007—2012 年公司数据的实证检验[J]. 财贸经济, 2014(9).

[20]唐清泉, 罗党论. 政府补贴动机及其效果的实证研究——来自中国上市公司的经验证据[J]. 金融研究, 2007(6).

[21]魏志华, 吴育辉, 李常青, 曾爱民. 财政补贴, 谁是赢家? ——基于新能源概念类上市公司的实证研究[J]. 财贸经济, 2015a(10).

[22]魏志华, 吴育辉, 曾爱民. 寻租、财政补贴与公司成长性——来自新能源概念类上市公司的实证证据[J]. 经济管理, 2015b(1).

[23]余明桂, 回雅甫, 潘红波. 政治联系、寻租与地方政府财政补贴有效性[J]. 经济

研究，2010(3).

[24]张中华，杜丹.政府补贴提高了战略性新兴产业的企业投资效率吗？——基于我国 A 股上市公司的经验证据[J].投资研究，2014(11).

第十四章　财政分类支出与供给侧结构性改革

——以西部地区为例

邓力平　成峰　王智烜[*]

第一节　问题的提出

2015 年 11 月,习近平总书记主持召开中央财经领导小组第十一次会议,首次提出"供给侧结构性改革",强调在适度扩大总需求的同时,着力加强供给侧结构性改革。供给侧结构性改革旨在调整经济结构,使资源要素实现最优配置,使经济增长提质增效。2015 年 12 月,中央经济工作会议明确了"去产能、去库存、去杠杆、降成本、补短板"五大供给侧结构性改革任务,并强调通过综合运用财政和货币等宏观政策促进各地区经济提质增效。如何运用财政政策发力供给侧结构性改革,从而加快西部经济发展,在区域发展上做好"补短板"工作,有待深入研究。

由此,本章从民生财政和发展财政的视角,以西部地区 84 个地级市 2004—2013 年的面板数据,选取代表民生财政的教育支出、体现发展财政主要形式的基础设施投资,探讨了它们与经济发展之间的关系。进一步的,本章选取了交通、能源和信息三种类型基础设施的代理变量,探讨了它们对全要素生产率的作用,结合计量分析的结果,最后就如何调整财政支出,更好地为提高西部经济发展质量服务提出了针对性建议。

第二节　财政支出与经济发展关系的研究综述

基于民生财政和发展财政范围的不同,我们把财政支出与经济发展的研究文献分为两类:一类是财政的民生类支出与经济发展关系的研究,另一类是财政的发展类支出与

---

　　[*] 邓力平,教授、博士生导师,厦门大学经济学院财政系;成峰,博士研究生,厦门大学经济学院财政系;王智烜,副教授,厦门国家会计学院。

经济发展关系的讨论。

　　国内已有研究认为财政民生类支出与经济发展存在显著相关关系,如龚六堂和邹恒甫(2001)选取了1970—1990年90个国家政府开支的数据,通过研究发现政府在国防、教育、人民福利等方面开支的增长率的平均值增加都可以使经济增长率增加,但不具有统计学的意义。郭庆旺等(2003)把教育经费支出、社会文教支出纳入人力资本投资的范围,把人力资本投资、物资资本投资和科学研究支出归类到生产性支出,分析了生产性支出与经济增长的关系,发现人力资本投资比物质资本投资更能提高经济增长率。郭玉清等(2006)对中国1980—2004年的数据进行计量研究,发现财政教育支出对经济增长、资本形成和全要素生产率的提高均有重要作用,其中对全要素生产率的影响最为显著。中国经济增长与宏观稳定课题组(2006)从教育、医疗和社会保障等与民生有关的政府责任切入,指出当前中国与民生状况直接相关的政府社会性支出不足,是导致增长失衡的重要原因,提出政府应增加社会性支出的比重,改善民生状况,纠正增长失衡。赵天奕(2012)采用非线性平滑转换回归模型(STR),对我国1978—2010年民生财政支出与经济增长之间的动态关系进行实证分析,发现民生财政支出与经济增长之间存在长期的非线性关系:民生财政支出的增长率过低会导致经济增长率下降,民生财政支出的增长率在高于18.87%时则会促进经济的增长。

　　财政的发展类支出与经济发展有显著的正相关关系,也被国内大部分学者所接受。郭庆旺和贾俊雪(2006)利用我国1981—2004年的数据,研究发现基础设施总投资、交通运输仓储和邮电通信投资以及电力、煤气及水生产与供应投资对产出具有较大、持久的正影响。张卫国等(2011)将地方政府投资行为、地区性行政垄断及经济增长纳入同一个分析框架,用财政在基建、挖潜改造、支农等11项支出的总和衡量地方政府的投资额,发现地方政府投资有效地促进了地方经济增长。尽管很多学者验证了基础设施等发展类支出与经济增长之间存在相关关系,但这些计量分析可能存在遗漏解释变量和反向因果等问题,从而受到了部分学者的怀疑。为此,部分学者采用IV等方法来克服这些问题。王自锋等(2014)在生产函数的资本项和技术进步项中引入有效基础设施资本指标,并把基础设施规模与利用效率作为R&D存量、经济开放度和产业结构的工具变量,采用面板IV-2SLS方法,发现交通基础设施规模与利用效率、能源和信息基础设施规模都可以促进技术进步的提高。郑世林等(2014)利用中国电信改革所引起的各省电信市场结构的外生变化作为作为移动、固定电话基础设施及其交互项的工具变量,研究了电信基础设施与经济增长之间的关系,发现在1990—2000年的10年间移动电话和固定电话基础设施促进了经济增长;2000年以后,移动电话基础设施对经济增长仍具有显著的正向影响,而固定电话基础设施对经济增长却呈现出了负向影响。

　　综上所述,我们可以得出:一是财政的民生类支出和发展类支出都可能促进经济发展。尽管少量的研究表明财政的民生类支出和发展类支出对于经济发展的作用不显著甚至为负,但大部分文献还是支持两类财政支出都可以促进经济发展这一结论;二是财政的民生类支出和发展类支出对于经济发展的作用方式有所不同。教育、医疗等民生类的财政支出主要通过提高人力资本水平、改善经济发展环境来促进经济的发展,即依赖的是教育、医疗等公共产品和服务的外部效应。而基本建设等发展类财政支出对于经济发展的促进作用,则主要通过资本积累效应和外部效应两种途径。

第三节　西部地区财政分类支出与经济增长的关系

根据笔者(邓力平,2010)年的定义,发展财政是指"财政在发展中国家经济起飞过程中充当社会先行资本等独特作用的理论与实践",这一定位指出了财政在"经济起飞"阶段充当"社会先行资本"两层含义。在笔者看来,从 2000 年以来,经济发展相对落后的西部地区比较符合"经济起飞"阶段这一定位,财政面临改善民生与经济发展的两难选择更多地发生在西部。因此,本章将研究的区域范围限定在西部地区,利用西部地区 84 个地级市 2004—2013 年的面板数据,选取代表民生财政的教育支出、体现发展财政主要形式的基础设施投资,探讨这两类财政支出与经济发展之间的关系。

(一)研究方法与数据来源

经济增长可以带来财政收入的增加从而带动财政分类支出的增长,反过来财政的分类支出增加也可能会促进经济的增长,所以财政的分类支出和经济增长之间可能存在相互影响的关系,因此我们没有对两者预先设定某种函数关系,而是采用更具一般意义的面板向量自回归(PVAR)方法,构造的模型如下:

$$\text{GDP}_{i,t} = a_0 + \sum_{k=1}^{m} b_k \text{GDP}_{i,t-k} + \sum_{j=1}^{m} c_j X_{i,t-j} + d_i + \mu_{i,t} \tag{14-1}$$

$$X_{i,t} = \alpha_0 + \sum_{k=1}^{m} \beta_k X_{i,t-k} + \sum_{j=1}^{m} \gamma_j \text{GDP}_{i,t-j} + \delta_i + \varepsilon_{i,t} \tag{14-2}$$

在式(14-1)和(14-2)中,GDP 是各地级市的地区生产总值,按照所在省的 CPI 指数折算为以 2003 年为基期的不变价格;变量 X 代表的是教育支出(edu)和交通、能源、信息三类基础设施。由于无法获取各类型基础设施的资本存量数据,本章参照刘生龙(2010)等的做法,用基础设施的实物指标来代替相应的基础设施资本存量。本章分别采用交通里程数(tran)、能源消费(energy)和邮电业务量(inf)作为交通、能源和信息基础设施的代理变量,本章研究数据来自于 CEIC(中国经济数据库)和各省统计年鉴。

(二)西部地区财政分类支出与经济增长的关系:基于 PVAR 模型的研究

1.变量的平稳性检验

在设定 VAR 模型之前,我们需要对各变量的平稳性进行检验。为确保评估结果的稳健性,本章采用 LLC 检验、ADF-Fisher 和 PP-Fisher 检验分别对取对数后的序列进行单位根检验。由表 14-1 的结果可知,西部 84 个地级市的国内生产总值(lngdp)、教育支出(lnedu)、交通基础设施(lntran)、能源基础设施(lnenergy)和信息基础设施(lninf)的单位根检验显示变量均是平稳序列。

表 14-1　各变量的单位根检验

	统计量	lngdp	lnedu	lntran	lnenergy	lninf
水平值	LLC	−18.34***	−6.16***	−3.42		
	ADF-Fisher	4.21***	0.99	72.39***	13.73***	12.82***
	PP-Fisher	21.22***	6.13***	7.30***	20.77***	27.24***

注：***、**和 * 分别表示 1%、5%和 10%水平上的显著性。

2.协整关系检验

在验证了西部 84 个地级市的国内生产总值、教育支出等变量都是平稳序列后,再检验财政的分类支出变量和经济增长之间是否存在协整关系。根据前文的分析,我们主要考察不同类型财政支出和经济增长之间的关系,依据 AIC 和 SIC 准则,在分别确定不同 VAR 模型的最优滞后阶数后,建立四组 VAR 模型系统,分别是 $y_1 = (\text{lngdp}, \text{lnedu})$,$y_2 = (\text{lngdp}, \text{lntran})$、$y_3 = (\text{lngdp}, \text{lnenergy})$ 和 $y_4 = (\text{lngdp}, \text{lninf})$。

表 14-2　面板数据协整的 Pedroni 检验

统计量	检验协整关系的变量组			
	(lngdp,lnedu)	(lngdp,lntran)	(lngdp,lnenergy)	(lngdp,lninf)
Panel v-Statistic	−4.491	90.623***	59.011***	102.499***
Panel rho-Statistic	0.989	−2.126	−1.559	2.552
Panel PP-Statistic	−13.270***	−25.226***	−16.898***	−11.602***
Panel ADF-Statistic	−2.161***	−6.196***	−8.140***	−4.799***
Group rho-Statistic	6.140	7.146	7.634	7.726
Group PP-Statistic	−12.192***	−6.628***	−4.858***	−2.988***
Group ADF-Statistic	−5.484***	−7.830***	−4.894***	−6.555***

注：***、**和 * 分别表示 1%、5%和 10%水平上的显著性。

从表 14-2 中可以看出,在由不同的财政支出类型与经济增长构成的 VAR 模型中,多数统计量均显示拒绝"不存在协整关系"的原假设,因此西部 84 个地级市 2004—2013 年的教育支出、交通基础设施、能源基础设施、信息基础设施均与经济增长存在长期的协整关系。

3. Granger(格兰杰)因果检验

由前文的分析可知,西部 84 个地级市的各类财政支出与经济增长之间存在长期的协整均衡关系,但这种均衡关系是否构成因果关系,还需要进一步检验。对 y_1、y_2、y_3 和 y_4 四组 VAR 模型分别进行 Granger 因果关系检验,结果如表 14-3 所示。

表 14-3　Granger 因果关系检验

变量	原假设	F 值	p 值	结论
教育支出与经济增长	lnedu 不是 lngdp 变动的原因	4.799	0.091*	拒绝原假设
	lngdp 不是 lnedu 变动的原因	24.405	0.000***	拒绝原假设
交通基础设施与经济增长	lntran 不是 lngdp 变动的原因	6.8239	0.033**	拒绝原假设
	lngdp 不是 lntran 变动的原因	3.0216	0.221	接受原假设
能源基础设施与经济增长	lnenergy 不是 lngdp 变动的原因	11.297	0.010***	拒绝原假设
	lngdp 不是 lnenergy 变动的原因	0.8931	0.827	接受原假设
信息基础设施与经济增长	lninf 不是 lngdp 变动的原因	8.3565	0.004***	拒绝原假设
	lngdp 不是 lninf 变动的原因	12.594	0.000***	拒绝原假设

注:***、** 和 * 分别表示 1%、5% 和 10% 水平上的显著性。

由表 14-3 可知,在 2004—2013 年间,西部地区的 lnedu 和 lngdp 存在双向因果关系,但结果更支持 lngdp 是 lnedu 变动的原因,其通过了 1% 的显著水平检验;和 lnedu 类似,西部的 lninf 和 lngdp 也存在双向因果关系,彼此互为因果;西部的 lntran、lnenergy 和 lngdp 的关系则较为简单,lntran、lnenergy 是 lngdp 变动的原因,分别通过了 5% 和 1% 的显著水平检验。

根据以上实证结果,我们可以得出:自西部大开发以来,西部地区代表着民生财政支出的教育支出和经济增长存在着互为因果的关系,但教育支出的变动更多的是经济增长的结果,而非经济增长的原因。相比之下,基础设施投资则更多的是经济增长的原因,在很大程度上代表了发展类的财政支出可以促进经济增长这一结论。这一结论和笔者多年来提倡的观点相契合,即发展支出与民生支出是辩证统一的关系,今天我们从财政中拿出一部分钱来搞建设,是为了做大经济和收入的蛋糕,经济和收入增长了,我们才有更多的财政收入用来改善民生。根据这一结论,我们将聚焦西部基础设施投资对经济增长质量的影响。

第四节　西部地区基础设施对全要素生产率的实证研究

全要素生产率(TFP)是指各要素(如资本和劳动等)投入之外的技术进步(或技术效率变化)对经济增长贡献的因素,当前被当作衡量经济增长质量的重要指标。国内对于中国全要素生产率的区域差异的研究众多,结论基本认为东、西部之间存在一定的差异,且东部的全要素生产率高于西部。彭国华(2005)采用传统的索罗余值法测算了1982—2002年28个省市自治区的TFP,结果表明广东、福建、江苏、浙江等沿海省区属于TFP增长最快之列,西部省区的TFP增长较慢。金相郁(2007)利用Malmquist指数测量了1996—2003年期间各区域工业的TFP,发现东部地区的工业全要素生产率远高于中西部地区,1996—2003年间东部地区的全要素生产率增加了7.6%,而中西部地区增加了3.8%。周晓艳和韩朝华(2009)采用非中性技术进步的超越对数函数的随机前沿模型,对中国29个省级行政区域1990—2006年期间的数据进行了全要素生产率的测算,结果表明,东部地区的全要素生产率增长率最高,中部地区次之,西部地区最小。得出相似结论的还有郭庆旺等(2005)和岳书敬等(2006)等。

根据上一节的分析结果,西部地区的基础设施可以促进经济的增长。进一步的,我们将探讨不同类型基础设施对全要素生产率(TFP)的作用。本部分首先采用一阶差分GMM和系统GMM模型,从整体上研究西部的基础设施对TFP的影响,接着以人均地区生产总值作为门限变量,探讨交通、能源和信息三类基础设施因经济发展水平差异对TFP的非线性影响。

(一)西部地区基础设施对TFP的作用:基于动态面板数据的GMM估计

1.模型构建

本章借鉴Hulten等(2006)的思想,假定基础设施对TFP作用的函数形式为:

$$\text{TFP}_{i,t} = A_{i,0} e^{\lambda_i t} I_{i,t}^{\gamma} \tag{14-3}$$

这里的i代表地区,t代表时间,$A_{i,0}$代表初始的生产效率,λ_i是外生的生产率变迁。在方程(14-3)式中我们最关注的是参数γ,它反映了基础设施对TFP的溢出效应。

2.模型、变量和数据

根据World Bank在1994年公布的《世界发展报告:关于基础设施》中的定义,交通、能源和信息基础设施被归结为经济性基础设施,这三大基础设施皆可以降低生产成本,吸引资本和人才从而对经济发展产生溢出效应。根据该定义,在(14-3)式的基础上建立模型:

$$\ln\text{TFP}_{i,t} = \alpha + \beta\ln\text{TFP}_{i,t-1} + \gamma\ln I_{i,t} + \varphi X_{i,t} + f_i + \varepsilon_{i,t} \tag{14-4}$$

其中,TFP的测算需要三组数据:总产出、资本存量、劳动投入,本章使用DEA-Malmquist方法来测算我国西部84个地级市2004—2013年的TFP。总产出使用的是地区生产总值(GDP),按照所在省的CPI指数折算为以2003年为基期的不变价格;资本存量使用以 2003 年为基期的西部各地级市资本存量;使用从业人数作为劳动投入的代理变量,数据来自 CEIC、《新中国六十年统计资料汇编》及各省份统计年鉴。需要指出的是,本章资本存量的测算采用的是永续盘存法。

模型中的解释变量分为两类:一类是核心解释变量 I ,包括交通(lntran)、能源(lnenergy)和信息(lninf)基础设施。另一类是控制变量,即向量 X 中所包含的其他影响 TFP 的变量,主要包括:人力资本(human)、外商直接投资(FDI)、政府支出(gov)和产业结构(tertiary)。human 用各地区高等教育在校生人数占地区总人口的比重表示;FDI 用各地区实际利用外资金额占 GDP 的比重表示,由于 FDI 的数据指标是用美元衡量的,本章先将它按当年平均汇率调整成人民币价格,再计算调整后的人民币价格占 GDP 的比重;gov 以当年政府的财政预算内支出占当地 GDP 的比重表示;tertiary 以当地第三产业就业人口占总人口的比重来表示。

3.实证结果及分析

表 14-4 给出了实证方程的参数估计结果以及一阶差分 GMM 和系统 GMM 估计工具变量有效性的诊断检验结果。从检验结果我们可以看到 AR(2)和 Hansen 检验的 P 值均大于 0.1,说明用一阶差分 GMM 和系统 GMM 方法进行参数估计能够通过工具变量的有效性检验。

表 14-4　基础设施外部性的实证检验结果

被解释变量	lnTFP					
估计方法	一阶差分 GMM			系统 GMM		
模型	(1)	(2)	(3)	(4)	(5)	(6)
L.lntfp	−0.420***	−0.408***	−0.399***	−0.256**	−0.245*	−0.258**
	(−9.37)	(−8.41)	(−8.03)	(−2.03)	(−1.91)	(−2.04)
lntran	0.082***			0.097**		
	(3.23)			(2.14)		
lnenergy		0.040***			0.051***	
		(2.78)			(2.79)	
lninf			0.034***			0.082*
			(2.94)			(1.77)
human	控制	控制	控制	控制	控制	控制
gov	控制	控制	控制	控制	控制	控制
tertiary	控制	控制	控制	控制	控制	控制
FDI	控制	控制	控制	控制	控制	控制

续表

被解释变量	lnTFP					
估计方法	一阶差分 GMM			系统 GMM		
模型	(1)	(2)	(3)	(4)	(5)	(6)
cons	1.356***	1.825***	1.853***	1.061***	1.543***	1.415***
	(6.17)	(14.71)	(17.89)	(3.34)	(9.83)	(9.69)
N	457	460	466	564	566	571
AR(2) test	0.24	0.16	0.18	0.18	0.22	0.26
Hansen test	0.45	0.38	0.41	0.60	0.48	0.25

注:***、**和 * 分别表示 1%、5%和 10%水平上的显著性。

从表 14-4 中我们可以看到,交通、能源和信息基础设施对我国西部地区的 TFP 均有显著的正向影响,大部分都通过了 1%的显著性检验,这一实证结果表明,西部地区的基础设施能够对经济增长产生促进作用。

在三种不同类型的基础设施中,交通基础设施对 TFP 的贡献率最高,交通基础设施投入每增加一个百分点,TFP 可以提高 0.082(或 0.097)个百分点。作为最核心的基础设施之一,交通对经济发展的重要性不言而喻:一方面通过自身需求或引致需求可以带动众多重要产业的发展,如建筑业、采矿和冶金工业、旅游服务业等等;另一方面作为衔接生产和消费的重要环节之一,通过供给效应可以降低企业在劳动和原料上的成本。和交通相比,能源和信息基础设施对 TFP 的贡献率较小,这可能是因为西部部分地区经济发展较为滞后,能源和信息基础设施影响面较小,对于各产业成本节约或是技术进步的作用有限,因此不像交通基础设施那样的直接和明显。

(二)西部地区基础设施对 TFP 的作用:基于经济发展水平差异的面板门限效应分析

关于基础设施与经济发展的大量文献中,研究结果或多或少都有些差异。从表面上看,导致结果差异的原因是样本数据的不同,实质上隐含于样本差异背后的则是所研究区域经济发展水平的不同。不同的国家处于不同的经济发展水平,基础设施资本的影响是不相同的(范九利,2004)。据此,本章推测经济发展水平可能是影响基础设施溢出效应的主要门限变量。

1.面板门限效应的估计

借鉴 Hansen(1999)的基本思路,本章在静态面板模型的基础上,基于人均地区生产总值(rjgdp)的差异对单一面板门限模型和双重面板门限模型的基本设定为:

$$\ln\text{TFP}_{i,t} = \alpha + \beta_1 \ln\text{tran}_{i,t} I(\text{rjgdp}_{i,t} \leqslant \gamma) + \beta_2 \ln\text{tran}_{i,t} I(\text{rjgdp}_{i,t} > \gamma) + \beta_3 X_{i,t} + f_i + \varepsilon_{i,t} \tag{14-3}$$

$$\ln TFP_{i,t} = \alpha + \beta_1 \ln tran_{i,t} I(rjgdp_{i,t} \leqslant \gamma_1) + \beta_2 \ln tran_{i,t} I(\gamma_1 < rjgdp_{i,t} \leqslant \gamma_2) +$$
$$\beta_3 \ln tran_{i,t} I(rjgdp_{i,t} > \gamma_2) + \beta_4 X_{i,t} + f_i + \varepsilon_{i,t} \tag{14-4}$$

在式(14-5)和(14-6)中，$I(\cdot)$是示性函数；rjgdp 为门限变量，是各地区的人均地区生产总值，按照所在省的 CPI 指数折算为以 2003 年为基期的不变价格；X 为控制变量，包含政府支出和产业结构。类似地，我们也可以建立能源和信息基础设施对 lnTFP 影响的单一门限和双重门限模型，因篇幅有限不再列出。依次假定不存在门限值、一个门限值和两个门限值，按照 Hansen 理论模型，分别采用 Bootstrap 方法反复抽样 300 次，得到相应的 F 值和 P 值，结果见表 14-5。

表 14-5　基础设施门限效应的估计结果

门限回归模型	F 值	P 值	门限值	置信区间
交通基础设施的单一门限模型	37.473***	0.001	$\gamma = 6775.3$	[6324,7934]
交通基础设施的双重门限模型	17.718***	0.003	$\gamma_1 = 6775.3$	[6324,7934]
			$\gamma_2 = 61013.5$	[3126,6.9e+04]
能源基础设施的单一门限模型	43.890***	0.000	$\gamma = 6775.3$	[6324,7934]
能源基础设施的双重门限模型	20.392***	0.001	$\gamma_1 = 6775.3$	[6324,7934]
			$\gamma_2 = 61013.5$	[4227,6.9e+04]
通讯基础设施的单一门限模型	44.423***	0.000	$\gamma = 6775.3$	[6324,7911]
通讯基础设施的双重门限模型	20.933***	0.002	$\gamma_1 = 4227$	[3126,6.1e+04]
			$\gamma_2 = 7784$	[6688,7911]

注：***、**和 * 分别表示 1%、5% 和 10% 水平上的显著性。

表 14-5 的结果表明，模型中分别存在单门限值和双门限值的抽样结果均显著，且置信区间的分布较为合理，因此可以确定在面板门限模型中存在两个显著的门限值。通过表 14-5 可以看出，西部地区的 84 个地级市按照人均 GDP 可以划分为经济发展水平较低地区（rjgdp $\leqslant \gamma_1$）、中等经济发展水平地区（$\gamma_1 < $ rjgdp $\leqslant \gamma_2$）和经济发展水平较高地区（$\gamma_2 < $ rjgdp）三类，其中，对于交通和能源基础设施而言，$\gamma_1 = 6775.3$，$\gamma_2 = 61013.5$；对于信息基础设施而言，$\gamma_1 = 4227$，$\gamma_2 = 7784$，下表亦同。以 $\gamma_1 = 6775.3$，$\gamma_2 = 61013.5$ 为例，查看样本后发现，经济发展水平中等的样本量占了绝大部分，占比高达 79%；经济发展水平较低的地区占比 16.7%，主要集中在云南、贵州、甘肃三个省份，还有四川和宁夏的个别地区；经济发展水平较高的样本量很少，占总样本量的 4.3%，主要有四个地级市，分别是内蒙古的鄂尔多斯、包头，新疆的克拉玛依，甘肃的嘉峪关。

2.面板门限模型的参数估计

同样，根据双重面板门限模型（方程 14-6）得出的参数估计结果见表 14-6。根据表

14-6 的结果,交通、能源和信息基础设施在西部的大部分地区都对 TFP 表现出了促进作用,这个结果和我们前面用广义矩估计得出的结论一致。在三类基础设施中,交通基础设施对 TFP 的促进作用不仅最显著,而且在西部经济发展水平较高、中等和较低的地区都对 TFP 产生了显著促进作用;和交通基础设施相类似,西部的能源基础设施也表现出了对 TFP 的正向影响,但只是在西部的中等经济发展水平地区表现出了统计上的显著性;和交通、能源构成模型的门限值不同,信息基础设施的双重面板门限模型的第二个门限值 γ_2 为 7784,数据样本中人均 GDP 大于 7784 元的样本覆盖了西部的大部分地级市。

表 14-6　面板门限模型参数估计结果

被解释变量	lnTFP		
lntran $\times$ $d1$ (rjgdp $\leqslant \gamma_1$)	0.036** (2.16)		
lntran $\times$ $d2$ ($\gamma_1 <$ rjgdp $\leqslant \gamma_2$)	0.048*** (2.94)		
lntran $\times$ $d3$ (rjgdp $> \gamma_2$)	0.031* (1.89)		
lnenergy $\times$ $d1$ (rjgdp $\leqslant \gamma_1$)		0.002 (0.16)	
lnenergy $\times$ $d2$ ($\gamma_1 <$ rjgdp $\leqslant \gamma_2$)		0.022** (2.17)	
lnenergy $\times$ $d3$ (rjgdp $> \gamma_2$)		0.005 (0.46)	
lninf $\times$ $d1$ (rjgdp $\leqslant \gamma_1$)			−0.036*** (−2.89)
lninf $\times$ d2 ($\gamma_1 <$ rjgdp $\leqslant \gamma_2$)			−0.006 (−0.59)
lninf $\times$ $d3$ (rjgdp $> \gamma_2$)			0.014 (1.46)
Gov	控制	控制	控制
Tertiary	控制	控制	控制
_cons	1.119*** (8.15)	1.282*** (−18.93)	1.362*** (−22.82)
N	632	634	739

注:***、**和 * 分别表示 1%、5% 和 10% 水平上的显著性。

根据以上实证结果,基础设施在西部的大部分地区对经济发展都具有显著的正向作用,可见财政在西部地区还可以承担发展经济的职能,因此应维持对各类型基础设施的投入。具体而言,交通基础设施在西部的所有地区都表现出了对经济发展的正向影响,并且对中等经济发展水平地区的作用最为显著,所以既要保持全面发展又要突出重点。能源基础设施对经济发展的作用,只是在经济发展水平中等的地区才显著,所以能源基础设施的建设应重点投向这些地区;至于经济落后的地区,可能因为相关的其他配套设施较为落后,使得能源基础设施的功效没有发挥;而经济发展较好的地区,像内蒙古的鄂尔多斯、包头等,本身就是能源丰富的地区,能源基础设施建设已经完善,不再需要大量的建设投入。西部的信息基础设施,在经济发展水平较低的地区对经济发展表现出了显著的负面影响,在经济发展水平较高的地区这种影响才转为正向,所以信息基础设施的建设重点应该是西部经济发展水平较高的地区(通过15％的显著性水平检验)。

从计量模型的内生性问题来看,本章在第三节中通过格兰杰因果检验明晰了基础设施和被解释变量之间的因果关系,并且在第四节中使用GMM的工具变量进一步解决了可能存在的互为因果的问题。同时,在计量模型中我们加入了产业结构、政府支出等多个控制变量,减少了因遗漏变量而可能带来的内生性问题。因此,本章的计量结果较大程度地解决了内生性问题,计量结果较为可信。

第五节　结论

财政支出作为国家调控经济的重要手段之一,在我国面临经济下行压力的情况下,必须要与供给侧结构性改革相协调,为提高全要素生产率、促进经济结构转型升级而服务。本章通过西部84个地级市2004—2013年的面板数据,采用PVAR、GMM和面板门限模型,对西部地区的财政分类支出和经济发展的关系进行了研究,并深入地探讨了作为发展财政主要支出的基础设施投资对西部地区全要素生产率的作用,主要结论和建议如下:

首先,财政的发展类支出可以促进经济的发展,体现了"发展为了民生"的理念。从本质上来说,发展是为了民生,经济发展水平的提高,有助于增加财政用于改善民生的可配置资源,从而更好地发挥其改善民生的职能。因此,发展财政和民生财政是辩证统一的关系,立足于我国西部地区的具体情况,财政应毫不动摇地服务经济建设、服务于发展。具体到财政支出上,就表现为财政要安排支出来提供与发展密切相关的社会先行资本,从而推动经济的发展。

其次,要顺应西部地区供给侧结构性改革的要求,让西部地区的财政支出更好地为经济增长提质增效服务。根据我们的计量分析结果,西部地区的不同类型基础设施对全要素生产率的作用不同。因此,我们要结合西部各地区经济发展的实际情况,做到精确投资。对于能源丰富、经济发达的地区,要把投资的重点放在通信、网络等现代信息技术的基础设施建设上;对于工业聚集、服务业发达的大型城市,如重庆、成都、西安等,则要全面优化和整合各种类型的基础设施,重点消除"瓶颈",相互协调,以便更好地承接东部沿海地区的产业转移;对于以传统农业为主的经济较不发达地区,则应重点投资交通基础设施,主要满足城市良好运转和居民生活便利等方面。

最后,虽然本章研究认为民生财政的发展更多的是经济发展的结果,但不可否认的是,财政的民生类支出和经济发展可以相互促进,这也体现了"民生就是发展"的理念。民生财政支出不仅是经济增长的结果,同时也是经济增长的原因。保障类民生支出不仅能直接提高人民的福利水平,而且其构成的社会保障安全网也将影响居民的消费预期,让人们放心消费,提高民间消费水平,而众多研究都表明,民间消费可以有效促进经济发展。这就体现了民生就是发展的理念,民生财政也会影响发展财政。

本章参考文献

[1]邓力平.中国特色社会主义财政"四位一体"的分析[M].北京:经济科学出版社,2010.

[2]邓力平.对新时期财政发展支出与民生支出关系的再认识[J].中国财政,2013(3).

[3]范九利,白暴力,潘泉.基础设施资本与经济增长关系的研究文献综述[J].上海经济研究,2004(1).

[4]龚六堂,邹恒甫.政府公共开支的增长和波动对经济增长的影响[J].经济学动态,2001(9).

[5]郭庆旺,吕冰洋,张德勇.财政支出结构与经济增长[J].经济理论与经济管理,2003(11).

[6]郭庆旺等.中国省份经济的全要素生产率分析[J].世界经济,2005(5).

[7]郭庆旺,贾俊雪.基础设施投资的经济增长效应[J].经济理论与经济管理,2006(3).

[8]郭玉清,刘红,郭庆旺.中国财政科教支出动态经济效应分析[J].财经研究,2006(5).

[9]金相郁.中国区域全要素生产率与决定因素:1996—2003[J].经济评论,2007(5).

[10]刘生龙等.基础设施的外部性在中国的检验:1988—2007[J].经济研究,2010(3).

[11]彭国华.中国地区收入差距、全要素生产率及其收敛分析[J].经济研究,2005(9).

[12]王自锋等.基础设施规模与利用效率对技术进步的影响:基于中国区域的实证分析[J].南开经济研究,2014(2).

［13］岳书敬,刘朝明.人力资本与区域全要素生产率分析［J］.经济研究,2006(4).

［14］中国经济增长与宏观稳定课题组.增长失衡与政府责任——基于社会性支出角度的分析［J］.经济研究,2006(10).

［15］周晓艳,韩朝华.中国各地区生产效率与全要素生产率增长率分解(1990—2006)［J］.南开经济研究,2009(5).

［16］张卫国,任燕燕,花小安.地方政府投资行为、地区性行政垄断与经济增长——基于转型期中国省级面板数据的分析［J］.经济研究,2011(8).

［17］赵天奕.民生财政与经济增长:1978—2010 年——基于非线性 STR 模型的实证分析［J］.经济研究参考,2012(58).

［18］郑世林,周黎安,何维达.电信基础设施与中国经济增长［J］.经济研究,2014(5).

［19］HANSEN B.E. Threshold effects in non-dynamic panels:estimation,testing and inference［J］.JournalofEconometrics ,1999,93(2):345-368.

［20］HULTEN C.,BENNATHAN E.,SRINIVASAN S. Infrastructure, externalities, and economic development:a study of the Indian manufacturing industry［J］. World Bank Economic Review,2006,20(2):291-308.

第十五章 财政压力、产能过剩与 "供给侧"改革

席鹏辉 梁若冰 谢贞发 苏国灿[*]

第一节 引言

产能过剩严重影响社会资源配置效率,下调的产品价格降低了企业收益,且大量产品库存给企业带来了额外成本负担,造成了过多的资源闲置。中国政府一直致力于化解产能过剩,但从当前的实际效果来看,产能过剩问题仍然没有得到根本性的解决,甚至有所加剧。一个有待解答的问题是:为什么中国产能过剩格局难以改变? 该问题的探讨对中国未来经济的结构转型和可持续发展具有重要的现实意义。

"供给侧"改革形成于这一背景。2015 年 11 月 10 日,习近平在中央财经领导小组第十一次会议上发表重要讲话,全面地为"供给侧改革"下了定义,其中"促进过剩产能有效化解"成为"供给侧"改革的重中之重。有效地实现政策既定目标依赖于对这种现象形成原因的认识。中国产能过剩问题具备独特之处,对其成因的准确把握是"供给侧"改革顺利推进的关键。已有研究成果可以大致分为"市场机制论"和"政府推动论"两大类。"市场机制论"的主要代表是林毅夫等(2007,2010),他们将产能过剩的原因归结于"潮涌"现象,认为社会对某类产业具有良好前景共识,且各企业在信息不完全的情况下投资设厂,最终导致了产能过剩问题。本章认为"市场机制论"能够解释部分但无法从根本上解释中国产能过剩问题。一个逆向思考是,当这种良好前景共识及预期利润消失时,这种产能过剩供给的"潮涌"问题也应该消失。显然事实并非如此,不少已被明确列为产能过剩的行业近年来仍在持续地扩大着产能[②]。

这也得到"政府推动论"相关研究文献的支持。周业樑和盛文军(2007)认为转轨时期中国产能过剩的原因很大一部分来自于投资体制的不合理和政府参与产业投资的强

---

* 席鹏辉,博士后,中国社会科学院财经战略研究院;梁若冰、谢贞发,教授、博士生导师,厦门大学经济学院财政系;苏国灿,博士研究生,厦门大学经济学院财政系。

② 如造纸行业,见:http://www.chinapaper.net/news/show－19236.html;煤炭产能过剩行业,见:http://finance.sina.com.cn/roll/2016－09－26/doc－ifxwevww1541835.shtml? cre＝financepagepc&mod＝f&loc＝1&r＝9&doct＝0&rfunc＝100;等等。

烈冲动,地方政府的利益驱动是政府主导下的过度投资和重复建设问题的重要原因,而其重要的工具是土地和资金。国务院发展研究中心(2015)也认为除了经济增长因素外,中国产能过剩具有独特的体制机制因素,也即中国的财税体制以及地方政府的考核评价体系刺激了地方投资,在这一过程中不彻底的要素市场化为政府干预提供了便利。"政府推动论"甚至认为政府对产能过剩具有关键性的作用。如江飞涛等(2012)发现地方政府投资的补贴性竞争才是导致产能过剩最为重要的原因,他们认为地方政府利用土地模糊产权、环境保护体制缺陷和金融机构的软约束进行资本竞争进而干预企业投资。

从上述研究成果可以看出,目前存在着较丰富的文献对中国产能过剩的形成原因进行分析,但仍然缺乏关于地方政府行为动机的直接微观实证证据,即实证性探讨地方政府受何种因素的激励而积极大力扶持产能过剩行业的发展。忽视该问题的一个最直接后果是,即使完善优化了种种扶持手段和政策工具,但出于这一内在激励机制,地方政府往往会不断"创新"出其他应对手段,最终无法真正地化解中国的产能过剩问题。本章在这方面进行了尝试,试图从财政压力角度提供政府推动产能过剩产业发展的微观实证证据,剖析中国"压力式"财政激励对产能过剩形成以及化解难的实证效应,这也为"政府推动论"提供了进一步的证据。具体来看,本章选择各省省以下财政体制变革中的增值税税收分成减少作为地市政府财力变化的外生冲击,检验了地方政府在应对这一冲击时是否更多地引进产能过剩行业以稳定财政收入。实证结果表明,中国产能过剩的出现以及化解难问题与地方政府财政激励密切关联。而分成减少并没有降低税收征管水平,这也排除了工业企业的发展现象与实际税负水平降低的关系。

本章贡献主要包括以下几点。第一,本章实证结果进一步辅证了陶然等(2009)提出的财政集权的财政激励效应,地市政府在经历税收集权后将加大对经济的发展支持力度,这提供了中国"压力式"财政激励最直接的微观实证证据。第二,本章实证结果表明财政激励是近年来过剩产能形成以及化解难的关键原因。第三,尽管本章研究发现税收集权冲击正向促进了地方产能过剩行业发展,但其内在含义不仅于此,实际上这意味着任何显著降低地方财力的政策冲击都可能提高地方政府对产能过剩行业[①]的依赖强度。这也为供给侧改革提供了一定启示,除了对严重过剩产能行业的化解外,也要防止其他高利税行业演变成新的产能过剩行业;改革过程中应注意稳定地方财力。

本章剩下部分的结构安排如下,第二节是产能过剩行业的经济背景介绍和本章的理论假说;第三节介绍了实证策略,并对实证数据进行了相应说明;第四节报告了实证结果,并进行了相应的稳健性检验;第五节对财政压力的财政激励效应的备择竞争假说进行了检验,探究了中央产能调控政策在财政激励下的有效性;第六节为结论及政策启示。

---

① 这指的是那些仍存在较大利润和税收收益的产能过剩行业,而不是特定经济形势下表现出亏损的行业。

第二节 经济背景与理论假说

对于产能过剩的成因,大量国外学者从市场微观竞争角度予以解释。一部分研究者认为"过度进入定理"解释了寡头市场下的重复建设及产能过剩问题,这包括 Spence(1976)、Salop(1979)、Weizsacker(1980)、Mankiw & Whinston(1986)等,其主要观点认为当市场能够自由进入且实行古诺竞争后,均衡时企业数将大于社会福利最大化的企业数量;而另一部分研究则认为产能过剩是企业竞争的重要策略,先期进入者利用过剩产能形成可置信威胁和进入壁垒,这主要包括 Spence(1977)、Ghemawat(1984)、Kirman & Masson(1986)、Mathis & Koscianski(1996)等。从以上两个角度论述中国的产能过剩问题远远不够。一方面,相当部分的中国产能过剩行业属于完全竞争市场[1]或是战略性新兴产业[2],而非寡头垄断市场或已有先期进入者,上述市场内部的微观企业策略机制理论显然无法很好地解答中国过剩产能的持续形成以及化解难问题;另一方面,在由计划经济向市场经济的转轨过程中,政府力量往往在市场经济发展中发挥着主导甚至决定性的作用,忽视政府层面因素必然难以揭示产能过剩这一市场机制持续失灵且程度愈深的根源。在此背景下,本章试图从地方政府财政激励视角对中国式产能过剩问题进行分析。

(一)产能过剩行业的税收效应

从财政激励角度分析中国产能过剩问题,逻辑出发点是产能过剩行业给地方政府带来丰富的税收收入,这对地方政府形成了极其强烈的财政激励。首先需要明确的是,产能过剩指的是微观企业视角下,现有的资本和劳动等生产能力没有得到充分利用,潜在产出高于实际产出的状况。然而,产能过剩行业并不与"亏损"或"微利"行业画等号,在已有的市场交易均衡条件下,这类行业也可能产生相当规模的交易利润及其财政税收。

为揭示这一特征事实,首先需要确定产能过剩行业。本章根据韩国高等(2011)对1999—2011 年中国制造业产能过剩行业的测算,选择了黑色金属、有色金属、石化炼焦、化学原料、矿物制品、化学纤维和造纸制品等 7 个行业作为产能过剩行业[3]。遗憾的是,韩国高等(2011)只计算出制造业中的过剩行业,而没有考虑第二产业中的采矿业等其他行业。因此,对于非制造业的其他第二产业,本章参考沈坤荣等(2012)测算的工业行业产能过剩情况,加入了煤炭开采和洗选业、黑色金属矿采选业、石油和天然气开采业、非金属矿采选业、有色金属矿采选业以及电力、热力的生产和供应业这 6 个行业作为产能过剩行业。最终本章的产能过剩行业共包括 13 个,基本覆盖了历年来中央政府化解产

---

[1] 如造纸、化学纤维等行业。
[2] 如风电、多晶硅、锂电池等产业。
[3] 选择这篇文献作为参考依据的原因不仅在于该文在产能过剩相关研究文献中的引用率极高,更重要的是其测算的产能过剩行业与当前产能化解调控政策中的过剩行业相一致。

能过剩和调整产业结构相关政策通知中的行业,而工业行业(扣除建筑业[①])共包括 39[②]个行业,可以看出产能过剩行业个数共占总数的 1/3。

一方面,我们测算了 2007—2014 年[③]以来这 13 个行业产生的地方各税种税收收入占第二产业对应税收收入的比重,具体如图 15-1 所示。可以看出,产能过剩行业给地方政府带来了大部分税收收入:在 2007—2014 年间,产能过剩行业形成的增值税收入[④]占第二产业增值税的 47.95%,最高为 51.81%,即第二产业中近一半的增值税收入来自产能过剩行业,且这一比例保持得极其稳定。对于地方政府的企业所得税收入,在 2007—2014 年间第二产业中平均约 55.62%的企业所得税收入来自产能过剩行业,其中最高值达到 61.88%。最后,在地方总体税收收入中,在 2007—2014 年间平均约 49.90%的地方第二产业税收收入来自产能过剩行业。

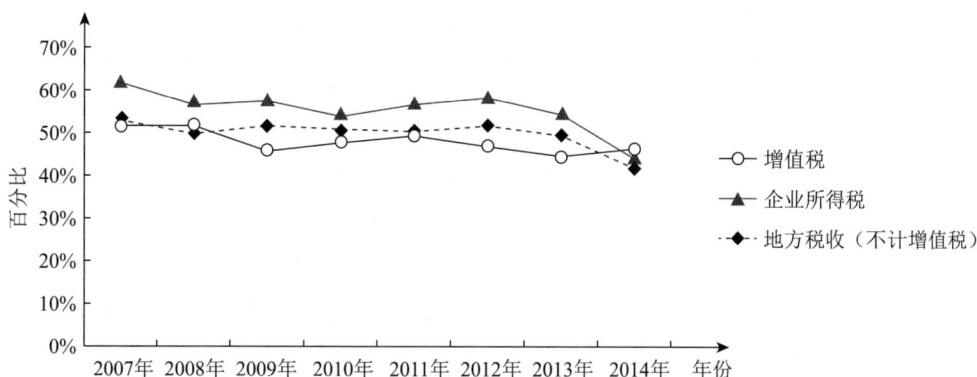

图 15-1　2007—2014 年产能过剩行业产生税收收入占第二产业税收收入的比重[⑤]

另一方面,我们利用中国工业企业数据库 1998—2009 年微观企业数据,探究产能过剩行业企业的增值税规模及利润与非产能过剩行业企业的差异性。为此,我们构建产能过剩行业虚拟变量 epc_j,当企业 j 属于产能过剩行业时,有 $epc_j = 1$,否则为 0。利用已有的工业企业数据库汇总,并对行业产能过剩进行处理,验证产能过剩行业的增值税规模是否更大。此处为简单的 OLS 回归,在回归过程中,我们控制了企业所在地市固定效应和时间固定效应。为了检验产能过剩行业与非产能过剩行业的税收效益差异,本章从以下几步进行检验。第一,利用 1998—2009 年工业企业数据样本合并汇总,观察相较于非产能过剩行业,产能过剩行业的税收收益是否更大,该实证结果能够大致揭示产能过剩

---

① 扣除建筑业的原因在于建筑业征收营业税而非增值税,而本章主要探讨增值税分成变化对工业企业的影响变化,它主要对应的是非建筑业的第二产业。此外,作为本章实证数据来源的工业企业数据库中也没有建筑业数据。

② 《中国税务年鉴》中税收分产业中除去建筑业的工业行业比工业企业数据库行业少 1 个,只有 39 个,这是因为橡胶制品业和塑料制品业在税务年鉴中被合并为橡胶和塑料制品业,这不影响本章的主要结论。

③ 由于无法完整获取 2007 年以前各行业税收规模,这里使用 2007 年及之后年份数据也能够反映基本情况。

④ 增值税由国税系统征收,年鉴提供数据虽为全国增值税税收规模,但由于增值税为中央与地方共享税收,因此征收系统差别并不影响地方经济中过剩行业占比第二产业增值税比重的测算。

⑤ 数据来源均为各年《中国税务年鉴》。

行业与非产能过剩行业的税收差异性;第二,为减少产能过剩行业的选择对实证结论的干扰,选择 2003 年[①]、2006 年[②]和 2009 年[③]中央政策中一直包含的产能过剩产业作为传统产能过剩产业,这包括钢铁、水泥、电解铝三个行业,观察传统产能过剩行业与非产能过剩行业的税收效益差异;第三,选择 2003 年、2006 年和 2009 年中央政府明令化解产能过剩的政策中包含的产能过剩行业,分别利用 2003 年、2006 年和 2009 年三个时间点样本,观察在这些时间点已经被明确为过剩的行业,是否拥有更大的税收资源。同时,为观察产能过剩行业是否能为企业主带来更丰富利润,按照以上步骤,本章进一步观察了产能过剩行业与非产能过剩行业的利润差异,并从企业利润规模、企业利润占工业增加值比重和所得税规模[④]三个角度进行检验。具体结果如表 15-1 所示。

表 15-1　产能过剩行业的增值税与利润效益

	全样本 (1)	传统产能过剩行业 (2)	2003 年样本 (3)	2006 年样本 (4)	2009 年样本 (5)
	(一)增值税效益——企业增值税规模取对数				
产能过剩行业	0.450***	0.404***	0.425***	0.497***	0.359***
	(0.002)	(0.003)	(0.012)	(0.008)	(0.008)
	(二)利润效益——企业利润取对数				
产能过剩行业	0.321***	0.226***	0.246***	0.362***	0.251***
	(0.003)	(0.004)	(0.016)	(0.010)	(0.011)
	(三)利润效益——企业利润/工业增加值				
产能过剩行业	0.360**	0.326**	−0.081	−0.005	0.057
	(0.153)	(0.145)	(0.270)	(0.169)	(0.044)
	(四)企业所得税效益——企业所得税取对数				
产能过剩行业	0.376***	0.258***	0.282***	0.443***	0.299***
	(0.004)	(0.005)	(0.020)	(0.013)	(0.013)

注:括号内为稳健标准误;* $p < 0.1$,** $p < 0.05$,*** $p < 0.01$,第(1)、(2)列均控制了地区和年份固定效应,第(3)、(4)、(5)列由于只保留了一年的时间样本,因此只控制地区固定效应;由于 2009 年工业企业数据库中工业增加值数据缺失,使用企业利润与工业总产值作为第(三)第(5)列被解释变量。

　　根据表 15-1 第(一)栏可看出,产能过剩行业产生的企业增值税收入显著高于非产能

---

① 2003 年 12 月 23 日《关于制止钢铁电解铝水泥行业盲目投资若干意见的通知》。
② 2006 年 3 月 20 日《国务院关于加快推进产能过剩行业结构调整的通知》。
③ 2009 年 9 月 26 日《关于抑制部分行业产能过剩和重复建设引导产业健康发展若干意见的通知》。
④ 企业所得税规模一定程度上反映了企业的盈利和利润水平。

过剩行业,平均每企业提供的增值税规模要高于非产能过剩行业 45％左右,而如钢铁、水泥、电解铝等传统行业,尽管一直处于产能过剩状态,但这类行业平均每单位企业的增值税规模也仍然显著超过非产能过剩行业 40％左右。同时这些行业的利润、企业所得税规模甚至每单位工业增加值中的利润都明显高于非产能过剩行业企业。第(三)栏中第(4)、(5)两列不显著,也足以表明这类行业并不意味着更低的利润。其利润和税收优势也有其他方面的证据,如钢铁、水泥、铝冶炼等行业的价格指数在 1998—2009 年间一直处于上涨趋势,尤其在 2003 年之后增长速度明显加快[①]。产业升级转型课题组(2017)计算了 2006 年以来主营业务收入利润率,发现煤炭、钢铁等行业在 2008 年以前的提高幅度较大[②],且钢铁行业的销售利润率从 2001 年开始稳步上升,一直到 2008 年开始回落,在 2004—2007 年间,其平均利润率在 7％以上[③],这些证据表明了产能过剩行业不等同于低水平的利润和税收[④]。地方政府发展这类行业的动机能够得到社会资本的积极配合与支持,社会资本具有充足激励流入盈利水平较高的产能过剩相关行业,由于企业能够得到地方政府在土地或信贷等方面的政策支持,这使得资本流入过程更加顺畅和便捷,形成了政府与企业在产能过剩行业发展中的共赢局面。由此形成的一个疑问是:既然这些行业是产能过剩行业,为何仍能带来丰富的税收和利润? 本章认为其中原因至少包括以下五点。

第一,产能过剩意味着潜在供给大于实际需求,这对于整个社会经济资源配置而言,属于帕累托非有效,但当低于潜在供给水平的产品成交量仍能够形成较大的盈利能力时,便能够形成企业利润和税收收入。第二,以水泥、钢铁、煤炭等为代表的绝大部分产能过剩行业呈现出投资运营规模大的特点,这意味着这类行业的工业产值和年工业增加值也相对更大,税基较为稳定和庞大,这一特征事实决定了企业在正常生产运转过程中能够产生相当规模的增值税收入。因此,尽管这些行业存在着较为严重的产能过剩现象,但这些产业仍继续被作为地方重点税源甚至税收支柱性产业而培育和保护。第三,产能过剩这一整体性概念不能一概而论,产能过剩也存在着局部过剩和周期性过剩等类型。局部过剩指有些地区市场饱和、供过于求,但有些地区并非如此,周期性过剩指市场在经济周期的衰退期容易出现周期性过剩,这类行业在某周期时间点对一些地区确实存在着可观的税收效益。第四,钢铁、水泥等一些产能过剩行业的产品同质化程度高,"其竞争主要依靠价格,即使行业产能过剩,但由于后进入者建厂成本低(技术进步快)、运营

[①]　数据来源:根据《中国价格统计年鉴》汇总得到。

[②]　产业转型升级课题组.结构转型与产能过剩:理论、经验与政策[M].北京:人民出版社,2017:10.

[③]　数据来源:钢铁业:如何迈过生死线 [EB/OL] http://news.xinhuanet.com/energy/2013 − 05/06/c_124666764.htm.

[④]　2013 年开始这些传统行业出现了全面亏损的状态,这是产能持续扩大与经济周期趋势的影响。一方面,产能的持续扩大加深了产能过剩程度,不断降低了企业产能利用率和资源效率;另一方面,全球经济形势的周期波动较大程度地影响了产品需求,将产能过剩的不良后果进一步反映出来。

成本低(在政策优惠下可以降低人工成本、环保成本等),仍能形成竞争优势,因此容易继续大量投资"(国务院发展研究中心,2015)。第五,产能过剩行业的投资规模大,对当地的经济发展、财政收入以及就业等的贡献巨大,因此这类行业在投资过程中容易引起地方政府的恶性竞争,地方政府愿意通过低价出让工业用地、降低环境执行标准等各种手段吸引进入本地区,极大地减少了这类行业的生产成本,人为地提高投资者利润水平(江飞涛等,2012)。

(二)增值税分成减少与财政压力

税收分成是 1994 年分税制改革后各级政府之间各类税收收入划分所广泛采用的办法。不仅中央与省级政府之间的税收收入划分主要采用了这一方法,省以下财政体制也沿用这一办法对归属地方的各税收收入在地方政府层级间划分。当上级政府税收分成增多时,直接地减少了下级政府的税收收益,形成财政压力。

尽管实行中央与地方分成,但增值税仍是地方政府的主体税种之一,其规模在"营改增"之前仅次于营业税收入。以 2014 年为例,地方税收为 58804.28 亿元,其中增值税9795.93 亿元[1],占比达到 16.66%[2],对于欠发达地区以及基层政府而言,这一比值更高。因此,在省以下财政体制改革中,省级政府与地市政府的增值税分成变化一直是改革重点。根据分税制后中国省以下财政体制变革实践,本章将增值税税收分成的变化大致分为两个阶段:第一个阶段为 1994 年前后的形成期,各省结合分税制财政体制改革与地区特点而形成了本省财政体制,初步设定了省以下增值税税收分成比例;第二个阶段为2002 年前后的调整期,各省以中央所得税分享改革为契机,均不同程度地调整了增值税共享办法,以适应新的经济和财税格局。在第二阶段中,以提高省级财政分享比例、降低地市财政分成比例为主要特征。

基于数据获取原因,本章利用第二阶段的增值税分成变化作为地市财力变化的外生冲击。这种省级财政对增值税收益的集中明显地降低了地市增值税收益,地方政府只能加大其财政努力以稳定财政收入。可以预期,增值税分成的变化将改变地方政府的行为,尤其是在当前转轨时期,政府在市场经济发展中较强的主导地位确保了政府行为能够最高程度地影响市场经济发展规模与模式,这其中可能就包括对产能过剩行业的扶持。

(三)财政压力与产能过剩行业发展

通过经济发展以扩大税基来抵消被上移的税收收入,是政府行为的基本模式。本章认为,该途径的成立依赖于一个较强的前提条件:被集权收入部分是地方政府的主体财源,政府难以找到其他高收益替代收入,如在预算外收入被严格管理的制度背景下,地方政府无法持续依赖预算外收入,预算内收入的扩大成为地方政府应对财政集权的首选

---

[1]　数据来源:《中国税务年鉴 2015》。
[2]　在营改增还未试点推行的 2011 年,增值税占比为 14.57%,是仅次于营业税的地方主要税种之一。

（方红生和张军,2014）。

增值税的集权符合这一条件:工业发展不仅能够带来稳定充足的增值税以保证本地财政收入,且对第三产业和营业税具有较强的"溢出"效应(陶然等,2009),目前绝大部分地区仍没有形成可以完全替代增值税的税种,可以说工业发展仍然是中国地市经济和税收发展的基础和主要方式。因此,在应对增值税分成下降形成的财政压力时,地方政府仍然愿意发展工业企业以扩大税基,弥补分成减少带来的增值税损失。需要指出的是,本章并不能支持也无法否定,在不存在财政压力的情况下,地方政府的行为仍是最大化增值税税基。本章认为,这种扩大税基的行为是为了缓解增值税分成冲击形成的财政压力。我们的实证分析也是沿着这一思路,仅讨论了增值税分成冲击的影响。

在众多工业行业中,产能过剩行业形成的增值税收益相比其他行业更加丰厚,地方保护也往往集中在一些利税率较高的产业中(白重恩等,2004),这决定了尽管这类行业一直受到中央政府的管控和约束,地方政府也仍然拥有极大的动机发展这类行业。除具备主观意愿外,地方政府也具备充足客观条件进行支持,这主要指的是各类政策工具,如低价出让用地、降低环境规制及拓宽信贷渠道等(江飞涛等,2012)。同时,如第二部分所指出的,由于产能过剩行业产品同质性高,具备进入壁垒低和技术进步快的特点,其实际利润水平也较高,其发展也能够得到社会资本的支持,在地方政府政策支持下,社会资本愿意流入这些行业,这与林毅夫(2007)和白让让(2016)的"潮涌"现象一致,本章支持但认为中国产能过剩问题不仅于此。

因此,本章的主要假说是:增值税税收分成下降使地方政府加大对产能过剩行业企业的引入和扶持,以应对分成降低形成的财政压力。

为验证这一假说,本章将利用1998—2011年间地市增值税税收分享比例降低作为地方财政压力的外生冲击,以观察其对产能过剩行业企业发展的实证效应,为我国供给侧改革提供实证依据和启示。

第三节　实证策略与数据说明

1.基本回归模型

为判断税收分成调整对产能过剩行业发展的影响,本章利用模型(15-1)进行分析:

$$y_{it} = \alpha \times \mathrm{dvat}_{it} + X\beta + \delta_i + \tau_t + \varepsilon_{it} \tag{15-1}$$

其中,被解释变量y_{it}表示地市i在年度t属于产能过剩行业的新增企业数量,在回归中本章均取对数处理(lnnpec)。模型(15-1)中的核心解释变量为dvat_{it},这衡量了地市i在年度t的增值税变化程度情况,其计算公式为$\mathrm{dvat}_{it} = \dfrac{\mathrm{vat}_{it-1} - \mathrm{vat}_{it}}{\mathrm{vat}_{it-1}}$,其中$\mathrm{vat}_{it}$为地市增值税税收分成比例,$\mathrm{dvat}_{it} > 0$表示地市经历了增值税税收分成的减少,当$t$年地市增值税分成比例减少幅度越大时，$\mathrm{dvatd}_{it}$ 越大。当 $\mathrm{vat}_{it} = \mathrm{vat}_{it-1}$ 时，$\mathrm{dvat}_{it} = 0$，表示地市增值税分成没有发生变化。可以看出，dvat_{it} 变量实际上反映的是地方分成的冲击程度，当分成变化不存在时，这一变量即为 0，那么 α 反映了财力变化冲击对新增产能过剩企业的平均处理效应，这与本章的研究目的一致，旨在揭示短期冲击形成的企业数量的长期变化效应。

X 为各类控制变量：首先，作为地方主体税种，地市营业税税收分成比例的变化也可能对地方财力产生影响，因此加入营业税税收分成的变化率（dbust）进行控制，其测算方法与增值税变化计算方法一致。其次，刘航和孙早（2014）指出，过快城镇化进程造成低技能劳动力的过度供给，地方政府倾向于发展有利于充分就业的产能企业，这容易形成地方产能过剩问题，因而本章也加入了城市化率（rcity）及城市化率平方项（rcity2）作为控制变量。再次，本章也使用了地市高等学校在校生人数占总人口比重衡量地市劳动力技能水平（edu），加入该变量及其平方项（edu2）以控制地区知识技能水平的影响。最后，地市企业投资状况与各经济变量密切相关，如个人收入和消费决定了当地产品需求，而整体经济状况决定了投资环境，因此本章也加入了人均 GDP、人均可支配收入以及人均消费支出等经济变量取对数后（lnrgdp，lnincome，lnconsume）进行控制。模型（15-1）为双向固定效应模型，δ_i 控制了不随时间变化的个体因素，τ_t 控制了不随个体变化的时间因素，ε_{it} 为残差项。

政府在应对税收分成变化时可能难以立即做出政策反应，且企业投资变化也需要一定时间。因此本章在模型（15-1）也考察了当期、滞后一期（ldvat）和滞后二期增值税集权（ldvat2）的影响。当税收分成的减少促进产能过剩行业的发展时，可以预期 α 将显著大于 0。

2.数据说明

本章的新增产能过剩行业企业数据来自中国工业企业数据库 1998—2009 年[①]，这决定了本章的实证样本为 1998—2009 年各地市样本。本章判定一个企业是否属于新增产能过剩行业的标准如下：先根据数据库中企业对应的行业进行归类，判断其是否属于产能过剩行业；再根据该企业的注册时间判断这类企业是否属于当年新增工业企业，由此汇总该地市当年新增产能过剩行业的数量。

为获取各地市增值税分成的变化情况，本章搜集了 1994 年以来中国 31 个省市自治区的财政体制政策文件，根据省与地市的增值税分成规定办法，确定地市增值税分成比例 vat_{it}，计算得出 dvat_{it}。各省财政体制政策文件主要来自《中国省以下财政体制 2006》、各地区《年鉴》和《财政年鉴》中关于财政体制改革的政策与文件，同时也向某些地区的财政厅依申请公开，还包括网络搜集，不同资料来源的相互辅证确保了数据的完整和准确。

---

① 2009 年之后的中国工业企业数据库数据可信度较低，因此未采用。

本章首先剔除了特殊地区：直辖市与其他地级市的行政级别不同，故删除北京、天津、上海和重庆 4 个城市样本，而计划单列市直接与中央政府进行税收划分，省级财政无法干预，故删除了大连、青岛、宁波、厦门和深圳等 5 个计划单列市。

营业税分成变化变量也来自政策文件的规定办法，其余控制变量数据来源于 CEIC 数据库，其中城市化率为非农业人口除以总人口数，经济类变量数据则按照 1998 年价格指数计算。由于控制变量数据缺失较为明显，如人均消费支出、人均可支配收入在 2002 年之前数据以及非农业人口数据在 2009 年无法获取，而其他指标类数据在个别城市的个别年份也存在缺失，为此，本章利用插值法估算出缺失值，最终获得各控制变量 1998—2009 年的数据[①]。各变量的描述性统计如表 15-2 所示。

表 15-2　变量描述性统计

变量名	变量符号	均值	标准差	最小值	最大值
新增产能过剩行业工业企业数	npec	8.272	12.604	0	149
增值税变化程度	dvat	0.002	0.097	−1	0.7
营业税变化程度	dbust	0.008	0.071	−1.8	0.4
增值税分成	vat	0.212	0.049	0.063	0.25
城市化率	rcity	0.317	0.168	0.046	1.000
劳动技能水平	edu	0.009	0.015	0.000	0.123
人均实际 GDP 的对数	lnrgdp	−0.019	0.783	−4.212	2.664
人均实际消费支出的对数	lnconsume	8.657	0.475	1.386	10.013
人均实际可支配收入的对数	lnincome	8.933	0.471	4.889	10.303
企业产能利用率	cu	0.669	0.652	0.100	3.000
增值税规模取对数	lnvatax	6.309	1.196	2.398	10.638
企业所得税规模取对数	lncitax	5.467	1.549	1.097	11.200
营业税规模取对数	lnsatax	6.675	1.251	3.219	11.582
增值税税收负担(%)	vadtrate	12.826	12.600	0	100
企业所得税税收负担(%)	lincmrate	2.328	4.812	0	100

注：经济变量选择以 1998 年价格水平计算，人均实际 GDP 在取对数之前的单位为万元/人，人均实际消费支出和人均实际可支配收入在取对数之前的单位为元/人。

---

①　在利用均值插值法估计出缺失值后，得出个别不符合基本理论数值，如城市化率大于 1，经济类变量小于 0 等，本章将其重新修改为缺失值；同时，为了确保利用预估的控制变量不会影响实证结果，本章做了以下三点工作：一是不加入控制变量进行实证检验；二是仅利用 2002 年之后样本数据进行回归，这是因为大部分控制变量的估算均是在 2002 年之前，2002 年之后样本的控制变量数据绝大多数为原始数据，而非估测；三是在整体回归中不加入人均消费支出和人均可支配收入这两个变量进行回归，以减少控制变量的估测偏差。最后结果表明，这三种方法的结果与本章实证结果没有明显差异。

其中,在数据处理时,由于新增产能过剩工业企业相关数据的最小值为 0,所以在回归时我们均选择了加 1 后再取自然对数的处理办法;而增值税和企业所得税税收负担,我们删除了那些小于 0 以及大于 100 的样本,这占总体样本不到 1%。

第四节 回归结果及稳健性检验

本部分主要报告根据模型(15-1)进行回归的实证结果,并对主要的回归结果进行了相关稳健性检验。

1. 基准回归结果

根据模型(15-1),表 15-3 第(1)～(4)列为包含了各经济社会控制变量和固定效应的回归结果,其中第(1)～(3)列分别报告了当期、滞后一期和滞后二期增值税分成减少的实证效应,第(4)列为各期增值税分成减少的混合回归结果。可看出,滞后二期的增值税分成降低对产能过剩企业数量具有显著的正向影响,这表明地市增值税经历了税收集权变化两年后,新增的产能过剩行业企业数量将有明显提高[①]。

表 15-3 增值税税收集权对产能过剩行业企业的实证效应

	Zlnnpec (1)	lnnpec (2)	lnnpec (3)	lnnpec (4)	lnnpec (5)	lnnpec (6)	lnnpec (7)	lnnpec (8)
dvat	−0.004 (0.140)			0.028 (0.148)	0.129 (0.144)	−0.065 (0.167)	0.053 (0.155)	−1.844 (1.492)
ldvat		0.182 (0.148)		0.218 (0.157)	0.268* (0.157)	−0.100 (0.156)	0.188 (0.141)	0.351 (0.454)
ldvat2			0.403*** (0.154)	0.435*** (0.162)	0.476*** (0.160)	0.230 (0.140)	0.437*** (0.146)	0.705*** (0.245)
各类控制变量	是	是	是	是	是	是	是	是
地区固定效应	是	是	是	是	是	是	是	是
年份固定效应	是	是	是	是	是	是	是	是
R^2	0.330	0.326	0.334	0.340	0.297	0.227	0.375	0.215
样本量	2763	2765	2726	2709	2709	2709	2664	699

① 根据审稿人的建议,本章基于各年地市行业层面的汇总数据,利用产能过剩行业虚拟变量与税收分成交叉项,探讨税收分成变化后,产能过剩行业的新增企业数是否增长更快,实证结果表明确实如此,即地方政府会极力发展这些产能过剩行业以应对财政压力。

注:括号内为地市聚类稳健标准误;* $p < 0.1$,** $p < 0.05$,*** $p < 0.01$;第(1)~(4)列为不包括控制变量的回归结果。

2. 稳健性检验

(1)产能过剩行业的选择

本章选择韩国高等(2011)和沈坤荣等(2012)测算的产能过剩行业作为实证依据,这与国家相关政策中的产能过剩行业基本一致,但两者的测算依据和结果并不一致。为减少不同测量方法对本章实证结论的影响,在稳健性检验中,我们分别选择了韩国高等(2011)对制造业测算的产能过剩行业以及沈坤荣等(2012)的产能过剩行业为依据,重新测算了各地市新增产能过剩行业企业数量。首先,根据韩国高等(2011)对1999—2011年中国制造业产能过剩行业的测算结果,本章选择了黑色金属、有色金属、石化炼焦、化学原料、矿物制品、化学纤维和造纸制品等7个行业作为产能过剩行业,实证结果如表15-3第(5)列所示[①]。

其次,本章也根据沈坤荣等(2012)对1998—2008年中国各行业中产能过剩行业研究的测算结果,选择了煤炭开采和洗选业、黑色金属矿采选业、石油和天然气开采业、燃气生产和供应业、非金属矿采选业、烟草制品业、化学纤维制造业、电力、热力生产和供应业、有色金属矿采选业、交通运输设备制造业以及通信设备制造业等11个行业为产能过剩行业,结果如表15-3第(6)列所示。

最后,本章根据中央政府在2003年、2006年和2009年[②]发布的三个化解产能过剩的政策通知来划定产能过剩行业。一方面,我们仅选择钢铁、水泥、电解铝这三个一直处于产能过剩状态的行业作为产能过剩行业,观察地市税收分成减少对这类行业企业数量的影响,具体实证结果如表15-3第(7)列所示。另一方面,我们仅选择这三个时间点的产能过剩行业,并仅保留这三年时间分样本,观察税收分成减少对这些行业企业数量的影响,具体实证结果如表15-3第(8)列所示。

根据表15-3,第(5)列与第(4)列回归结果基本一致;第(6)列结果的显著性较弱,但在各期单独回归时[③],滞后二期回归系数在10%水平上显著;第(7)、(8)列滞后二期依然显著,表明尽管一直或时下被定义为产能过剩的行业,仍是地方政府应对财政压力的重要依赖。从表15-3可以认为,按照不同方法测算的产能过剩行业进行回归后的结果具有一定的稳健性,产能过剩行业划分的时间和地区差异不会干扰本章的主要结论。

---

①　此处为制造业的产能过剩行业企业数计算,而没有计算工业中所有产能过剩行业数,因此没有报告新增产能过剩行业占比回归结果,但回归结果与表15-2中(5)~(8)列基本一致。
②　各政策与本章第二部分中的政策相同。
③　出于篇幅考虑未报告。

(2)新增企业与过剩产能消化①

新增的产能过剩企业能够带来就业或提高人们的收入水平,这可能改变地区需求,改善地区产能过剩整体状况,因此新增企业可能不会加剧当地的产能过剩程度。尽管对已有传统过剩行业的研究结论能够一定程度上消除这种可能,但此处我们试图进一步提供新的证据,以支持财政压力对地区产能过剩加剧作用的结论。

一方面,当就业能够促进地区需求时,这将在地区消费总水平上有所体现。为此,我们用地区消费水平作为模型(15-1)的被解释变量,观察税收分成对地区总体消费水平(lntconsu)②和人均消费(lnconsu)的影响③,实证结果如表 15-4 第(1)、(2)列所示。另一方面,我们根据国务院发展研究中心(2015)对企业产能利用率的测算方法,利用企业成本最小化下的产出作为潜在产出,计算出各年各企业的产能利用率。各期增值税分成变化对产能利用率的实证结果如表 15-4 第(3)列所示,可以看出,滞后期的增值税集权对各企业产能利用率有一个显著的负向作用,而这一作用在滞后二期更加显著和强烈,这与本章的主要实证结果相一致,即财政压力会加剧地区的产能过剩状况④。最后,我们也根据企业产能利用率测算了各地市各年各行业的产能利用率情况,将处于样本均值以下的划定为产能过剩行业,重新计算各地市各年新增产能过剩企业数,再根据模型(15-1)的回归结果如表 15-4 第(4)列所示,可以看出,其回归结果仍然只在滞后二期显著为正,这与表 15-3 结果一致⑤,表明在考虑产能过剩行业划分的时间动态性和地区差异性基础上,本章实证结论具有足够的稳健性。

表 15-4　产能内在"消化"与内生性检验

	lntconsu (1)	lnconsu (2)	cu (3)	lnnpec (4)	lnnpec (5)	dvat (6)	dvat (7)	lnnpec (8)	lnnepc (9)
dvat/ After_{t-1}	0.013 (0.027)	0.014 (0.018)	0.004 (0.005)	−0.007 (0.093)	0.011 (0.080)			−0.039 (0.148)	−0.013 (0.149)
ldvat /After_{t-2}	−0.012 (0.020)	0.003 (0.017)	−0.007* (0.004)	0.005 (0.093)	−0.002 (0.092)			0.135 (0.164)	0.236 (0.160)
ldvat2 /After_{t-3}	−0.004 (0.015)	0.005 (0.019)	−0.009** (0.004)	0.182* (0.098)	0.117 (0.083)			0.423** (0.170)	0.512*** (0.164)

① 感谢匿名审稿人的宝贵建议。

② 由于未找到地区消费水平变量,我们将人均消费乘以地区总人口作为地区消费水平。

③ 由于原回归中包含人均消费水平变量,因此在这两个回归时控制变量不再包括人均消费水平。

④ 我们还观察了过剩行业新增企业数量对行业产能利用率的影响,实证结果表明,数量的增加对行业利用率产生了较明显的负向作用。感谢匿名审稿人的建议。

⑤ 滞后二期的系数和显著性明显降落,我们认为这是由于产能过剩具有区域性和周期性,可能未将一些全国已经产能过剩但本区域尚无产能过剩的企业计入在内,这弱化了相应结果。

续表

	lntconsu (1)	lnconsu (2)	cu (3)	lnnpec (4)	lnnpec (5)	dvat (6)	dvat (7)	lnnpec (8)	lnnepc (9)
After$_{t-4}$					−0.006 (0.093)				
srate						0.000 (0.051)			
lnrgdp							0.001 (0.005)		
R^2	0.914	0.830	0.001	0.261	0.346	0.049	0.056	0.303	0.306
样本量	2324	3515	177439	2234	1963	2433	3837	2445	2652

注:括号内为地市聚类稳健标准误; $^*p < 0.1$, $^{**}p < 0.05$, $^{***}p < 0.01$;各实证回归中均加入了各控制变量以及时间和地区固定效应;其中第(5)列报告的是 After 及其滞后期的结果。

(2)内生性检验

地市增值税分成的外生性变化是本章的关键,即地市面临的税收分成变化属于外生冲击,与产能过剩行业企业的发展不存在内生关联性,否则本章的财政压力效应可能受其他因素干扰。首先,地市增值税税收分成是各省财政体制重要内容,由省级政府统一确定,这从制度层面减少了地市层面因素尤其是产能过剩行业发展等变量对税收分成变化的影响。更为重要的是,根据本章对增值税分成变化的观察,其主要发生在 2002 年所得税分享改革时间点前后,这更多的是因为所得税共享改革减少了省级政府可用财力,省级财政不得不通过对税收收益的集中来弥补财政缺口。因此,增值税分成的变化可认为主要来自中央与地方财政体制分享改革的外生冲击,省级财政出于弥补本级财政考虑而改变的税收分成行为,极大地降低了地市财政的议价空间,在确定税收分成时地市政府对省级政府的干预程度将大大减少[①]。以上特征事实从理论上减少了地市税收分成变化的内生性干扰。进一步的,本章也从以下几方面的实证分析以减少内生性干扰。

①共同趋势检验

一个可能的情况是,当增值税分成的减少更容易发生在产能过剩行业企业多的城市时,本章实证结论捕获的将不再是因果效应,而可能来自于自选择效应。一个验证方法是,选择类似于 DID 中共同趋势的验证方法,确定地市 i 在增值税分成变化的时间点 $After_{it}$ 变量,比较时间点 t 的前几期中处理组和控制组的新增产能过剩行业数量的差异

---

① 本章实证检验了地市各经济类控制变量对税收分成变化的影响,发现各变量回归系数均不显著,这表明地市经济状况无法影响税收分成的变化。

性。当不存在明显的差异时,可以认为处理组和控制组具有共同趋势,增值税分成变化具有较好的外生性。由于增值税分成大部分发生在 2002 年前后左右,因此我们的共同趋势检验了冲击发生前四期的差异性,实证结果如表 15-4 第(5)列所示。可以看出,在冲击发生前,处理组和控制组的被解释变量无明显差异,这支持了增值税分成变化冲击与产能过剩行业发展的外生性。

②税收分成变化的反向因果与异常值

在增值税分成变化时,也可能受到产业结构的影响。如在资源或重工业比例高的地区,其地市税收分成的比例可能越高。为此,我们检验了第二产业比重(srate)和地区GDP 水平(lnrgdp)对增值税分成变化的影响,实证结果如表 15-4 第(6)、(7)列所示。同时,为减少被解释变量异常值可能的影响,我们删减了被解释变量在前后 5%水平值的样本,实证结果如表 15-4 第(8)列所示。最后,由于产能过剩行业具有资本密集、土地需求量大等特点,规模以上投资的管理权限一般集中在省政府和中央政府手中,一种担忧是,项目确定可能无法完全依赖于地方政府意愿。为减少非地市审核项目对本章结论的干扰,我们先删减了企业工业总产值规模最大的 10%区间的样本,再汇总地市新增产能过剩行业,对这一子样本的回归结果如表 15-4 第(9)列所示[①],结果仍然一致。同时,杨其静和吴海军(2016)发现地市官员晋升激励能够刺激地方政府向产能过剩行业的土地出让宗数,这也间接表明了地市政府在这类行业发展方面拥有足够的主动权。可以看出,税收分成变化不受产业结构等经济变量的影响,异常值的存在不会干扰本章主要实证结论[②]。

第五节　备择竞争假说与产能调控政策

1. 备择竞争假说

税收分成的变化也可能引起税收征管力度的变化,最终作用于工业企业发展规模,这存在两种可能。第一,下级政府面对更低税收分成时将提高税收征管水平。如汤玉刚和苑程浩(2010)指出,当上级提高对下级财政收入的竞争时,即上级分成比例提高或上级对下级财政规制加强时,地方政府将提高税收征管强度来弥补纵向竞争损失。第二,

---

① 我们分别删除了前 1%、5%、10%和 15%的样本作子样本回归,其实证结果基本一致,只有滞后二期系数显著为正。

② 除此之外,我们进行了以下分析:第一,本章探讨了税收分成变化对各类转移支付的影响,发现地市政府税收分成减少的同时,转移支付并没有随之增加,这意味着地市税收分成降低确实对地方形成财政压力;第二,我们还探讨了经济周期和地方政府竞争的影响,发现考虑了经济周期和地方政府竞争后,均对主要结论不产生影响;第三,本章也从异质性方面作相关检验,发现在增值税依赖程度更高的地区,由于受到增值税分成调整的冲击越大,其发展产能过剩行业的效应越大;在财政禀赋较差的地区,其收入发展的路径较为单一,因此其发展产能过剩行业的效应也越大。出于篇幅考虑未报告。

更低的税收分成降低了地方政府的财政激励强度,地方政府将减小相关税收征管力度。如吕冰洋(2009)在无税收处罚下最优税权配置模型中,发现税收努力是地方税收分成的增函数,即地方税收分成越大时,地方越有动机加大税收征管力度,反之,当地方税收分成减少时,地方的征管力度可能有所降低。进一步的,吕冰洋等(2016)的实证结果证实了这一点。后者可能成为本章财政压力效应的备择竞争假说。一个合理的逻辑推断是,当地市政府的增值税税收分成降低时,可能相应缺乏对工业企业的税收监管激励,从而降低了地方实际增值税税负,最终吸引了足够的企业进入。为此,本章进一步讨论了增值税税收分成变化对增值税税收负担的影响:当增值税分成减少造成地市增值税税收负担降低时,可认为税收征管力度变化是税收分成变化对过剩行业工业企业影响的另一个逻辑线索。

具体操作过程中,本章拟从微观和宏观两方面进行相关检验。微观方面,本章采用与陈晓光(2016)一致的增值税税收负担指标(vadtrate),即"应纳企业增值税税额"与"企业增值额"之比,同时,本章也观察了企业所得税税收负担指标(incmrate),即"应交所得税"与"企业增值额"之比,以判断政府在制造业企业方面的总体税收征管力度,实证结果如表15-5第(1)~(6)列所示。宏观方面,本章拟观察税收分成变化对地市城市维护建设税规模的实证效应。选择城建税税收规模取对数(lncjs)作为被解释变量的原因在于,根据城建税计算公式[①],城建税受地市增值税财政总量而非地方增值税留存收入的影响,因此在地市增值税总量数据难以获取的情况下,城建税能够较好地反映增值税总量规模水平,当增值税征管力度减弱时,能够观察到城建税规模的显著减小,地市增值税税收分成对城建税的实证结果如表15-5第(7)~(9)列所示。

表 15-5　备择竞争假说检验:税收征管力度

	vadtrate (1)	vadtrate (2)	vadtrate (3)	incmrate (4)	incmrate (5)	incmrate (6)	lncjs (7)	lncjs (8)	lncjs (9)
dvat	−2.037 (8.645)			−1.122 (2.983)			0.079** (0.035)		
ldvat		12.844 (8.806)			2.701* (1.631)			0.058** (0.029)	
ldvat2			−0.050 (0.791)			−0.586 (0.527)			−0.000 (0.024)
R^2	0.001	0.001	0.001	0.000	0.000	0.000	0.871	0.873	0.872
样本量	1049744	1049744	1035486	1049746	1049746	1035488	1784	1769	1752

① 应交城建税=(增值税+营业税+消费税)*城建税税率。

注:括号内为地市聚类稳健标准误;* $p < 0.1$,** $p < 0.05$,*** $p < 0.01$;各实证回归中均加入了各控制变量以及时间和地区固定效应;此处为企业层面数据,因此样本量达到 100 万左右。

从表 15-5 第(1)～(6)列的企业微观证据可以看出,无论是增值税还是企业所得税,在面对增值税分成降低时,地方政府并没有显著地降低企业的增值税或企业所得税税负,相反,表 15-5 的第(2)、(4)两列一定程度上反映了分成减少使得地方政府加强了税收征管强度。这一结果也得到了宏观层面城建税的证据支持,从表 15-5 第(7)、(8)两列可以看出,税收分成降低后,城建税税收规模有所扩大,这可能来自于地方增值税税收征管力度的加强,而在滞后二期的减弱,则可能与税基扩大后的征管减弱有关。无论如何,根据的微观和宏观两方面的实证结果,我们并没有发现增值税分成减少显著地降低了地方税收征管强度,那么也就不存在来自实际税负降低所引起的工业发展这一逻辑。相反,我们发现地市政府一定程度地加大了税收征管力度,这一结果与汤玉刚和范程浩(2010)、陈晓光(2016)的研究结论一致,这进一步说明产能过剩行业的规模扩大更可能来自于财政压力带来的财政激励效应[①]。

为进一步提供财政压力方面的证据,本章对地市政府引入产能过剩企业的税收收入效果也进行分析,当这一行为确实能够稳定地方增值税收入时,说明地方政府引入产能过剩企业的行为是一种应对压力行为。此时被解释变量为地市增值税收入取对数 lnvatax。同时,本章还观察了增值税分成变化对地市企业所得税 lncitax 和营业税收入 lnbustax 的影响,这类似安慰剂效应检验[②]。对这三类税收的回归结果如表 15-6 所示,其中第(1)～(3)列被解释变量为增值税收入,第(4)～(6)列为企业所得税收入,第(7)～(9)列被解释变量为营业税收入。

根据表 15-6 第(1)、(2)列,当期和滞后一期的增值税分成降低显著地减少了地市增值税收入,这表明分成减少对地方增值税收入确实形成较大的负向冲击,形成了地方的财政压力,而在第(3)列中滞后二期增值税分成变化的效果不再显著,结合表 15-3 中只有滞后二期增值税分成的正向促进作用,两实证结果说明产能过剩企业的增加有效地弥补了增值税分成减少引起的税收缺口。从表 15-6 第(4)～(9)列可以看出增值税分成变化对其他税收并没有显著影响,这说明增值税收入的显著效应仅来自于增值税分成变化,与其他经济类因素无关。此外,从企业所得税可以看出,增值税分成变化从当期和滞后一期系数为负转变为滞后二期系数为正,尽管回归系数没有通过显著性检验,但一定程度上说明产能过剩行业发展也带来了企业所得税的提高,而对营业税的回归则没有相应

---

① 我们也采用了田彬彬和范子英(2013)以及李明等(2016)的方法,利用企业税收规模除以利润总额来衡量税收负担,其结果基本一致,没有观察到税收负担有所下降,反而一定程度有所提高。

② 其原因在于,企业所得税、营业税和增值税收入均与地方的经济和企业发展规模密切相关,但前两类税收与增值税分成的关联度不大,因此对这两类税收的回归可以排除其他可能影响本章实证结论的潜在经济变量的干扰。

的效应趋势。

表 15-6 产能过剩行业带来的税收效应

	lnvatax (1)	lnvatax (2)	lnvatax (3)	lncitax (4)	lncitax (5)	lncitax (6)	lnbustax (7)	lnbustax (8)	lnbustax (9)
dvat	−0.281*** (0.107)			−0.046 (0.091)			0.020 (0.060)		
ldvat		−0.287*** (0.075)			−0.037 (0.082)			−0.035 (0.067)	
ldvat2			−0.102 (0.066)			0.023 (0.080)			−0.041 (0.052)
R^2	0.783	0.783	0.779	0.834	0.833	0.832	0.888	0.889	0.889
样本量	1874	1891	1907	1874	1891	1907	1874	1891	1907

注：括号内为地市聚类稳健标准误；* $p<0.1$，** $p<0.05$，*** $p<0.01$；混合回归时的结果基本相同，为简便未列出；地市各类税收数据来自 CEIC 数据库，该数据从 2005 年开始报告，因此该表的回归样本期间为 2005—2011 年；各实证回归中均加入了各控制变量以及时间和地区固定效应。

可以看出，新增企业带来的增值税税收效应大大地缓解了增值税分成减少所形成的财力压力，这进一步表明本章的产能过剩发展效应并非来自其他经济变量的影响，而仅来自税收分成的变化，验证了增值税分成变化与其他经济因素的外生性。

2.产能调控政策有效性分析

产能过剩问题自进入 2000 年以后逐渐引起中央政府的注意和重视，在本章的实证研究时间内，化解产能过剩的相关调控政策已经推出不少，这主要包括以下三个政策文件①。

第一，2003 年 12 月 23 日国务院办公厅转发《关于制止钢铁电解铝水泥行业盲目投资若干意见的通知》，通知指出钢铁、电解铝和水泥行业的投资增速过快，出现了盲目投资和低水平重复建设问题，为减少生产能力过剩、市场无序竞争等问题，通知提出从强化环境、用地和信贷等方面的管理遏制这些行业的盲目投资和重复建设。第二，2006 年 3 月 20 日《国务院关于加快推进产能过剩行业结构调整的通知》中指出"钢铁、电解铝、电石、铁合金、焦炭、汽车等行业产能已经出现明显过剩；水泥、煤炭、电力、纺织等行业目前虽然产需基本平衡，但在建规模很大，也潜藏着产能过剩问题"。这一通知中也针对以上

---

① 本章化解产能过剩的政策只局限在政策标题出现"化解产能过剩"、"生产能力过剩"等关键词，而对于一些落后产能的化解政策不在本章研究范围；这三个政策也与同类文献的总结一致，可参考李正旺、周靖(2014)《产能过剩的形成与化解：自财税政策观察》的详细政策汇总。

行业分别提出了具体的调整产能过剩行业结构的政策指导和意见。第三,2009 年 9 月
26 日《关于抑制部分行业产能过剩和重复建设引导产业健康发展若干意见的通知》,指出
了产能过剩行业包括钢铁、水泥、平板玻璃、煤化工、多晶硅、风电设备以及电解铝、造船、
大豆压榨等行业,并提出了抑制产能过剩和重复建设的主要原则和重要导向,并明确指
出要按照《中共中央关于实行党政领导干部问责的暂行规定》,"对违反国家土地、环保法
律法规和信贷政策、产业政策规定,工作严重失职或失误造成损失或恶劣影响的行为要
进行问责,严肃处理"。

根据以上政策文件可以看出,2003 年以来中央政府逐步采取了各种政策手段试图化
解产能过剩问题,但其中效果如何值得探讨。为此,本章采用模型(15-2)进行实证分析。

$$\text{lnnum}_{ijt} = \gamma \times \text{dvat}_{it} \times D_{jt} + \alpha_0 \times \text{dvat}_{it} + \alpha_1 \times D_{jt} + X\beta + \delta_i + \mu_j + \tau_t + \varepsilon_{ijt}$$

$$(15\text{-}2)$$

模型(15-2)为各地市行业层面的面板模型,$lnnum_{ijt}$ 为被解释变量,这里为地市 i 在
时间 t 在产能过剩行业 j 中的新增企业数量,本章仍然加 1 后取对数处理。$D_{jt}=1$ 表明行
业 j 在中央政策文件中被视为产能过剩行业,需要产能调控化解,由于此时我们将实证样
本限制在地市产能过剩行业,因此 $D_{jt}=0$ 意味着在时间 t 时没有被中央政策指出需要化
解但属于产能过剩的行业,此时的 γ 能够直接反映出中央化解产能过剩行业的政策处理
效应,当中央政府的化解产能过剩政策能够显著抑制税收集权的促进效应时,此时 γ 显著
小于 0。最后,δ_i 为地市固定效应,τ_t 为年份固定效应,μ_j 为行业固定效应,ε_{ijt} 为残差
项。

产能调控政策分别发生在 2004 年、2006 年和 2009 年,由于我们无法判定政策发生后
是否持续生效,因此本章通过以下两种办法构造 D_{jt} 变量。一方面,一旦 t 年中央产能调
控政策中包括了行业 j,那么有 $D_{jt}=D_{jt+1}=D_{jt+\cdots}=1$,否则为 0;另一方面,一旦 t 年中央
产能调控政策中包括了该行业 j,且下一中央调控政策在 $t+n$ 年,那么有 $D_{jt}=\cdots=$
$D_{jt+n-1}=1$, 否则为 0。这两种构建方法的区别在于,前一种为已有政策确定需要重点化
解该行业产能问题时,那么认定该政策一直有效;后一种则认为政策具有一定的时间性,
行业受政策处理的有效期为下一个政策出台前。此外,由于产能调控政策分别对应的是
水泥、电解铝和钢铁等具体行业,而在根据工业企业数据库进行汇总的地市样本中对应
的是行业总指标①,因此我们分别将产能调控政策中对应的具体行业匹配到工业企业数
据库中的大行业指标下,如水泥对应于非金属矿物制品业,电解铝对应于有色金属冶炼
及压延加工业,钢铁对应于黑色金属冶炼及压延加工业。同时需要说明的是,汽车、纺
织、风电设备、造船和大豆压榨虽然属于以上三个调控政策中的产能过剩行业,但不属于
本章实证分析中的产能过剩行业,因此剔除了以上行业。本章将根据不同方法构建的

---

① 根据每个具体行业来计算地市新增企业数会造成大量样本的变量为 0,数据量过大容易放大回归时的共线
性问题,因此选择了上一级行业分类进行汇总,这也保证了该行业分类与前文实证中行业分类的一致。

D_{jt} 代入模型(15-2)后,实证结果如表 15-7 所示。

表 15-7 财政激励与产能调控政策有效性分析

	lnnum (1)	lnnum (2)	lnnum (3)	lnnum (4)	lnnum (5)	lnnum (6)	lnnum (7)	lnnum (8)
dvat×D	−0.184 (0.148)			−0.211 (0.149)	−0.192 (0.148)			−0.220 (0.149)
ldvat×D		−0.111 (0.180)		−0.114 (0.180)		−0.063 (0.179)		−0.063 (0.180)
ldvat2×D			−0.155 (0.130)	−0.154 (0.131)			−0.102 (0.130)	−0.100 (0.131)
dvat	0.164*** (0.061)			0.178*** (0.062)	0.169*** (0.062)			0.182*** (0.062)
ldvat		0.098 (0.061)		0.134** (0.062)		0.090 (0.062)		0.128** (0.062)
ldvat2			0.239*** (0.062)	0.261*** (0.063)			0.227*** (0.063)	0.249*** (0.063)
R^2	0.296	0.294	0.296	0.298	0.294	0.293	0.294	0.296
样本量	9461	9445	9320	9287	9461	9445	9320	9287

注:括号内为稳健标准误;* $p < 0.1$,** $p < 0.05$,*** $p < 0.01$;其中(1)~(4)列为采用第一种方法构建的 D_{jt},(5)~(6)列为采用第二种方法构建的 D_{jt},被解释变量为地市各产能过剩行业新增企业数量加 1 后取对数。各实证回归中均加入了各控制变量以及时间、地区和行业固定效应。

从表 15-7 可以看出,第(1)~(8)列中各滞后期与 D 变量的交叉项对应的 γ 回归系数均为负值,但并不显著,而各期增值税分成变化的影响仍基本保持显著为正。这表明在地方财政激励动机下,当前的产能调控政策没有实质性地发挥作用,无法有效地抑制调控行业中新增企业的增加[①]。这与现实发展相一致,2000—2009 年各大传统产能过剩行业的产能并没有得到有效的降低,这也是中国供给侧改革推出的主要背景。其中的关键在于,作为缓解地方财政压力的主要工具,当时的产能过剩行业仍提供着丰富的税收收入,产能过剩行业的调控政策不符合地方政府的短期利益。

综合以上研究结果可以得出,地方财政压力是中国产能过剩问题愈演愈烈的重要原

---

① 我们也考虑了 2009 年政策效果可能无法显现的情形,从删除 2009 年样本和不考虑 2009 年政策两种办法进行了验证,发现与表 15-7 一致。

因,而这一问题在现阶段"供给侧"改革中需要引起重视。如何制定合理的配套措施保障产能调控政策能够尽可能地减少地方财政激励的摩擦影响,是中央政府相关政策制定时亟须解决的关键问题。

第六节　结论及启示

本章集中地探讨了由地市增值税税收分成减少引起的财政冲击对产能过剩行业的影响,实证结果表明地方政府在应对财政压力时,将积极引入具有高增值税税收收益属性的产能过剩行业企业,可以认为财政压力对地方政府形成了一种财政激励效应。同时,本章验证了增值税分成变化对增值税税收征管水平的影响,发现分成减小并不会带来征管力度的弱化,也即过剩行业等工业的发展不是来自实际税负水平的降低。另外,本章还发现产能过剩企业的引入确实能够有效地缓解由于增值税分成降低所引起的增值税税收减少,这揭示了地方政府发展产能过剩企业的最直接原因,也验证了本章基本逻辑的成立,即地方政府应对财政压力式的发展策略。最后,本章发现中央化解产能过剩政策容易被财政压力所扭曲而无法发挥出实际作用,这是当前产能过剩行业难以治理的根本性原因。本章的主要结论也对当前的供给侧改革具有一定的启示意义。

第一,去产能过程中应注意地方政府财政激励的作用。当前产能过剩行业的形成很大程度上来自于地方政府的财政激励。由于这些行业给地方政府带来了相当规模的税收利益,地方政府愿意发展相关行业以应对税收分成减少形成的财政压力。相同逻辑,当产能化解对地方财力可能产生不利影响时,地方政府行为容易受到财政压力预期的影响,很可能采取消极态度来化解产能过剩问题,这不利于中国产业结构的转型升级。因此,中央政府可积极利用各类方式引导地方官员推动供给侧结构性改革,不仅对积极化解过剩产能的地方官员予以合适奖励,且对持续严重依赖产能过剩行业发展而不作为的地区官员予以一定惩罚,简单地依靠地方政府的自身经济理性可能难以奏效。

第二,行业形势有所好转时应继续坚持供给侧改革。由于国际形势变化和产能的持续扩大,2013 年前后产能过剩行业出现了利润明显下降的状态。受益于供给侧改革的持续推进,钢铁、水泥以及煤炭等行业利润已经开始好转。以水泥行业为例,根据工信部数据,2016 年水泥行业已经触底反弹,行业实现利润 518 亿元,同比大幅增长 55%,2017 年上半年水泥行业的利润达到 333.6 亿元,同比增长 248%,但目前行业产能过剩率仍然较高,去产能问题仍然没有得到根本上的解决。此时仍必须坚持"供给侧"改革,从全局上严控这些行业产能的过度发展,否则地方政府可能继续发展这类行业以造成更大程度的产能过剩,形成更大规模的资源错配和效率损失。

第三,供给侧改革过程中应注意产能过剩行业的轨迹转移。目前供给侧改革中的去产能类似于"负面清单"管理。在这一背景下,一些战略性新兴行业,如风电、碳纤维、锂电池等产业在各地开始被大量引入,也已经形成了产能过剩局面,尽管这些行业目前保持着一定规模的利润与税收,但随着地方政府的不断支持和社会资本的持续流入,若不加以适当的宏观调控和产业布局,这些行业也可能重蹈钢铁等行业的覆辙。这需要中央政府的及时化解,因此推进供给侧改革不仅应针对当下,更应具有长远意识,防范地方政府在财政激励下去诱发新兴行业的产能过剩局面。从这个角度看,中央政府应积极发挥宏观调控功能,深化供给侧改革,拓宽其内涵和范畴,妥善布局新兴产业结构。

　　财政是国家治理的基础和重要支柱,基本的财力保障是地方政府施行各类改革政策与措施的基础,无论是在当前还是未来改革过程中,财政压力的出现将改变政府行为,这在中国改革进程中亟须注意且无法回避。当然,这一问题的根本解决仍依赖于政府行为模式的转变,推进国家治理体系和治理能力的现代化,建立完善的现代财政制度,规范和约束地方政府的行为活动,减弱地方政府应对财政压力的过度反应。

本章参考文献

[1]白重恩,杜颖娟,陶志刚,仝月婷.地方保护主义及产业地区集中度的决定因素和变动趋势[J].经济研究,2004(4).

[2]白让让.竞争驱动、政策干预与产能扩张——兼论"潮涌现象"的微观机制[J].经济研究,2016(11).

[3]陈晓光.财政压力、税收征管与地区不平等[J].中国社会科学,2006(4).

[4]方红生,张军.财政集权的激励效应再评估:攫取之手还是援助之手? [J].管理世界,2016(2).

[5]国务院发展研究中心《进一步化解产能过剩的政策研究》课题组.当前我国产能过剩的特征、风险及对策研究[J].管理世界,2015(4).

[6]韩国高,高铁梅,王立国,等.中国制造业产能过剩的测度、波动及成因研究[J].经济研究,2011(2).

[7]江飞涛,耿强,吕大国,等.地区竞争、体制扭曲与产能过剩的形成机理[J].中国工业经济,2011(12).

[8]林毅夫.潮涌现象与发展中国家宏观经济理论的重新构建[J].经济研究,2007(1).

[9]林毅夫,巫和懋,邢亦青."潮涌现象"与产能过剩的形成机制[J].经济研究,2010(10).

[10]刘航,孙早.城镇化动因扭曲与制造业产能过剩——基于2001—2012年中国省级面板数据的经验分析[J].中国工业经济,2014(11).

[11]吕冰洋.政府间税收分权的配置选择和财政影响[J].经济研究,2009(6).

[12]吕冰洋,马光荣,毛捷.分税与税率:从政府到企业[J].经济研究,2016(7).

[13]沈坤荣,钦晓双,孙成浩.中国产能过剩的成因与测度[J].产业经济评论,2012,11(4).

[14]汤玉刚,苑程浩.不完全税权、政府竞争与税收增长[J].经济学(季刊),2010,10(1).

[15]陶然,陆曦,苏福兵,汪晖等.地区竞争格局演变下的中国转轨:财政激励和发展模式反思[J].经济研究,2009(7).

[16]周业樑,盛文军.转轨时期我国产能过剩的成因解析及政策选择[J].金融研究,2007(2).

[17]GHEMAWAT,P. Capacity expansion in the titanium dioxide industry[J]. Journal of Industrial Economic,1984,33(2):145-163.

[18]KIRMAN W.I. and R.T. MASSON. Capacity signals and entry deterrence[J]. International Journal of Industrial Organization,1986,4(1):25-42.

[19]MANKIW,N.G. and M.D.WHINSTON. Free entry and social inefficiency[J]. Rand Journal of Economics,1986,17(1):48-58.

[20]MATHIS,S. and J.KOSCIANSKI. Excess capacity as a barrier to entry in the US titanium industry[J]. International Journal of Industrial Organization,1996,15(2):263-281.

[21]SALOP,S. Monopolistic competition with outside goods[J]. Bell Journal of Economics,1979,10(1):141-156.

[22]SPENCE,A.M. Product selection,fixed costs,and monipolistic competition[J]. Review of Economic Studies,1976,43(2):217-235.

[23]SPENCE,A.M. Entry, capacity, investment and oligopolistic pricing[J]. Bell Journal of Economics,1977,8(2):534-544.

[24]WEIZSACKER,C.C.V. A welfare analysis of barriers to entry[J]. Bell Journal of Economics,1980,11(2):399-420.

第六部分

财政与宏观经济

第十六章 公共支出结构偏向的经济波动效应研究

——兼论新常态下的公共支出结构调整

邓明 魏后凯[*]

第一节 引言

改革开放以来,中国的经济增长虽然高速,但中间也经历了明显的经济波动。如果以实际 GDP 增长率的波动来测度经济波动的话,我们可以发现,中国的经济波动呈现出这样一个显著特点,即 1994 年之前波动幅度较大,而 1994 年之后波动幅度则明显减小。因此,寻求稳定经济增长的政策手段在当前中国经济面临结构调整、经济增速已明显放缓的关键时期显得尤为重要。作为政府宏观经济调控的重要手段,财政政策究竟是能熨平经济波动还是助推经济波动? 理论学界对此一直未有定论。凯恩斯主义学派认为政府的财税政策能有效抑制经济波动,一方面,税收和转移支付等政策工具本身就能起到抑制经济波动的自动稳定器作用;另一方面,政府还可以根据经济运行的不同状态制定逆向财政政策熨平经济波动。凯恩斯主义所提出财政政策的经济稳定效应通常也被称为财政政策的"凯恩斯效应"。但是,凯恩斯主义的观点遭到了以 Lucas(1976)为代表的理性预期学派的批评,后者认为,即使财政政策在短期可以对总产出产生影响,但在长期会因为个体的理性预期而变得无效。

从 1998 年开始,为应对东南亚危机对实体经济的冲击,中国政府采取积极财政政策来稳定经济增长。学术界对于中国的财政政策是否具有稳定效应也展开了相应研究。刘金全、梁冰(2005)基于中国 1989 年 1 月—2005 年 3 月的月度数据,发现政府的财政政策显著降低了经济波动。郭庆旺等(2007)基于 1992 年 1 月—2005 年 6 月中国月度数据研究发现,20 世纪 90 年代以来,中国财政支出能显著抑制经济波动。但一些研究则认为,中国财政政策的稳定效益具有非对称特征,李永友(2006)认为,扩张性政策较紧缩性政

---

[*] 邓明,教授、博士生导师,厦门大学经济学院财政系;魏后凯,研究员、博士生导师,中国社会科学院农村发展研究所。

策好,而相机抉择机制较自动稳定机制好;郭庆旺、贾俊雪(2006)基于 1998—2004 年中国省级面板数据的经验研究表明,在积极财政政策的推出期间,财政收入政策能显著抑制经济波动,但财政支出政策的"非凯恩斯效应"则不显著;方红生、张军(2010)通过构造了 1978—2004 年度和 1998—2004 年度两个面板数据集,利用第一个数据集完成了对财政政策非线性或非凯恩斯效应的检验并发现了非凯恩斯效应的证据,然后利用第二个数据集证实了关于"非凯恩斯效应"的劳动市场假说。

但是,关注中国的财政支出不能忽视一个重要的现象,那就是在 1994 年分税制改革的前后,中国的财政支出结构尤其是地方政府的财政支出结构发生了显著的结构变化。例如基本建设支出占地方财政总支出的比重由 1994 年的 8.46% 上升到 2006 年的 9.5%,而文教科卫支出的比重由 1994 年的 27.19% 降为 2005 年的 21.93%,虽然在 2010 年达到了 26.45%,但依然没有达到 1994 年的水平。目前关于支出结构的研究大多关注其对经济增长的影响,而忽略了其对经济波动的影响。如付文林、沈坤荣(2006)利用 1952—2002 年的中国年度数据发现,经济建设性支出比重与 GDP 增长率有显著的正向因果关系,而文教支出和维持性支出比重的提高会显著抑制 GDP 增长;郭新强、胡永刚(2012)利用 1992—2010 年的中国季度宏观经济数据发现,政府生产性支出增加能够促进就业,但是,促进就业的有效性依赖于财政支出结构偏向。从现有文献来看,研究者普遍认为,中国的公共支出结构偏向对经济增长速度以及效率产生了显著影响,但是,公共支出的结构偏向对经济波动是否产生影响? 为回答这一问题,本章利用 1995—2009 年的中国省际面板数据,通过构建空间动态面板数据模型实证研究中国地方政府的支出结构与地区经济波动之间的关系。本章研究结果表明,地方政府生产性支出和消费性支出占比对地方经济波动有显著的推动作用,而服务性支出占比则能有效抑制经济波动;此外,本章还发现,地区经济波动在时间上呈现显著的惯性特征,而且在经济空间上同样呈现出显著的空间相关性。

第二节　中国经济波动与支出结构关系的特征事实

为获得较为稳健的研究结论,本章采用两种不同的方法来度量经济波动:一是直接利用中国各省份际地区的实际 GDP 序列求滚动标准差来度量各地区的经济波动;二是利用趋势分离方法将 GDP 序列中的长期趋势与周期性波动分离出来,对分离出来的周期性波动成分求滚动标准差。刘树成(2009)的研究表明,改革开放以来,中国经济周期的平均长度为 6~7 年,据此,本章将滚动时差设定为 7 年。而对于分离趋势成分,目前主要有两种方法,B—P 滤波和 H—P 滤波。相较于 B—P 滤波,H—P 滤波能有效保留序列的首尾信息,因此,本章也使用 H—P 滤波法。根据 H—P 滤波法,使式(16-1)最小化的 L_t,即为时间序列 y_t 的长期趋势部分。

$$\sum_{t=1}^{T}(y_t - L_t)^2 + \lambda \sum_{t=2}^{T-1}((L_{t+1} - L_t) - (L_t - L_{t-1}))^2 \qquad (16\text{-}1)$$

其中,y_t 为各省份实际 GDP 的自然对数。将原始序列 y_t 减去分离出来的长期趋势部分,即可得到周期性波动成分。该波动成分取值大于 0 时,说明经济处于向上波动的过程;反之,则说明经济处于向下波动。由于本章采用的是年度数据,根据 Ravn & Uhlig (2002)的做法,本章将平滑参数 λ 取值为 100。对于上述两种方法得到的经济波动,分别设为 ins_1 和 ins_2。

公共支出的类型划分,目前也没有严格的划分标准。根据国际货币基金组织的定义,各国一般把公共支出分为资本性支出和经常性支出,或者按照政府支出的功能进行划分,分为维持性支出、非生产性公共品支出和经济性支出等(胡永刚、郭新强,2012)。对于中国政府公共支出的分类,根据可获得的数据来源(如《中国统计年鉴》《中国财政统计年鉴》等),通常是按照支出的用途进行分类,一般把政府支出分为生产性支出和非生产性支出。其中生产性公共产品支出由基本建设支出、增拨企业流动资金、挖潜改造资金费用和支农支出等构成,而非生产性公共产品支出由文教科学卫生支出、抚恤和社会福利救济费等构成(胡永刚和郭新强,2012)。政府支出除生产性支出和非生产性支出外,还包括消费性支出,即维持政府正常运行的必要支出(行政管理支出),以及国防外交支出等。本章参照胡永刚、郭新强(2012)的做法,根据支出用途,将公共支出划分为生产性支出(fisc_pro)、服务性支出(fisc_ser)和政府消费性支出(fisc_con),其划分依据与胡永刚、郭新强(2012)类似,只是将非生产性支出定义为服务性支出。由于利用滚动标准差的方式计算经济波动会损失掉首尾各 3 个年份的数据,因此,最终得到的经济波动数据是 1995—2009 年的数据,在下文的实证研究中,本章所使用的样本数据为 1995—2009 年的中国省际面板数据,这些数据来自于《新中国六十年统计资料汇编》和 2010—2013 年《中国统计年鉴》,对于名义变量,本章以 1995 年为基期进行了调整。此外,由于数据缺失,本章将西藏从样本中予以剔除,并将重庆和四川合并,因此,本章使用的是中国大陆 29 个省际地区的数据。

为了初步刻画地区支出结构与地区经济波动之间的关系,图 16-1 至图 16-6 绘制了各类支出比重与两种方法计算的经济波动之间的散点图和拟合曲线,从这六个图中可以看出,生产性支出比重以及消费性支出比重同两种计算方式得到的经济波动之间均存在正相关的关系,而服务性支出比重同两种计算方式得到的经济波动之间则存在负相关的关系。

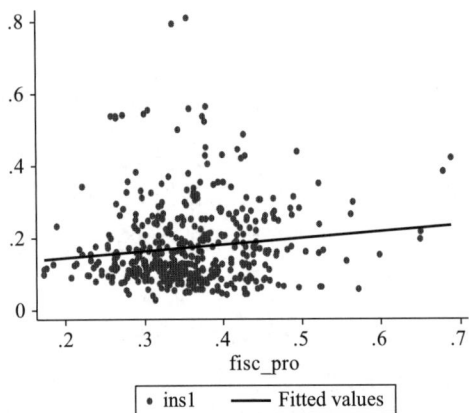

图 16-1　生产性支出比重与 ins1 的散点图

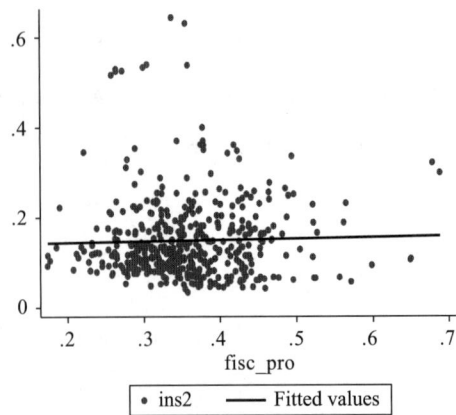

图 16-2　生产性支出比重与 ins2 的散点图

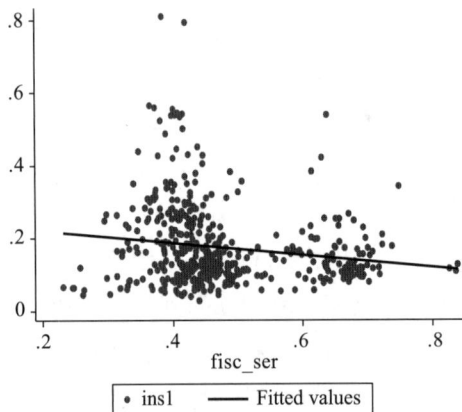

图 16-3　服务性支出比重与 ins1 的散点图

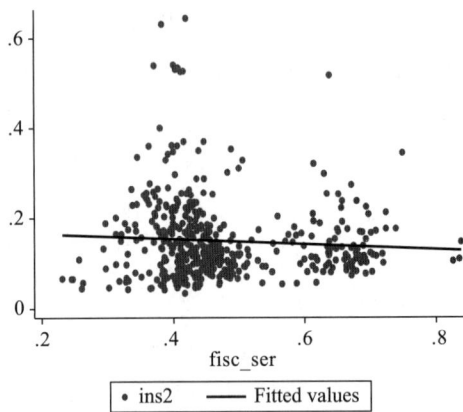

图 16-4　服务性支出比重与 ins_2 的散点图

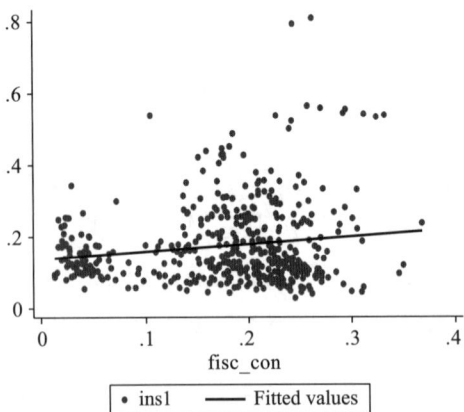

图 16-5　消费性支出比重与 ins1 的散点图

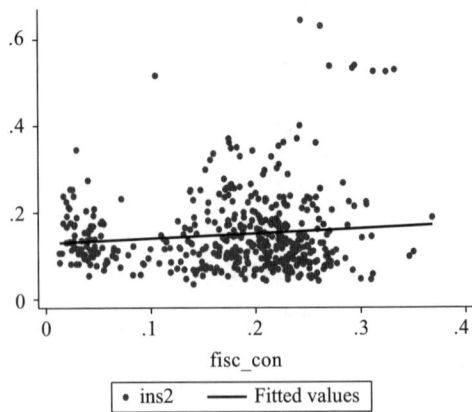

图 16-6　消费性支出比重与 ins2 的散点图

第三节 实证模型与变量说明

1.实证模型

Tobler(1970)提出的"地理学第一定律"认为,任何事物都存在空间相关,距离越近的事物空间相关性越大。而不同省份之间由于地理或者是经济上的联系,使得地理距离上或是"经济距离"上相邻的地区,其经济发展存在较大的空间相关性,这一点已经得到了大量文献的证实[①]。因此,自然有理由认为,不同省份之间的经济波动同样存在空间相关性。为此,本章在模型右边的变量中引入了被解释变量的空间自回归项。此外,考虑到经济波动可能存在的持续性特征,本章在模型的右边还引入了因变量的一阶滞后项。因此,本章所使用的计量模型是如下的空间动态面板数据模型:

$$\text{ins}_{it} = \alpha_1 \text{fis\_str}_{it} + \alpha_2 \text{ins}_{i,t-1} + \beta X_{it} + \lambda \sum_{j \neq i} w_{ij} \text{ins}_{jt} + \varepsilon_{it} \quad (16\text{-}2)$$

其中,ins_{it} 为地区 i 在时期 t 的经济波动程度;fis_str_{it} 为地区 i 在时期 t 的公共支出结构,在后面的估计中,分别用前文所述的三类支出的比重来度量;X 是对经济波动产生影响的变量集合;ε_{it} 为随机扰动项;λ 为空间自回归系数,用以度量地区间经济波动空间自相关性的方向和强度,$w_{ij}(i \neq j)$ 为空间权重矩阵 W 中的第 (i,j) 个元素,用以度量地区 i 和地区 j 之间的空间距离的大小,$w_{ii}=0$。考虑到遗漏的解释变量可能存在的空间相关性,假定 ε_{it} 存在空间相关性,并满足如下设定:

$$\varepsilon_{it} = \rho \sum_{j \neq i} m_{ij} \varepsilon_{ij} + u_{ij}, u_{it} = \eta_i + v_{it}, v_{it} \sim \text{iid}(0, \sigma_v^2) \quad (16\text{-}3)$$

其中,$m_{ij}(i \neq j)$ 为空间权重矩阵 M 中的第 (i,j) 个元素,η_i 用于测度个体固定效应。本章采用 Kukenova & Monteiro(2008)以及 Jacobs 等(2009)等提出的系统 GMM 方法来估计上面的动态面板数据模型。

2. 变量与数据

在控制变量集 X 中,还引入了如下对经济波动可能有影响的变量:(1)货币冲击(mon)。货币主义学派认为,政府的货币政策冲击是经济波动的主要来源,而货币政策变动的最直接反应是通货膨胀率的变动。因此,类似于前文计算经济波动的计算方法,本章用各地区的通货膨胀率七年的滚动标准差来度量货币冲击。(2)财政冲击(fis)。虽然本章的主要目的是研究公共支出结构对经济波动的作用,但依然不能否定财政支出总量对于经济波动的影响,因此,此处引入财政冲击对于经济波动的影响。为消除财政支出的规模差异,本章用政府一般预算支出与 GDP 的比重来度量财政支出水平,然后用该比率七年的滚动标准差作为财政冲击变量。(3)金融发展水平(fin)。Wahid & Jalil(2010)

---

① 如林光平等(2005)、吴玉鸣(2006)、朱国忠等(2014)的研究。

基于中国 1977—2006 年的数据研究表明,金融发展抑制了中国经济波动。本章用金融机构人民币各项贷款余额占 GDP 的比重来表征金融发展水平,数据来自于各年度的《中国金融统计年鉴》。(4)固定资产投资规模(inv)。固定资产投资是中国政府调控经济的重要手段,因而也可能会对经济波动产生影响,本章用全社会固定资产投资占 GDP 比重来度量固定资产投资规模。(5)技术冲击(tech)。实际经济周期理论认为,技术冲击是造成经济波动的主要原因。本章用全要素生产率的增长率来度量技术进步。本章采用 DEA 方法来计算度量生产率增长的 Malmquist 指数。

令 x^t 和 y^t 分别表示时期 t 的投入要素向量和产出向量。时期 t 的生产可能性集合为 $T^t = \{(x^t, y^t):$ 能够生产 y^t 的所有 $x^t\}$,该生产可能性集合定义了生产技术。产出距离函数如下所示:

$$D^t(x^t, y^t) = \inf\{\varphi > 0 : (x^t, y^t/\varphi) \in T^t\} \tag{16-4}$$

其中,inf 表示集合的最大下界。利用上述距离函数,可以构造如下的 Malmquist 指数:

$$M(x^t, y^t, x^{t+1}, y^{t+1}) = \frac{D^t(x^{t+1}, y^{t+1})}{D^t(x^t, y^t)} \cdot \left[\frac{D^t(x^{t+1}, y^{t+1})}{D^{t+1}(x^{t+1}, y^{t+1})} \cdot \frac{D^t(x^t, y^t)}{D^{t+1}(x^t, y^t)}\right]^{1/2} \tag{16-5}$$

利用 DEA 方法计算 Malmquist 指数时需要总产出、资本存量和劳动力投入三个变量的数据,总产出用实际 GDP 度量;劳动力投入用就业人员年末人数度量,总产出和劳动投入的数据均来自于《新中国六十年统计资料汇编》及《中国统计年鉴》;资本存量的数据来自于张军等(2004)的估算结果,由于张军等(2005)只估算了 2000 年之前的数据,因此本章利用其方法推算了 2001—2009 年各省份的资本存量水平,同时将资本存量的数据转换为以 1995 年为基期的数据。对于空间权重矩阵 W,本章作如下设定:

$$w_{ij} = (1/D_{ij}) / \left[\sum_{j=1}^{N}(1/D_{ij})\right] \tag{16-6}$$

其中,$D_{i,j}$ 为地区 i 地区 j 之间的距离,当 $i = j$ 时 $D_{ij} = 0$。该距离可以是传统意义上的地理距离,也可以是地区间在经济、制度和文化方面的广义"距离",用以度量地区间在经济、制度和文化等方面的差异性(邓明,2014)。由于交通运输是地区间经济联系的重要工具,因此,地理相邻的地区其经济联系越紧密,其经济波动的相关性也越强。此外,大量研究表明,在以经济上的高度分权与政治上的高度集权为特征的"中国式分权"背景下,地方政府形成以 GDP 为目标的标杆竞争(周黎安,2004),致使在标杆竞争处于相邻位置的地区(亦即经济发展水平相近的地区)的经济发展存在高度相关性;而且,经济发展水平相近的地区,其经济结构、阶段特征和抵御经济波动的能力也会较为接近,因此,经济发展水平相近的地区其经济波动的相关性也越强。因而,经济发展不仅存在地理距离上的空间相关性,还存在经济距离上的空间相关性。类似于邓明(2014)的设定,本章用省会之间最短的铁路里程来度量地理距离,铁路里程的数据来源于"中国火车网";经济距离为 $D_{ij} = |\overline{\mathrm{GDP}_i} - \overline{\mathrm{GDP}_j}|$,其中 $\overline{\mathrm{GDP}_i}$ 为地区 i 在样本年度里的实际 GDP 的平均值。

第四节　实证分析结果

1.基准回归

首先,不考虑被解释变量和扰动项的空间滞后项,对模型(16-2)的参数进行估计,并对估计量的标准误进行了 White 异方差修正。此外,还需要对使用固定效应模型还是随机效应模型进行设定检验,传统的检验方法是 Hausman 检验,但由于本章对估计参数的标准误做了 White 异方差修正,因此,传统 Hausman 检验此时并不适用。参考 Wooldridge(2002)的做法,构造了稳健的 Hausman 检验。表 16-1 和表 16-2 给出的是分别以 ins_1 和 ins_2 为被解释变量且不包含被解释变量时期滞后项和空间滞后项的基准回归结果。首先来关注表 16-1 和表 16-2 中的列(1)～列(3)的结果,这三列结果是仅仅包含不同类型公共支出比重的分析结果,从中可以发现,生产性支出占比每提高一个单位,ins_1 度量的经济波动就会提高 0.5697 个单位,服务性支出占比每提高一个单位,经济波动则会降低 0.2505 个单位,消费性支出占比每提高一个单位,经济波动则会提高 0.2290 个单位,而且这三个系数的估计结果均在 1% 的显著性水平下显著,可见,生产性支出和消费性支出占比的提高会显著推动经济波动,而服务性支出占比的提高则能有效抑制经济波动。进一步,本章分别在表 16-1 的列(1)～列(3)的基础上引入了其他控制变量,相应的估计结果如列(4)～列(6)所示,可以发现,三个参数的方向没有发生变化,只是在参数估计的具体数值以及显著性水平上出现了一些变化,不影响上述三类支出占比对经济波动影响的基本判断。对于其他控制变量,可以发现,利用 Malmquist 指数所构建的体现技术进步速率的技术冲击变量(tech)对经济波动没有显著影响,由此可见,技术进步速率的冲击对经济波动的作用在短期而言并不显著。此外,财政冲击对经济波动有显著影响,财政冲击越大,经济波动越大。对比技术冲击的结果,这是否说明凯恩斯理论比新古典理论能更好地解释中国地区经济波动呢?必须认识到,凯恩斯理论更适合解释经济的短期波动,而新古典理论在长期中更为有效,由于本章使用的是同期的技术冲击和财政冲击对经济波动回归,因此,不能就此认为凯恩斯理论较新古典理论更适合中国。此外,货币冲击对经济波动有显著的推动作用,这吻合了货币主义学派的观点,但固定资产投资对经济波动的影响并不稳健。此外,金融发展水平能有效抑制地区经济波动,这说明,在中国省际层面,并不存在金融加速器效应。

表 16-1　基准回归结果(以 ins_1 为被解释变量)

变量	(1)	(2)	(3)	(4)	(5)	(6)
constant	−0.024	0.292***	0.133***	0.674***	0.785***	0.802***
	(0.034)	(0.024)	(0.014)	(0.109)	(0.088)	(0.107)
fisc_pro	0.569***			0.163*		
	(0.095)			(0.090)		
fisc_ser		−0.250***			−0.031***	
		(0.050)			(0.007)	
fisc_con			0.229***			0.023**
			(0.066)			(0.011)
tech				0.283	0.279	0.286
				(0.417)	(0.411)	(0.398)
mon				2.401**	2.395**	2.405**
				(1.138)	(1.079)	(1.209)
fis				14.378***	14.500***	14.118***
				(2.857)	(3.021)	(3.540)
fin				0.121*	0.127	0.118*
				(0.065)	(0.091)	(0.066)
inv				0.093	0.100	0.091
				(0.178)	(0.159)	(0.144)
N	435	435	435	435	435	435
稳健 Hausman 检验	13.902	5.513	0.056	36.535	17.093	69.515
	[0.0002]	[0.0189]	[0.8229]	[0.000]	[0.009]	[0.0000]
R^2 within	0.080	0.057	0.027	0.267	0.262	0.262
R^2 between	0.003	0.025	0.013	0.011	0.017	0.016
R^2 overall	0.027	0.027	0.024	0.201	0.214	0.212

注:(1)小括号内数值为回归系数的 White 异方差稳健标准误,中括号内数值为相应检验统计量的 p 值;(2)***、**和*分别表示在 1%、5% 和 10% 的显著性水平下显著,下同;(3)对于随机效应和固定效应,本章选择的依据是,Hausman 检验的 p 值在 0.1 以上的,均选择使用随机效应,在 0.1 及其以下的,均选择使用固定效应;(4)对于随机效应模型,本章使用的都是 FGLS 估计方法。

　　表 16-2 列出了以 ins_2 为被解释变量的估计结果。对比表 16-2 和表 16-3 的结果可以发现,核心解释变量——三类公共支出占比——的方向没有发生变化,而且其作用均是显著的,只是具体的估计数值和显著性程度发生了一些变动,其中,生产性支出占比每提

高一个单位,ins_2度量的经济波动提高 0.1482 个单位,服务性自出占比每提高一个单位,经济波动则降低 0.1094 个单位,消费性支出占比每提高一个单位,经济波动提高 0.1340 个单位;在引入其他控制变量后,上述三个参数的估计值分别变为 0.1035、−0.0450 和 0.0357。由此可见,即使改变度量经济波动的方式,三类公共支出占比对经济波动的作用依然是显著的,而且其方向没有发生变动。表 16-2 中的其他控制变量与表 16-1 中的唯一变化是金融发展水平对经济波动的作用不再显著,其他变量的方向和显著性程度均未发生太大变动。

表 16-2　基准回归结果(以 ins_2 为被解释变量)

变量	(1)	(2)	(3)	(4)	(5)	(6)
constant	0.098***	0.203***	0.127***	0.595***	0.535***	0.476***
	(0.025)	(0.020)	(0.012)	(0.084)	(0.069)	(0.084)
fisc_pro	0.148**			0.103**		
	(0.067)			(0.047)		
fisc_ser		−0.109***			−0.045*	
		(0.039)			(0.024)	
fisc_con			0.134***			0.035*
			(0.053)			(0.020)
tech				0.383	0.397	0.399
				(0.500)	(0.521)	(0.543)
mon				1.038***	1.115***	1.012***
				(0.270)	(0.223)	(0.203)
fis				8.543***	8.680***	8.682***
				(1.799)	(1.822)	(1.825)
fin				0.043	0.050	0.044
				(0.072)	(0.063)	(0.066)
inv				0.195	0.187	0.197
				(0.201)	(0.243)	(0.238)
N	435	435	435	435	435	435
稳健 Hausman 检验	1.913	0.022	1.148	3.271	3.990	6.398
	[0.167]	[0.883]	[0.284]	[0.775]	[0.678]	[0.380]
R^2 within	0.016	0.018	0.012	0.127	0.128	0.126
R^2 between	0.002	0.007	0.081	0.212	0.168	0.177
R^2 overall	0.003	0.015	0.019	0.148	0.135	0.137

2. 动态面板数据模型回归

在表 16-3 中,本章引入了经济波动的一阶滞后项,试图检验地区经济波动是否存在惯性特征。目前,系统广义矩估计法是目前最好的同时解决被解释变量动态变化、解释变量内生性问题并同时控制地区和时间固定效应的面板数据估计方法(Madariaga & Poncet,2007),因而本章采用系统 GMM 方法对包含经济波动一阶滞后项的模型进行估计。为验证估计过程中工具变量的有效性,本章对估计结果进行了 Sargan 检验,并对残差项是否存在一阶和二阶序列自相关进行了检验。系统 GMM 又分为一步法和两步法。与一步法相比,两步法不容易受到异方差的干扰,因此,本章采用两步法进行估计,并且利用 Windmeijer(2005)的方法对两步法所得到标准差可能存在的偏差进行矫正。

表 16-3 动态面板数据模型的回归结果

变量	ins_1	ins_1	ins_1	ins_2	ins_2	ins_2
constant	0.604***	0.096***	0.040***	−0.005	0.012	0.036
	(0.032)	(0.018)	(0.009)	(0.059)	(0.748)	(0.593)
fisc_pro	0.194***			0.134**		
	(0.066)			(0.058)		
fisc_ser		−0.084***			−0.065**	
		(0.031)			(0.029)	
fisc_con			0.072*			0.037**
			(0.043)			(0.019)
ins(−1)	0.604***	0.616***	0.633***	0.637***	0.616***	0.614***
	(0.032)	(0.032)	(0.047)	(0.011)	(0.094)	(0.055)
tech	0.280	0.283	0.279	0.401	0.398	0.406
	(0.412)	(0.433)	(0.396)	(0.529)	(0.537)	(0.558)
mon	2.200**	2.133*	2.147**	1.179***	1.203***	1.180***
	(1.013)	(1.122)	(1.022)	(0.298)	(0.263)	(0.283)
fis	12.382***	12.001***	12.441***	9.583***	9.650***	9.599***
	(3.294)	(3.302)	(3.540)	(2.033)	(2.155)	(2.441)
fin	0.134	0.139	0.127*	0.075	0.084	0.079
	(0.096)	(0.110)	(0.079)	(0.093)	(0.102)	(0.068)
inv	0.075	0.082	0.087	0.204	0.198	0.213
	(0.168)	(0.193)	(0.142)	(0.195)	(0.237)	(0.245)
N	406	406	406	406	406	406

变量	ins$_1$	ins$_1$	ins$_1$	ins$_2$	ins$_2$	ins$_2$
AR(1)检验 p 值	0.043	0.010	0.009	0.023	0.003	0.043
AR(2)检验 p 值	0.241	0.328	0.327	0.457	0.483	0.210
Sargen 检验 p 值	0.297	0.308	0.343	0.298	0.176	0.254

注：小括号内数值为回归系数的 White 异方差稳健标准误，下同。

表 16-3 与表 16-2 中以及表 16-1 中核心解释变量的符号基本一致，生产性支出占比与消费性支出占比对经济波动的作用显著为正，服务性支出占比对经济波动的作用显著为负，这说明本章结论对不同的计量回归方法是稳健的。从表 16-3 下面的模型检验结果来看，AR(1)检验的 p 值均小于 0.1，而 AR(2)检验的 p 值均大于 0.2，由此说明残差项仅仅存在一阶自相关，并不存在二阶自相关，符合模型的设定条件。同时，Sargan 检验的 p 值均大于 0.1，表明残差项与解释变量不存在相关性，也就是说，工具变量的选取是合理的。表 16-3 中，需要重点关注的是经济波动一阶滞后项的估计结果。其结果显示，在引入不同类型的公共支出占比后，ins1 和 ins2 的一阶滞后项系数均在 0.6 左右，而且均在 1％的显著性水平下显著，这充分说明地区经济波动呈现出显著的持续性特征。

3.空间动态面板数据模型回归

在表 16-4 和表 16-5 中，分别以 ins$_1$ 和 ins$_2$ 为被解释变量报告了式(16-2)和式(16-3)的完整估计结果，该结果既包含了被解释变量的时间滞后项，也包含了被解释变量的空间滞后项，使用前文介绍的系统 GMM 方法进行估计。

表 16-4 中模型设定检验的结果与表 16-3 中是基本一致的。此外，将表 16-4 的回归结果与表 16-1 至表 16-3 的回归结果对比可以发现，原有的解释变量的估计结果的方向和大小均未出现太大改变，只是个别解释变量的显著性程度有所改变，因此，本章的估计结果是相对比较稳健的。此处重点关注的是表 16-4 中新增加的被解释变量空间滞后项的估计结果，从表 16-4 中可以发现，ins$_1$ 度量的经济波动不存在基于地理距离的空间相关性，但存在基于经济距离的空间相关性。具体而言，经济上相邻地区的经济波动每提高 1 个单位，会导致本地区的经济波动提高 0.15～0.16 个单位，具体数值会随引入的核心解释变量——不同类型的公共支出比重——而有所不同。事实上，出现经济空间上的波动相关性强于地理空间上的波动相关性是非常好理解的，比如广东和广西虽然地理上相邻，但其经济发展阶段存在较大差距，两者的经济波动特征必然由于经济发展阶段的不同而存在较大差异；而广东和长三角地区虽然不存在地理上的相邻性，但经济发展阶段较为接近，经济波动的关联性可能更强。因此，在对经济波动进行宏观调控时，对处于不同发展阶段的地区，应当根据经济发展水平进行分块调控，而不是简单地根据地理位置进行分块调控。

表 16-4　空间动态面板数据模型的回归结果（以 ins$_1$ 为被解释变量）

变量	W_1			W_2		
constant	0.145 (0.099)	0.171* (0.090)	0.212** (0.100)	−0.070 (0.044)	0.052* (0.029)	−0.020 (0.034)
fisc_pro	0.122** (0.052)			0.200*** (0.075)		
fisc_ser		−0.092** (0.036)			−0.141*** (0.044)	
fisc_con			0.032* (0.017)			0.123** (0.059)
ins(−1)	0.572*** (0.045)	0.571*** (0.045)	0.572*** (0.045)	0.632*** (0.038)	0.626*** (0.038)	0.640*** (0.039)
$W_1 \cdot$ ins	0.107 (0.113)	0.102 (0.117)	0.093 (0.107)			
$W_2 \cdot$ ins				0.158** (0.078)	0.162** (0.073)	0.152** (0.072)
tech	0.275 (0.433)	0.273 (0.399)	0.279 (0.402)	0.281 (0.428)	0.274 (0.410)	0.280 (0.413)
mon	2.108** (1.003)	2.139** (1.007)	2.117** (0.993)	2.163** (1.047)	2.183** (0.953)	2.166** (1.004)
fis	12.549*** (3.090)	12.888*** (2.984)	12.832*** (3.110)	12.734*** (2.854)	12.933*** (3.012)	12.851*** (2.995)
fin	0.131 (0.094)	0.134 (0.097)	0.140 (0.114)	0.138 (0.103)	0.137 (0.099)	0.142 (0.125)
inv	0.111 (0.154)	0.103 (0.142)	0.095 (0.163)	0.097 (0.161)	0.107 (0.164)	0.092 (0.169)
N	406	406	406	406	406	406
AR(1)检验 p 值	0.027	0.031	0.018	0.019	0.023	0.025
AR(2)检验 p 值	0.387	0.358	0.405	0.295	0.298	0.287
Sargen 检验 p 值	0.194	0.203	0.219	0.240	0.250	0.253

注：W_1 是以地理距离构建的空间权重矩阵，W_2 是以经济距离构建的空间权重矩阵，下同。

表 16-5 给出的是以 ins$_2$ 为被解释变量的空间动态模型的估计结果，模型的设定检验

与表 16-3 同样是一致的。表 16-5 中核心解释变量的结果再次证实了前文核心结果的稳健性。在表 16-5 中,需要关注的重点是 ins_2 的空间自回归系数,与表 16-4 中的结果一样,本章发现,ins_2 度量的经济波动同样不存在基于地理距离的空间相关性,但存在基于经济距离的空间相关性。

表 16-5 空间动态面板数据模型的回归结果(以 ins_2 为被解释变量)

变量	W_1			W_2		
constant	−0.009 (0.068)	0.007 (0.043)	0.012 (0.257)	−0.013 (0.068)	0.017 (0.633)	0.029 (0.374)
fisc_pro	0.137** (0.065)			0.131*** (0.017)		
fisc_ser		−0.068** (0.034)			−0.063* (0.034)	
fisc_con			0.039** (0.017)			0.038** (0.020)
ins(−1)	0.604*** (0.029)	0.608*** (0.113)	0.613*** (0.069)	0.615*** (0.059)	0.619*** (0.100)	0.622*** (0.105)
$W_1 \cdot$ ins	0.127 (0.084)	0.130 (0.088)	0.128 (0.091)			
$W_2 \cdot$ ins				0.193*** (0.045)	0.187*** (0.052)	0.190*** (0.051)
tech	0.531 (0.902)	0.470 (0.810)	0.466 (0.639)	0.484 (0.390)	0.413 (0.572)	0.500 (0.388)
mon	1.102*** (0.219)	1.148*** (0.185)	1.119*** (0.203)	1.097*** (0.192)	1.104*** (0.208)	1.006*** (0.176)
fis	9.300*** (1.874)	9.549*** (2.012)	9.600*** (1.540)	9.740*** (1.867)	9.721*** (1.943)	9.608*** (2.104)
fin	0.094 (0.140)	0.115 (0.159)	0.086 (0.092)	0.088 (0.108)	0.140 (0.207)	0.127 (0.208)
inv	0.240 (0.217)	0.258 (0.658)	0.221 (0.409)	0.264 (0.380)	0.238 (0.419)	0.219 (0.500)
N	406	406	406	406	406	406
AR(1)检验 p 值	0.037	0.025	0.044	0.009	0.016	0.020
AR(2)检验 p 值	0.407	0.395	0.424	0.400	0.365	0.317
Sargen 检验 p 值	0.254	0.198	0.243	0.173	0.211	0.231

第五节　研究总结与研究启示

1.研究总结

对于中国这样一个处于经济转型的发展中大国而言,只有维持比较稳定的经济增长速度,才能逐步消化经济转型所带来的一些冲击。作为宏观调控的核心工具,财政政策是否能起到逆周期的作用,至今仍未有定论。纵观现有文献,尤其是对于中国经济波动的研究文献,研究者仅仅从公共支出总量的角度探讨财政政策对经济波动的作用,忽略了中国的公共支出尤其是地方政府公共支出存在的结构偏向特征。基于这样的背景,本章利用空间动态面板数据模型实证研究了中国省际地区支出结构对地区经济波动的影响。

基于1995—2009年的中国省际面板数据,本章发现,地方政府的生产性支出和消费性支出占比会显著推动地区经济波动,而服务性支出占比则会显著抑制地区经济波动。在引入不同的控制变量和考虑经济波动的空间相关性后,这一结论依然是稳健的。这一研究结果的政策含义是非常直观的:政府在利用财政政策调控经济波动时,不能仅仅考虑使用总量手段,而且应该注意调整支出结构。而且,这一研究发现对于修正传统的财政调控措施具有重要意义,传统的扩张性财政政策在实施过程中通常被认为会挤出私人消费,从而影响财政政策的效果,但如果能够通过调整支出结构而不是支出总量来抑制经济波动,显然,这样的财政政策不会对私人消费产生挤出效应。但在具体的实践中,本章却发现,地方政府在面临地区经济增速放缓时,往往使用诸如"四万亿计划"的总量工具,而且,在这些地方政府的财政刺激工具中,增加部分往往是诸如基本建设支出的生产性支出,而科教文卫类的服务性支出往往没有相应增加。这样造成的后果是显而易见的,在经济衰退之后,中国经济又通常出现了经济过热的状况,1999年的亚洲金融危机和2008年的次贷危机之后,中国经济在2003—2005年以及2010—2012年均出现了显著的经济过热。除了上面的最核心的结论之外,本章还发现,基于全要素生产率计算的体现技术进步速率的技术冲击对经济波动则没有显著影响,而财政冲击则能显著影响经济波动。但这并不能说明凯恩斯理论比新古典理论能更好地解释中国地区经济波动,主要是因为本章是基于同期的技术冲击数据与经济波动数据来考察两者之间的关系。此外,货币冲击会强化经济波动,而完善的地区金融体系则能有效地抑制地区经济波动。而且,本章还发现,地区经济波动在时间上呈现显著的惯性特征,而且在经济空间上同样呈现出显著的空间相关性,这种时空上的相关性加大了对经济波动宏观调控的难度。

2.研究启示

由于本章使用七年滚动波准差的方式得到地区经济波动,因此,最终在实证研究中使用的是1995—2009年的省际面板数据。那么,在2009年之后,尤其是在中国经济步入"新常态"之后,本章的研究结论是否仍然成立呢? 在2008年的"次贷"危机之后的2010—2012年,中国经济出现了过热特征,同时,中国的地方政府支出结构也发生了较大程度的变动,为了应对"次贷"危机带来的影响,中央政府和地方政府均不同程度地提高了生产性支出所占的比重,如"四万亿计划"虽然是一个总量工具,但这个支出总量中,生产性支出占比是相当高的。因此,生产性支出和消费性支出对经济波动的影响依然是成立的。

图16-7给出了2009年前后中国各省份级地区服务性支出的变动,可以看出,大部分省份的服务性支出从2007—2012年均有不同程度的降低,这种降低与这段时间经济波动的加剧同前文的分析是吻合的。在中国经济步入"新常态"后,经济增速将有所放缓,此时,维持经济发展的稳定性和可持续性才是经济发展的重点所在。结合本章的研究结论,本章认为,在经济增速放缓、经济结构调整的关键时期,应当发挥财政支出结构对经济波动的影响机制,增加服务性支出所占的比重,降低生产性支出和消费性支出所占的比重;应当摒弃过去那种一旦经济增速有所下滑就加大政府生产性支出的做法,因为在"新常态"下,即使经济增速是7%左右,但无论是速度还是体量,在全球也是名列前茅的,如果沿用过去的做法,继续加大政府生产性支出所占的比重,最后的结果又是加剧经济波动,同时,也不利于经济结构的调整。

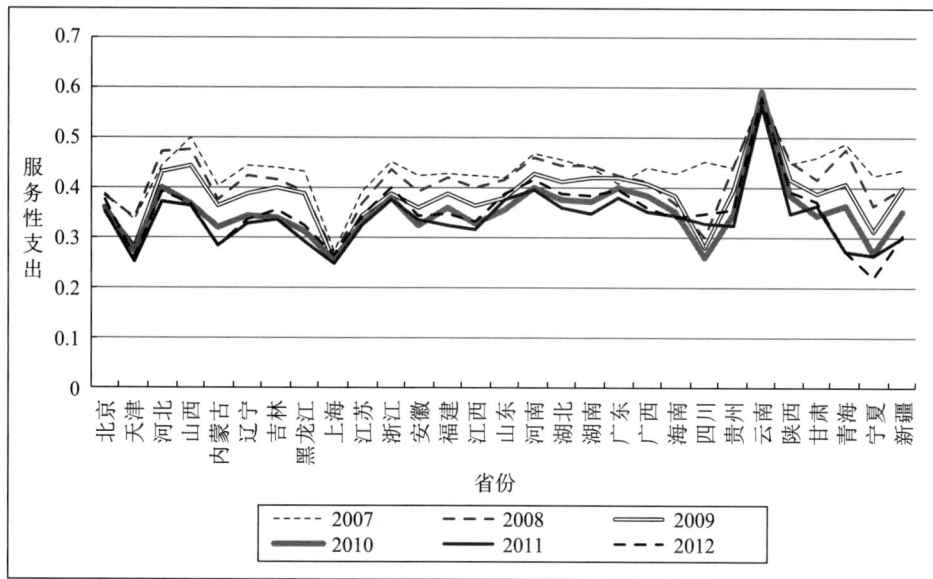

图16-7　2007—2012年中国省际地区服务性支出比重的变动

本章参考文献

[1]JACOBS J.P.A.M.,LIGTHART J.E,et al. Dynamic panel data models featuring

endogenous interaction and spatially correlated errors[R].Discussion Paper,Tilburg U-niversity,Center forEconomic Research,2009.

[2]KAPOOR M.,KELEJIAN H,et al. Panel data models with spatially correlated error components[J].Journal of Econometrics,2007,140(1):97-130.

[3]KUKENOVA,M., MONTEIRO,J-A. Spatial dynamic panel model and system GMM:a monte carlo investigation[R].MPRA Paper, University Library of Munich, Germany,2008.

[4]KYDLAND F., PRESCOTT E. Time to build and aggregate fluctuations[J]. Econometrica,1982,50(6):1345-1370.

[5]LUCAS R. Jr. Econometric policy evaluation:a critique[J].Carnegie-Rochester Conference Series on Public Policy, 1976, 1(1): 19-46.

[6]MADARIAGA N., PONCET,S. FDI in Chinese cities:spillovers and impact on growth[J].World Economy,2007,30(5):837-862.

[7]RAVN M.O., Uhlig H. Notes on adjusting the hodrick-prescott filter for the frequency of observations[J].Review of Economics and Statistics,2002,84(2):371-380.

[8]TOBLER W.R. A computer movie simulating urban growth in the detroit re-gion[J].Economic Geography,1970(46): 234-240.

[9]WINDMEIJER F. A finite sample correction for the variance of linear efficient two-step GMM Estimators[J].Journal of Econometrics,2005,126(1):25-51.

[10]WOOLDRIDGE J.M. Econometric analysis of cross section and panel data [M].Cambridge,MA:MIT Press,2002.

[11]WAHID A.N., Jalil A. Financial development and gdp volatility in China[J]. Economic Notes,2010,39(1):27-41.

[12]方红生,张军.中国财政政策非线性稳定效应:理论和证据[J].管理世界,2010(2).

[13]付文林,沈坤荣.中国公共支出的规模与结构及其增长效应[J].经济科学,2006(1).

[14]郭庆旺,贾俊雪.稳健财政政策的非凯恩斯效应及其可持续性[J].中国社会科学,2006(5).

[15]郭庆旺,贾俊雪,刘晓路.财政政策与宏观经济稳定:情势转变视角[J].管理世界,2007(5).

[16]郭新强,胡永刚.中国财政支出与财政支出结构偏向的就业效应[J].经济研究,2012(2).

[17]洪占卿,郭峰.国际贸易水平、省际贸易潜力和经济波动[J].世界经济,2012(10).

[18]李永友.我国经济波动与财政政策波动的关联性分析关——兼论我国财政政策的相机抉择与自动稳定机制[J].财贸经济,2006(4).

[19]林光平,龙志和,吴梅.我国地区经济收敛的空间计量实证分析[J].经济学(季刊),2005(4).

[20]刘金全,梁冰.我国财政政策作用机制与经济周期波动的相依性检验关[J].财贸经济,2005(10).

[21]刘树成.新中国经济增长60年曲线的回顾与展望——兼论新一轮经济周期[J].经济学动态,2009(10).

[22]吴玉鸣.中国省域经济增长趋同的空间计量经济分析[J].数量经济技术经济研究,2006(12).

[23]张军,吴桂英,张吉鹏.中国省际物质资本存量估算:1952—2000[J].经济研究,2004(10).

[24]周黎安.晋升博弈中政府官员的激励与合作——兼论我国地方保护主义和重复建设问题长期存在的原因[J].经济研究,2004(6).

[25]朱国忠,乔坤元,虞吉海.中国各省份经济增长是否收敛?[J].经济学(季刊),2014,13(3).

第十七章 中国财政分权与经济增长
——一个荟萃回归分析

谢贞发　张玮[*]

第一节 引　言

改革开放以来,中国经济保持了多年的高速增长,吸引了越来越多的学者对中国奇迹的研究兴趣,他们从各个视角、建立各种理论试图诠释中国持续多年的高增长奇迹。在种种解释因素中,中国特有的制度安排成为越来越多研究者关注的重点。例如使家庭成为基本生产单位的家庭联产承包责任制改革,在企业管理中引入物质激励的现代企业制度改革,各种价格改革、技术引进、面向国际贸易和外国投资的市场开放政策以及鼓励多种所有制经济共同发展的制度安排等。其中中国特色的财政分权改革被认为是影响经济增长最为重要的因素之一,因为在中国这样的政府主导经济增长的国家中,财政分权赋予了地方政府促进经济增长的强大激励,因而财政分权与经济增长的关系问题成为众多经济学者研究的焦点。

从计划经济转向市场经济,财政体制的变更是最为重要的内容之一。从中华人民共和国成立到现在,中国的财政体制经历了数度大的变迁:中央集权型的统收统支—行政性分权型的财政包干—经济性分权型的分税制。从集权型财政体制转向分权型财政体制是一个重大变革,这一变革对我国的市场化转型起着至关重要的作用。那么,中国特色的财政分权改革到底是促进还是阻碍了经济增长呢? 这一问题是目前中国财政学界乃至整个经济学界研究的重大课题之一。同时,这一问题的答案对于中国财政分权的未来改革走向至关重要。若诚如拥护者所言,中国财政分权促进了经济增长,那么今后改革就应该致力于进一步巩固分权改革的成果并将之制度化;相反,若中国财政分权阻碍了经济增长,那么就应该实行更为集中的财政体制,或者在其他领域里进行相应的改革,以使分权化的财政制度的优势更好地发挥出来。

关于财政分权与经济增长之间的关系,学术界经历了第一代财政分权理论和第二代财政分权理论的发展,其中,第二代财政分权理论对"财政分权有利于促进经济增长"的

---

　　* 谢贞发,教授、博士生导师,厦门大学经济学院财政系;张玮,硕士研究生,厦门大学经济学院财政系。

命题进行了系统的论证,许多研究者还以中国奇迹为例,应用该理论论证了"中国式财政分权促进了经济增长"的结论。虽然这一理论占据了主流地位,但近年来也开始不断地受到各方面的批判。理论争议的正确与否需要实践的检验,因此,相应的实证研究就显得特别重要了。随着中国财政分权改革的逐步推进及相应效应的逐步显现,越来越多的国内外学者针对中国的财政分权与经济增长关系进行了诸多实证研究,作出了重要贡献。但是,现有的实证研究文献的结论并不是一致的,存在着较大的争议。同时,不同的实证研究可能与其具体研究特征相关,如指标选择、样本量、时间跨度、区域范围、计量方法等,从而使得同一问题的研究存在明显的异质性。例如,同样是研究国有企业改制对资本劳动比的影响,Jefferson 和 Su(2006)的研究发现改制后资本劳动比下降了,而白重恩等(2006)[①]的研究却发现改制后资本劳动比上升了。白重恩等认为结果不同的原因可能包括:(1)样本量和样本区间的差别;(2)样本企业改制形式的差异等。因此,本章的研究目的就是在比较分析现有实证文献的研究特征和结论差异基础上,利用荟萃回归分析(Meta-Regression Analysis)方法,探究中国财政分权与经济增长之间关系的实证研究结果与其具体研究特征的关系,从而在一定程度上检验实证结果的可靠性与适应性。

虽然国内关于财政分权与经济增长的综述文章较多,但还没有发现有文献对中国财政分权与经济增长关系进行过详细的荟萃回归分析的,因此,本章拟在这方面有所贡献。研究结果显示,中国财政分权对经济增长影响的不同实证研究结论受到不同研究特征的影响,而且在样本章献中存在着发表偏倚问题。因此,必须谨慎对待现有的实证研究结果。

本章后面的结构安排如下:第二节阐述了中国财政分权与经济增长关系的理论争议;第三节是对现有主要实证研究文献的梳理;第四节是对样本章献的荟萃分析;第五节是发表偏倚的检验;第六节是结论。

第二节　中国财政分权与经济增长的理论争议

全球范围内的多层级政府的存在性及 20 世纪下半叶以来的中央向地方的分权化趋势,引发学术界对财政分权存在的经济合理性及其与经济增长关系的争议,而中国等发展中国家的经济增长奇迹与同期的财政分权趋势的共存性,更激发了学者们的热议。

(一)第一代财政分权理论

第一代财政分权理论(又被称为第一代财政联邦主义理论或古典财政联邦主义理论)主要是从经济维度强调财政分权在公共产品供给效率上的优势,从而论证了多层级

---

① 白重恩,路江涌,陶志刚.国有企业改制效果的实证研究[J].经济研究,2006(8):4-13.

政府存在的经济合理性。其主要思想来源有两个(杨其静、聂辉华,2008)[①]。一个是Tiebout(1956)所强调的居民通过"用脚投票"来引发类似市场竞争的辖区间竞争,从而成为解决政府税收、公共产品供给与居民偏好相匹配问题的基本机制;另一个是 Hayek(1945)的"分散性知识"要求决策权与知识对称分布的理论,强调居民对公共产品偏好的地域异质性以及中央政府对此知识的缺乏,因此即便不考虑辖区间竞争,把公共产品供给和相应的财权尽量下放给地方就能提高社会福利,除非某种公共产品有很大的地区间溢出效应(Musgrave,1959;Oates,1999)。

虽然第一代财政分权理论为政府间分权提供了有力的理论支持,但自产生之日起就一直受到诟病。一是批评它的假设条件过于苛刻(比如,Tiebout 模型假设要素和人员的完全流动性、充分的信息等),与现实不符,从而引发对其理论成立的质疑;二是批评其忽视了政府官员的激励问题,类似于新古典企业理论一样,将政府作为"黑箱"处理,假设政府是仁慈的,天然地提供公共产品和保护市场(Qian and Weingast,1996);三是该理论对发展中国家的指导意义不大,因为从严格意义上来说,它关注的是一般公共产品的供给效率问题,而不是经济增长和发展问题,虽然一些学者(张璟、沈坤荣,2008[②];周业安、章泉,2008a[③])从优化资源配置角度认为其论证了财政分权对经济增长的促进作用。

(二)第二代财政分权理论

1960 年以来新制度经济学的兴起,尤其是诺斯等人基于西方资本主义国家兴起的研究发现政治制度是经济发展的基础而国家(地区)间竞争是创新和发展的动力(North,1990;North et al.,1973;North and Weingast,1989),引发了众多学者对经济增长背后的制度因素的研究。Weingast(1995)等人以英美等国的发展历史为背景,在新制度经济学框架中系统地提出了"市场保护型联邦主义"(market-preserving federalism,MPF),强调中央—地方分权及辖区间对流动资本的竞争可促使地方政府构建友好的商业环境,从而促进经济增长(杨其静,2010[④])。不同于第一代财政分权理论,"市场保护型联邦主义"强调了政治制度的重要作用,因此也被称为第二代财政分权理论(Qian and Weingast,1997)。

虽然 MPF 提供了财政分权与经济增长之间关系的合理理论逻辑,但针对 MPF 的批评也随即而起。现有的批评主要集中在 MPF 的五个特征之间的紧张关系,这些特征与现实之间的矛盾,以及由分权和辖区间竞争所产生的负效应等(杨其静、聂辉华,2008[⑤])。

---

① 杨其静,聂辉华.保护市场的联邦主义及其批判:基于文献的一个思考[J].经济研究,2008(3):99-114.
② 张璟,沈坤荣.财政分权改革、地方政府行为与经济增长[J].江苏社会科学,2008(3):56-62.
③ 周业安,章泉.财政分权、经济增长和波动[J].管理世界,2008(3):6-15.
④ 杨其静.分权、增长与不公平[J].世界经济,2010(4):102-120.
⑤ 杨其静,聂辉华.保护市场的联邦主义及其批判:基于文献的一个思考[J].经济研究,2008(3):99-114.

(三)中国财政分权与经济增长关系

中国自 1978 年改革开放以来经济增长的巨大成功,吸引了众多学者的目光。因为第一代财政分权理论更多的是论证多层级政府存在的经济合理性,且主要以民主制度的发达国家(尤其是美国)为现实背景,其对中国等发展中国家的经济增长问题并没有太大的意义。而第二代分权理论则主要论证的是财政分权与经济增长间的关系,强调了经济增长背后的政治经济原因。而这一期间对中国经济增长奇迹的解释又为该理论提供了一个重要的检验基础。因此,第二代分权理论的代表人物(如 Weingast 和钱颖一等人)将中国改革的成功归结为"中国特色联邦主义"(Montinola et al., 1995),他们认为:虽然中国的政治分权不同于西方联邦体制(如中国模式与个人权利和政治自由无关),但是它基本满足"市场保护型联邦主义"的五个条件。

基于中国 1980 年以来的分权改革,这些学者系统地对中国式 MPF 的优势进行了理论分析。(1)延续 Dewatripont and Maskin (1995)关于信贷市场上分权可以强化预算约束的研究,证明分权和辖区间竞争可以迫使政府减少对无效率国企的补贴和救助,加快国企的民营化改革,增加对生产性基础设施的投资(Qian and Roland, 1998)。(2)财政分权改革使得地方政府成为了"剩余索取者"并有了追求地方税收最大化的积极性,从而促进了经济增长(Qian and Xu, 1993;Jin et al., 2005)。(3)Qian 和 Weingast(1997)认为财政包干制提供了一个可信的承诺,主要是分权形成的地方政府对流动资源的竞争起了重要作用,建立了一种限制政府掠夺行为的正激励和减少软预算约束问题的负激励,从而维护了经济权利和保护了市场。(4)分权下的中国 M 形政府组织结构相比俄罗斯等国的 U 形结构,有利于小规模试验从而可以走渐进改革的道路(Qian and Xu, 1993;Qian and Roland, 1999)。(5)中国特殊的"政治集权+经济分权"模式,形成以 GDP 为核心的政绩考核和官员晋升制度,产生特殊的地方政府间"标尺竞争"(张军等,2007)[①]或"政治锦标赛"(周黎安,2004[②];2007[③])机制,较好地解决了地方政府业绩测度的信息问题,赋予了地方政府刺激经济增长的强激励。

虽然许多学者论证了中国式 MPF 的优势,但 Cai 和 Treisman(2006)基于中国实践重新审视了这些观点,发现没有一个观点在分权与中国发展成功间建立了可信的联系。他们提出解释中国改革过程的另一种视角,即促进增长的政策产生于亲市场和反市场派别的竞争中。而 1994 年的分税制改革,被认为是中央政府重新集权的改革,使得地方政府的剩余索取额下降,从而激励机制发生了变化,因此,陈抗等人(2002)[④]担心地方政府

---

①　张军,高远,等.中国为什么拥有了良好的基础设施?[J].经济研究,2007(3):4-19.

②　周黎安.晋升博弈中政府官员的激励与合作——兼论我国地方保护主义和重复建设问题长期存在的原因[J].经济研究,2004(6):33-40.

③　周黎安.中国地方官员的晋升锦标赛模式研究[J].经济研究,2007(7):36-50.

④　陈抗,A. L. Hillman,顾清扬.财政集权与地方政府行为变化——从援助之手到攫取之手[J].经济学(季刊),2002,2(1):111-130.

的"援助之手"有向"攫取之手"转变的趋势(税费从预算内向预算外、制度外转移)。

近年来,随着中国财政分权改革的逐步推进及其影响效应的日益显现,人们在分享财政分权所带来的经济增长红利的同时,也开始承受着其带来的诸多损害社会和谐的副产品。因此,一些学者开始关注和强调财政分权改革所带来的负面效应。(1)可能引发辖区间发展失衡和地方保护主义(Young,2000;周黎安,2004[①]),导致城乡和地区间收入差距的持续扩大(王永钦等,2007[②]);(2)地方政府为了增加经济建设性支出而大大压缩了对教育、医疗卫生等一般性公共产品的供给(Qian and Roland,1998;傅勇、张晏,2007[③]);(3)引发恶性竞争,即地方政府间竞相降低税率和环境监管标准(Oates and Schwab,1988;Oates,1999;Revesz,2001)等。

第三节 中国财政分权与经济增长关系的经验证据

虽然关于"中国财政分权是否促进了经济增长"的问题还存在着争议,但认为"中国财政分权促进了经济增长"的观点还是占据主流地位的。那么,这个理论命题是否得到了中国经验证据的支持呢? 为了选取进行比较分析的实证文献,我们重点检索了清华CNKI 数据库、万方数据库以及 sciencedirect 电子期刊检索数据库。其中,在中文数据库中检索题目、关键词、摘要涉及:(财政)分权、经济增长等;在英文数据库中检索关键词为:federalisam,(fiscal) decentralization, economic development 等,共搜集到 3053 篇相关文献,其中包括中外学者对世界各国财政分权与经济增长问题的研究,再在结果中筛选出以中国大陆为研究对象的文献共 455 篇。由于大部分文献是理论研究文献或者文献综述、评论,不符合本章所需的实证文献要求,予以剔除;剩余的文章中许多没有建立回归计量模型进行实证研究,予以剔除;还有一些文献的主题与研究侧重点与本章要求不一致,予以剔除;最后,剔除掉部分质量较低的文献[④],最终剩余 38 篇质量较高的关于中国财政分权与经济增长关系的实证研究文章。

进行财政分权与经济增长的实证研究,首先要解决的问题是财政分权指标的选取问题。现有文献主要有三种度量中国财政分权的方法:一是财政收入分权指标,用下级政府的财政收入份额来刻画财政分权程度;二是财政支出分权指标,用下级政府的财政支出份额来刻画财政分权程度;三是采用地方政府自有收入的留成比率指标来衡量财政分

---

① 周黎安.晋升博弈中政府官员的激励与合作——兼论我国地方保护主义和重复建设问题长期存在的原因[J].经济研究,2004(6):33-40.

② 王永钦,张晏,等.中国的大国发展道路——论分权式改革的得失[J].经济研究,2007(1):4-16.

③ 傅勇,张晏.中国式分权与财政支出结构偏向:为增长而竞争的代价[J].管理世界,2007(3):4-12.

④ 需要说明的是,这种剔除存在着损失重要文献的风险。当然,这是荟萃回归分析必须承受的风险。

权程度。表 17-1 汇总了现有实证文献中所采用的主要财政分权指标公式①。

表 17-1　现有文献中所采用的主要财政分权指标②

指标类型		指标公式
财政收入分权	预算内	人均预算内省级政府财政收入/人均预算内中央政府财政收入
		人均预算内省级政府财政收入/人均预算内全国财政收入
	预算外	人均预算外省级政府财政收入/人均预算外全国财政收入
	预算内外	人均预算内外省级政府财政收入/人均预算内外全国财政收入
财政支出分权	预算内	人均预算内省级政府财政支出/人均预算内中央政府财政支出
		人均预算内省级政府财政支出/人均预算内全国财政支出
	预算外	人均预算外省级政府财政支出/人均预算外全国财政支出
	预算内外	人均预算内外省级政府财政支出/人均预算内外全国财政支出
财政分成率	平均分成率	省级政府在预算收入中保留的平均份额
	边际分成率	省级政府从其财政收入增加额中保留的百分比
	分成率比例	$\dfrac{\text{省级政府财政支出/省级政府财政收入}}{\text{中央政府(全国)财政支出/中央政府(全国)财政收入}}$

注:1.指标公式以省级为基础是因为现有实证文献的分权指标大多采取了省级指标。

2.财政收支分权指标以人均来表示,这是大部分文献的一致做法,虽然有些文献也考虑了总量分权指标。

3."人均全国财政收支"包括两种情况:(1)人均各省财政收支+人均中央财政收支;(2)按全国人口平均的全国财政收支。文献大多采取了第一种分权指标。

除了财政分权指标外,另一个重要指标是经济增长因变量。现有文献主要有两种经济增长指标:一是名义 GDP 增长率,二是实际 GDP 增长率。因为名义 GDP 增长率没有剔除价格因素,因而其衡量的经济增长率存在不准确的风险,因此,大部分文献采取的是实际 GDP 增长率(由表 17-2 中可以发现,采取实际 GDP 增长率的实证模型有 38 个,而采取名义 GDP 增长率的只有 16 个)。

现有文献对于中国财政分权与经济增长的关系是否得出了一致结论呢? 不同的分权指标和经济增长指标的选择的结果是否一致呢? 为了回答这些问题,我们按照经济增长、财政分权指标进行分类,把 38 篇文献的模型结论按时间跨度进行归类整理,具体结

---

① 有些文献(代表性的如:陈硕,高琳.央地关系:财政分权度量及作用机制再评估[J].管理世界,2012(6):43-59.)采取"财政自主度=省本级预算内财政收入/省本级预算内财政总支出"作为财政分权指标。

② 一些文献还特别考虑了转移支付情况,如张晏、龚六堂(2005),但由于数据原因,考虑这种情况的文献并不多。

果见表 17-2。

表 17-2　中国的财政分权与经济增长关系的实证文献综述

变量	具体衡量指标	1994 年分税制改革前			1994 年分税制改革后			全样本			合计
		正向效应	负向效应	不显著	正向效应	负向效应	不显著	正向效应	负向效应	不显著	
		4	7	4	13	8	4	10	1	3	54
因变量	实际 GDP 增长率	1	7	3	10	8	2	4	1	2	38
	名义 GDP 增长率	3	0	1	3	0	2	6	0	1	16
财政分权指标	财政收入分权	0	5	3	6	4	1	4	0	2	25
	财政支出分权	3	7	4	13	6	4	9	0	3	49
	财政分成率	1	0	0	0	1	0	2	1	0	5

注:1."全样本"指的是时间跨度包括了 1994 年分税制改革前后时期且没有做分样本的模型估计。

2. 有些文献既有 1994 年之前时期的模型估计,又有 1994 年之后时期的模型估计,这会增加总模型数。

3.有些文献的实证模型的财政分权指标既包含财政支出分权指标又包括财政收入分权指标,这也会增加总模型数。

由表 17-2 我们可以发现以下几点:

(1)在财政分权指标选择上,大多数模型采取的是财政支出分权指标。其中,采取财政收入分权指标的有 25 个、财政支出分权指标的有 49 个、财政分成率指标仅为 5 个。说明以财政支出分权指标作为衡量我国财政分权程度的指标获得了较多学者的认可。

(2)从现有实证结果来看,一半实证结果支持了中国财政分权促进了经济增长的命题。54 个模型结果中 27 个显示正效应、16 个负效应、11 个不显著。但按时段分类来看,结果则存在明显差异。①1994 年前的财政分权改革对经济增长的效应更多的是负向的,15 个模型结果中有 7 个是负向效应、4 个正效应、4 个不显著。②1994 年分税制改革后的财政分权对经济增长的效应则更多是正向的,25 个模型结果中有 13 个是正效应、8 个负效应、4 个不显著。③从跨期效应(包括 1994 年前后的时间跨度)来看,即从财政分权与经济增长的长期效应上来看,正向效应占据主导,其中 14 个模型结果中有 10 个是正向效应、1 个负效应、3 个不显著。其中有两篇文献(Feltenstein and Iwata, 2005;周文兴、章铮,2006①)值得特别注意,他们分别检验了1952—1996年、1953—2002年长时期的效应,结果都显示为正向效应,在一定程度上支持了"财政分权促进了长期经济增长"的论点。

综合现有实证研究,我们还难以得出比较一致的结论,虽然正向效应的结果占了50%的比重。另外,这些实证研究结果是否受到具体研究特征和变量选取的影响呢? 如财政分权变量的选择是否会影响实证结果呢? 为了研究相关文献研究特征对实证结果的影响,我们对这些文献进行了详细的荟萃分析。

第四节　荟萃分析:数据、方法与估计

(一)变量选择与数据来源

我们的研究目的是利用荟萃回归分析方法检验现有实证研究结果与其具体研究特征的关系,因此,需要选择合适的回归变量。

基于本章研究的目的,我们选择以下三个因变量:显著性、正向显著性和负向显著性。用于荟萃回归分析的因变量的值由 t 统计量判断实证研究文献中变量间的(方向)显著性关系后赋值(Stanley and Jarrell, 1989)。

(1)显著性。当中国财政分权对经济增长有显著性影响时赋值为1,其余赋值为0。

(2)正向显著性。当中国财政分权对经济增长有显著正向影响时赋值为1,其余赋值为0。

(3)负向显著性。当中国财政分权对经济增长有显著负向影响时赋值为1,其余赋值为0。

本章选取的调节变量(moderator variable)包括:样本数量、数据搜集的起止年份、区域范围、估计方法、实际经济增长率、劳资增长率、其他改制、预算内资金、财政支出分权以及文献模型数量权重。调节变量中的前五个变量是一般荟萃分析所选取的变量,体现的是各实证研究文献的基础特征。实际经济增长率、劳资增长率、其他改制、预算内资金、财政支出分权等变量是为检验现有实证结果是否受到指标选择和因素考虑的影响。文献模型数量权重是在同一篇文献中提取多个模型数的倒数,这一变量的选取参考了Weichselbaumer and Winter-Ebmer(2005)所采取的处理同一篇文献中提取多组数据时可能产生误差问题的方法。②

---

① 周文兴,章铮.建国后中国财政分权对经济增长的影响:一个假说及检验[J].制度经济学研究,2006(1):135-146.

② 一篇实证研究文献中往往会对相似或者相同变量采用不同的模型进行回归估计,有时实证结果也会有多个,但是同一篇文献的研究特征大部分是相同的。研究特征作为调节变量在每组数据中一样,会造成数据相互间的不独立问题,它们在荟萃回归估计中会使误差项受到影响。

本章构建的用于荟萃分析的样本集是在 38 篇实证文献的基础上获得的。其中,有 11 篇文献不符合荟萃回归分析的需要无法提取相关数据,将之剔除。最终,本章荟萃回归分析所用到的数据来自于 27 篇主题相同且具有较高质量的文献。表 17-3 列示了用于荟萃分析的变量与数据的基本信息。

表 17-3　用于荟萃分析的变量描述

	描述	均值	标准差
因变量			
显著性 (Significance)	虚拟变量:中国财政分权对经济增长有显著性影响则赋值为 1,其余赋值为 0	0.73	0.45
正向显著性 (Positive)	虚拟变量:中国财政分权对经济增长有正向的显著性影响则赋值为 1,其余赋值为 0	0.45	0.50
负向显著性 (Negative)	虚拟变量:中国财政分权对经济增长有负向的显著性影响则赋值为 1,其余赋值为 0	0.28	0.45
调节变量			
样本量(Sample)	文献模型中的观察值数量	373.98	194.21
起始年份(Start)	文献模型所搜集数据的起始年份	1987.86	7.54
终止年份(End)	文献模型所搜集数据的终止年份	2000.36	5.70
区域(Region)	文献模型中所研究的我国分省数据所涉及的省份数量	28.89	0.98
估计法(FE)	虚拟变量:当模型估计方法为线性固定效应模型时赋值为 1,其余赋值为 0	0.83	0.38
实际经济增长 (Yreal)	虚拟变量:当模型因变量为实际 GDP 增长率时赋值为 1,其余赋值为 0	0.67	0.47
劳资增长率 (K/L)	虚拟变量:当模型解释变量含有劳动增长率和资本增长率时赋值为 1,其余赋值为 0	0.84	0.37
其他改制 (Revolve)	虚拟变量:当模型解释变量考虑我国同时期其他改制的影响时赋值为 1,其余赋值为 0	0.36	0.48
预算内资金 (Budget)	虚拟变量:当模型考虑的是我国预算内财政收支数据时赋值为 1,其余赋值为 0	0.83	0.38
财政支出分权 (Expend)	虚拟变量:当模型考虑的是财政支出分权指标时赋值为 1,其余赋值为 0	0.72	0.45
权重(Weight)	每篇文献中模型数量的倒数	0.42	0.33

注:"其他改制"包括引言中提到的家庭联产承包责任制改革、国有企业民营化改革、市场开放政策改革等。

(二)方法

根据一般荟萃回归方程的模式,我们构建了以下荟萃回归估计方程:

$$\text{Significance} = F \begin{pmatrix} \text{Sample}, \text{Start}, \text{End}, \text{Region}, \text{FE}, \text{Yreal}, \\ \text{K/L}, \text{Revolve}, \text{Budget}, \text{Expend}, \text{Weight} \end{pmatrix} \tag{17-1}$$

$$\text{Positive} = F \begin{pmatrix} \text{Sample}, \text{Start}, \text{End}, \text{Region}, \text{FE}, \text{Yreal}, \\ \text{K/L}, \text{Revolve}, \text{Budget}, \text{Expend}, \text{Weight} \end{pmatrix} \tag{17-2}$$

$$\text{Negative} = F \begin{pmatrix} \text{Sample}, \text{Start}, \text{End}, \text{Region}, \text{FE}, \text{Yreal}, \\ \text{K/L}, \text{Revolve}, \text{Budget}, \text{Expend}, \text{Weight} \end{pmatrix} \tag{17-3}$$

由于因变量是二元虚拟变量,所以我们应用 Probit 模型分别对每组变量进行荟萃回归估计。

(三)估计与结果

表 17-4 是以"中国财政分权对经济增长有显著影响"为因变量的回归结果,其中调节变量"区域、劳资增长率、预算内资金"的系数具有不同水平的显著性,表明它们对实证结果有显著影响;相反,其他调节变量的系数都不显著性,表明它们并未显著影响实证研究结果。

表 17-4　中国财政分权对经济增长有显著影响的荟萃回归估计结果

调节变量	因变量:中国财政分权对经济增长有显著影响
样本量	0.006　(0.005)
起始年份	0.175　(0.147)
终止年份	−0.147　(0.157)
区域	0.567　(0.299)*
估计法	−0.457　(0.888)
实际经济增长	1.020　(0.658)
劳资增长率	−2.257　(0.844)***
其他改制	0.853　(0.571)
预算内资金	1.304　(0.523)**
财政支出分权	−0.055　(0.494)
权重	0.815　(1.035)
常数项	−72.178　(79.642)
伪 R^2	0.317

续表

调节变量	因变量:中国财政分权对经济增长有显著影响
对数伪似然值	−25.318
χ^2(联合显著性)	24.75***
N	64

注:1.括号内为标准差(异方差稳健);2.***表示1%的显著性水平,**表示5%的显著性水平,*表示10%的显著性水平。

"区域"变量在10%的显著性水平上正向影响了实证研究结果,说明省份数量的增加会增加显著性效应的概率,但其系数为0.567,影响并不是很大;"劳资增长率"的系数为−2.257,在1%的水平上显著,说明增加"劳动增长率及资本增长率"变量会显著降低实证研究中显著性效应的结果,这说明劳资增长率对经济增长的重要贡献,若遗漏该变量则会扭曲实证研究结果;"预算内资金"的系数为1.304,在5%的水平上显著,说明采用只考虑预算内资金的财政收支分权指标会显著增加显著性效应的概率。

表17-5是以"中国财政分权对经济增长有正向显著影响"为因变量的回归结果,其中调节变量"区域、劳资增长率、其他改制、预算内资金"具有不同水平的显著性,表明它们对实证结果有显著影响;相反,其他调节变量的系数都不显著,表明它们并未显著影响实证研究结果。

表17-5 中国财政分权对经济增长有正向显著影响的荟萃回归估计结果

调节变量	因变量:中国财政分权对经济增长有正向显著影响
样本量	0.002 (0.004)
起始年份	0.025 (0.125)
终止年份	0.087 (0.119)
区域	0.381 (0.231)*
估计法	−0.697 (0.631)
实际经济增长	−0.253 (0.562)
劳资增长率	−1.577 (0.572)***
其他改制	1.231 (0.443)***
预算内资金	1.102 (0.670)*
财政支出分权	0.308 (0.456)
权重	−0.869 (0.802)
常数项	−234.192 (88.406)***

续表

调节变量	因变量:中国财政分权对经济增长有正向显著影响
伪 R^2	0.341
对数伪似然值	-29.031
χ^2(联合显著性)	30.83***
N	64

注:1.括号内为标准差(异方差稳健);2.***表示1%的显著性水平,**表示5%的显著性水平,*表示10%的显著性水平。

与表 17-4 的结果类似的是,"区域"变量和"劳资增长率"变量的影响方向和显著水平是一样的,说明它们也显著影响了"中国财政分权与经济增长关系的正向显著效应"的实证结果;"预算内资金"的影响方向与表 17-4 是一致的,但显著性水平下降为 10%;与表 17-4 不同的是,"其他改制"变量在 1% 的显著水平上正向影响了实证结果,说明在控制了其他改制的影响时,财政分权改革对经济增长正向效应的概率会显著上升。

表 17-6 是以"中国财政分权对经济增长有负向显著影响"为因变量的回归结果,除了"实际经济增长率"在 5% 的显著性水平上对实证结果有显著正向影响外,其他调节变量的影响均不显著。

表 17-6　中国财政分权对经济增长有负向显著影响的荟萃回归估计结果

调节变量	因变量:中国财政分权对经济增长有负向显著影响
样本量	-0.001　(0.004)
起始年份	0.045　(0.119)
终止年份	-0.147　(0.126)
区域	0.0067　(0.253)
估计法	0.465　(0.653)
实际经济增长	1.052　(0.500)**
劳资增长率	-0.079　(0.621)
其他改制	-0.310　(0.501)
预算内资金	0.588　(0.628)
财政支出分权	-0.602　(0.439)
权重	1.692　(0.838)**
常数项	202.756　(85.897)**
伪 R^2	0.270

续表

调节变量	因变量:中国财政分权对经济增长有负向显著影响
对数伪似然值	−27.761
χ^2（联合显著性）	22.16**
N	64

注:1.括号内为标准差(异方差稳健);2.*** 表示 1% 的显著性水平,** 表示 5% 的显著性水平,* 表示 10% 的显著性水平。

综合上述结果,我们可以发现,中国财政分权对经济增长影响的不同实证研究结果受到不同研究特征的影响,其中,"中国财政分权与经济增长关系的正向显著效应"受到多个研究特征的影响,这就要求我们在进行相关实证研究时特别注意一些因素的考虑及变量的选择;而"中国财政分权与经济增长关系的负向显著效应"仅受到因变量选择(经济增长率指标)的影响,不受其他研究特征的显著影响,但对这一结果需要特别谨慎,因为从表 17-2 中可知,负向效应的实证样本比较有限,从而可能影响荟萃分析的有效性。

第五节　发表偏倚估计

在进行荟萃回归分析时可能会遇到发表偏倚(publication bias)的问题,即:一般来说能够得出显著性的实证结果的论文更容易被发表(Stanley,2001;2005);另外,对于无统计学意义的研究,研究者可能认为意义不大,因而不发表或推迟发表。发表偏倚较大会大大降低荟萃回归估计结果的可靠性。为此,Stanley(2005;2008)指出,在荟萃回归中可以采用漏斗不对称检验(funnel asymmetry tests,FAT)来检测发表偏倚问题。这些检验是基于一项研究的报告效应与其标准差之间的估计。因此,我们估计以下方程:

$$T_i = \beta_0 + \beta_1(1/SE_i) + \varepsilon_i \tag{17-4}$$

T 是一篇文献中报告的 t 统计量,$1/SE$ 是标准差的倒数(Stanley,2005;2008)。截距项 β_0 即为测试发表偏倚的指标,且它的符号显示偏倚的方向。当 β_0 显著不为 0 时,则可发现发表偏倚存在的证据;反之则可以认为不存在发表偏倚。另外,β_1 的统计显著性提供了真实的实证效应估计。

根据研究目的,主要检测财政分权对经济增长的实证研究是否存在发表偏倚,因此需要选择合适的解释变量。已知财政分权指标主要有三种,其中财政分成率指标在现有实证应用中很少,所以不宜作为单独的解释变量。我们选择了三个解释变量:所有分权指标、财政收入分权指标、财政支出分权指标。在估计方程(17-4)中分别检验不同财政分权指标对经济增长的实证研究是否存在发表偏倚的问题,数据是文献中报告的相应分权指标的 t 统计量和标准差。

表 17-7　漏斗不对称检验(OLS)结果

解释变量	因变量:t 统计量		
	所有分权指标	收入分权	支出分权
截距项	0.87　(0.49)*	−0.46　(0.88)	1.41　(0.61)**
$1/SE$	0.0002　(0.0002)	0.002　(0.0005)***	0.0001　(0.0002)
N	60	17	41
R^2	0.002	0.043	0.001

注:1.括号内为标准差(异方差稳健);2.*** 表示 1% 的显著性水平,** 表示 5% 的显著性水平,* 表示 10% 的显著性水平。

由表 17-7 可知,所有分权指标的 t 统计量作为被解释变量时,β_0 估计值在 10% 水平上显著不为 0 ($\beta_0=0.87$),意味着发表偏倚的存在,且 β_0 为正表明实证结果越显著的文献越可能被发表,而 β_1 系数不显著也意味着现有实证研究结果可能没有反映真实的经验效应;从收入分权和支出分权的检验结果来看,发表偏倚主要发生在支出分权上,且存在显著的正向偏倚,即显著为正的实证结果更可能被发表,而收入分权则没有存在明显的发表偏倚问题。当然,收入分权的样本数量过低,我们需要谨慎对待这一结果。

第六节　结论

在关于财政分权与经济增长关系的理论争议中,虽然第一代财政分权理论解释了多层级政府存在的必要性和分权的经济效率,但它基本没有研究发展中国家财政分权与经济增长问题;第二代财政分权理论是严格意义上的发展经济学理论,它从政治经济学角度解析"市场保护型联邦主义"对经济增长的影响。中国经济奇迹成为第二代财政分权理论的重要佐证,形成了所谓的"中国式市场保护型联邦主义"的财政分权模式。但对第二代财政分权理论的争议从其产生之日起就没有停止过,同样的,对于中国财政分权是否促进了经济增长的争议也一直存在着。总体而言,到目前为止,认为中国财政分权促进了经济增长的观点还是占据了主流地位的。随着中国财政分权改革的逐步推进和效应的逐步显现,相关的实证研究也不断涌现。但纵观现有实证文献,我们发现结论并不是完全一致的,虽然有一半的文献支持了主流观点。因此,本章的研究目的就在于,梳理比较现有主要实证文献的结果差别,通过荟萃回归分析研究这些实证结果是否受到具体研究特征的影响,并运用漏斗不对称检验方法验证发表偏倚的存在性。

荟萃回归分析结果表明:中国财政分权对经济增长影响的不同实证研究结果受到不同研究特征的影响,其中,"中国财政分权与经济增长关系的显著性效应"的实证结果受到"区域、劳资增长率、预算内资金"的显著影响;"中国财政分权与经济增长关系的正向显著效应"的实证研究结果受到"区域、劳资增长率、其他改制、预算内资金"的显著影响;而"中国财政分权与经济增长关系的负向显著效应"的实证研究结果仅受到"实际经济增长率"的显著影响。通过对所有分权指标、财政收入分权指标、财政支出分权指标的漏斗不对称检验,我们发现,在样本章献中存在着发表偏倚问题,且发表偏倚主要发生在财政支出分权上。这些结果表明,必须谨慎对待现有的实证研究结果,尤其是正向显著效应。

本章的研究结果表明,关于"中国财政分权与经济增长关系"问题,还难以根据现有实证研究结果得出一个可以作为政策依据的可靠证据,因此,它不仅要求理论上廓清争议[①],更需要进一步的实证检验。

本章参考文献

[1]BAI C. E., J. LU, Z. TAO. An empirical study on the effects of ownership reform in China[J]. Economic Research Journal, 2006, 8:4-13.

[2]CAI H., and D. TREISMAN. Did government decentralization cause China's economic miracle? [J]. World Politics, 2006, 58(4):505-535.

[3]CHEN K., A. L. HILLMAN and Q. Gu. Fiscal re-centralization and behavioral change of local governments: from the helping hand to the grabbing hand[J]. China Economic Quarterly, 2002, 2(1):111-130.

[4]CHEN S., L. GAO. The relationship between central and local governments: measuring fiscal decentralization and revaluating its action mechanism[J]. Management World, 2012, 6:43-59.

[5]DEWATRIPONT M., E. MASKIN. Credit and efficiency in centralized and decentralized economies[J]. The Review of Economic Studies, 1995, 62(4):541-555.

[6]FELTENSTEIN A., S. IWATA. Decentralization and macroeconomic performance in China: regional autonomy has its costs[J]. Journal of Development Economics, 2005, 76(2):481-501.

[7]FU Y., Y. ZHANG. Chinese style decentralization and deviations of fiscal expenditure structure: the price of competition for growth[J]. Management World, 2007, 3:4-12.

[8]HAYEK F. A. The use of knowledge in society[J]. American Economic Review, 1945, 35(4):519-530.

[①] 也许跳出财政分权,从更宽广的分权化改革视角研究其与经济增长的关系,可能更有利于理清财政分权对经济增长的影响机制。作者感谢审稿人对这点的提示。

[9]JEFFERSON G. H., J. Su. Privatization and restructuring in China:evidence from shareholding ownership, 1995—2001[J]. Journal of Comparative Economics, 2006,34(1):146-166.

[10]JIN H.,Y. QIAN, B.R. WEINGAST. Regional decentralization and fiscal incentives:federalism,Chinese style[J]. Journal of public economics,2005,89(9-10): 1719-1742.

[11]JIN J., H. ZOU. Fiscal decentralization,revenue and expenditure assignments and growth in China[J]. Journal of Asian Economics,2005,16(6):1047-1064.

[12]LI H., L.A. ZHOU. Political turnover and economic performance:the incentive role of personnel control in China[J]. Journal of public economics,2005,89(9): 1743-1762.

[13]MA J. Intergovernental relations and economic management in China[J]. London and Basingstoke:Macmillan Press,1997.

[14]MASKIN E., J. RILEY. Asymmetric auctions[J]. Review of Economic Studies,2000,67(3):413-438.

[15]MONTINOLA G.,Y. Qian,B.R. WEINGAST. Federalism, Chinese style:the political basis for economic success in China[J]. World Politics,1995,48(1):50-81.

[16]MUSGRAVE R.A. The theory of public finance:a study in public economy [M]. New York:McGraw-Hill,1959.

[17]NORTH D.C. A Transaction cost theory of politics[J]. Journal of Theoretical Politics,1990,2(4):355-367.

[18]NORTH D.C., B.R. WEINGAST. Constitutions and commitment:the evolution of institutions governing public choice in seventeenth-century england[J]. Journal of economic history, 1989, 49(4):803-832.

[19]NORTH D.C.,R.P. THOMAS, J.L. SHNEIDMAN. The rise of the western world:a new economic history[M]. Cambridge:Cambridge University Press,1973.

[20]OATES W. E. An essay on fiscal federalism[J]. Journal of Economic Literature,1999,37(3):1120-1149.

[21]OATES W.E., R.M. SCHWAB. Economic competition among jurisdictions: efficiency enhancing or distortion inducing?[J]. Journal of Public Economics,1988,35 (3):333-354.

[22]QIAN Y., B.R. WEINGAST. China's transition to markets:market-preserving federalism,chinese style[J]. The Journal of Policy Reform,1996,1(2):149-185.

[23]QIAN Y., B.R. WEINGAST. Federalism as a commitment to perserving mar-

ket incentives[J]. The Journal of Economic Perspectives,1997,11(4):83-92.

[24]QIAN Y., C. XU. Why China's economic reforms differ: the m-form hierarchy and entry/expansion of the non-state sector[J]. Economics of Transition,1993,1(2):135-170.

[25]QIAN Y., G. ROLAND. Federalism and the soft budget constraint[J]. American Economic Review,1998,88(5):1143-1162.

[26]REVESZ R.L. Federalism and environmental regulation:a public choice analysis[J]. Harvard Law Review,2001,115(2):553-596.

[27]STANLEY T. D. Meta-regression methods for detecting and estimating empirical effects in the presence of publication selection[J]. Oxford Bulletin of Economics and Statistics,2008,70(1):103-127.

[28]STANLEY T. D. Wheat from chaff:meta-analysis as quantitative literature review[J]. Journal of Economic Perspectives,2001,15(3):131-150.

[29]STANLEY T. D. Beyond publication bias[J]. Journal of economic surveys,2005,19(3):309-345.

[30]STANLEY T. D., S. B. Jarrell. Meta-regression analysis:a quantitative method of literature surveys[J]. Journal of economic surveys,1989,3(2):161-170.

[31]TIEBOUT C. M. A pure theory of local expenditures[J]. Journal of Political Economy,1956,64(5):416-424.

[32]WANG Y.,Y. ZHANG, Z. Chen, et al. On China's development model: the costs and benefits of China's decentralization approach to transition[J]. Economic Research Journal,2007,1:4-16.

[33]WEINGAST B. R. Economic role of political institutions:market-preserving federalism and economic development[J]. Journal of Law, Economics, and Organization,1995,11(1):1-31.

[34]YANG Q. Decentralization, growth and unequalization[J]. Journal of World Economy,2010,4:102-120.

[35]Yang Q., H. NIE. Market-preserving federalism and criticism on it[J]. Economic Research Journal,2008,3:99-114.

[36]YOUNG I.M. Inclusion and democracy[J]. New York:Oxford University Press,2000.

[37]ZHANG J.,Y. GAO,Y. FU,et al. Why does china enjoy so much better physical infrastructure? [J]. Economic Research Journal,2007,3:4-19.

[38]ZHANG T., H. ZOU. Fiscal decentralization, public spending, and economic

growth in China[J]. Journal of public economics,1998,67(2):221-240.

[39]ZHANG,Y., L. GONG. The fenshuizhi reform, fiscal decentralization, and economic growth in China[J]. China Economic Quarterly,2005,5(1):75-108.

[40]ZHOU W., Z. Zhang. Fiscal decentralization and economic growth in china: a new hypothesis and time series test[J]. Research of Institutional Economics,2006,1: 135-146.

[41]ZHOU L. Governing China's local officials: an analysis of promotion tournament model[J]. Economic Research Journal,2007,7:36-50.

[42]ZHOU L. The incentive and cooperation of government officials in the political tournaments: an interpretation of the prolonged local protectionism and duplicative investments in China[J]. Economic Research Journal,2004,6:33-40.

[43]ZHOU Y., Q. ZHANG. Fiscal decentralization, economic growth and fluctuation[J]. Management World,2008,3:6-15.